"十四五"职业教育国家规划教材

Luji Lumian Shigong Jishu

路基路面施工技术

（第4版）

杨仲元 主 编

吴颖峰 王丰胜 副主编

汪海年 主 审

人民交通出版社股份有限公司
北京

内 容 提 要

本书为"十四五"职业教育国家规划教材。第4版教材全书共设两个项目,分别是路基施工和路面施工。其中,路基施工部分包括:路基工程认知、路基施工准备、路堑开挖、路堤填筑、路基排水工程施工、防护与支挡工程施工、路基病害处治及路域地质灾害防治等内容;路面施工部分包括:路面工程认知、路面施工准备、路面基层施工、沥青路面面层施工、水泥混凝土路面面层施工、路面病害处治。为了使学生在学习中更好地了解和掌握路基路面施工的重点、要点以及操作技能,每个模块配有复习思考题和测试题。

本书既可作为高等职业院校道路与桥梁工程技术及相关专业教材,也可作为相关施工技术人员的参考用书。

本教材配套数字资源(微课、视频、题库等),读者可免费扫码观看和在线学习、测试;本教材同时配有教学课件,教师可通过加入职教路桥教学研讨群(QQ:561416324)获取。

图书在版编目(CIP)数据

路基路面施工技术 / 杨仲元主编. — 4 版. — 北京:
人民交通出版社股份有限公司,2021.6(2025.2重印)
ISBN 978-7-114-16586-3

Ⅰ.①路… Ⅱ.①杨… Ⅲ.①路基工程—道路施工—
高等职业教育—教材②路面施工—高等职业教育—教材
Ⅳ.①U416

中国版本图书馆 CIP 数据核字(2021)第 030710 号

"十四五"职业教育国家规划教材

书　　名:**路基路面施工技术**(第4版)
著 作 者:杨仲元
责任编辑:任雪莲
责任校对:赵媛媛
责任印制:张　凯
出版发行:人民交通出版社股份有限公司
地　　址:(100011)北京市朝阳区安定门外外馆斜街3号
网　　址:http://www.ccpcl.com.cn
销售电话:(010)85285911
总 经 销:人民交通出版社股份有限公司发行部
经　　销:各地新华书店
印　　刷:北京印匠彩色印刷有限公司
开　　本:787×1092　1/16
印　　张:18.25
字　　数:417 千
版　　次:2002 年 7 月　第 1 版
　　　　　2009 年 8 月　第 2 版
　　　　　2015 年 5 月　第 3 版
　　　　　2021 年 6 月　第 4 版
印　　次:2025 年 2 月　第 4 版　第 8 次印刷　总第 46 次印刷
书　　号:ISBN 978-7-114-16586-3
定　　价:49.00 元

第 **4** 版 前·言

Preface

　　本教材自 2002 年出版以来,经过两次修订和全国多所院校使用,得到了相关院校师生的肯定与好评。本书第 3 版被教育部评定为"十二五"职业教育国家规划教材,也是浙江省高等学校在线开放课程"路基路面施工技术"的配套教材。高等职业教育肩负着培养面向生产、建设、服务和管理一线需要的高技能人才的使命,在加快推进"工匠精神"培育和"交通强国"建设的过程中,具有不可替代的作用。为了进一步适应职业教育教学规律和学生身心发展特点,本教材编写组对本书进行了修订,形成第 4 版。本教材于 2023 年入选"十四五"职业教育国家规划教材。

　　本教材充分体现"项目引领、实践导向"的设计理念,采取知识与技能并重、岗位与技能对接、教材与资源相融的教材结构设计理念,切实发挥教材铸魂的育人功能。在教材结构设计上,以"立德树人、价值塑造、能力培养、知识传授"为教材建设目标,实现知识传授与价值引领同频共振;在教材内容编排上,以交通土建类专业学生的就业岗位为导向,遵循高等职业院校学生的认知规律,设计了 2 个项目共 13 个工作模块,突出工程实践应用。在教材呈现方式上,将教材、课堂、教学资源三者融合,构建以学习者为中心的教育生态,推动信息技术与教学的深度融合,把信息技术及其终端产品、"纸质教材 + 数字资源"、线上线下资源有机结合,创新基于"云课堂"信息化平台的"资源库 + MOOC 精品升级课程"一体化的智慧教学方法,推进教学方法和模式的改革。

　　本次修订主要做了以下工作:

　　(1)第 4 版教材更名为《路基路面施工技术》(第 4 版)。

　　(2)根据《公路路基施工技术规范》(JTG/T 3610—2019)、《公路工程质量检验评定标准 第一册 土建工程》(JTG F80/1—2017),重新修订施工作业技能要求。

(3)根据《公路工程质量检验评定标准 第一册 土建工程》(JTG F80/1—2017),修订路基路面的质量检验项目、方法与验收要求。

(4)补充与完善了路基施工、路面施工各个模块的相关内容,重点内容配备了微课和试题资源。

(5)将路基路面施工过程质量控制的实际技能操作内容融入各个模块中。

(6)增加了路基排水工程施工的内容。

(7)在每个模块后,附有一套测试题(学生可通过扫码进入试题测试界面)。

经修订,本教材可充分发挥教材在提升学生政治素养、职业道德、工匠精神中的引领作用,创新教材呈现方式,实现"三全育人"。

本教材具有以下特色:

1.坚持问题导向,弘扬劳动工匠风尚。以解决路基路面工程施工过程质量控制问题为主线,注重培养学生解决施工过程质量控制问题能力和开展路基路面施工管理能力,并融入劳动光荣意识和"工匠精神"培育(配视频,可扫码观看)。

2.校企双元合作开发教材,突出职业教育特色。优质领军企业的技术骨干参与了本教材的编写,将工程实际需要的知识点、工艺方法、工程案例、工匠精神等融入教材内容,共同开发校企双元教材。采取以真实生产项目、典型路基路面施工案例等为载体组织教学,导入数字化信息,实现"线上线下"教学,符合职业教育的类型特点。

3.紧扣行业企业需求,实现课证有效融通。紧跟产业发展趋势和行业企业人才需求,将行业发展的新知识、新技术、新工艺、新方法融入教材,将公路工程施工管理人员、筑路工、公路工程二级建造师等职业技能等级标准有机融入教材内容。结合职业技能证书考证要求,系统化设计"路基施工""路面施工"两个项目,涉及路基工程认知、路基施工准备、路堑开挖、路堤填筑、路基排水工程施工、防护与支挡工程施工、路基病害处治及路域地质灾害防治,路面工程认知、路面施工准备、路面基层施工、沥青路面面层施工、水泥混凝土路面面层施工和路面病害处治等13个工作模块。

4.强调针对性与实践性,对接行业市场需求。本教材内容紧密对接科技发展趋势和产业需求,以案教学、以例助学、以景释学,有效促进学生素质的锻造;设置路基施工放样技能训练、路堑开挖方案与施工过程质量控制、路堤填筑方案与施工过程质量控制、防护与支挡工程施工质量控制、路面基层施工质量控制与验收、沥青路面面层施工量控制与验收、水泥混凝土路面面层施工量控制与验收等行业市场所需要的路基路面施工技能与操作,能激发学生学习专业知识的动力,提高学生解决实际问题的能力。

5. 内容编排科学合理,突显新形态、数字化。 本教材在路基路面施工基础知识与技能操作方面配有数字资源(微课、视频、试题库,可通过扫二维码观看和学习),可提高学生的学习兴趣,使学生学以致用,学而能用。教材同时配备教学课件和课程教学大纲等配套教学资源。充分吸纳优秀案例,建立动态化、立体化、数字化的教学资源体系。

本书由浙江交通职业技术学院杨仲元主编,浙江交通职业技术学院吴颖峰、安徽交通职业技术学院王丰胜担任副主编,长安大学汪海年教授对本书进行了认真细致的审稿。具体编写情况如下:模块1.1、模块1.2、模块1.3、模块1.5由杨仲元编写;模块1.4、模块2.4、模块2.5由吴颖峰编写;模块2.1、模块2.2由王丰胜编写;模块1.6、模块2.6由浙江省交通投资集团高速公路运营管理有限公司韦靖峰编写;模块2.3由浙江省公路技师学院姚浩刚编写。

限于编者水平,书中的不足之处在所难免,敬请读者批评指正。同时,对使用本书、关注本书以及提出修改意见的同行们表示深深的感谢。

编　者

2021 年 2 月

本书配套资源说明

本教材配套了丰富的教学资源,包括微课、题库、教学课件等,这些资源可更好地辅助教学,激发学生的学习兴趣和积极性,有助于学生更好地理解和掌握相关知识,同时还可为教师组织和实施教学服务。

资源编号	资源名称	资源编号	资源名称
微课			
1-1-1	路基认知	1-7-1	路基病害处治
1-1-2	路基路面工程总论	1-7-2	软弱地基处治
1-2-1	路基施工准备	2-1-1	路面认知
1-3-1	路基土方开挖	2-1-2	路面结构分层
1-3-2	石方路基开挖	2-3-1	路面基层施工
1-4-1	路基填筑	2-4-1	沥青路面认知
1-4-2	路基压实	2-4-2	沥青混凝土路面施工
1-5-1	路基地面排水设施施工	2-5-1	水泥混凝土路面认知
1-5-2	路面排水设施设置	2-5-2	水泥混凝土路面施工
1-6-1	路基防护工程施工	2-6-1	沥青路面的病害与处治
1-6-2	路基挡土墙认知		
题库			
01001	路基工程认知	02001	路面工程认知
01002	路基施工准备	02002	路面施工准备
01003	路堑开挖	02003	路面基层施工
01004	路堤填筑	02004	沥青路面面层施工
01005	路基排水工程施工	02005	水泥混凝土路面面层施工
01006	防护与支挡工程施工	02006	路面病害处治
01007	路基病害处治		

本教材配套了如下教学素材,旨在以多维视角探讨职业技能、职业素养等,并将素质目标融入其中,供学生延伸学习和教师教学时选用。

资源编码	对应页码	题目	内容简介
1	3	"两路"精神	"两路"精神的由来
2	3	四好路两心情——湖州	湖州是"绿水青山就是金山银山"的理念诞生地,一条条美丽的"四好农村路",有力助推了当地乡村经济的发展。
3	46	绿色施工　环保筑路	用图文并茂的形式来说明在施工过程中如何通过规范性操作来保护环境,达到绿色施工、环保筑路的目的
4	46	施工安全事故——土质路堑开挖案例	分析土方开挖的方法和工艺流程,避免工程施工管理不到位而引发的质量缺陷与安全事故
5	79	公路排水与农田水利灌溉协调发展	利用边沟、截水沟和排水沟将公路路基范围内汇集的地表水引入农田,进行水利灌溉,充分利用水资源。引导学生保护生态、避免水资源的缺失
6	137	世界第一条高速公路——秦直道	介绍世界第一条高速公路秦直道的建设时间、由来、修建技术等
7	137	筑梦中国　路路畅通(视频)	打造最美经济走廊
8	137	最美绿化通道(视频)	建设绿色公路
9	137	筑梦美丽交通(视频)	建设美丽公路

资源使用方法:

1.扫描封面上的二维码"注意此码只可激活一次";

2.关注"交通教育出版"微信公众号;

3.公众号弹出"购买成功"通知,点击"查看详情",进入后即可查看资源;

4.也可进入"交通教育出版"微信公众号,点击下方菜单"用户服务-图书增值",选择已绑定的教材进行观看和学习。

目·录
C o n t e n t s

项目1
PROJECT ONE
路基施工

模　块	能　力　目　标	知　识　要　点	重要性
1.1　路基工程认知	1. 能识别路基的结构； 2. 能判别路基的干湿类型； 3. 能选用合理的路基土	路基组成	A
		路基典型横断面及几何尺寸表示	A
		路基的干湿类型	B
		路基土的分类	C
1.2　路基施工准备	1. 能完成路基施工准备工作； 2. 能实施路基施工前的测量放样	组织准备	B
		物资准备	C
		技术准备	A
		路基施工机械与设备	B
		路基施工放样	A
		安全施工管理与环境保护	C
1.3　路堑开挖	1. 能实施路堑开挖方案； 2. 能控制路堑开挖施工质量	土质路堑开挖施工方法	A
		石质路堑开挖施工方法	A
		石方爆破施工	C
		路堑开挖施工质量控制	A
1.4　路堤填筑	1. 能实施路基填筑方案； 2. 能控制路基填筑施工质量	路堤填筑方案	C
		路基填筑施工工艺	B
		路基压实	A
		路堤填筑施工质量控制	A
1.5　路基排水工程施工	1. 能布置地表与地下排水设施； 2. 能进行地表与地下排水设施的施工	路基地表与地下排水设施设置	A
		路基地表排水设施施工	C
		路基地下排水设施施工	C

续上表

模　块	能力目标	知识要点	重要性
1.6　防护与支挡工程施工	1. 能进行防护与加固工程的施工； 2. 能进行支挡工程的施工； 3. 能控制防护与支挡工程施工质量	常见防护与加固工程施工	B
		路基防护工程施工质量标准与验收	A
		支挡工程施工	A
		支挡工程施工质量标准与验收	A
1.7　路基病害处治及路域地质灾害防治	1. 能识别与分析路基常见病害； 2. 能处治路基常见病害； 3. 能识别路域地质灾害	路基病害的种类与成因	B
		路基病害的处治方法及施工工艺	C
		路域地质灾害防治对策	C

注："重要性"表示知识点的重要程度，A > B > C。

公路是一种暴露于自然界中的线形工程构造物,呈一条空间曲线。公路由于受地形、地貌、地质、水文等自然条件限制,以及为了满足经济性要求,在平面上有弯道、在纵面上有起伏、在横面上有填挖。公路中线及中线两侧一定范围内的地物、地貌在水平面上的投影称为路线平面图;在过公路中线的立面上的投影展绘而成的图形称路线纵断面图;在公路中心桩处垂直于公路中线方向的剖面图称为路基横断面图。具体如图 1-1-1 所示。

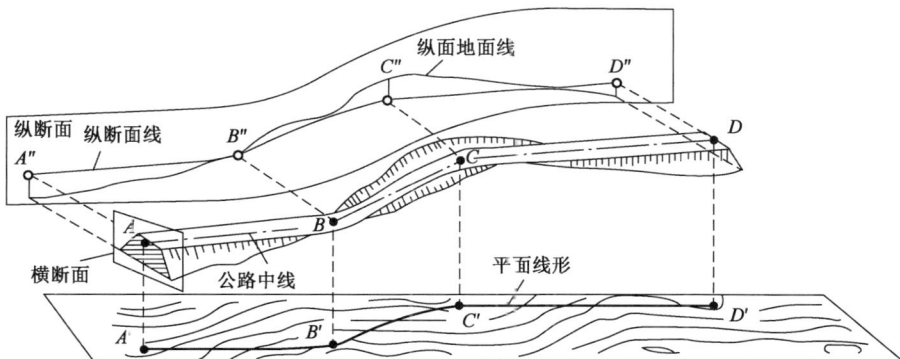

微课:路基路面工程总论

微课:路基工程认知

图 1-1-1 道路的平面线形、纵断面线与横断面

1. 两路精神

公路的基本组成部分包括路基、路面、桥梁、涵洞、防护与支撑工程、排水设施、山区特殊构造物(如半山桥、明洞)等。此外,还有各种沿线交通安全、管理、服务、环保等设施。如图 1-1-2所示。

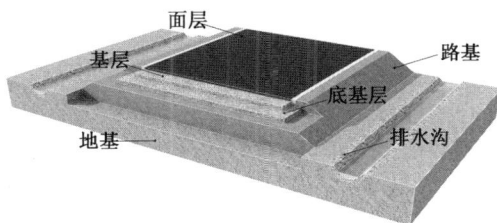

图 1-1-2 公路主要组成部分

2. 四好路 两心惬
——湖州

一、路基组成

路基是指按照路线位置和一定技术要求修筑的带状构造物,是路面的基础,承受由路面传递下来的行车荷载。路基由上路床、下路床、上路堤、下路堤组成。其中,路床是指路面结构层底面的路基部分,在结构上分为上路床和下路床;路堤是指高于原地面的路基,在结构上分为

上路堤和下路堤。路床和路堤的深度区别见表 1-1-1。

路床和路堤在路基中的部位和深度区别 　　　　　　　　　　　　　表 1-1-1

在路基中的部位		路床顶面以下的深度（m）
上路床	—	0~0.3
下路床	轻、中及重交通荷载等级	0.3~0.8
	特重、极重交通荷载等级	0.3~1.2
上路堤	轻、中及重交通荷载等级	0.8~1.5
	特重、极重交通荷载等级	1.2~1.9
下路堤	轻、中及重交通荷载等级	>1.5
	特重、极重交通荷载等级	>1.9

　　路肩是指行车道外缘至路基边缘的部分,用作路面的横向支承,并可临时停靠车辆。

　　路基边坡是指在路基两侧的坡面部分,为防止水流冲刷,保证路基稳定,在坡面上采取砌石或喷浆、栽植等措施对坡面进行防护和加固。

　　路基排水设施是指保持路基稳定的地面和地下排水设施。

　　路基工程的项目较多,主要有路基土石方工程、排水工程和防护工程等。其中,路基土石方工程主要有土方路基、石方路基、土石路基、特殊地基等。

二、路基典型横断面及几何尺寸表示

(一)路基典型横断面

　　一般路基是指在良好的地质与水文等条件下,填方高度和挖方深度不大的路基。通常,一般路基可以结合当地的地形、地质情况,直接选用典型横断面图作各横断面设计图,无须进行单独验算。超过规范规定的高填、深挖路基,以及地质和水文等条件不良的路基称为特殊路基。为了确保路基具有足够的强度与稳定性,对特殊路基需要进行单独设计和验算。

　　通常,根据公路路线设计确定的路基高程与天然地面高程是不同的,路基设计高程低于天然地面高程时,需进行挖掘;路基设计高程高于天然地面高程时,需进行填筑。由于填挖情况的不同,路基横断面的典型形式可归纳为路堤、路堑和填挖结合(又称为半填半挖)三种类型(图 1-1-3)。其中,路堤是指在原地面上全部用土、石填筑而成的路基;路堑是指在原地面上开挖而成的路基;当天然地面横坡较大且路基较宽,需要一侧开挖而另一侧填筑时,为填挖结合路基。在丘陵或山区公路上,填挖结合是路基横断面的主要形式。

1. 路堤

　　图 1-1-4 所示为路堤的几种常见横断面形式。按路堤的填土高度不同,可划分为矮路堤、高路堤和一般路堤。当填土高度小于 1.5m 时,属于矮路堤;当填土高度在 1.5~18m 范围内时,属于一般路堤;当填土高度大于 18m(土质)或 20m(石质)时,属于高路堤。此外,随其所处的条件和加固类型的不同,还有浸水路堤、护脚路堤及挖沟填筑路堤等形式。

　　矮路堤通常在平坦地区取土困难时选用。平坦地区地势低,水文条件较差,易受地面水和地下水的影响,设计时应注意路基高程尽可能不低于规定的临界高度,使路基处于干燥或中湿状态。矮路堤两侧均应设置边沟。当矮路堤的高度接近或小于路基工作区的深度时,除填方路堤本身需要满足规定的施工要求外,对天然地面也应按规定进行压实,使其达到规定的压实度,必要时进行换土或加固处理,以保证路基路面的强度和稳定性。

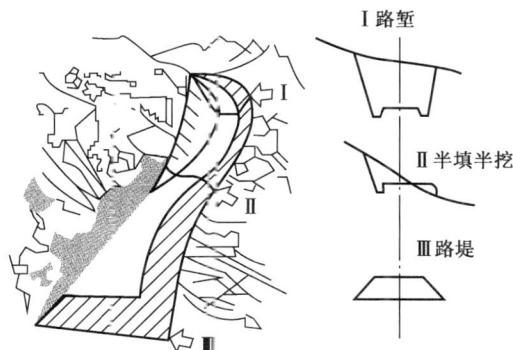

图 1-1-3　路基的横断面形式

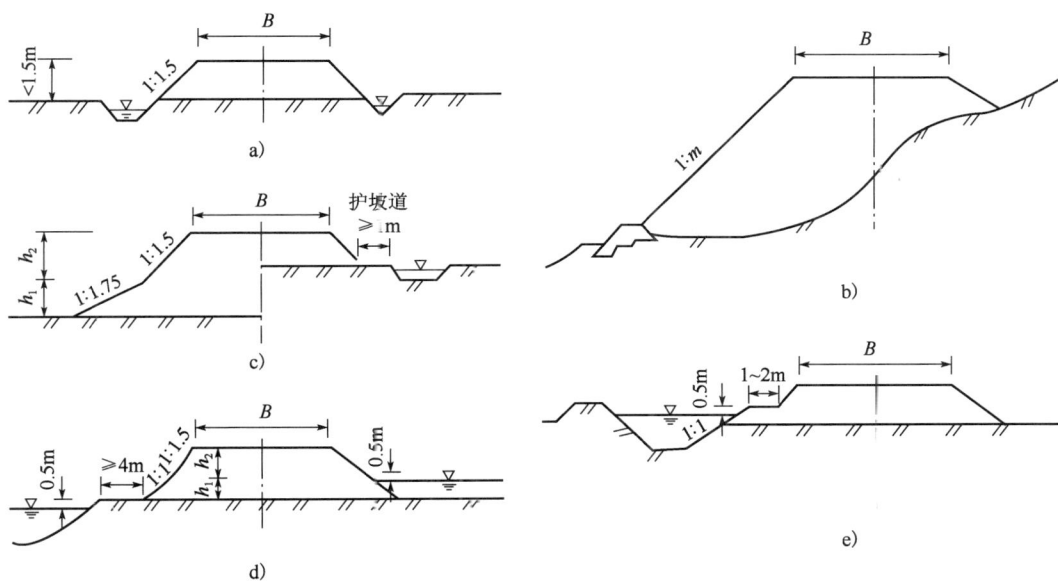

图 1-1-4　路堤的几种常见横断面形式
a)矮路堤;b)护脚路堤;c)一般路堤;d)浸水路堤;e)挖沟筑路堤

填方高度不大,$h = 2 \sim 3m$ 时,填方数量较少,全部或部分填土可通过在路基两侧设置取土坑取土,有条件时使之与排水沟渠相结合。为保护填方坡脚不受邻近流水侵害,保证边坡稳定,可在坡脚与沟渠之间预留 $1 \sim 2m$ 甚至 4m 宽的护坡道。当地面横坡较陡时,为防止填方路基沿山坡向下滑动,应将路基下的天然地面挖成台阶状,或在路基边坡坡脚设置砌石护脚。

高路堤的填方数量大、占地多,为了使路基稳定,同时使横断面经济合理,需进行单独设计。高路堤和浸水路堤的边坡,可采用上陡下缓的折线形或台阶形(即在边坡中部设置护坡道)。

2. 路堑

图 1-1-5 所示为路堑的几种常见横断面形式,有全挖路基、台口式路基及半山洞路基。挖方边坡可视高度和岩土层情况设置成直线形或折线形。挖方边坡的坡脚处设置边沟,路堑的上方可设置截水沟,均用于排除来自公路山坡上的地表水。挖方弃土可堆放在路堑的下方,但不能对坡下的环境造成影响,当边坡坡面易风化时,可采用防护措施,必要时可在坡脚处设置 0.5~1.0m 的碎落台。

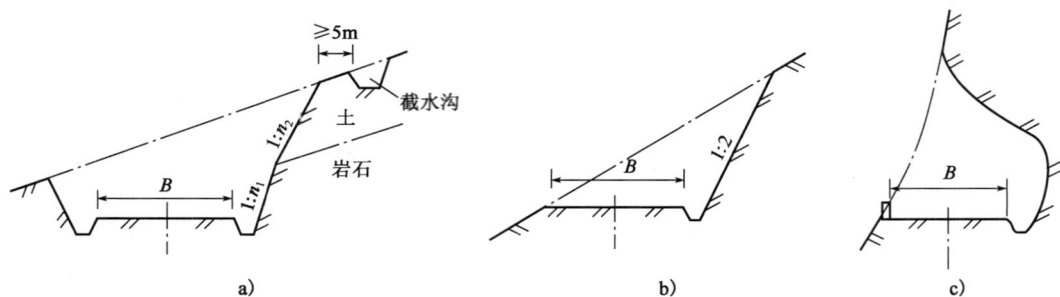

图 1-1-5 路堑的几种常见横断面形式
a)全挖路基;b)台口式路基;c)半山洞路基

陡坡上的半路堑,路中线宜向内侧移动,尽量采用台口式路基,避免路基外侧难以稳定的少量填方。遇有整体性的坚硬岩层时,为减少开挖石方量,可采用半山洞路基。

对于路堑开挖后形成的路基及地基,要求人工压实至规定的压实度,必要时还应翻开,重新分层填筑、分层碾压。当路堑挖方处土质或水文状况不良时,应进行地基加固和设置必要的排水设施。

3. 填挖结合

为了减少土石方数量,保持土石方数量横向平衡,位于山坡上的路基,通常取路中心的高程接近原地面的高程,形成填挖结合(半填半挖)路基。若处理得当,这种路基稳定可靠,是一种比较经济的断面形式。

填挖结合路基兼有路堤和路堑二者的特点,这种断面形式应分别满足路堤和路堑的要求。

上述三类路基横断面形式,各具特点,分别在一定条件下使用。由于不同地区地形、地质、水文等自然条件差异性很大,路基位置、横断面尺寸及要求等亦应结合路线、路面及沿线结构物的特点而设计。所以,路基横断面类型的选择,必须因地制宜,综合设计。

(二)路基几何尺寸表示

公路路基横断面形式应根据公路功能、技术等级、交通量和地形条件确定。各级公路路基断面形式如图 1-1-6 所示。

1. 路基宽度

路基宽度为行车道路面及其两侧路肩宽度之和。当设有中央分隔带、变速车道、爬坡车道、紧急停车带、错车道、超车道等时,这些部分的宽度均应包括在路基宽度范围内。路基宽度应根据其功能、公路技术等级、交通量与交通组成,按《公路工程技术标准》(JTG B01—2014)的规定进行设计。

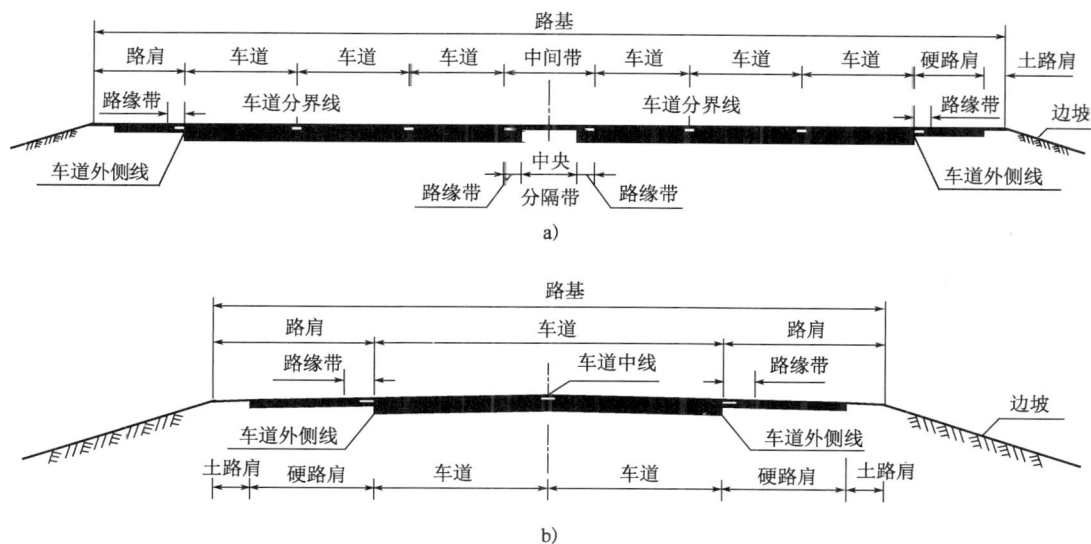

图1-1-6 公路路基整体式断面形式
a)高速公路和一级公路;b)二、三、四级公路

各级公路的车道宽度和车道数应符合表 1-1-2 规定。

车道数和车道宽度 表 1-1-2

公路等级	高速公路			一级公路			二级公路		三级公路		四级公路	
设计速度(km/h)	120	100	80	100	80	60	80	60	40	30	30	20
车道宽度(m)	3.75			3.75		3.50	3.75	3.50	3.5	3.25	3.25	3.00
车道数(条)	≥4			≥4			2		2		2(1)	

2. 路基高度

路基高度表示的是路堤的填筑高度或路堑的开挖深度,具体是指路基中心线处设计高程与原地面高程之差。由于原地面沿横断面方向往往是倾斜的,因此在路基宽度范围内,两侧的高差常有差别。路基两侧的边坡高度是指填方坡脚或挖方坡顶与路肩边缘的相对高差。所以路基高度(亦称中心高度)与边坡高度是有区别的。

路基的填挖高度是在路线纵断面设计时,综合考虑路线纵坡要求、路基稳定性和工程经济等因素确定的。从路基的强度和稳定性要求出发,路基上部土层应处于干燥或中湿状态,路基高度应根据临界高度,并结合公路沿线具体条件和排水及防护措施,确定路堤的最小填土高度。

路堤填土的高矮和路堑挖方的深浅,可按《公路路基设计规范》(JTG D30—2015)中的规定范围,使用常规的边坡高度值。

通常将大于 18m 的土质路堤和大于 20m 的石质路堤视为高路堤,将大于 20m 的路堑视为深路堑。高路堤和深路堑的土石方数量大、占地多、施工困难,边坡稳定性差,应尽量避免使用。不得已而一定要使用时,应进行单独特殊设计。

当路基高度低于按地下水位或地表长期积水位计算的临界高度时,可视为矮路堤。在矮路堤的行车荷载应力作用区范围内,往往同时经受着地面或地下水的不良影响。为了增强路基路面的综合强度与稳定性,需要另行采用加强路面结构或增设地下排水设施的方法。究竟如何合理确定路基的高度,需要进行综合比较后方可择优取用。

沿河及受水浸淹的路基,其高度应根据技术标准所规定的设计洪水频率,求得设计水位,再加 0.5m 的余量。如果河道因设置路堤而压缩过水面积,致使上游有壅水,或因河面宽阔而有风浪,则应增加壅水高度和波浪侵袭高度。所以,沿河浸水路堤的高度应高出上述各值之和,以保证路基不致被淹没,并据此进行路基的防护与加固。

3. 路基边坡坡度

正确确定路基边坡坡度对路基稳定是十分重要的。路基的边坡坡度,可用边坡高度 H 与边坡宽度 b 之比值表示,并取 $H=1$,如图 1-1-7 所示,$H:b=1:0.5$(路堑边坡)或 $1:1.5$(路堤边坡),通常用 $1:n$(路堑)或 $1:m$(路堤)表示其边坡坡率。

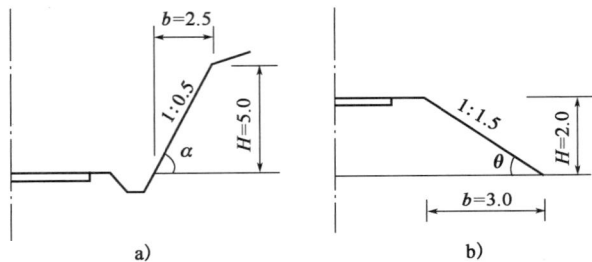

图 1-1-7　路基边坡坡度(尺寸单位:m)

a)路堑;b)路堤

路基边坡坡度的大小,取决于边坡的土质、岩石的性质及水文地质条件等自然因素和边坡的高度。在陡坡或填挖较大的路段,边坡的稳定性不仅影响到土石方工程量和施工的难易程度,而且是路基整体稳定性的关键。因此,确定边坡坡度对于路基的稳定性和工程的经济合理性至关重要。一般路基的边坡坡度可根据多年实践经验和设计规范推荐的数值采用。

1)路堤边坡

一般路堤边坡坡度可根据填料种类和边坡高度按表 1-1-3 所列的坡度选用。

路堤边坡坡率表　　　　　　　　　　　　　　　表 1-1-3

填料种类	边坡坡率	
	上部高度($H \leqslant 8m$)	下部高度($H \leqslant 12m$)
细粒土	1:1.5	1:1.75
粗粒土	1:1.5	1:1.75
巨粒土	1:1.3	1:1.50

对边坡高度超过 20m 的路堤,边坡形式宜采用阶梯形,并应进行单独设计。

沿河浸水路堤在设计水位以下的边坡坡率不宜小于 1:1.75。

当公路沿线有大量天然石料或路堑开挖的废石方时，可用于填筑路堤。填石路堤应由不易风化的较大（边长大于25cm）石块砌筑，边坡坡率一般可用1:1。

陡坡上的路基填方可采用砌石，如图1-1-8所示，砌石顶宽不得小于0.8m，基底面以1:5的坡率向路基内侧倾斜，砌石高度 H 一般为 2~15m，墙的内外坡根据砌石高度按表1-1-4选用。

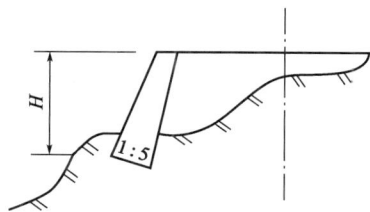

图1-1-8 砌石

砌石边坡坡率表　　　　　　　　　　　　　　　表1-1-4

序 号	高度（m）	内坡坡率	外坡坡率
1	≤5	1:0.3	1:0.50
2	≤10	1:0.5	1:0.67
3	≤15	1:0.6	1:0.75

在地震多发地区应参照《公路工程抗震规范》（JTG B02—2013）执行。规范规定，高速公路和一级公路的路堤，边坡高度大于表1-1-5的规定时，应放缓边坡坡率。

路堤边坡高度限值（m）　　　　　　　　　　　　表1-1-5

填 料	基本烈度	
	8	9
岩块和细粒土（粉质土和有机质土除外）	15	10
粗粒土（细砂、极细砂除外）	6	3

2）路堑边坡

设计路堑边坡坡率时，应从地貌、地质构造，尤其是路堑开挖后的实际情况，判断其整体稳定性。在遇到工程地质或水文地质条件不良的地段时，应尽可能使路线避绕之；而对于原稳定的地层，则应考虑开挖后，是否会由于减少支承，使坡面加剧风化而引起失稳。

影响路堑边坡稳定的因素较为复杂，除了路堑深度和坡体土石的性质之外，地质构造特征、岩石的风化和破碎程度、土层的成因类型、地面水和地下水的影响、坡面的朝向以及当地的气候条件等，在进行边坡设计时必须综合考虑。

土质路堑边坡，应根据边坡高度、土的密实度、土的成因及生成年代、地下水和地面水的情况等因素，参照表1-1-6中的规定选定边坡坡率。

土质路堑边坡坡率　　　　　　　　　　　　　　表1-1-5

土 的 类 别		边坡坡率
黏土、粉质黏土、塑性指数大于3的粉土		1:1
中密以上的中砂、粗砂、砾砂		1:1.5
卵石土、碎石土、圆砾土、角砾土	胶结和密实	1:0.75
	中密	1:1

土的密实程度划分见表1-1-7。

土的密实程度划分表　　　　　　　　　　　　　　　　　　表1-1-7

分　级	试坑开挖情况
胶结	细粒土密实度很高,粗颗粒之间呈弱胶结,试坑用镐开挖很困难,天然坡面可以陡立
密实	试坑坑壁稳定,开挖困难,土块用手使劲才能破碎,从坑壁取出大颗粒处能保持凹面形状
中密	天然坡面不易陡立,试坑壁有掉块现象,部分需用镐开挖
较松	铁锹很容易铲入土中,试坑坑壁容易坍塌

岩石路堑边坡形式及坡率,应根据地质与水文条件、边坡高度、施工方法,结合自然稳定边坡的调查情况,岩石风化破碎程度等主要因素来确定。设计时,往往对照相似工程的成功经验选定边坡坡率。表1-1-8、表1-1-9供参考。

岩石风化破碎程度分级表　　　　　　　　　　　　　　　　表1-1-8

岩石种类	岩体完整程度	结构面结合程度	结构面产状	直立边坡自稳能力
Ⅰ类	完整	结构面结合良好或一般	外侧结构面或外倾不同结构面的组合线倾角大于75°或小于35°	30m高的边坡长期稳定,偶有掉块
Ⅱ类	完整	结构面结合良好或一般	外侧结构面或外倾不同结构面的组合线倾角为35°～75°	15m高的边坡稳定,15～30m高的边坡欠稳定
	完整	结构面结合差	外侧结构面或外倾不同结构面的组合线倾角大于75°或小于35°	
	较完整	结构面结合良好或一般或差	外侧结构面或外倾不同结构面的组合线倾角小于35°,有内倾结构面	边坡出现局部坍塌
Ⅲ类	完整	结构面结合差	外侧结构面或外倾不同结构面的组合线倾角为35°～75°	8m高的边坡稳定,15m高的边坡欠稳定
	较完整	结构面结合良好或一般或差	外侧结构面或外倾不同结构面的组合线倾角为35°～75°	
	较完整	结构面结合差	外侧结构面或外倾不同结构面的组合线倾角大于75°或小于35°	
	较完整（碎裂镶嵌）	结构面结合良好或一般	结构面无明显规律	
Ⅳ类	较完整	结构面结合差或很差	外倾结构面以层面为主,倾角多为35°～75°	8m高的边坡不稳定
	不完整（散体、碎裂）	碎块间结合很差	结构面错综复杂	

注:Ⅰ～Ⅳ类四种岩石按岩体完整程度进行分类。

岩石挖方边坡坡率表 表1-1-9

岩石种类	风化程度	边坡坡率	
		$H<15\text{m}$	$15\leqslant H<30\text{m}$
Ⅰ类	无风化、微风化	1:0.1～1:0.3	1:0.1～1:0.3
	弱风化	1:0.1～1:0.3	1:0.3～1:0.5
Ⅱ类	无风化、微风化	1:0.2～1:0.3	1:0.3～1:0.5
	弱风化	1:0.3～1:0.5	1:0.5～1:0.75
Ⅲ类	无风化、微风化	1:0.3～1:0.5	—
	弱风化	1:0.5～1:0.75	—
Ⅳ类	弱风化	1:0.5～1:1	—
	强风化	1:0.75～1:1	—

在地震地区的岩石路堑边坡坡率应参考《公路工程抗震规范》(JTG B02—2013)确定。当岩石路堑边坡高度超过10m时,边坡坡率应按表1-1-10采用。

高度超过10m的岩石路堑参考边坡坡率 表1-1-10

岩石种类	基本烈度	
	8	9
风化岩石	1:0.6～1:1.5	1:0.75～1:1.5
一般岩石	1:0.1～1:0.5	1:0.2～1:0.6
坚石	1 0.1～直立	1:0.1～直立

注:1. 基本烈度是指在今后一定时期内,在一般场地条件下,可能遭受的最大地震烈度。
2. 风化岩石是指岩石全风化或强风化、单轴极限抗压强度≤5MPa的岩石。一般岩石是指岩石中风化或微风化、单轴极限抗压强度在5～30MPa的岩石。坚石是指岩石微风化或未风化、单轴极限抗压强度在30MPa以上的各类较坚硬的岩石。

三、路基干湿类型判别

路基的强度和稳定性与路基土的干湿状态以及大气温度引起的路基的水温状况有着密切的关系,并在很大程度上影响路面的使用性能。路基土的干湿状态通过路基平衡湿度(用饱和度表示)进行预估,分为干燥、中湿、潮湿三类。依据路基工作区深度、路床顶面至地下水的相对高度、地下水位高度、毛细水上升高度及路基填土高度、路基土组类别可确定路基干湿类型。

(一)路基湿度来源

路基在使用过程中,受到各种外界因素的影响,使路基的湿度发生变化。路基湿度的来源可分为以下几方面:

(1)大气降水。大气降水通过路面、路肩、边坡和边沟渗入路基。

(2)地面水。边沟的流水、地表径流水因排水不良,形成积水,渗入路基。

(3)地下水。路基下面一定范围内的地下水浸入路基。

（4）毛细水。路基下的地下水通过毛细管作用，上升到路基。

（5）水蒸气凝结水。在土的空隙中流动的水蒸气，遇冷凝结成水。

（6）薄膜移动水。在土的结构中，水以薄膜的形式从含水率较高处向较低处流动，或由温度较高处向冻结中心周围流动。

上述各种导致路基湿度变化的水源，其影响程度随当地自然条件和气候特点以及所采取的工程措施等而不同。

（二）路基干湿类型

路基平衡湿度是指公路建成通车后，路基在地下水、降雨、蒸发、冻结和融化等因素作用下，湿度达到相对稳定的平衡状态，此时的湿度称为路基平衡湿度，即路基湿度达到与周围环境相平衡的稳定状态时的湿度。由于平衡湿度无法反映非黏性土的湿度状态，也难以准确地反映含水率对回弹模量的影响，《公路路基设计规范》（JTG D30—2015）采用饱和度来表征路基土的湿度状态，即路基平衡湿度用饱和度来表示。

路基干湿类型根据路基的湿度来源分为潮湿、中湿、干燥三类。

潮湿类路基的湿度由地下水控制，即地下水或地表长期积水的水位高，路基工作区均处于地下水毛细润湿区影响范围内，路基平衡湿度由地下水或地表长期积水的水位升降所控制。

中湿类路基的湿度兼受地下水和气候因素影响，即地下水位较高，路基工作区被地下水毛细润湿面分为上、下两部分，下部受毛细水润湿的影响，上部则受气候因素影响。

干燥类路基的湿度由气候因素控制，即地下水位很低，路基工作区处于地下水毛细润湿面之上，路基平衡湿度完全由气候因素变化所控制，如图1-1-9所示。

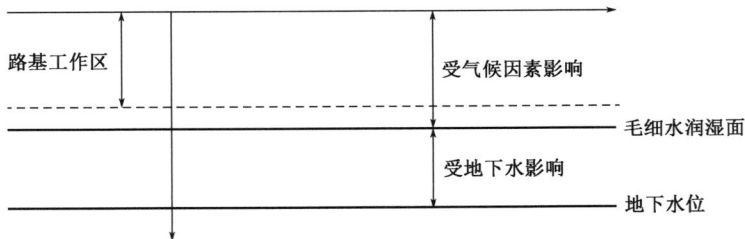

图1-1-9 干燥类路基的湿度状况

路基平衡湿度可根据路基土组类别及地下水位高度，按表1-1-11确定距地下水位不同高度处的饱和度。

各路基土组距地下水位不同高度处的饱和度(%) 表1-1-11

土　　组	计算点距地下水或地表长期积水水位的距离(m)						
	0.3	1.0	1.5	2.0	2.5	3.0	4.0
粉土质砾石 GM	69~84	55~69	50~65	49~62	45~59	43~57	—
黏土质砾石 GC	79~96	64~83	60~79	56~75	54~73	52~71	—
砂 S	80~95	50~70	—	—	—	—	—
粉土质砂 SM	79~93	64~77	60~72	56~68	54~66	52~64	—

土　组	计算点距地下水或地表长期积水水位的距离（m）						
	0.3	1.0	1.5	2.0	2.5	3.0	4.0
黏土质砂 SC	90~99	77~87	72~83	68~80	66~78	64~76	—
低液限粉土 ML	94~100	80~90	76~86	73~83	71~81	69~80	—
低液限黏土 CL	93~100	80~93	76~90	73~88	70~86	68~85	66~83
高液限粉土 MH	100	90~95	86~92	83~90	81~89	80~87	—
高液限黏土 CH	100	93~97	90~93	88~91	86~90	85~89	—

注：1. 对于砂（包括级配良好的砂、级配不良的砂），级配累计百分率60%的粒径 d_{60} 较大时，平衡湿度取低值；反之　取高值。

　　2. 对于其他含黏粒的土，小于0.075mm 的颗粒含量大且塑性指数高时，平衡湿度取高值；反之，取低值。

（三）路基填土高度

路基填土高度是指路肩边缘距原地面的高度。路基最小填土高度是指为保证路基稳定，根据土质、气候和水文地质条件所规定的路肩边缘距原地面的最小高度。路基填土高度应满足各等级公路所对应的路基设计洪水频率及其设计洪水位；不宜小于中湿状态路基临界高度；不含路面厚度的路基高度不宜小于路基工作区深度；季节性冰冻地区，不含路面厚度的路基高度不宜小于道路冻结深度。

挖方或填筑路堤有困难的地段可加深边沟，使路肩边缘距边沟底面的高度符合上述规定。当路基填土高度不能满足上述规定时，应采取相应措施，以保证路基的强度与稳定性。

四、路基土的分类及其工程特性、分级

（一）路基土的分类

我国公路用土依据土的颗粒组成特征、土的塑性指标和土中有机质存在的情况，分为巨粒土、粗粒土、细粒土和特殊土四类，并进一步细分为13种土（图1-1-10）。土的颗粒组成特征可用不同粒径粒组在土中的百分含量表示。不同粒组的划分界限及范围见表1-1-12。

特殊土主要包括黄土、膨胀土、红黏土、盐渍土、冻土和软土。黄土、膨胀土、红黏土按塑性指数和液限划分，根据特殊土塑性图上的位置定名。

（1）黄土：低液限黏土，液限 $w_L < 40\%$；

（2）膨胀土：高液限黏土，液限 $w_L > 50\%$；

（3）红黏土：高液限粉土，液限 $w_L > 55\%$；

（4）盐渍土：按盐渍化程度进行分类，分为弱盐渍土、中盐渍土、强盐渍土、过盐渍土；

（5）冻土：大气温度零摄氏度以下，并含有冰的土；

（6）软土：天然含水率大于液限，天然孔隙比 ≥1.5 的黏性土是淤泥，天然孔隙比 <1.5，但大于或等于1.0 的黏性土或粉土为淤泥质土。

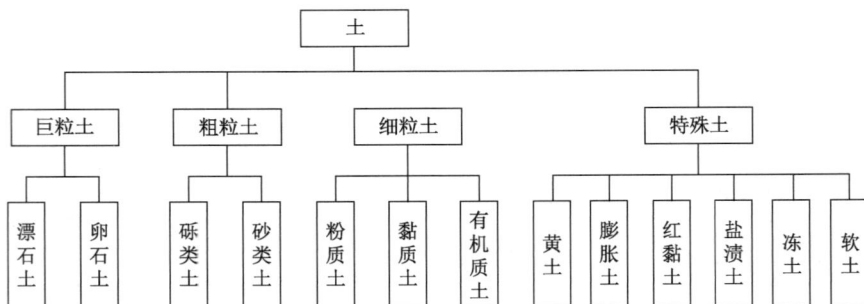

图 1-1-10　土分类总体系

粒 组 划 分 表　　　　　　　　　　表 1-1-12

200	60	20	5	2	0.5	0.25	0.075	0.002 (mm)	
巨粒组		粗粒组						细粒组	
漂石 (块石)	卵石 (小块石)	砾(角砾)			砂			粉粒	黏粒
		粗	中	细	粗	中	细		

(二)路基土的工程特性

公路用土具有不同的工程性质,在选择路基填筑材料以及修筑稳定土路面结构层时,应根据不同的土类分别采取不同的工程技术措施。

1.巨粒土

巨粒土具有很高的强度及稳定性,是填筑路基很好的材料。巨粒土包括漂石土和卵石土。对于漂石土,在码砌边坡时,应正确选用边坡坡率,以保证路基稳定。对于卵石土,填筑时应保证有足够的密实度。

2.粗粒土

粗粒土包括砾类土和砂类土。砾类土由于粒径较大,内摩阻力亦大,因而强度和稳定性均能满足要求。级配良好的砾类土混合料,密实度好。对于级配不良的砾类土混合料,填筑时应保证密实度,防止由于空隙大而造成路基积水、不均匀沉陷或表面松散等病害。

砂类土又可分为砂、含细粒土砂(或称砂土)和细粒土质砂(或称砂性土)三种。

砂和砂土无塑性,透水性强,毛细水上升高度很小,具有较大的摩擦系数,强度和水稳定性均较好。但由于其黏性小,易松散,故压实困难,需要振动法或灌水法才能压实。为克服这一缺点,可添加一些黏质土,以改善其使用质量。

砂性土既含有一定数量的粗颗粒,有利于提高路基的强度和水稳性,又含有一定数量的细粒土,使其具有一定的黏性,不致过分松散,且一般遇水疏散快,不膨胀,干时有一定黏结性,扬尘少,容易被压实。因此,砂性土是修筑路基的良好材料。

3.细粒土

细粒土包括粉质土、黏质土和有机质土。粉质土为最差的筑路材料。它含有较多的粉土粒,干时稍有黏性,但易被压碎,易扬尘,浸水时很快被湿透,易成稀泥。粉质土的毛细作用强烈,上升速度快,毛细水上升高度一般可达0.9~1.5m,在季节性冰冻地区,水分积聚现象严重,造成严重的冬季冻胀,春融期间出现翻浆,故又称翻浆土。如遇粉质土,特别是在水文条件不良时,应采取一定的措施,改善其工程性质,在达到规定的要求后方可使用。

黏质土透水性很差,黏聚力大,因而干时坚硬,不易挖掘。但它具有较好的可塑性、黏结性和膨胀性,毛细管现象也很显著,用来填筑路基时比粉质土好,但不如砂性土。浸水后,黏质土能较长时间保持水分,因而承载能力小。对于黏质土,如在适当的含水率时加以充分压实和有良好的排水设施,筑成的路基也能获得稳定。

有机质土(如泥炭、腐殖土等)不宜作为路基填料,如遇有机质土,均应在设计和施工时采取适当措施。

4.特殊土

特殊土包括黄土、膨胀土、红黏土、盐渍土、冻土和软土。黄土属大孔和多孔结构,具有湿陷性;膨胀土受水浸湿发生膨胀,失水则收缩;红黏土失水后体积收缩量较大;盐渍土潮湿时承载力很低。冻土的冻胀和融陷对路基极为不利,导致承载力降低而沉陷;软土的承载力很低,容易发生路基的不均匀沉降或大面积开裂。因此,特殊土也不宜作为路基填料。

(三)路基土的工程分级

交通运输部颁布的《公路工程标准施工招标文件》(2018年版)第三卷第七章"技术规范"第200章第201.02节中规定,路基土石划分的标准是,在公路路基土石挖方中如不小于112.5kW推土机单齿松土器无法松动,须用爆破或用钢楔大锤或用气钻方法开挖的,以及体积大于或等于1m³的孤石为石方,其余为土方。为便于选择施工方法和施工机具,确定工程量及费用,在施工中,路基土石按其开挖难易程度,可分为六级,见表1-1-13。

土、石工程分级　　　　　　　　　　　表1-1-13

土、石等级	土、石类别	土、石名称	钻1m所需时间			爆破1m³所需炮眼长度(m)		开挖方法
			湿式凿岩一字合金钻头净钻时间(min)	湿式凿岩普通淬火钻头净钻时间(min)	双人打眼(人工)	路堑	隧道导坑	
I	松土	砂类土、腐殖土、种植土、中密的黏性土及砂性土、松散的水分不大的黏土,以及含有30mm以下的树根或灌木根的泥炭土						用铁锹挖,脚蹬一下到底的松散土层
II	普通土	水分较大的黏土、密实的黏性土及砂性土、半干硬状态的黄土,以及含有30mm以上的树根或灌木根的泥炭土、碎石类土(不包括块石土及漂石土)						部分用镐刨松,再用锹挖,以脚蹬需连蹬数次才能挖动

续上表

土、石等级	土、石类别	土、石名称	钻1m所需时间		爆破1m³所需炮眼长度(m)			开挖方法
			湿式凿岩一字合金钻头净钻时间（min）	湿式凿岩普通淬火钻头净钻时间（min）	双人打眼（人工）	路堑	隧道导坑	
Ⅲ	硬土	硬黏土、密实的硬黄土，含有较多的块石土及漂石土，各种风化成土块的岩石						必须用镐先整个刨过才能开挖
Ⅳ	软石	各种松散岩石、盐岩、胶结不紧的砾岩、泥质页岩、砂岩、煤、较坚实的泥灰岩、块石土及漂石土、软的节理多的石灰岩	7以内	0.2以内	0.2以内		2.0以内	部分用撬棍或十字镐及大锤开挖，部分用爆破法开挖
Ⅴ	次坚石	硅质页岩、砂岩、白云岩、石灰岩、坚实的泥灰岩、软玄武岩、片麻岩、正长岩、花岗岩	15以内	7～20	0.2～1.0	0.2～0.4	2.0～3.5	用爆破法开挖
Ⅵ	坚石	硬玄武岩，坚实的石灰岩、白云岩、大理岩、石英岩、闪长岩、粗粒花岗岩、正长岩	15以上	20以上	1.0以上	0.4以上	3.5以上	用爆破法开挖

五、路基土的常用强度指标

路基土的强度是指路基土在外力和重力作用下抵抗相对滑动位移变形和竖向垂直位移变形的能力。根据路基土简化的力学模型以及土体破坏的原因不同，表征路基土强度的指标主要有路基土的承载能力和抗剪强度。

1.路基土的承载能力指标

路基土的承载能力是指路基土在一定应力作用下的抗变形能力。用于表征路基土承载能力的参数指标有回弹模量、加州承载比(CBR)和地基反应模量等。

1)路基土回弹模量

路基土回弹模量表示路基土在弹性变形阶段内，在垂直荷载作用下，抵抗竖向变形的能力。路基土回弹模量设计值的确定方法如下：

(1)进行新建公路初步设计时，可根据查表法[查表法可参考《公路沥青路面设计规范》(JTG D50—2017)附录F]或现有公路调查法、室内试验法、换算法等，经综合分析、论证，确定沿线不同路基状况的路基土回弹模量设计值。

(2)通过现场测定路基土回弹模量值与压实度 K、路基土含水率 w_c 或室内试验测定路基土回弹模量值与室内路基土 CBR 值等资料,建立可靠的换算关系,利用换算关系计算现场路基土回弹模量。

(3)路基建成后,在不利季节实测各路段路基回弹模量代表值,以检验是否符合设计值要求。现场实测方法宜采用承载板法,也可用贝克曼梁弯沉仪法。若为非不利季节测试,则应进行修正。常用压入承载板法:在路基土表面,压入圆形刚性承载板,采用逐级加载、卸载的方法,测出每级荷载相应的沉降值,通过计算可求得路基土回弹模量值。

$$E_0 = \frac{\tau D}{4}(1 - \mu_0^2)\frac{\sum P_i}{\sum l_i} \tag{1-1-1}$$

式中:E_0——路基土的回弹模量(MPa);

    μ_0——泊松比;

    P_i、l_i——分别为各级荷载的单位压力(MPa)和对应的实际沉降值(m);

    D——承载板的直径(m)。

2)加州承载比(CBR)

加州承载比是表征路基土、粒料、稳定土强度的一种指标,即标准试件在贯入量为 2.5mm 时所施加的试验荷载与标准碎石材料在相同贯入量时所施加的荷载之比值,以百分率表示。

CBR 试验有室内试验与室外试验两种。对于室外试验,应通过试验分析,寻找其与室内试验之间的关系,换算为室内试验 CBR 值后,再用于路基施工强度检验或评定。其具体试验方法请参阅相关规范。

3)地基反应模量

在刚性路面设计中,除用弹性模量表征路基土强度外,亦常用路基土反应模量作为强度指标。该力学模型假设地基上任一点的反力与该点的挠度成正比,而与其他点无关,即路基土相当于由互不联系的弹簧组成,如图 1-1-11 所示。

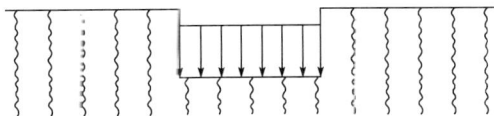

图 1-1-11　文克勒地基力学模型

这种地基力学模型由捷克工程师文克勒(E. Winkler)首先提出,因此,这种地基又叫作文克勒地基。地基反应模量 K_0(MPa/m)为压力 P 与沉降 l 之比,即

$$K_0 = \frac{P}{l} \tag{1-1-2}$$

地基反应模量 K_0 值,用承载板试验确定。承载板的标准直径规定为 76cm。测试方法与回弹模量测试方法相类似,但采用一次加载法,施加的荷载由两种方法控制:当地基较为软弱时,用 0.127cm 的沉降控制承压板的荷载;当地基较为坚硬,沉降难以达到 0.127cm 时,以单位压力 $P = 0.07$MPa 控制承载板的荷载。

以上三项指标,都表征特定力学模型下路基土的应力与应变关系。但由于路基土是非线弹性体,其强度还随土质、密实度、水温状况及自然条件而变,因此,在应用各项指标进行路面设计和对路基土强度进行评价时,必须与路面结构设计方法相配合,把路基路面的设计力学模型与具体条件和要求联系起来。

《公路沥青路面设计规范》(JTG D50—2017)和《公路水泥混凝土路面设计规范》(JTG D40—2011)采用回弹模量作为路基路面的设计参数指标,而在国外公路建设中多采用CBR指标。为积累经验,促进国际学术交流,我国《公路路基设计规范》(JTG D30—2015)和《公路路基施工技术规范》(JTG/T 3610—2019)中将CBR值作为路基填料选择的依据。

2.路基土的抗剪强度指标

土的抗剪强度指土体抵抗剪切破坏的能力。路基土的抗剪强度对于分析土坡的稳定性及挡土墙后土压力计算具有十分重要的意义。

土的抗剪强度通常用库仑公式表示:

$$\tau = c + \sigma\tan\varphi \tag{1-1-3}$$

式中:τ——土的抗剪强度(kPa);

c——土的黏聚力(kPa);

σ——剪切破坏面上的法向总应力(kPa);

φ——土的内摩擦角(°)。

式中,c、φ值为土的抗剪强度指标,它反映了土体抗剪强度的大小。

土的抗剪强度测试有多种方法。若用三轴压缩试验测定,在一定围压下进行轴向加载,可以模拟土体受荷作用时发生的应力变化情况。如果试验时可以完全控制排水,水分可以从孔隙流出或排出,则土的性质完全可以用库仑公式(1-1-3)表示。

复习
思考题

1.一般路基和特殊路基有什么区别?
2.路基典型横断面有哪三种形式?
3.同一种土的路堤边坡坡率与路堑边坡坡率哪个更陡? 为什么?
4.路基边坡坡率的大小取决于哪些因素?
5.路基干湿类型有哪几类? 路基填土高度有什么要求?

能力
训练

1.绘图说明常见的路基横断面形式。
2.绘图说明中湿类路基的湿度状况。

模块1.2 路基施工准备

所谓路基施工,就是以设计文件和施工技术规范为依据,以工程质量为中心,有组织、有计划地将设计图纸转化为工程实体的建筑活动。

路基施工准备工作的主要内容包括组织准备、技术准备和物资准备等。

路基施工需要消耗大量的人力、物资、机械和时间等资源,是一项历时长、技术要求高的工作。路基施工前,必须根据工程的实际情况做好组织准备、物资准备和技术准备工作,使各项施工活动能正常进行。在施工过程中,所有的施工活动都必须严格地按有关施工规范进行,以确保工程质量,最后得到质量优良的路基实体。

微课:路基施工准备

一、组织准备

开工前的组织准备工作主要是建立健全工程管理机构和施工队伍,明确各自的施工任务,制定施工过程中必要的规章制度,确定工程应达到的目标等。组织准备是其他准备工作的开始。

(一)组建项目部

1. 驻地选址与要求

(1)合理确定安全的项目经理部地点,规范用房及场地建设。

(2)具备便利的交通条件,水、电、通信设施齐备。

(3)积极创造信息化办公管理条件。

2. 办公和生活用房要求

办公和生活用房应坚固、实用、美观、隔热、通风,符合招投标文件及施工管理需要。

(1)办公区内一般应设项目经理室、各业务科室、档案室、中心试验室和会议室等,各科室门口应挂设名称牌。

(2)会议室内管理图表均应装裱上墙。管理图表应包括平面图、项目经理部组织机构框图、质量自检体系框图、安全管理体系框图、工程进度柱状图、工程管理曲线图、开展劳动立功竞赛活动有关图表、各项规章制度、工程总体目标、各部门职责、工作计划、天气预报信息及管理人员考勤表。

(3)生活用房一般应设宿舍、食堂、浴室、厕所等,具备条件的要设文体活动室或活动场地。施工工区要为工人提供较好的工作和生活设施。

(4)办公区和生活区内均应配置必要的消防安全器具,建立安全、卫生管理制度,设专人维护和保洁。

3.项目部驻地建设的技术要点

(1)独立式庭院,四周设有围墙,有固定出入口,设置保卫人员。

(2)项目部的布局分为办公区、生活区及车辆、机具停放区等,布局科学合理。

(3)对区内场地及主要道路进行硬化处理,排水设施完善,庭院适当绿化,使环境优美整洁,生活、生产污水和垃圾应集中收集后处理。

(二)建立项目管理体系

项目部下设财务科、技术科、机料科、质检科、安全科、工程科、办公室等职能管理部门(图1-2-1)。为了便于组织施工及管理,在项目经理的统一指挥下,按工程项目类别分别设置路基土石方、排水及防护工程等作业班组(工区)等。

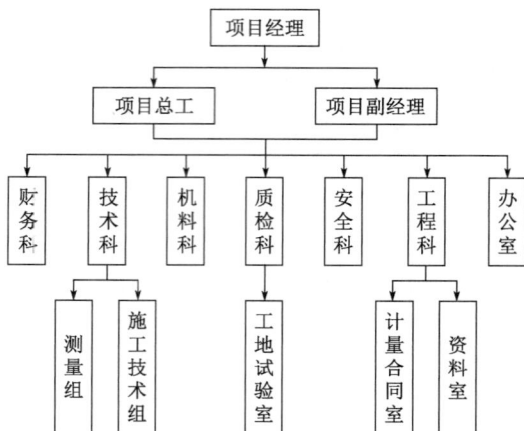

图1-2-1　项目部及下设部门

(三)人员配备标准化

需要对施工企业现场项目部机构设置、主要管理人员数量和任职条件、培训和考核等方面进行规定,机构设置按照扁平化管理要求规范为项目部、作业队和工班三层管理。

项目经理部的人数配置视工程规模大小、难易程度而定,一般公路按 3～5km/人,高速公路和一级公路按 1km/人配置公路工程专业技术人员。

二、物资准备

路基施工要消耗大量的材料和机具,因此开工前应进行所需材料的采购、加工、调运和储备等工作。同时要检修或购置施工机械,做好施工人员的生活、后勤保障准备,正所谓"兵马未动,粮草先行"。机械设备和材料的准备工作是路基施工组织计划的重要组成部分。

三、技术准备

路基施工前的技术准备包括制订施工组织计划、施工测量、施工前的复查与试验以及清理施工现场等工作。对于高速公路和一级公路或采用新技术、新工艺及新材料的其他等级公路，除做好上述准备工作外，还应在大规模施工前铺筑试验路段，为正式施工提供技术指导。

(一)编制施工组织计划

编制路基施工的实施性组织计划，是路基施工前非常重要的技术准备工作，施工单位应根据设计文件、工程实际条件、工程量、施工难易程度以及设备、人员、材料供应情况和工期要求等认真编制。所编制的施工组织计划应针对工程实际，科学合理、易于操作，有利于保证工程质量和工程进度，做到"运筹"，使路基施工能连续、均衡地进行。在编制过程中，施工单位应对设计文件和设计交底全面熟悉、认真研究，组织有关人员进行现场核对和施工调查；若有必要，应按有关程序提出修改设计意见并报请变更设计。

1. 施工组织设计的内容

(1)工程情况简介，如工程规模、数量、工期、特征以及主要地质、水文、气候情况和技术要求等。

(2)各分部工程、分项工程的施工方案与方法。

(3)施工准备工作。

(4)施工进度计划，包括施工总进度计划和分年度计划，以及需要的工日数、机械台班数。

(5)施工总体平面布置。

(6)各项资源(人、材、机)配置与安排。

(7)技术、质量、安全组织及保障措施。

(8)文明施工、环境保护措施。

(9)各项技术经济指标。

施工组织设计可用文字、图、表三种形式编制，三种形式相互结合、相互补充，做到形象、准确、简单，有利于指导路基现场施工。

2. 施工组织设计的依据和程序

施工组织设计的依据：设计文件和施工组织总体设计；现场核对、恢复定线的补充资料；施工单位的资质水平和机具装备水平；有关规范、规程、合同等。

施工组织设计可按图1-2-2的程序进行编制。

(二)施工测量

开工前应做好施工测量工作，内容包括导线复测、水准点复测、中线放样、路基放样。

1. 导线复测

(1)当原有导线点不能满足施工需要时，应增设满足相应精度要求的附合导线点。

(2)同一建设项目内相邻施工段的导线应闭合，并满足同等级精度要求。

(3)可能受施工影响的导线点，施工前应加固或改移，并应保持其精度。

(4)对导线桩点应进行不定期检查和定期复测，复测周期不应超过6个月。

(5)导线测量精度应符合以下规定(表1-2-1)。

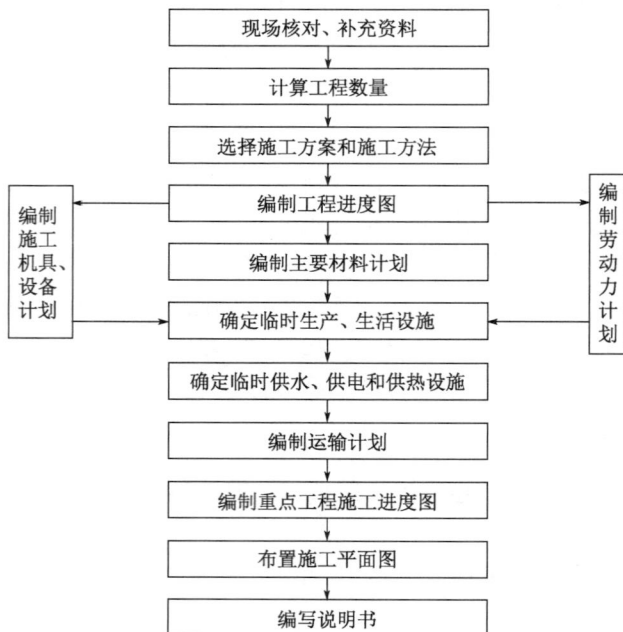

图 1-2-2　施工组织设计的编制程序

导线测量精度参数表　　　　　　　　　　　　　　　　　　　　表 1-2-1

测量等级	闭合导线长度（km）	边　　数	每边测距中误差（mm）	单位权中误差（″）	导线全长相对闭合差	方位角闭合差（″）
一级	≤6	≤12	±14	±5.0	≤1/17000	$\leq 10\sqrt{n}$
二级	≤3.6	≤12	±11	±8.0	≤1/11000	$\leq 16\sqrt{n}$

2. 水准点复测

（1）同一建设项目应采用同一高程系统,并与相邻项目高程系统相衔接。

（2）沿路线每500m宜设一个水准点,高速公路、一级公路宜加密,每200m设一个水准点。在结构物附近、高填深挖路段以及工程量集中和地形复杂路段,宜增设水准点。临时水准点应符合相应等级的精度要求,并与相邻水准点闭合。

（3）对可能受施工影响的水准点,施工前应加固或改移,并应保持其精度。

（4）对水准点应进行不定期检查和定期复测,复测周期不应超过6个月。

（5）水准点精度应符合以下的规定（表1-2-2）。

水准点测量精度参数表　　　　　　　　　　　　　　　　　　　　表 1-2-2

测 量 等 级	往返较差、附合或环形闭合差(mm)		检测已测测段高差之差（mm）
	平原、微丘	重丘、山岭	
四等	$\leq 20\sqrt{l}$	$\leq 6.0\sqrt{n}$ 或 $\leq 25\sqrt{l}$	$\leq 30\sqrt{L_i}$
五等	$\leq 30\sqrt{l}$	$\leq 45\sqrt{l}$	$\leq 40\sqrt{L_i}$

注:1. 当计算往返较差时,l 为水准点间的路线长度(km);当计算附合或环形闭合差时,l 为附合或环形的路线长度(km)。

　　2. n 为测站数;L_i 为检测段长度(km),小于1km时按1km计算。

3. 中线放样

(1)路基施工前,应进行全段中线放样,并应固定路线主要控制点,宜采用坐标法。

(2)中线放样时,一定要注意路线中线与结构物中心、相邻施工段的中线吻合。

(3)实际放样与设计图纸不符时,应查明原因后进行处理。

4. 路基放样

(1)施工前应对原地面进行复测,核对或补充横断面。

(2)施工前应设置标识桩,将路基用地界、路堤坡脚、路堑坡顶、取土坑、护坡道、弃土堆等的具体位置标识清楚。

(3)在深挖高填路段,每挖填3~5m或者一个边坡平台,应复测路中线和横断面。

(三)试验

(1)路基施工前,应建立具备相应试验检测能力的工地试验室。

(2)路基填筑碾压前,应对路基基底原状土进行取样试验。每千米应至少取2个点,并应根据土质变化增加取样点数。

(3)应及时对拟作为路堤填料的材料进行取样试验。土的试验项目应包括天然含水率、液限、塑限、颗粒分析、击实、CBR值等,必要时还应做相对密度、有机质含量、易溶盐含量、冻胀和膨胀量等试验。

(4)当使用特殊材料作为填料时,应按相关标准进行相应试验检验,经批准后方可使用。

(四)试验路段

下列情况应进行试验路段施工:

(1)二级及二级以上公路路堤。

(2)填石路堤、土石路堤。

(3)特殊填料路堤。

(4)特殊路基。

(5)拟采用新技术、新工艺、新材料、新设备的路基。

试验路段应选择地质条件、路基断面形式等具有代表性的地段,长度宜不小于200m。

试验路段施工总结宜包括下列内容:

(1)填料试验、检测报告等。

(2)压实工艺主要参数,包括机械组合、压实机械规格、松铺厚度、碾压遍数、碾压速度、最佳含水率及碾压时含水率范围等。

(3)施工过程工艺控制方法。

(4)质量控制标准。

(5)施工组织方案及工艺的优化。

(6)原始记录、过程记录。

(7)对施工图的修改建议等。

(8)安全保障措施。

(9)环保措施。

四、施工机械准备

(一)施工机械性能及适用性

施工机械按其性能,都有其相适应的工作范围,施工机械作业包括基本土方施工作业和施工辅助作业。为了根据施工条件正确地选用土方工程机械,科学地安排和组织各种机械的作业和综合组织机械作业,施工技术人员必须了解施工机械的种类、基本工作性能及主要作业范围,合理、保质、按时和经济地完成工程施工任务。

常用施工机械的作业范围见表1-2-3、表1-2-4。

常用施工机械的作业范围 表1-2-3

机械名称	适用的作业范围		
	准备工作	基本作业	辅助作业
推土机	(1)修筑临时道路; (2)推倒树木、拔除树根; (3)铲草皮,除积雪及建筑碎屑; (4)推缓陡坡,整平场地; (5)翻挖回填井、坑、陷穴	(1)高度3m以内的路堤和路堑土方; (2)运距100m以内土石方的挖填与压实; (3)傍山坡挖填结合路基土方	(1)路基缺口土方的回填; (2)路基初平,取弃土的整平; (3)填土压实,斜坡上挖台阶; (4)配合铲运机与挖掘机松土、运土
铲运机	(1)铲草皮; (2)移运孤石	运距在60~70m范围内的挖土、运土、铺平与压实(高度不限)	(1)路基初平; (2)取土坑与弃土堆的整平
平地机	除草、除雪及松土	修筑0.75m以内的路堤与0.6m以内的路堑,以及填挖结合路基的挖土、运土、填土	开挖排水沟,平整路基,整修边坡
挖掘机	(1)修筑临时道路; (2)挖土	(1)半径7m以内的挖土与卸土; (2)装土供汽车远运	(1)挖沟槽与基坑; (2)水下捞土(反向铲土)
装载机	(1)挖土; (2)整平场地	具有推土机和挖掘机两者的工作能力	进行铲掘、推运、整平、装卸和牵引等多种作业
松土机	松土	翻松旧路面、清除树根及废土层、翻松硬土	(1)Ⅲ~Ⅳ类土的翻松; (2)破碎0.5m以内的冻土层

根据施工条件选用施工机械 表1-2-4

路基形式及土方工程	填挖高度(m)	土方移运水平距离(m)	主要施工机械	辅助机械	运距(m)	最小工作地段长度(m)
1)路堤						
路侧取土	<0.75	<15	平地机	58.8kW推土机	—	300~500
	<3.00	<10	58.8kW推土机		10~40	—

路基形式及土方工程	填挖高度（m）	土方移运水平距离（m）	三要施工机械	辅助机械	运距（m）	最小工作地段长度（m）
路侧取土	<3.00	<60	73.5~102.9kW 推土机	58.8kW 推土机	10~60	—
	<6.00	20~100	6m³ 拖式铲运机		80~250	50~80
	>6.00	50~200	6m³ 拖式铲运机		250~500	80~100
远运取土	不限	<500	6m³ 拖式铲运机		<700	>50~80
	不限	500~700	9~12m³ 拖式铲运机		<1000	>50~80
	不限	>500	9m³ 以上自动铲运机		>500	>50~80
	不限	>500	自卸汽车运土		>500	>100
2）路堑						
路侧弃土	<0.60	<15	平地机	58.8kW 推土机	—	300~500
	<3.00	<40	53.8kW 推土机		10~40	—
	<4.00	<70	73.5~102.9kW 推土机		10~70	—
路侧下坡弃土	<6.00	30~100	6m³ 拖式铲运机		100~300	50~80
路侧弃土	<15.0	50~200	6m³ 拖式铲运机		300~600	>100
	>15.0	>100	9~12m³ 拖式铲运机		<1000	>200
	不限	20~70	58.8kW 推土机		20~70	—
纵向利用	不限	<100	73.5~102.9kW 推土机		<100	
	不限	40~600	6m³ 以上拖式铲运机		80~700	>100
	不限	<800	9~12m³ 拖式铲运机		<1000	>100
	不限	>500	9m³ 以上自动铲运机		>500	>100
	不限	>500	自卸汽车运土		>500	>100
3）半填半挖横向利用						
	不限	<60	58.8~102.9kW 斜角推土机	58.8kW 推土机	10~60	

1. 推土机

1）推土机的性能

推土机是以工业拖拉机或专用牵引车为主机,前端装有推土装置,依靠主机的顶推力,对土石方或散装物料进行切削或搬运的铲土运输机械。

推土机担负着切削、推运、开挖堆、回填、平整、疏松和压实等多种土石方作业,其特点是作业面小,机动灵活,转移方便,短距离运土方便。因此,推土机是路基施工中必不可少的机械设备。

2）推土机的分类

推土机可按其行走装置形式、推土板的安装方式、操作系统及发动机功率进行分类。按行走装置形式分为履带式推土机和轮胎式推土机(图 1-2-3);按推土板安装方式分为固定式推土机和回转式推土机(图1-2-4);按推土板的操纵方式分为机械式推土机和液压式推土机;按发动机功率分为小型推土机(37kW 以下)、中型推土机(37~250kW)和大型推土机(大于250kW)。

图1-2-3　按行走装置形式分类的推土机
a)履带式;b)轮胎式

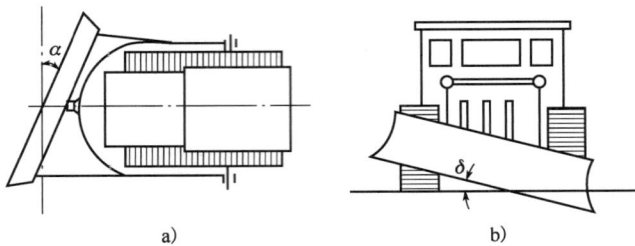

图1-2-4　回转式推土机
a)俯视图;b)正面图

3)推土机的适用性

推土机一般适用于季节性较强、工程量集中、施工条件较差的工程环境,主要用于50~100m短距离的作业(如路基修筑、基坑开挖、平整场地、清除树根、堆积散料等),并可为铲运机与挖装机械松土和助铲及牵引各种拖式工作装置等作业。

履带式推土机适用于Ⅳ级以下土的推运。当推运Ⅳ级及Ⅳ级以上土和冻土时,须先进行松土作业。

4)推土机的作业方式

推土机的基本作业包括铲土、运土、卸土和空回四个过程。通常可采用以下作业方法:

(1)波浪式铲土法。

波浪式铲土法可使发动机功率得到充分发挥,并缩短铲土时间和距离,但空回时会产生颠簸。如图1-2-5所示。

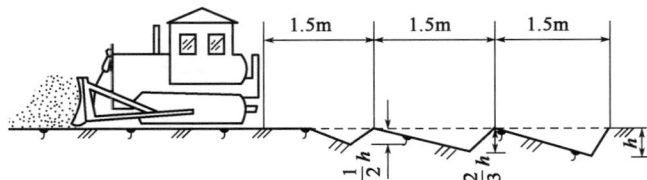

图1-2-5　波浪式铲土法

（2）接力式推土法。

接力式推土法是指在取土场较长而土质较硬的场地上作业时，可由近而远分段将土推成堆，然后由远而近地将各段土堆一次推送到卸土处。

（3）槽式推土法。

槽式推土法是指为减少运土损失，可在一固定作业线上多次推运，形成土槽，或利用铲刀两端外漏的土形成土埂，再增加一次推运，以提高生产率。

（4）并列推土法。

并列推土法是指遇大面积时，可用 2～3 台同类型推土机并列同步推运土方，以减少土方损失。两铲间距以 15～20m 为宜，同时，应掌握好每台推土机的运行速度和方向，避免相互影响。

（5）下坡推土法。

下坡推土法是借助机械向下的重力作用，可增大铲土深度和运土量，提高推土能力，缩短推土时间，一般生产率可提高 30%～40%。

2. 铲运机

1）铲运机的性能

铲运机主要用于较大运距的土方工程，如填筑路堤、开挖路堑和大面积平整场地等。由于它本身能完成铲装、运输和卸铺作业，并兼有一定的压实和平整能力，所以在公路工程施工中，铲运机是一种使用范围很广的土方施工机械。

2）铲运机的分类

按铲斗容量分为四种：小容量（$3m^3$ 以下）、中等容量（$3～14m^3$）、大容量（$15～30m^3$）和特大容量（$30m^3$ 以上）；按卸土方法分为三种：强制式、半强制式和自由式；按行走方式分为：拖式和自行式（图 1-2-6）。自行式铲运机的结构组成如图 1-2-7 所示。

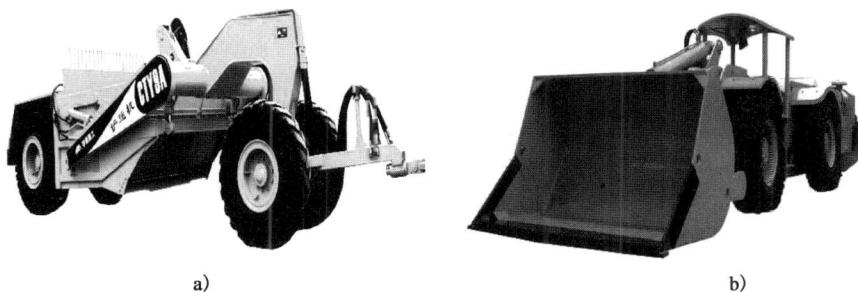

图 1-2-6　按行走方式分类的铲运机
a）拖式；b）自行式

3）铲运机的适用性

铲运机的适用范围主要取决于土质特性、运距、机器本身的性能和道路状况。

铲运机的经济运距视类型不同而异，一般与斗容量的大小成正比。斗容量在 $6m^3$ 以下的铲运机的最短运距以不小于 100m 为宜，最长运距不应超过 350m，经济运距为 200～300m。斗容量为 $10～30m^3$ 的自行式铲运机，最小运距不小于 800m，最长运距可达 1500m 以上。

铲运机可在 Ⅰ、Ⅱ 级土中作业，如遇 Ⅲ、Ⅳ 级土，应预先松土，其最适宜在湿度较小（含水率在25%以下)的松散砂土和黏土中作业,但不适宜于在干燥的粉砂土和潮湿的黏性土中作业,更不宜在地下水位较高的潮湿地区和沼泽地带以及岩石类地区作业。

铲运机在施工中应尽可能利用下坡地形铲装和运输,以提高生产率。一般铲装时的下坡角不应大于8°,如坡度过大,铲下的土不易进入斗内,效率反而降低。

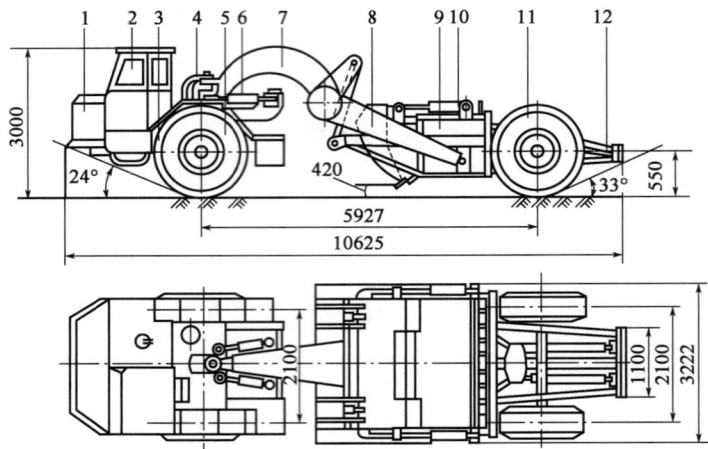

图1-2-7 CL7型自行式铲运机结构示意图(尺寸单位:mm)

1-发动机;2-单轴牵引车;3-前轮;4-转向支架;5-转向液压缸;6-辕架;7-提升油缸;8-斗门;9-斗门油缸;10-铲斗;11-后轮;12-悬架

4)铲运机的作业方式

(1)一次铲装法。

一次铲装法是指铲刀一次切入土中并完成铲土行程,装满铲斗,如图1-2-8所示。

(2)交替铲装法(跨铲法)。

交替铲装法(跨铲法)如图1-2-9所示,先在取土场第一排(图中1、2、3区)铲土道上取土,相邻两铲土道间留出1/2铲刀宽的土不铲;然后再从第二排铲土道上铲起(图中4、5区),且铲土起点后移的距离为铲土道长的一半;随后依次交替铲土作业。

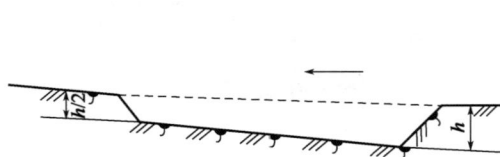

图1-2-8 一次铲装法

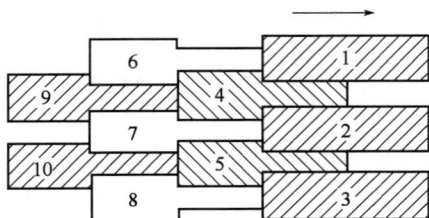

图1-2-9 交替铲装法

(3)波浪式铲土法。

波浪式铲土法适用于较硬的土质。铲土开始时,使铲刀以最大深度切入土中,随着负荷增加,车速降低,相应地减小切土深度;依次反复进行,直到铲斗装满土为止。

(4)下坡铲土法。

下坡铲土法如图1-2-10a)所示,在平地铲土时,先铲挖前一段,然后逐渐向后延伸铲土道,以形成前低后高的自然坡道。当为一小土丘时,先从四周斜向铲起,然后逐渐向后延伸,以利下坡取土。图1-2-10b)所示为不正确铲土法。

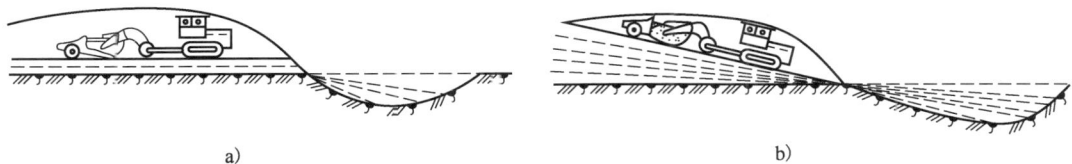

图1-2-10 下坡铲土法
a)正确铲土法;b)不正确铲土法

3.平地机

1)平地机的性能

平地机是一种装有以铲土刮刀为主,配备其他多种可换作业装置,进行刮平和整平连续作业的工程机械。平地机的铲土刮刀较推土机的推土铲刀灵活,它能连续改变刮刀的平面角和倾斜角,使刮刀向一侧伸出,可以连续进行铲土、运土、大面积平地、挖沟、刮边坡等作业。

2)平地机的分类

平地机按操纵方式可分为机械操纵式和液压操纵式;按行走轮数可分为四轮式和六轮式;按转向方式可分为前轮式转向、全轮式转向、后转向架转向和铰接式四种;按刮板设置位置可分为刮板后置、刮板前置(图1-2-11)。

图1-2-11 不同刮板设置位置的平地机
a)刮板后置;b)刮板前置

PY180型平地机结构如图1-2-12所示。

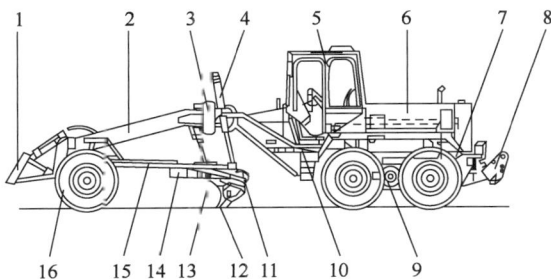

图1-2-12 国产PY180型平地机结构示意图

1-前推土板;2-前机;3-摆架;4-铲刀升降油缸;5-驾驶室;6-发动机;7-后机架;8-后松土器;9-后桥;10-铰接转向油缸;11-松土耙;12-刮刀;13-铲土角变换油缸;14-转盘齿圈;15-牵引架;16-转向轮

3) 平地机的适用性

平地机的主要用途:从路线两侧取土,填筑不高于 10m 的路堤;修整路堤的横断面;旁刷边坡;开挖路槽和边沟,以及大面积平整等。此外,平地机还可以用于在路基上拌和筑路材料、清除路肩杂草和冬季道路扫雪等作业。

平地机是一种铲土、运土、卸土可同时进行的连续作业机械,主要工作装置是刮刀,它可以调整四种作业模式,即刮刀平面回转、刮刀左右端升降、刮刀左右引伸和刮刀外侧倾斜,来完成刮刀角铲土侧移、刮刀刮土侧移、刮刀直移和机身外刮土等作业。

4) 平地机的作业方式

(1) 选择铲土直角。

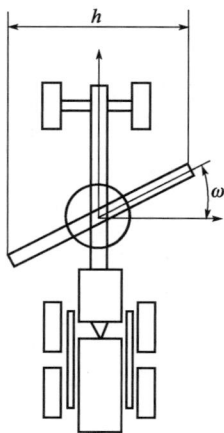

图 1-2-13　刮刀回转角 ω

铲土角是指刮刀切削刃与地面的夹角。铲刀角的大小由作业类型确定,一般 60°左右的切削角适用于平整作业,当切削、剥离土时,则需要较小的铲土角。

(2) 选择刮刀回转角。

如图 1-2-13 所示,刮刀回转角为 ω,当进行切削、剥离、混合作业及硬土切削作业时,ω 可取 30°~50°;当进行最后一道刮平以及进行松软或轻质土刮整作业时,ω 可取 0°~30°;当在狭窄地段、短距离施工时,将刮刀回转 180°,平地机可以在倒退状态下作业。

(3) 斜行作业。

利用车架铰接或全轮转向的特点,在很多作业场地需采用斜行作业方法,使车轮避开料堆,保持机械的稳定。

(4) 刮刀侧移。

平地机在作业时,常需要操作刮刀侧移来辅助实现刮刀的运动轨迹。当在弯道或作业面边界呈不规则的曲线状地段作业时,可同时操作转向和刮刀侧向移动,机动灵活地沿曲折的边界作业。

(5) 刮刀移土作业。

将刮刀回转角调整为 0°,此时切削宽度最大,但切入深度较小,主要用于铺平作业,应注意采用适当的回转角,使刮刀前有足够的料。当刮刀侧移作业用于物料混合时,应注意刮刀的回转角大小要适当,并要有较大的铲土角。图 1-2-14 为平地机基本作业示意图。

4. 挖掘机

1) 挖掘机的性能

挖掘机在公路工程中是用于挖掘和装载土、石、砂砾和散粒材料的重要施工机械。挖掘机是土石方工程施工的主要机械,其特点是效率高、装载量大;但其机动性较差,在公路工程施工中,遇到开挖量较大的路堑和填筑高路堤等大工程时,选用挖掘机配合运输车辆组织施工是比较合理的。

2) 挖掘机的分类

挖掘机按走行方式分为履带式、轮胎式、步履式和轨行式(图 1-2-15);按动力装置分为内燃机驱动式和电动驱动式;按传动装置分为机械传动式、半液压传动式和全液压传动式;按回转范围分为全回转式(360°)和非全回转式(小于 270°)。

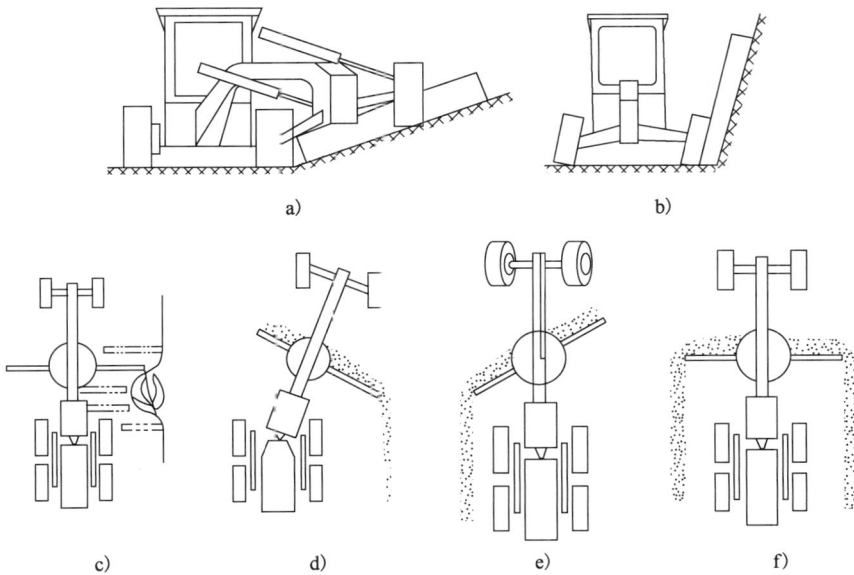

图 1-2-14　平地机基本作业示意图

a)偏置于行驶刮坡;b)前轮倾斜作业;c)躲避障碍物;d)斜行作业;e)刮刀回转角运用;f)刮土直行作业

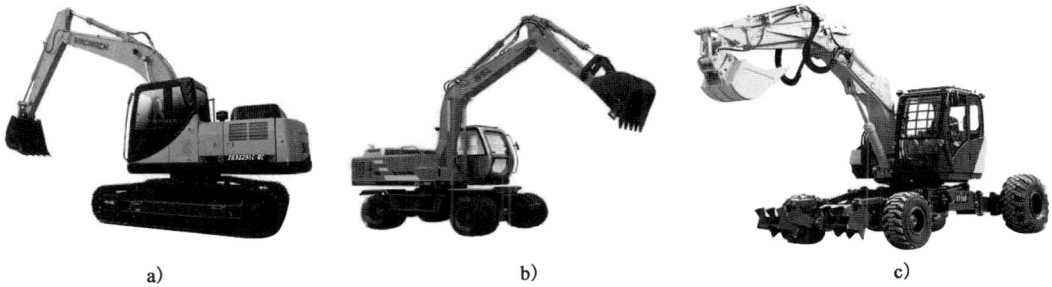

图 1-2-15　按走行方式分类的挖掘机

a)履带式;b)轮胎式;c)步履式

3）挖掘机的适用性

为了使挖掘机发挥最大效能,在使用挖掘机时应考虑最小工程量和最低工作面高度,见表 1-2-5、表 1-2-6。

正铲挖掘机工作面最小高度　　　　　表 1-2-5

土 的 级 别	斗容量(m³)						
	1.5	2.0	2.5	3.0	3.5	4.0	5.0
Ⅰ ~ Ⅱ	0.5	1.0	1.5	2.0	2.5	3.0	—
Ⅲ	—	0.5	1.0	1.5	2.0	2.5	3.0
Ⅳ	—	—	0.5	1.0	1.5	2.0	2.5

反铲、正铲挖掘机最小工程量表 表 1-2-6

铲斗容量 （m³）	反铲挖掘机		正铲挖掘机	
	工程量（m³）	土的级别	工程量（m³）	土的级别
0.5	15000	Ⅰ～Ⅳ	10000	Ⅰ～Ⅱ
0.75	20000	Ⅰ～Ⅳ	15000	Ⅰ～Ⅱ
0.75	—	—	12000	Ⅲ
1.00	15000	Ⅴ～Ⅵ	15000	Ⅰ～Ⅱ
1.00	25000	Ⅰ～Ⅳ	20000	Ⅲ
1.50	25000	Ⅴ～Ⅵ	20000	Ⅰ～Ⅱ

注：1. 根据土的开挖方法及工具，土质级别分为Ⅰ、Ⅱ、Ⅲ、Ⅳ。岩质级别分为Ⅴ、Ⅵ、Ⅶ、Ⅷ。

　　2. Ⅰ为松软土，如砂土、种植土；Ⅱ为普通土，如壤土、淤泥、含壤种植土；Ⅲ为细粒坚土，如黏土、干燥黄土、干淤泥、含少量砾石黏土；Ⅳ为砂类坚土，如坚硬黏土、砾质黏土、含乱石黏土。

　　3. Ⅴ为软石，如软的、节理多的石灰岩；Ⅵ为次坚石，如硬的泥质页岩、坚实的泥灰岩；Ⅶ为坚石，如坚实的石灰岩、石灰质及石英质的砂岩；Ⅷ为特坚石，如坚实的细粒花岗岩。

工程量较小时，可选用斗容量较小、机动性强的轮胎式全液压挖掘机。

挖掘机的主要工作条件为：Ⅰ～Ⅳ级土和松动后Ⅴ级以上的土；可用于装载和开挖爆破后的石方以及不大于斗容量的石块；机械传动的正铲挖掘机，其工作面只能在停机面以上，而机械传动的反铲挖掘机，其工作面只能在停机面以下；液压传动、液压操纵的正、反铲挖掘机，其工作面不受这种限制。

4）挖掘机的作业方式

各种类型的挖掘机可根据需要换装反铲、正铲、拉铲和起重的任何一种工作装置（图1-2-16），这些都属于循环作业式机械，每一个工作循环包括挖掘、回转、卸料和返回四个过程。

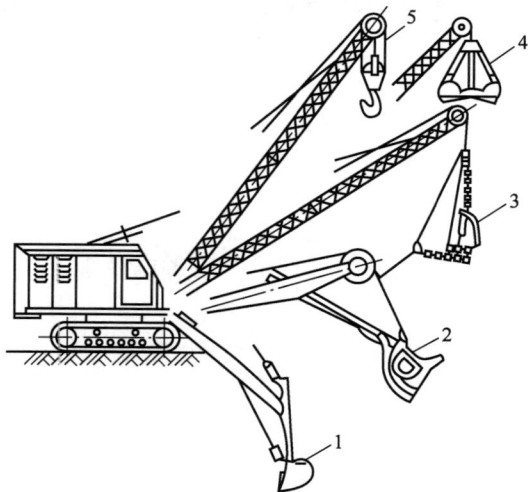

图 1-2-16　挖掘机作业方式
1-反铲；2-正铲；3-拉铲；4-抓斗；5-起重

（1）反铲的工作过程：

①先将铲斗向前伸出，让动臂带着铲斗落在工作面上。

②铲斗向着挖掘机方向拉转，在动臂和铲斗等重力以及牵引索的拉力作用下，使斗内装满土。

③铲斗保持状态连同动臂一起提升到必要的卸料高度，再回转至卸料处进行卸料。

④反铲有斗底可打开式与不可打开式两种。前者可打开底并准确地卸料于车辆上；后者需将铲斗向前伸出，使斗口朝下卸料。

反铲挖掘机适用于停机面以下的挖掘，如挖掘基坑及沟槽等。

（2）正铲的工作过程：

①挖掘过程。先将铲斗下放到工作面底部，然后提升铲斗，同时使斗杆向前推压，使斗内装满土料。

②回转过程。先将铲斗向后退出工作面，然后回转，使动臂带着铲斗转到卸料处上空。在此过程中，可适当调整铲斗的伸出长度和高度，以适应卸料要求，提高工效。

③卸料过程。打开斗底卸料。

④回转过程。回转挖掘机转台，使动臂带着空斗返回挖掘面，同时放下铲斗，斗底在惯性作用下自动关闭。

机械传动式正铲挖掘机适用于挖掘和装载停机面以上的 I ～ Ⅳ级土和松散物料。

（3）拉铲的工作过程：

①首先提升铲斗，使斗在空中前后摆动，然后同时放松提升索和牵引索，使铲斗被抛掷在工作面上。然后拉动牵引索，铲斗在自重作用下切入土中，使铲斗装满土料。

②提升铲斗，同时放松牵引索，使铲斗保持在斗底与水平面成 8°～12°仰角，不让土料撒出。

③在提升铲斗的同时将挖掘机回转到卸载处。卸料时，制动提升索，放松牵引索，斗口即朝下卸料。再转回工作面进行下一次挖掘。

拉铲挖掘机适用于停机面以下的挖掘，特别适用于开挖河道等工程。拉铲由于靠铲斗自身重力切土，所以只适用于挖掘一般土料和砂砾。

（4）抓斗的工作过程：

①固定提升索，放松闭合索，使斗瓣张开，然后同时放松提升索和闭合索，让张开的抓斗落在工作面上，并在自重作用下切入土中。

②然后收紧闭合索，抓斗在闭合过程中抓满土料。

③当抓斗完全闭合后，匀速提升抓斗。

④同时使挖掘机转到卸料位置。卸料时，固定提升索，放松闭合索，使斗瓣张开，卸出土料。

挖掘机适用于停机面以上或以下的挖掘，卸料时无论是卸在车辆上或弃土堆上都很方便。由于抓斗是垂直上下运动，所以特别适宜挖掘桥基桩孔、陡峭的深坑以及水下土方等作业。但抓斗的挖掘能力也受自重的限制，只能挖取一般土料、砂砾和松散料。

5.装载机

1)装载机的性能

装载机是一种工作效率较高的铲土运输机械。它兼有推土机和挖掘机两者的工作能力，可以进行铲掘、推运、整平、装卸和牵引等多种作业(图1-2-17)。

图1-2-17　用于土石方运输装载的装载机
a)轮胎式；b)履带式

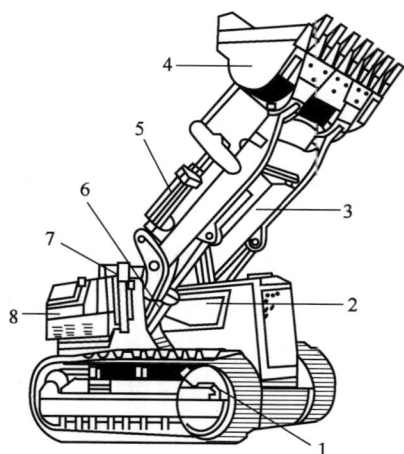

图1-2-18　履带式装载机简图
1-履带行走机构；2-发动机；3-动臂；4-铲斗；
5-转斗油缸；6-动臂油缸；7-驾驶室；8-油箱

2)装载机的分类

装载机按发动机功率分为小型(74kW以下)、中型(74～147kW)、大型(147～515kW)和特大型(515kW以上)；按传动装置分为机械传动、液力机械传动、液压传动和电传动；按行走方式分为轮胎式和履带式(图1-2-18)；按装载方式分为前卸式、回转式和后卸式。

3)装载机的适用性

装载机的适应范围主要取决于使用场所、土石料特性和工作环境。选用时应注意以下几点：

(1)装载机的经济合理运距。

装载机在运距和道路坡度经常变化的情况下，如果整个采、装、运作业循环时间少于3min，则自铲自运是经济合理的。

(2)装载机的斗容量与汽车车厢容积的匹配。

通常以2～4斗装满一车厢为宜，车厢长度要比装载斗宽度大25%～75%，装载机铲斗45°倾斜卸载时，斗齿最低点的高度要比车厢侧壁高20～100cm。

(3)充分发挥装载机的效率。

装载机作业循环时间：小型的不超过15s，大型的不超过20s，而且应考虑装载机走行与转弯速度。

(二)配套与效率

配套是指主导机械与辅助机械在规格、数量和作业能力上的合理组合与安排。效率是指通过配套，充分实现路基施工机械作业量的最大化，提高施工机械的工作效率。例如，在路基土方开挖中,每天配备挖掘机的数量必须根据挖土计划量、挖掘机的铲斗容量、铲斗充盈系数、每小时工作次数等参数,进行计算与确定。如果配备挖掘机的数量不合理,将增加挖掘机的机械台班,也会增加不必要的工程成本。

1. 推土机

提高推土机的生产效率,首先应缩短推土机作业时的循环时间,提高施工机械在单位时间内的作业次数,降低运送中的漏损。为缩短一个循环作业时间,推土机在铲土时应充分利用发动机的功率,缩短铲土运距;合理选择运距,使送土和回程距离最短,并尽可能创造下坡土的条件。

为消除不必要的非生产时间,正确地进行施工组织,合理地选择机型,在施工中应根据施工条件采用正确合理的操作方法。为减少土的漏损,运土时应采用土槽、土埂和双台并列推土等作业方法,以提高生产效率。

推土机的生产效率可用每铲最大推土量表示。

将推土板前的土堆看作一个三角形棱柱体,按式(1-2-1)近似计算。

$$V = \frac{B(H-h)}{2\tan\alpha_0}K_m \tag{1-2-1}$$

式中:V——推土机每铲最大推土量(m^3);

B——推土板的宽度(m);

H——推土板的高度(m);

h——平均切土深度(m);

α_0——土的自然坡度角,按表1-2-7选取;

K_m——土的充盈系数,一般取$0.5 \sim 1.2$。

土的自然坡度角 α_0 表1-2-7

土的状态	碎石	砾石	砂 石			黏 土		轻亚黏土	种植土
			粗砂	中砂	细砂	肥土	贫土		
干	35°	40°	30°	28°	25°	45°	50°	40°	40°
湿	45°	40°	32°	35°	30°	35°	40°	30°	35°
饱和	25°	35°	37°	25°	20°	15°	30°	20°	25°

为了提高推土机的生产效率,必须增大铲刀前的推土量,减少推土过程中土的损失,缩短铲土、运土、回程等每一工作循环的延续时间。

2. 铲运机

铲运机的生产效率 Q_c 可由下式计算:

$$Q_c = \frac{60VK_H K_B}{t_T K_s} \tag{1-2-2}$$

式中: V——铲斗的几何容量(m^3);

K_H——铲斗充满系数,见表1-2-3;

K_B——时间利用系数,取$0.75 \sim 0.8$;

K_s——土的松散系数,见表1-2-9;

t_T——铲运机每一个工作循环所用的时间(min),由下式计算:

$$t_T = \frac{L_1}{v_1} + \frac{L_2}{v_2} + \frac{L_3}{v_3} + \frac{L_4}{v_4} + nt_1 + 2t_2 \qquad (1\text{-}2\text{-}3)$$

L_1、L_2、L_3、L_4——铲土、运土、卸土、回驶的行程(m);

v_1、v_2、v_3、v_4——铲土、运土、卸土、回驶的行驶速度(m/min);

t_1——换挡时间(min);

t_2——每循环中自起点至终点转向所用时间(min);

n——换挡次数。

铲运机铲斗的土充满系数 表1-2-8

土 的 种 类	充满系数 K_H	土 的 种 类	充满系数 K_H
干砂	0.6~0.7	砂土与黏性土(含水率为4%~6%)	1.1~1.2
湿砂(含水率为12%~15%)	0.7~0.9	干性土	1.0~1.1

土 的 松 散 系 数 表1-2-9

土的类别和等级		土的松散系数 K_s		土的类别和等级		土的松散系数 K_s	
		标准值	平均值			标准值	平均值
I	砂土	1.08~1.17	1.10	III	坚土	1.24~1.30	1.27
I	植物土	1.20~1.25	1.25	IV	坚硬黏土	1.26~1.32	1.28
II	普通土	1.14~1.28	1.20	IV	砾质黏土	1.33~1.37	1.34

施工中,应准确掌握施工要点,以提高铲运机的生产率。主要措施如下:

(1)下坡铲土。利用机械重力的水平分力所产生的附加牵引力,来加大切土深度和缩短铲土时间。但上下坡坡度不得超过25°,横坡不得超过6°,不能在陡坡上急转弯,以免翻车。

(2)挖近填远,挖远填近。挖土先从距离填土区最近一端开始,由近及远;填土则从距离挖土区最远一端开始,由远及近。这样既能使铲土机始终在适合的运距内作业,又能创造下坡铲土的良好条件。

(3)挂大斗铲运。在土质松软地区,为充分利用拖拉机的牵引力,除双联铲运外,还可改挂大型铲土斗。

(4)采用交替铲装法(跨铲法)。合理规划铲运机在平面上的铲土顺序,尽可能采用交替铲装法,可保证铲切厚度和铲土速度,减少向外撒土的可能,从而提高铲运机的生产能力。

3. 平地机

用平地机修整路形时,有铲土、运土和整平三道作业工序。

铲平作业行程数 n_1:

$$n_1 = \frac{A\varphi}{2A'} \qquad (1\text{-}2\text{-}4)$$

式中:A——两侧取土坑的断面面积(m^2);

φ——两行程中的重叠系数;

A'——刮刀每次铲土面积(m^2)。

运土行程数 n_2：

$$n_2 = \frac{L_0 \varphi_2}{L_n} \tag{1-2-5}$$

式中：L_0——路基一侧需运土的平均距离（m）；

L_n——平地机刮土刀一次可运送的距离，由刮刀调整的平面角 α 而定；

φ_2——运土中两行程重叠系数，取 $1.1 \sim 1.2$。

整平行程数 n_3：只考虑刮平，一般取 $2 \sim 3$ 次。

在修筑路基时，由于平地机每走完一个行程有两次掉头，因此在完成长度 L 的一段路基的全部整形工作时，所用时间为：

$$L_T = 2L\left(\frac{n_1}{v_1} + \frac{n_2}{v_2} + \frac{n_3}{v_3}\right) + 2t_1(n_1 + n_2 + n_3) \tag{1-2-6}$$

式中：v_1、v_2、v_3——平地机铲土、运土、整平三个过程的运行速度（km/h）；

t_1——每次掉头时间（min）。

所用平地机修整路形的生产率 Q_p 为：

$$Q_p = \frac{1000LAK_B}{2L\left(\dfrac{n_1}{v_1} + \dfrac{n_2}{v_2} + \dfrac{n_3}{v_3}\right) + 2t_1(n_1 + n_2 + n_3)} \quad (\text{m}^3/\text{h}) \tag{1-2-7}$$

式中：L——修整的路段长度（km）；

其余符号意义同前。

平地机掉头所需时间较长，应尽可能减少掉头次数。在刮刀调整后，工作过程中铲土角和平面角在一个行程中是不变的，切土深度在一个行程中视土质进行调整。如果只用一台平地机修整路形，则必须经常停车去调整各种角度；如果选用 $2 \sim 3$ 台平地机联合作业，分别承担不同的作业内容，可以大大提高工作效率。

4. 挖掘机

单斗挖掘机的生产率 Q_w 可按下式计算：

$$Q_w = qn\frac{K_H}{K_s}K_B \quad (\text{m}^3/\text{h}) \tag{1-2-8}$$

式中：q——铲斗的几何容量（m^3）；

n——挖掘机每小时工作次数，其计算公式如下：

$$n = \frac{3600}{t_1 + t_2 + t_3 + t_4 + t_5}$$

t_1——挖掘机挖土时间（s）；

t_2——自挖土处转至卸土处的时间（s）；

t_3——调整卸料位置和卸土时间（s）；

t_4——空斗返回挖掘面时间（s）；

t_5——空斗放至挖掘面始点时间（s）；

K_H——铲斗充满系数；

K_s——土的松散系数；

K_B——时间利用系数,取 $0.7 \sim 0.8$。

施工组织设计方面:配合挖掘机运输的车辆应尽量达到挖掘机生产能力的要求,而装载的容量应为斗容量的倍数,挖掘机装车时,应尽量采用装运"双放"法,在施工组织中应事先拟订好车辆的行驶路线,避免不必要的上坡道,必须各留一条空车放送道,以免进出车辆相互干扰。

在施工机械操作过程中,挖掘机驾驶员应具有熟练的操作技能,以缩短每一个工作循环的时间;应注意斗齿的磨损情况,如有损坏应及时修复或更换新齿。

5. 装载机

装载机在单位时间内实际可能达到的生产率可用式(1-2-9)计算:

$$Q = \frac{3600 q K_H K_B t_T}{t K_s} \tag{1-2-9}$$

式中:　q——装载机额定斗容量(m^3);

K_H——铲斗充满系数;

K_B——时间利用系数,取 $0.7 \sim 0.8$;

t_T——每班工作时间(h);

K_s——物料松散系数;

t——每装一斗的循环时间(s),其计算公式如下:

$$t = t_1 + t_2 + t_3 + t_4$$

t_1、t_2、t_3、t_4——分别为铲装、载运、卸料和空驶所用时间(s)。

五、路基施工放样

路基施工放样包括施工前复测和路基横断面放样。

(一)路基施工放样的内容和方法

路基施工前,将公路中线桩号的位置、路基填挖高度、横断面的各主要点、边坡坡率、路基路面的设计高程、路面各结构层的边桩位置等,根据路线平面图、路基横断面设计图进行实地放样,称为施工放样。

1. 施工放样的主要内容

(1)熟悉图纸和施工现场

设计图纸主要有路线平面图、纵断面图、横断面图和附属构造图等。核对图纸主要尺寸、位置、高程有无错误。在明确设计意图后,在测量精度要求的范围内,应勘察施工现场,找出各交点桩、转点桩、里程桩和水准点的位置,必要时应实测校核,为施工放样做好充分准备。

(2)路基施工前复测

公路中线定测后,一般情况下不会立即施工,在这段时间内,部分标桩可能丢失或者被移动。因此,施工前必须进行复测,以恢复公路中线的位置,并按设计图表对导线点、水准点进行复测,把决定路线位置的各测点加以恢复。由于施工现场需要,有时对个别导线点或水准点需要进行移动和固定处理;增设导线点或水准点;最后对横断面地面线进行检查与补测。

（3）路基横断面放样

路基施工前,应根据路基控制桩和路基平、纵、横断面设计图或路基设计表进行放样。路基放样的目的是在原地面上标定路基的轮廓,作为施工的依据。

2. 放样工具

对于二级及以下公路,路基放样时,需要准备方向架、花杆、皮尺、红油漆、毛笔、小竹桩、铁锤、小竹竿、小麻绳等。

对于高速、一级公路,路基放样时,需要准备的工具及仪器有全站仪（或测距仪）、棱镜及棱镜杆、钢尺、红油漆、毛笔、木桩等。

3. 放样方法

（1）二级及以下公路的放样方法

①图解法

在有路基横断面设计图时,可根据设计图中所示的尺寸,直接在地面上沿横断面方向量出路肩、坡脚、排水沟等各特征点距中桩的距离,定出路肩桩、坡脚桩或坡顶桩。

②计算法

在现场没有横断面设计图,只有中心桩填挖高度时,则必须用计算法算出路肩、坡脚或坡顶的位置,然后再用皮尺量出相应距离。

采用以上两种方法丈量距离时,尺子一定要保持水平。对每个横断面,都必须放出路基宽度（路堑加边沟宽度）的边桩后,再分别放出两侧的路堤坡脚桩和路堑的坡顶桩,然后将各个桩号的坡脚和坡顶用石灰线连接起来即路基填挖边界线（或在填方坡脚桩外挖 1m 宽的水沟作田、路分界线）。

（2）高速、一级公路的放样方法

对于高速、一级公路,特别是高填深挖路段,在进行坡脚桩和坡顶桩放样时应使用全站仪,采用坐标法或极坐标法放样,以保证放样的准确性。

（二）施工前复测

施工前复测又包括导线复测、中线复测、水准点的复测与加密、横断面地面线的复测。路基施工前,设计单位将测量控制桩点（即水准点和控制桩点）移交给施工单位,简称"交桩"。交桩后,施工单位应保护好交桩成果,并对控制桩进行复测。

1. 导线复测

导线复测主要是完成水平角的测量、导线边长的测量以及导线点的加密。公路路线的线形主要由导线控制,所以导线点位精度及边长将直接影响路基施工前复测的质量。

（1）导线测量的技术要求见表 1-2-10。

（2）当原有导线点不能满足施工需要时,可增设满足相应精度要求的附合导线点。

（3）同一建设项目内相邻施工段的导线应闭合,并满足同等级精度要求。

（4）对可能受施工影响的导线点,施工前应加以固定或改移,从开工至竣工验收的时间段内保证其精度。

导线测量技术要求 表 1-2-10

等级	附合导线长度 （km）	平均边长 （m）	每边测距中误差 （mm）	测角中误差 （″）	导线全长 相对闭合差	方位角闭合差 （″）	测 回 数		
							DJ$_1$	DJ$_2$	DJ$_6$
三等	30	2000	13	1.8	1/55000	$\pm 3.6\sqrt{n}$	6	10	—
四等	20	1000	13	2.5	1/35000	$\pm 5\sqrt{n}$	4	6	—
一级	10	500	17	5.0	1/15000	$\pm 10\sqrt{n}$	—	2	4
二级	6	300	30	8.0	1/10000	$\pm 16\sqrt{n}$	—	1	3
三级	—	—	—	20.0	1/2000	$\pm 30\sqrt{n}$	—	1	2

注：表中 n 为测站数。

2. 中线复测

(1)路基施工前,应完成中线复测,并固定路线主要控制桩。

(2)高速公路、一级公路宜采用坐标法进行测量放样。

(3)应注意路线中线与结构物中心、相邻施工段的中线闭合,发现问题应及时查明原因并进行处理。

3. 水准点的复测与加密

(1)水准点精度应符合表 1-2-2 的要求。

(2)路线沿线每 500m 宜设置一个水准点。水准点宜设在公路中心线两侧 50 ~ 300m 范围内。在结构物附近、高填深挖地段、工程量集中及地形复杂路段,宜增设水准点。临时水准点应符合相应等级的精度要求,并与相邻水准点闭合。

4. 横断面地面线的复测

路基施工前,应对原地面横坡进行复测,核对并补充横断面。

(1)应设置标识桩,对路基用地界限、路堑坡顶、路堤坡脚、护坡道、取土坑、弃土堆等的具体位置标识清楚。

(2)对深挖高填路段,每挖填 3 ~ 5m 或者一个边坡平台应复测横断面。

(3)施工期间,应保护好横断面各标识桩点,并及时恢复被破坏的桩点。

(三)路基横断面放样

路基横断面放样包括边桩放样和边坡放样。路基横断面放样的目的是在原地面上画出路基外形轮廓,从而指导路基开挖、路基填筑等施工作业。

路基横断面放样工作内容:

①在地面中线桩处标定填挖高度。

②按设计图纸定出横断面的各主要点,如路堤的边缘和坡脚、路堑的坡顶、半填半挖断面的坡脚和坡顶。

③边坡放样,按设计的路基边坡坡率放出边坡的位置桩。

④移桩移点,遇有在施工中难以保存的标志桩,应沿横断面方向将桩点移设于施工范围以外。

1.路基边桩放样

1)平地上放路基边桩

路堤坡脚至中桩的距离:

$$l = \frac{b}{2} + mH \qquad (1\text{-}2\text{-}10)$$

路堑坡顶至中桩的距离:

$$l = \frac{b_1}{2} + mH \qquad (1\text{-}2\text{-}11)$$

式中:b——路基设计宽度(m);

　　b_1——路基加两侧边沟宽度之和(m);

　　m——边坡设计坡率;

　　H——路基中心设计填挖高度(m)。

2)斜坡地上放路基边桩

如图1-2-19所示,当地面横向倾斜较大时,计算时应考虑横向坡度的影响。

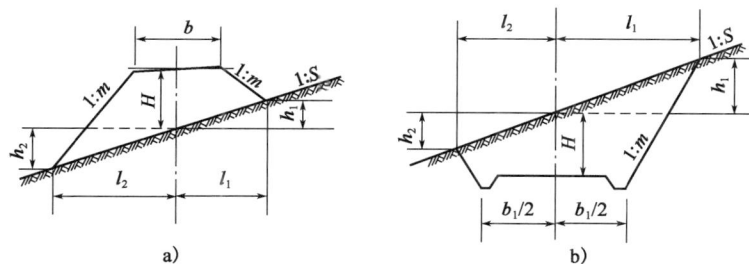

图 1-2-19　斜坡地上放样边桩

a)路堤;b)路堑

路堤坡脚至中桩的距离:

上侧坡脚

$$l_1 = \frac{b}{2} + m(H - h_1) \qquad (1\text{-}2\text{-}12)$$

下侧坡脚

$$l_2 = \frac{b}{2} + m(H + h_2) \qquad (1\text{-}2\text{-}13)$$

路堑坡顶至中桩的距离:

上侧坡顶

$$l_1 = \frac{b_1}{2} + m(H + h_1) \qquad (1\text{-}2\text{-}14)$$

下侧坡顶

$$l_2 = \frac{b_1}{2} + m(H - h_2) \tag{1-2-15}$$

上述式中：h_1——上侧坡脚（坡顶）与中桩的高差（m）；

h_2——下侧坡脚（坡顶）与中桩的高差（m）；

其余符号意义同前。

应当指出，上列各式中的 h_1 及 h_2 都是未知数，因此利用上式还不能计算出路基边桩至中桩的距离，所以必须先量出路基设计宽度（$b/2$ 或 $b_1/2$），再用水平尺量出 $b/2$ 或 $b_1/2$ 处至中桩的高差，就可得到 $b/2$ 或 $b_1/2$ 处的填或挖的高度（h_1 或 h_2），再乘以坡率（m）即可得到 $b/2$ 或 $b_1/2$ 处的坡脚或坡顶的距离。若仍有高差，则用同样的方法反复进行多次，就可得到坡脚桩或坡顶桩的正确位置，如图 1-2-20 和图 1-2-21 所示。即：

$$L_2 = (H + h_2)m + h_3m + h_4m + \cdots$$

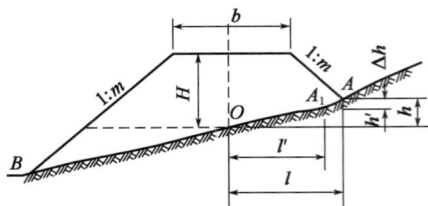

图 1-2-20　用渐进法放样路堤坡脚　　图 1-2-21　用渐进法放样路堑坡顶（尺寸单位：m）

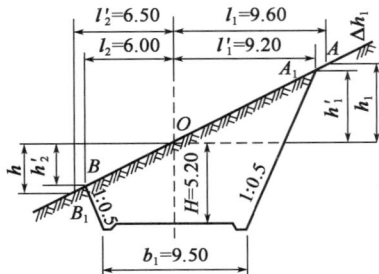

3）在弯道上的路基放样

根据设计要求，详细了解弯道上的超高值和加宽值，确定路基边桩（左或右）的高程和至中心桩的距离，注意弯道加宽是在弯道的内侧。加宽是从缓和曲线的起点开始的，是变数，直到圆曲线的起点至终点才是等宽的，圆曲线的终点至缓和曲线的终点亦是变数。起点与终点的缓和曲线是对称布置的。

2. 路基边坡放样

1）用小麻绳和小竹竿放样

当路堤高度不大时，可按图 1-2-22a）所示放样。当路堤填土较高时，可分层挂线，每次挂线前，应当穿中线并用水准仪抄平，如图 1-2-22b）所示。

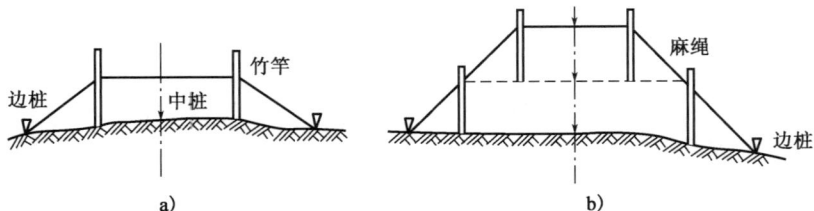

图 1-2-22　用挂线法放边坡
a）一次挂线；b）分层挂线

2）用坡度样板放边坡

首先按照边坡坡度做好边坡样板。样板的式样有活动边坡样板和固定边坡样板。活动边坡样板如图 1-2-23a)所示;固定边坡样板用于路堑开挖,在坡顶外侧钉立固定样板,施工时可瞄准样板所指示的坡度进行开挖,如图 1-2-23b)所示。

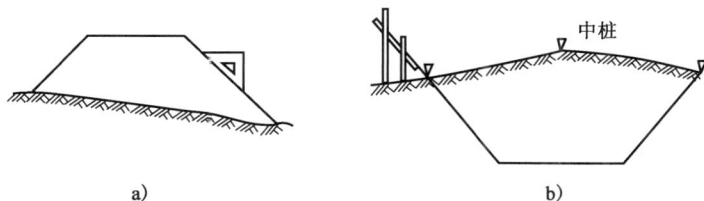

图 1-2-23　边坡样板放边坡
a)活动样板;b)固定样板

3.机械化施工路基边坡放样

1)路堤边坡与填高的控制方法

(1)机械填土时,应按铺土厚度及边坡坡度,且不可按自然堆土坡度往上填土,这样会造成超填而浪费土方。

(2)每填高 1m 左右或填至距路肩 1m 时,要重新恢复中线、测高程、放铺筑面桩,用石灰显示铺筑面边线位置,并将标杆移至铺筑面边上。

(3)距路肩 1m 以下的边坡,常按设计宽度每侧多填 0.25m 控制;距路肩 1m 以内的边坡,则按稍陡于设计坡度控制,使路基面有足够的宽度,以便整修边坡时铲除超宽的松土层后,能保证路肩部分的压实度。

(4)填至路肩高程时,应对大部分地段(填高 4m 以下的路堤)设计高程进行实地检测。

(5)填高大于 4m 地段,应按土质和填高的不同,考虑预留沉落量,使粗平后的路基无缺土现象。最后测设中线桩及路肩桩,抄平后计算整修工作量。

2)路堑边坡及挖深的控制办法

路堑机械开挖过程中,一般需要同时进行人工整修边坡工作。

(1)机械挖土时,应按每层挖土厚度及边坡坡度保持层与层之间向内回收的宽度,防止挖伤边坡或留土过多。

(2)每挖深 1m 左右,应测设边坡、复核路基宽度,并将标杆下移至挖掘面上。每挖 3~4m 或距路基面 20~30cm 时,应复测中线、高程、放样路基面宽度。按以上做法,可及时控制填方超填和挖方超挖现象。

六、安全施工管理与环境保护

1.一般规定

施工单位在工程开工前,应进行现场调查,根据施工地段的地形、地质、水文、气象以及环境条件,结合设计文件和施工方案,制订安全保障措施。施工中,应及时掌握气温、雨雪、风暴和地质灾害等相关信息,并根据周围环境条件的变化,做好防范和应急工作。

施工单位在工程开工前,应掌握施工影响范围内的既有道路、结构物、设施、地下和空中的各种管线情况,制订安全保障措施,保证既有结构物和设施的安全。

施工单位应在施工现场及其管辖范围内根据作业对象及其特点和环境状况,设置安全防护设施。安全防护设施应坚固,安全警示标志应醒目。

2. 安全施工

(1)施工现场和生活区域应按国家有关规定配置消防设施和器材,设置消防安全标志。

(2)施工现场的临时用电,应严格执行《施工现场临时用电安全技术规范》(JGJ 46—2005)。夜间施工时,现场应设有保证施工安全的照明设施。

(3)进行便道、便桥施工时应设立警示和交通标志,必要时应设专人维护、指挥交通。施工车辆必须遵守道路交通法规。

(4)机械作业范围内不得同时进行人工作业。多台机械同时作业时,各台机械之间应保持安全距离。机械在路基边坡、基坑、沟壑边缘附近以及不稳定岩土体上作业时,应采取可靠的安全措施。

(5)应根据所拆除结构物的结构特点及施工环境要求确定拆除施工的段落、层次、顺序和方法。拆除施工应从上至下,逐层、分段实施,不得立体交叉作业。

(6)进行结构物基坑开挖时,应根据地质、水文和开挖深度等选择安全的边坡坡度或支撑防护。当基坑开挖深或者边坡稳定性差时,应分段、跳槽开挖。沟槽开挖深度超过2m时,在其边缘作业应按高处作业要求进行安全防护并设置警告标志。

(7)爆破作业应严格执行《爆破安全规程》(GB 6722—2014),确保爆破安全。

(8)路堤施工前,应先做好临时防水、排水系统。路基基底、坡脚及影响路基稳定的范围内不得有积水浸泡。路基下存在管线时,管顶以上0.5m范围内不得用压路机碾压。

(9)挡土墙高度超过2m时,应按《公路工程施工安全技术规范》(JTG F90—2015)高处作业要求进行安全防护。砌筑作业时,脚手架下不得有人作业或停留,不得重叠作业,不得采用顺坡滚落或抛掷传递的方式运送材料。

(10)喷浆作业应按由上而下的顺序施作。锚杆和锚索钻孔施工,吹孔时作业人员应站在孔的侧边,以防吹出的泥水、砂土伤人。

3. 环境保护

路基施工中,应重视对农田水利和环境的保护,节约土地,少占耕地,临时占用土地应及时做好复垦工作。施工便道、施工场地等临时工程的规划应尽量利用既有道路、荒地等,减少对环境的影响。

1)土地利用和水土保持措施

(1)路基施工应控制和减少对原地貌、地表植被、水系的扰动和损毁,保护原地表植被、表土及结皮层。

(2)施工结束后宜作为复耕地、林草地的覆土。

(3)雨期填筑土方时,应随挖、随运、随填、随压,避免水土流失。

2)生态保护和恢复措施

(1)施工结束后应对开挖面恢复植被种植。

(2)公路施工结束后,应对施工临时占地、施工用地、临时道路、设备及材料堆放场地等进行有计划的复垦。

（3）项目区的裸露地,适宜种植林草的立恢复植被。

3）水资源保护与废弃物污染控制措施

（1）在施工及生活区域,应设置相应的场地堆放生产及生活废弃物,并定期处理。对于污水处理产生的污泥,应运至指定堆放场地。

（2）生产污水和生活污水不得随意排放。施工过程中,各种排水沟渠的水流不得直接排放到饮用水源、农田、鱼塘中。

（3）严禁采用有害物质超标的工业废渣作为路基填料。

4）空气污染控制措施

（1）路基施工过程中应采取措施控制废气排放和扬尘,并符合国家有关环境空气质量标准的相关规定。

（2）粉状材料运输应采取防止材料散落或扬尘污染措施。粉煤灰、石灰等材料不应露天堆放。

5）噪声与震动控制措施

（1）对于路基施工中的机动车辆和机械设备,应加强维修和保养,保持技术性能稳定,防止环境噪声污染。

（2）在居民聚集区或噪声敏感区,因特殊需要必须连续作业且在施工过程中场界环境噪声有可能超过排放标准的,应制订环境噪声污染防治措施。

6）文物保护措施

（1）在文物保护区周围进行施工时,应制订相应的保护措施,严禁损毁文物古迹。

（2）当施工中发现文物时,应暂停施工,保护好现场,并立即报告当地文物管理部门研究处理,不得隐瞒不报或私自处置。

复习思考题

1. 施工放样测量的基本要求有哪些?
2. 恢复中线的方法有哪些?
3. 恢复交点的主要步骤是什么?
4. 水准点高程的检测精度要求有哪些?
5. 路基施工机械有哪些类型?各有什么用途?
6. 施工组织设计的内容有哪些?

能力训练

1. 简述路基施工准备工作的主要内容。
2. 简述路基横断面的边桩放样方法及其要点。

模块 1.3　路堑开挖

微课:路堑开挖

路堑开挖是指按照路线位置和一定技术要求修筑的作为路面基础的带状构造物的开挖,分为土方开挖、石方开挖。土方开挖,不论开挖工程量和开挖深度大小,均应自上而下进行,不得乱挖超挖。石方开挖,在不影响边坡稳定的情况下宜采用爆破施工。路堑开挖的施工质量应满足《公路路基施工技术规范》(JTG/T 3610—2019)的相关要求。

3.绿色施工环保筑路

一、土质路堑开挖方案

对于土质路堑,可根据路堑深度、纵向长度及所处的地形选择不同的开挖方式。目前,常用的土质路堑开挖方法可分为全断面横挖法、纵挖法及混合开挖法三种。

4.施工安全事故——土质路堑开挖案例

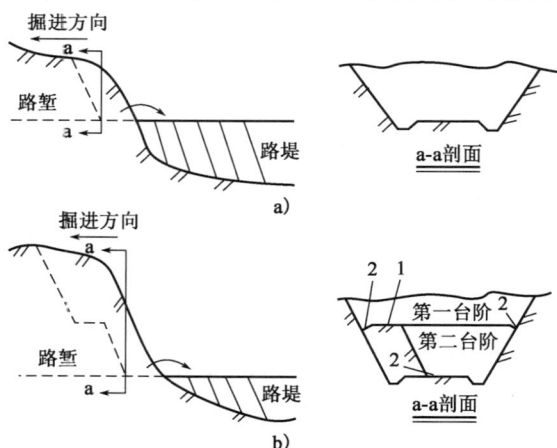

(一)全断面横挖法

对路堑整个横断面的宽度和深度从一端或两端逐渐向前开挖的方式称为全断面横挖法。此方法适用于开挖浅且短的路堑。图1-3-1a)所示为一层全断面横挖法,其适用于开挖深度小的路堑。图1-3-1b)所示为多层全断面横挖法,适用于开挖深且土方量大的路堑。施工时,各层纵向前后拉开,多层出土,可安排较多的人工和机械,以加快施工进度。每层挖掘台阶深度:人工施工时,一般为1.5~2.0m;机械施工时,可达到3~4m。同时,各层要有独立的临时排水沟。

图1-3-1　全断面横挖法

a)一层全断面横挖法;b)多层全断面横挖法

1-第一台阶纵向运土道;2-临时排水沟

（二）纵挖法

此方法适用于较长的路堑，如图 1-3-2 所示。纵挖法可分为分层纵挖法和分段纵挖法两种。前者适用于路堑宽度和深度均不大的情况；后者适用于路堑较长、弃土运距较远的傍山路堑开挖。

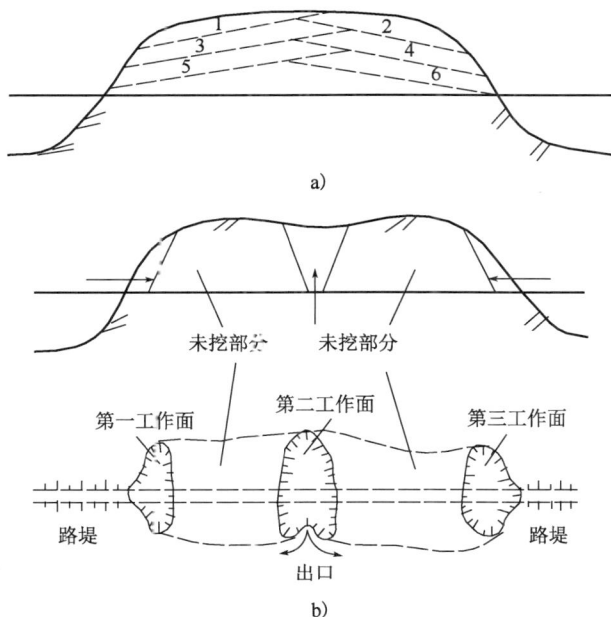

图 1-3-2　纵挖法
a) 分层纵挖法；b) 分段纵挖法
注：图 a) 中 1～6 表示施工顺序。

1. 分层纵挖法

施工机械到达路线上方的堑顶后，沿路堑全宽以深度不大的纵向分层挖掘前进的作业方法称为分层纵挖法。当路堑长度较短（不超过 100m）、开挖深度较浅（不大于 3m）、地面横坡度较陡（陡于 1∶1.5）时，宜采用挂土机作业。当路堑长度较长（超过 100m），宜采用铲运机或铲运机加推土机联合作业。如图 1-3-2a) 所示，按"1、2、3、4、5、6"的施工顺序进行爆破作业。

2. 分段纵挖法

沿路堑纵向选择若干处，在山体较薄一侧横向朝着路线先挖穿（俗称打"马口"），提供通道便于横向出土，这样将路堑沿纵向分成若干段，待机械到达路线位置时，各段再纵向开挖，此种作业方法称为分段纵挖法［图 1-3-2b)］。本法适用于路堑过长、纵向弃土运距过远的傍山路堑。这种方法由于增加了许多工作面，使得施工进度大大加快。选择具体方案时，应将山体一侧堑壁不厚的横向出土通道与附近的弃土场及有利于废弃土方调配等条件综合考虑而定。

（三）混合开挖法

先在路堑中央沿路线纵向挖成通道，然后在堑内改为横向挖成若干个通道，使许多挖掘机械各自到达横向通道内的工作面后,再沿路线纵向进行全断面开挖,此种纵挖法与全断面横挖法结合的作业方法称为混合开挖法(亦称通道纵挖法),如图 1-3-3 所示。由图可见,当路堑较深时,还可以结合机械的功能进行分层施工作业。此法适用于工程量很大但工期又紧的重点快速工程,并且以铲式挖掘机和运输自卸车配合使用为宜。具体实施混合开挖法时,对各种机械尤其是运土车辆的进出,必须统一调度、相互协调,使其运行流畅。

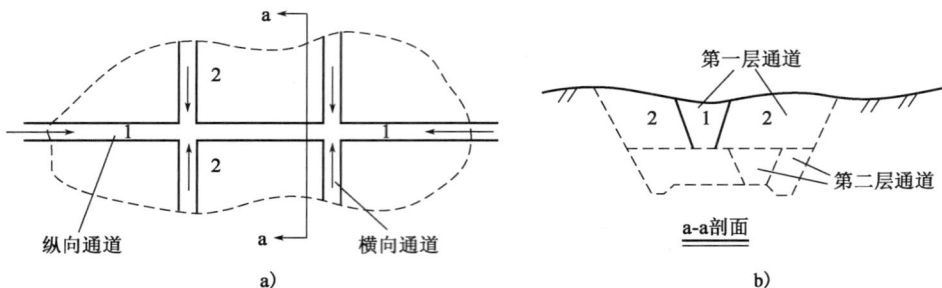

图 1-3-3　混合开挖法
注:1、2 表示施工顺序。

二、石方路堑开挖

山区公路路基施工石方工程量大且集中,据统计,石方工程量一般占土石方总量的 45% ~75%。爆破是石方路基施工最有效的方法,亦可用以爆松冻土、淤泥或开采石料等。在公路工程中采用综合爆破,不但是施工技术的重大革新,而且对公路选线、设计等方面也有较大的影响。例如,沿溪线经常要遇到悬崖峭壁,施工十分困难,工程量也很大,过去多采用展线翻越或跨河绕避的方案。展线翻越方案,由于急弯陡坡较多,既降低了路线的技术标准,又增加了公路里程。跨河绕避方案,增加了桥梁工程量,不仅增加了工程费用,还可能遇到基础施工等困难。如能采用综合爆破法施工,功效较高,工期较短,占用劳动力较少,也可降低成本,且可以考虑采用平缓顺直的沿溪线方案而无需展线或跨河。又如,公路通过鸡爪地形地段时,为了避免施工困难和节省工程量,往往是随地形曲折起伏,如采用综合爆破法施工,可取顺直的路线布置方案。

（一）爆破作用原理及起爆器材与方法

1. 爆破作用原理

为了爆破某一岩体,在其中或表面放置的一定数量的炸药,称为药包。按药包的形状或集结程度不同,可以分为集中药包、延长药包和分集药包三种。

1）药包在无限介质内的作用

药包在无限介质内爆炸时,炸药在瞬间通过化学反应转化为气体状态的爆炸产物。由于膨胀作用,体积增加数千倍甚至上万倍,形成高温高压,产生的冲击波以每秒上千米的速度自药包中心按球面等量向外扩散,传递给周围介质,使介质产生各种不同程度的破坏和震动现象。这种现象随着距药包中心距离的增大而逐渐消失。按破坏程度的不同大致可分为四个爆破作用区,如图 1-3-4 所示。

(1)压缩区。图 1-3-4 中所示 $R_压$ 表示压缩圈半径,在这个作用圈范围内,介质直接承受药包爆炸所产生的极其巨大的作用力。如果介质是可塑性的土,则会受到压缩形成空腔;如果介质是坚硬的脆性岩石,则会被粉碎。以 $R_压$ 为半径的球形区称为压缩区。

(2)抛掷区。$R_压$ 至 $R_抛$ 的区间为抛掷区。该区介质的原有结构受到破坏而分裂成碎块,而且爆炸力尚有余力,足以使这些碎块获得运动速度。如果在有限介质内,这些碎块的一部分会向临空面方向抛掷出去。

(3)松动区。$R_抛$ 至 $R_松$ 的区间为松动区。该区爆炸力大大减弱,能使介质结构受到不同程度的破坏,但没有较大的位移。

(4)震动区。$R_松$ 至 $R_震$ 的区间为震动区。微弱的爆破作用力不能使该区介质产生破坏,只能产生震动现象。震动圈以外爆破作用能量将逐渐消失。

2)药包在有限介质内的爆破作用与爆破漏斗

药包在有限介质内爆炸时,在具有临空的表面上都会出现一个爆破坑,一部分炸碎的二石被抛至坑外,一部分仍落在坑底。由于爆破坑形状如同漏斗,称为爆破漏斗,如图 1-3-5 所示。爆破漏斗的形状和大小,不但与药包量大小、炸药性能、介质的性能等有关,同时还与临空面的数量和所处的边界条件有关。

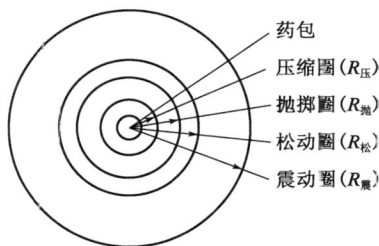

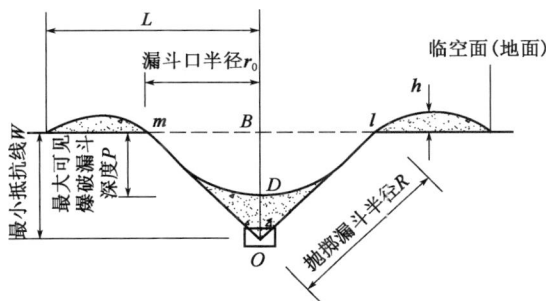

图 1-3-4 爆破作用圈　　　　图 1-3-5 平坦地形爆破漏斗示意图

爆破漏斗一般用以下几个要素表示:

W——最小抵抗线,即药包中心至临空面的最短距离;

r_0——爆破漏斗口半径,即最小抵抗线与临空面交点至漏斗口边缘的距离;

R——抛掷漏斗半径,即从药包中心沿漏斗边缘至坑口的距离。

爆破作用的性质通常用爆破作用指数 n 来表示。爆破作用指数是爆破漏斗口半径与最小抵抗线的比值,即 $n = r_0/W$。当 $n = 1$ 时,称为标准抛掷爆破,此时漏斗顶部夹角为 90°;当 $n > 1$ 时,称为加强抛掷爆破;当 $n < 1$ 时,称为减弱抛掷爆破;当 $n < 0.75$ 时,不会发生抛掷现象,岩石只能产生松动和隆起。通常将 $n = 0.75$ 时的爆破称为标准松动爆破,将 $n < 0.75$ 时的爆破称为减弱松动爆破。

2.影响爆破的主要因素

药包在介质中爆炸时,介质被抛掷和松动的体积或破碎的程度称为爆破效果。影响爆破效果的因素主要有以下几种:

(1)炸药的威力。一般在坚石中,宜用粉碎力大的炸药,如三硝基甲苯(TNT)、胶质炸药等,爆破后岩石破碎程度较大,但破坏范围一般较小;在次坚石、软石、裂缝大而多的岩石中,以及松动爆破中,宜用爆力大而粉碎力较小的炸药,如硝铵类炸药;开采料石,则宜用爆力和猛度都较小的炸药,如黑火药。

(2)炸药用量。药量少,则达不到预期的效果;药量多,不但会造成浪费,而且会出现飞石过远、裂缝增多、边坡坍塌等超爆现象。因此,药量应适中。

(3)地形条件。在爆破工程中,地形的陡坦程度及临空面数量对爆破效果影响也很大。地形越陡,临空面数量越多,爆破效果越好;反之,爆破效果越差。

(4)地质条件。地质条件是指岩石性质和岩层构造。岩石性质包括岩石的密度、韧性和整体性等,是确定岩石单位耗药量和能否采用大爆破的主要依据;岩石构造主要指岩石的层理产状等,其往往会对爆破的范围、爆破漏斗的形状和大小产生重大影响。

(5)其他因素。装药的密实度、堵塞炮眼和导洞的质量、爆破技术的熟练与正确程度等对爆破效果也均有影响。

3.炸药的选用

1)炸药的性质

炸药是一种化学性质不稳定的物质,在外力的作用下(如冲击、摩擦等),易发生爆炸。爆速可高达每秒几千米,爆温高达 1500 ~ 4500℃,压力超过 10 万个大气压(1 个大气压 = 101.325kPa)。因此,炸药具有非常大的破坏力。炸药的性质用以下指标描述:

(1)炸药的威力。

炸药一般用爆力和猛度来衡量。爆力是指炸药破坏一定量介质的能力;猛度是指炸药爆炸时,将一定量岩石粉碎成细块的能力。

(2)炸药的敏感度。

炸药的敏感度是指炸药在外能作用下发生爆炸的难易程度,包括爆燃点、撞击敏感度、摩擦敏感度和起爆敏感度。炸药的敏感度受其密度、湿度、粒度和杂质含量影响。

(3)炸药的安定性。

炸药的安定性是指炸药在长期存储时,保持其原有物理化学性质不变的能力。

2)炸药的分类

炸药的种类繁多,爆破工程中常用的有如下两类:

(1)起爆炸药。

起爆炸药是一种爆炸速度极高的烈性炸药,爆速可达 2000 ~ 8000m/s,用以制造雷管。起爆炸药又可分为正起炸药和副起炸药。正起炸药对热能和机械冲击能均具有强烈的敏感性,如雷汞、黑索金、太安等;副起炸药须由正起炸药起爆,其爆速甚高,可加强雷管的起爆能量,如三硝基甲苯、四硝酸季戊四醇酯等。

(2)主要炸药。

用以对岩石或其他介质进行爆炸的炸药称为主要炸药。主要炸药的敏感性较低,要在起爆炸药强力冲击下才能爆炸。主要炸药可分为:缓性炸药,爆速为 1000 ~ 3500m/s,如硝铵炸药、铵油炸药;粉碎性炸药,爆速为 3500 ~ 7000m/s,如三硝基甲苯(TNT)、胶质炸药等。道路工程中常用主要炸药的成分和性能如下:

①黑色炸药。由硝酸钾、硫黄、木炭(其配比为 75∶10∶15)所组成的混合物。它对火星和

碰击极其敏感,易燃烧爆炸,怕潮湿,威力小,适用于开采石料。

②三硝基甲苯(TNT)炸药。TNT 为淡黄色针状结晶体,熔铸块呈褐色,敏感度低,安定性好,耐水性强,爆炸威力大,适用于爆破坚硬的岩石。但其本身含氧不足,爆炸时会产生有毒的一氧化碳,不宜用于地下作业。

③胶质炸药。胶质炸药是由硝化甘油和硝酸铵(有时用硝酸钾或硝酸钠)的混合物,另加入一些木屑和稳定剂制成的。胶质炸药可分为耐冻、非耐冻两种。工业上常用的是硝化甘油及二硝化乙二醇含量各为62%和35%的耐冻胶质炸药。它对冲击、摩擦和火星都很敏感,如果湿度较高或储存时间过久,其容易分解、渗油和挥发,此时对外界的作用更敏感,受冻后尤其危险,它是一种危险性较高的炸药。但胶质炸药威力大,不吸湿,有较大密度和可塑性,适合于水下和坚石爆破。

④硝铵炸药。硝铵炸药是目前石方爆破中广泛应用的一种炸药,主要品种有煤矿铵锑炸药、岩石铵锑炸药、露天铵锑炸药等。道路工程中常用的岩石硝铵炸药由硝酸铵、TNT 和少量木粉组成,其配比为 85∶11∶4,具有中等威力和一定的敏感性,在 8 号雷管作用下可以充分起爆,是安全性较高的炸药。但是它具有吸湿性与结块性,受潮后敏感性和威力显著降低,同时产生毒气。

⑤铵油炸药。铵油炸药是硝酸铵和柴油(或加木粉)的混合物,通常两者比例为 94.5∶5.5,当加入木粉时,硝酸铵∶柴油∶木粉比例为 92∶4∶4。这是一种廉价、安全、制造简单、威力比硝铵炸药略低、敏感性低的炸药,具有结块性和吸湿性,使用时不能直接用 8 号雷管起爆,须同时用 10% 的硝铵炸药作起爆体,才能使其充分起爆。

⑥浆状炸药。浆状炸药是以硝酸铵、TNT(或铝、镁粉)和水为主混合而成的一种浆糊状炸药,其威力大,抗水性强,适用于深水爆破(坚硬岩石),但需烈性炸药起爆。

4. 起爆器材

雷管是常用的起爆材料。按照引爆方式分为火雷管和电雷管两种。电雷管又分为即发雷管、延期雷管及毫秒雷管。雷管外壳有纸、铜、铁等几种。工业上依雷管内起爆药量多少,将雷管分成 10 种,以 1~10 编号,通常使用 6 号和 8 号雷管。6 号雷管相当于 1g 雷汞的装药量,8 号雷管相当于 2g 雷汞的装药量。

1)雷管的构造

雷管由雷管壳、正副装药、加强帽三部分组成,如图 1-3-6 所示。

火雷管与电雷管的不同之处,是在管壳开口的一端,火雷管留出 15mm 左右的空隙端,以备导火索插入之用;而电雷管则有一个电气点火装置,并以防潮涂料密封端口。延期和毫秒电雷管的特点是在点火装置和正装药之间加了一段缓燃剂。

电气点火装置的构造,是在脚线(纱包绝缘铜线)的端部焊接一段高电阻的金属丝(一般为

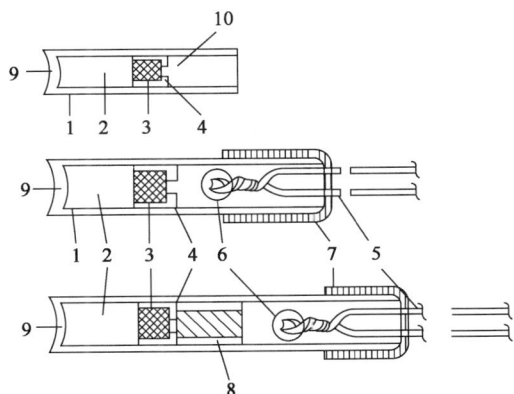

图 1-3-6 雷管的构造

1-雷管壳;2-副装药;3-正装药;4-加强帽;5-电气点火装置;6-滴状引燃剂;7-密封胶和防潮涂料;8-缓燃剂;9-窝槽(集能槽);10-帽孔

康铜丝,也有铬镍合金或铂铱合金丝),称为电阻丝。在电桥丝上滴上一滴引燃剂,通电时灼热的电阻丝就能点燃引燃剂,使电雷管的正副起爆药发火起爆。

2)电雷管的主要指标

为了保证电雷管的准爆和操作安全,现将使用电雷管的有关参数介绍如下:

(1)电阻。常用电雷管的电阻为 0.5～1.5Ω(2m 长铜绞线、康铜电阻丝)。按安全规定串联在一起的电雷管,彼此间电阻差不能超过 0.25Ω。

(2)最大安全电流和准爆电流。最大安全电流是指在通电 5min 左右而不引起爆炸的最大电流。康铜电阻丝雷管的最大安全电流和准爆电流为 0.3～0.4A,铬镍合金电阻丝雷管的最大安全电流和准爆电流为 0.15～0.2A。用来测定电雷管的仪器输出电流不得超过 0.05A。

最小准爆电流是指在 2min 左右的时间内通电使雷管准爆的最小电流。康铜电阻丝的最小准爆电流为 0.5～0.8A,铬镍合金电阻丝的最小准爆电流为 0.4～0.5A。按照安全规定,成组串联电雷管的准爆电流,直流电为 2A,交流电为 2.5A。若能保证有 2.0～5.0A 的电流通过每个电雷管,则可充分保证准爆。

5.起爆方法

1)导火索起爆

导火索起爆是指先将导火索点燃,引爆火雷管,从而使全部炸药爆炸。雷管内装的都是烈性炸药,遇撞击、按压、摩擦、加热、火花都会爆炸,因此在运输、保管、使用中要特别注意,须轻拿轻放,不可随便乱扔。

2)电力起爆

电力起爆是指利用电雷管中电力引火剂的通电发热燃烧使雷管爆炸,从而引起药包爆炸。电力起爆的电源有放炮器、干电池、蓄电池、移动式发电站、照明电力线路或动力电力线等。电力起爆网中,电雷管的联结方式有串联、并联和混合联三种。电力起爆所用电线必须采用绝缘完好的导线。

3)导爆索起爆

导爆索(又称传爆线)起爆是指利用导爆索的爆炸直接引起药包的爆炸。导爆索的外形与导火索相似,由直径为 4.8～5.8mm 的药包系烈性炸药做成,具有良好的防水性能,浸在水中 12h 仍能爆炸。导爆索爆速快(6800～7200m/s),主要用于深孔爆破和药室爆破,能做到使几个药室几乎同时起爆,可以提高爆破效果。由于导爆索着火较困难,使用时须在药室外的导爆索上捆扎一个 8 号雷管来起爆。

4)塑料导爆管起爆

塑料导爆管起爆是指由内涂引爆炸药的塑料导爆管组成的起爆网络与药包连接,通过雷管、导火索、引火头等能产生冲击波的器材激发导爆管,从而起爆药包。导爆管本身很安全,可作为非危险品运输。一个 8 号雷管能激发 30～50 根导爆管,效率高,成本低,安全可靠。

(二)常用的爆破方法

1.爆破作业的施工程序

(1)对爆破人员进行技术培训和安全教育。

（2）对爆破器材进行检查和试验。

（3）清除岩石表面的覆盖土及松散石层，确定炮型，选择炮位。

（4）钻眼或挖坑道、药室，装药及堵塞。

（5）敷设起爆网路。

（6）设置警戒。

（7）起爆。

（8）清理爆破现场（处理哑炮，测定爆破效果等）。

2.选择炮眼位置的注意事项

（1）选择炮眼时，必须注意石层、石质、石纹、石穴，宜设置在无裂纹、干燥处。当用铁锤敲击石面发生空响时，应避免在该处打眼。

（2）应避免选择在两种岩石硬度相差很大的交界处打眼。

（3）应尽可能选择在抵抗线最小、临空面较多的地方，并应与各临空面的距离接近相等。

（4）选择炮眼时，应尽可能为下一炮创造更多的临空面。

（5）群炮炮眼的间距，宜根据地形、岩石类别、炮型及炸药的种类计算确定。

（6）炮眼的方向应与岩石侧面平行，并尽量与岩石走向垂直。一般按岩石外形、纹理、裂隙等实际情况，分别选择正眼、斜眼、平眼、吊眼等方位。

此外，进行爆破作业时的安全事项，须按照《公路工程施工安全技术规范》（JTG F90—2015）有关规定执行。

3.常用的爆破方法及适用性

综合爆破方法是指根据石方的集中程度，地质、地形条件，公路路基断面的形状，结合各种爆破方法的最佳使用特性，因地制宜，综合配套使用的一种比较先进的爆破方法。综合爆破方法一般包括中小炮和洞室炮两大类。中小炮主要包括钢钎炮、深孔爆破等钻孔爆破；洞室炮主要包括药壶炮和猫洞炮等，随药包性质、断面形状和微地形的变化而不同。根据炸药用量，1t以上的爆破方法为大炮，1t以下为中小炮。根据被爆破体的破碎控制效果，爆破方法又分为微差爆破、光面爆破和预裂爆破等。现将各种爆破方法在综合爆破中的作用与特性介绍如下。

1）浅孔爆破

在路基工程中，浅孔爆破通常指炮眼直径和深度分别小于50mm和5m的爆破方法，适用于地形艰险及爆破量较小地段（如打水沟、开挖便道和基坑等）。一般情况下，单独使用浅孔爆破石方是不太经济的，其原因有两点：一是炮眼浅，用药少，每次爆破量不大，且全靠人工清除，所以功效较低；二是不利于爆破能量的利用，由于眼浅，爆破时爆炸气体很容易冲出，变成不做功的声波，以致响声大而炸下的石方不多，个别石块飞得很远。因此，在公路工程中，应尽可能少用这种炮型。但是，由于它比较灵活，因而它又是一种不可缺少的炮型，一般可作为其他炮型的辅助炮型。

2）深孔爆破

深孔爆破是指孔径大于75mm、深度5m以上、采用延长药包的一种爆破方法，适用于大方量（万方以上）的石方爆破。炮孔需用深孔凿岩机（图1-3-7）。如用挖运机械清方，可实现石方施工全面机械化。其优点是生产率高，一次爆破的土石方体积大，施工进度快，爆破时对跨基边坡的影响比大炮小。若配合预裂或光面爆破,则边坡平整稳定,爆破效果容易控制,爆破时比较安全。但由于需要用大型机械,故转移工地、开辟场地、修筑便道等准备工作都较复杂,且爆破后仍有10%~25%的大石块需经第二次爆破改小。

图1-3-7 用于石方开挖的凿岩机
a)气腿式;b)液压式

进行深孔爆破时,要求先将地面修成台阶,称为梯段。梯段的倾角以60°~75°为宜,高度应在5~15m范围内。炮孔分垂直孔和斜孔两种,如图1-3-8所示。炮孔直径D一般为80~300mm,公路工程中多采用100~150mm。超钻长度h大致是梯段高度的10%~15%,岩石坚硬者取大值。

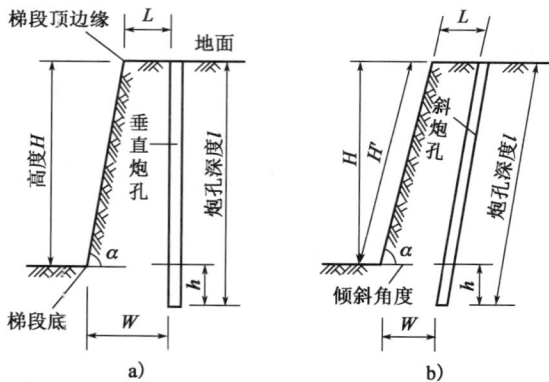

图1-3-8 垂直和斜炮梯断面图

深孔爆破对装药、堵塞等操作技术要求比较严格。随着石方施工机械化程度的提高,深孔爆破已开始在石方集中、地形较平缓的垭口或深路堑条件下使用,并获得了较好的效果。其单位耗药量为$0.45~0.75kg/m^3$,平均每米钻孔爆落岩石$11~20m^3$。因此,有条件时应尽可能采用深孔爆破方法。

3)微差爆破

两相邻药包或前后排药包以毫秒的时间间隔(一般为15~75ms)依次起爆,称为微差爆破,亦称为毫秒爆破。微差爆破适用于开挖岩石地基、挖掘沟渠、拆除建筑物和基础,以及工程量与爆破面积较大,对截面形状、规格、减震等有严格要求的爆破工程。多发一次爆破最好采用毫秒雷管。当装药量相等时,其优点是:可减震 1/3~2/3;前发药包为后发药包开创了临空面,从而加强了岩石的破碎效果;降低了多排孔一次爆破的堆积高度,有利于挖掘机作业;由于逐发或逐排依次爆破,减少了岩石夹制力,可节省炸药 20%,并可增大孔距,提高每米钻孔的炸落方量。炮孔排列和起爆顺序,根据断面形状和岩性,有如下几种(图 1-3-9)。多排孔微差爆破是浅孔爆破和深孔爆破发展的方向。

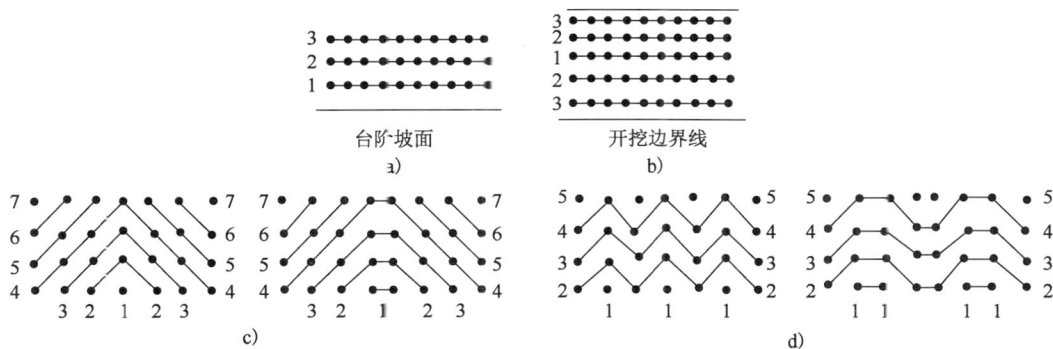

图 1-3-9 微差爆破各种起爆网路图
a)直排依次顺序起爆法;b)直排中心掏槽起爆法;c)V 形起爆网路;d)波形起爆网路
注:图中数字为起爆顺序。

4)光面爆破

光面爆破是指在开挖限界的周边,适当排列一定间隔的炮孔,在有侧向临空面的情况下,用控制抵抗线和药量的方法进行爆破,使之形成一个光滑平整的边坡。光面爆破适用于硬质岩层且形成设计边坡轮廓要求的爆破。

5)预裂爆破

预裂爆破是指在开挖限界周边适当排列一定间隔的炮孔,在没有侧向临空面和最小抵抗线的情况下,用控制药量的方法,预先炸出一条裂缝。其适用于稳定性差且要求控制开挖轮廓的软弱岩层。使拟爆体与山体分开,作为隔震减震带,起保护和减弱开挖限界以外山体或建筑物的地震破坏作用。光面与预裂爆破后,在边坡壁上通常均留下半个炮孔的痕迹。

6)药壶炮(烘膛炮)

药壶炮是指在深 2.5m 以上的炮眼底部用少量炸药经一次或多次烘膛,使眼底成葫芦形,将炸药集中装入药壶中进行爆破,如图 1-3-10 所示。此法主要用于露天爆破,一般适用于爆破深度不深、爆破体积不大,周边空旷的地方。其使用条件是:岩石应在Ⅺ级以下,不含水分,阶梯高度(H)小于 10m,自然地面坡度在 70°左右。如果自然地面坡度较缓,一般先用钢钎炮切脚,炸出台阶后再使用。经验证明,药壶炮最好用于Ⅶ~Ⅸ级岩石、中心挖深 4~6m、阶梯高度在 7m 以下的地方。装药量可根据药壶体积而定,一般在 10~60kg 之间,最多可超过 100kg。每次可炸岩石数十立方米至数百立方米,小炮是最省工、省药的一种方法。

7)猫洞炮(蛇穴炮)

猫洞炮是指炮洞直径为 0.2~0.5m,洞穴呈水平或略有倾斜(台眼),深度小于 5m,用集中药包在炮洞中进行爆破的一种方法,如图 1-3-11 所示。猫洞炮既适用于坚石以下岩体爆破,也可用于简易单车道公路、机耕路、田间路和旧路加宽的半挖半填地段路基施工。其特点是充分利用岩体本身的崩塌作用,能用较浅的炮眼爆破较高的岩体。其最佳使用条件是:Ⅴ级软石、Ⅵ级次坚石、Ⅶ级坚石;阶梯高度至少应大于眼深的2倍,自然地面坡度不小于50°,以70°左右为宜。由于炮眼直径较大,爆破利用率较差,故炮眼深度应大于1.5～2.0m,不能放孤炮。猫洞炮爆破体积,一般可达4～10m³,单位耗药量为0.13～0.3kg/m³。在有裂缝的软石和坚石中,阶梯高度大于4m,药壶炮药壶不易形成时,采用这种爆破方法,可以获得较好的爆破效果。

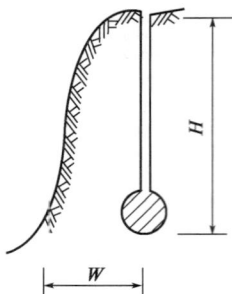

图 1-3-10　药壶炮　　　　　图 1-3-11　猫洞炮

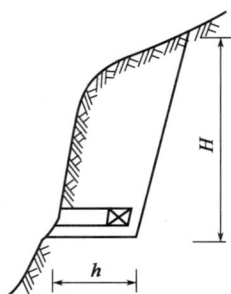

8)大炮

大炮是指采用导洞和药室装药,用药量在1t以上的爆破。大炮主要适用于石方大量集中、地势险要或工期紧迫的路段。

(三)选用各种爆破方法的基本原则

为了充分发挥各种爆破方法的特点,利用微地形和地质的客观条件,在路基石方工程中采用综合爆破,选用各种爆破方法,组织炮群,有计划、有步骤地爆破拟开挖的石方是十分重要的。为此,石方工程的施工方案应按以下原则与步骤进行。

1.全面规划,重点设计

对拟爆破的路基工程,应根据石方的集中程度、微地形的变化、路基设计断面的形状以及地质条件所能允许的爆破规模,结合各种爆破方法的特点,进行全面规划,确定哪些地段采用洞室炮、深孔炮,哪些地段采用小炮群(一般中心挖深大于6m时,可采用洞室炮;小于6m时可采用小炮群),以及各段的开挖顺序;然后对石方集中的点进行重点设计。施工中,一般可按照爆破方案选择表进行(表1-3-1)。

爆破方案选择表　　　　　　　　　　　　　　表 1-3-1

编号	起讫桩号	中心挖深（m）	爆破地段长度（m）	自然坡度（°）	断面石方量（m³）	爆破类型	备　注
1	K1+500～K1+600	3～5	100	39～45	3000	小炮群	软石
2	K3+700～K3+900	6～9	200	50～70	7000	抛坍爆破炮群	坚石
3	K4+100～K4+140	12	40	40	4000	多面临空面地形爆破	次坚石节理不发达

2. 由路堑顶部开挖, 形成高阶梯

为了充分利用岩石的崩塌作用, 开挖应从路堑顶部开始, 逐渐形成高阶梯, 为深孔炮、药壶炮或猫洞炮创造有利条件。

3. 综合利用小炮群, 分段分批爆破

一般有以下几种方法:

(1) 在半填半挖的斜坡地形处, 采用一字排炮; 对于自然坡度较缓的地形, 应先用钢钎炮切脚, 改造地形后, 再采用一字排炮。

(2) 路线横切小山包时, 采用钢钎炮三面切脚, 改造地形后, 再在中间用药壶炮爆破。

(3) 遇路基加宽、阶梯较高的地形, 采用上下互相配合的小炮群, 如图 1-3-12 所示。

(4) 对拉沟路堑, 采用两头开挖时, 可以用竖眼揭盖、平眼搜底的梅花炮, 如图 1-3-13 所示。

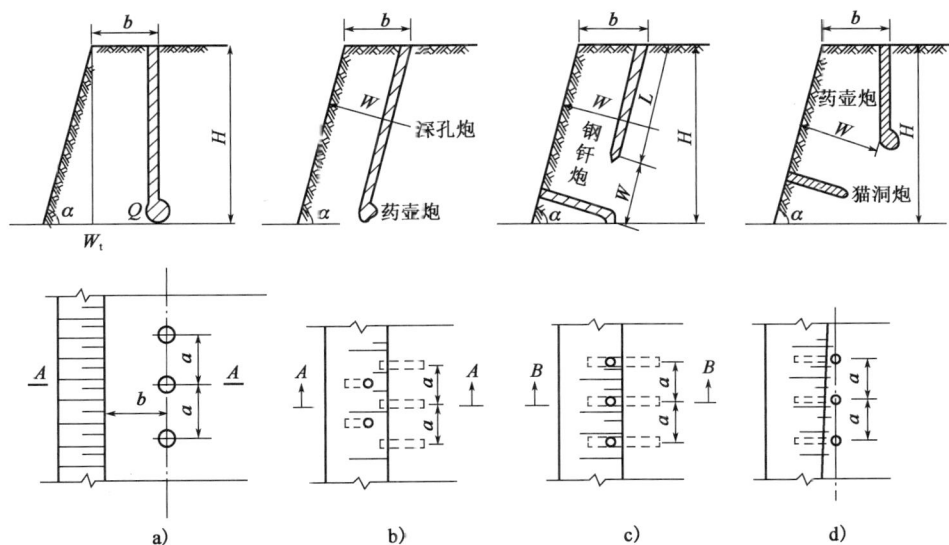

图 1-3-12 上下互相配合的小炮群

(5) 机械化清方时, 如遇坚石, 可采用眼深 2m 以上的钢钎炮, 组合成 30 ~ 40 个多层炮群, 或采用深孔炮。在坚硬岩石中, 为使岩石破碎的程度满足清方的要求, 除调整炮群设计参数外, 还可以采用微差爆破和间隔药包的方式。遇软石或节理发育的次坚石, 可采用松动爆破开挖。

通过上述介绍可知, 根据不同的客观条件, 采用不同的爆破方法, 可以使工效提高 2 ~ 10 倍, 劳动强度也可大大减轻。但由于采用该方法的单位耗药量都比小炮定额高 2 ~ 4 倍以上,

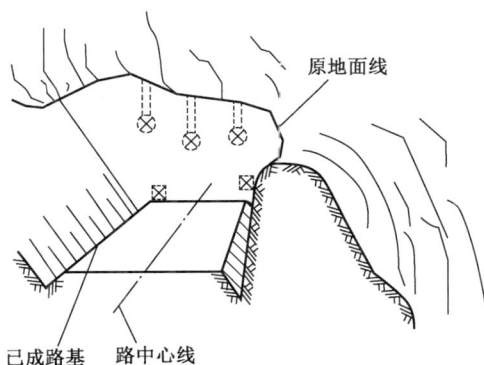

图 1-3-13 拉沟路堑使用的梅花形竖眼和平眼的混合炮群 (炮数可酌情增减)

因此工程造价的降低并不显著。为了降低工程造价,有条件时可在综合爆破中采用铵油炸药。

虽然综合爆破具有不少优点,但是在快速施工方面仍显不足。目前施工中较费时的工序是导洞掘进和清方,一般人工开挖导洞需要 15～30d,爆破后虽有 65% 左右的岩体被抛掷(抛坍)出路基,但剩下岩体若用人工清方,仍需要较长时间。这种两头慢中间快的不协调现象可采用机械化打眼和机械化、半机械化清方的办法解决。

(四)爆破作业施工步骤

石质路堑的爆破流程,如图 1-3-14 所示。

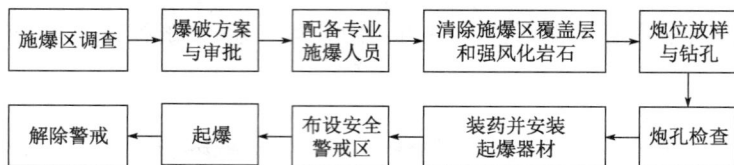

图 1-3-14 爆破作业施工步骤

1. 施爆区调查

需用爆破法开挖的地段,必须查明空中缆线及地下管线的具体位置,以确保安全。

2. 爆破方案与审批

(1)爆破作业专项施工方案。爆破作业属于危险性较大的分部分项工程,应编制专项施工方案,并附安全验算结果。经企业技术负责人、总监理工程师签字后实施,由专职安全生产管理人员进行现场监督。

(2)主管部门审批。爆破作业专项施工方案应按有关规定报送公安部门、行业主管部门及监理工程师审批。

3. 配备专业施爆人员

爆破作业必须由经过专业培训并取得爆破证书的专业人员实施。

4. 清除施爆区覆盖层和强风化岩石

将钻孔部位的浮土和浮石清理干净,确保钻机稳定,不会倾倒。

5. 炮位放样与钻孔

(1)群炮的炮眼间距:宜根据地形、岩石类别、炮型及炸药的种类计算确定。

(2)炮眼选择:应设置在无裂纹、无水湿之处;应尽量选择在抵抗线最小、临空面较多的地方。

(3)炮眼方向:应与岩石侧面平行,并尽量与岩石走向垂直。一般按岩石外形、纹理裂隙等实际情况,分别选择正眼、斜眼、平眼、吊眼等方位。

(4)钻孔前,钻机的倾斜方向要与选择的爆破临空面的方向一致。

(5)钻孔时,风钻工要在坡面上准确放出炮孔的位置;竖向标牌,标明孔号、孔深和装药量;并做好防尘、防噪声和作业人员的自我防护工作。

6. 炮孔检查

根据爆破方案,检查炮位放样、炮眼深度等现场实施情况。

7. 装药并安装起爆器材

(1)用木棍装药包,严禁使用金属棒。

(2)装药时应自上而下、自里向外逐层密实。

(3)装完一组插一面小旗,有爆破工收旗放炮,以便核对。

(4)装药、安装引爆器材的时间应尽可能短,避免炸药受潮。

(5)装药不得在雨雪、大风、雷电、浓雾天气及黑夜中进行。

8. 布设安全警戒区

非爆破作业人员不准进入安全警戒区。

9. 起爆

在爆破负责人的统一指挥下实施起爆作业。

10. 解除警戒

爆破20min后,方可进入炮区检查,确定无危险后才可以发出解除警戒的信号。

(五)爆破施工中易出现问题及处理方法

1. 排水处理

进行爆破作业时,必须由经过专业培训并取得爆破证书的专业人员施爆。要注意开挖区的施工排水,在纵向和横向形成坡面开挖面,以确保爆破出的石料不受积水浸泡。

2. 边坡清刷

(1)石质挖方边坡应顺直、圆滑、大面平整;边坡上不得有松石、危石。

(2)对于挖方边坡,应从开挖面往下分级清刷边坡,下挖2~3m时,应对新开挖边坡刷坡,对于软质岩石边坡可用人工或机械清刷;对于坚石和次坚石边坡,可使用炮眼法、裸露药包法爆破清刷边坡,同时清除危石、松石。清刷后的石质路堑边坡不应陡于设计规定坡度。

(3)石质路堑边坡如因过量超挖而影响上部边坡岩体稳定时,应用浆砌片石补砌超挖的坑槽。

3. 盲炮处理

点火后未爆炸的炮称为盲炮。盲炮不但浪费炸药和材料,影响施工进度,而且会严重影响安全生产。因此,必须采取一切有效措施防止产生盲炮。一旦出现盲炮,应停止盲炮附近的所有其他工作,在起爆作业15min后,由原施工人员采取有效措施安全排除。其方法是:对大爆破,应找出线头,接上电源重新起爆;或沿导洞小心掏取堵塞物,取出起爆体;或用水灌浸药室,使炸药失效后清除。对中小炮,可在距盲炮的最近距离不小于0.6m处,另行打眼爆破;当炮眼或装药不深时,也可用裸露药包爆破。

三、挖方路基施工质量控制

(一)土方开挖

(1)应自上而下逐级进行,严禁掏底开挖。

(2)开挖至边坡线前,应预留一定宽度,预留的宽度应保证刷坡过程中设计边坡线外的土层不受到扰动。

(3)开挖至零填、路堑路床部分后,应及时进行路床施工;如果不能及时进行,宜在设计路床顶高程以上预留至少300mm厚的保护层。

(4)拟用作路基填料的土方,应分类开挖、分类使用。非适用材料作为弃方时,应按以下规定处理。

①施工前,应对设计提供的弃土方案进行现场核对,如有问题应及时处理。

②弃土宜集中堆放,并与周边环境相协调。

③严禁在靠近桥梁墩台、涵洞口处弃土。

④不得向水库、湖泊、岩溶漏斗及暗河口处弃土。

⑤弃土宜分层填筑,分层压实,弃土场的边坡不得陡于1:1.5,顶面宜设置不小于2%的排水坡。

⑥弃土作为路基反压护道时,宜与路基同步填筑。

⑦在地面横坡陡于1:5的路段,路堑顶部高侧不得设置弃土场。

⑧弃土场应及时施作防护和排水工程,对坡脚应按设计要求进行加固。

(二)石方开挖

(1)应根据岩石的类别、风化程度、岩层产状,制订开挖方案。

(2)应逐级开挖,控制边坡高度和坡率。

(3)施工过程中,每挖深3~5m应进行边坡边线和坡率的复测。

(4)爆破作业应符合《爆破安全规程》(GB 6722—2014)的有关规定。

(5)严禁采用洞室爆破,靠近边坡部位的硬质岩应采用光面爆破或预裂爆破。

(6)采用爆破法开挖石方,应先查明空中缆线、地下管线的位置,以及开挖边界线外可能受爆破影响的建筑物类型、居民居住情况等,对不能满足安全距离的石方宜采用化学静态爆破或机械开挖。

(7)对边坡应逐级进行整修,同时清除危石及松动石块。

(三)外观质量要求

(1)路基边线与边坡不应出现单向累计长度超过50m的弯折。

(2)路基边坡、护坡道、碎落台不得有滑坡、塌方或深度超过100mm的冲沟。

(3)上边坡不得有危石。

1. 土质路堑常用的开挖方法有哪几种？其中，纵挖法又可分为哪两种？每种的适用性如何？

2. 爆破漏斗的形状和大小与哪些因素有关？

3. 道路工程爆破中常用的主要炸药有哪些？

4. 炸药的起爆方法有哪几种？

5. 不宜进行大爆破的工程地质条件是什么？

6. 哑炮处理的方法有哪些？

7. 工程中选用各种爆破方法的基本原则有哪些？

1. 简述土质路基开挖中应注意的问题。

2. 简述爆破作业的施工程序。

3. 试分析哑炮的处理要点。

4. 二十大提出："推动绿色发展，促进人与自然和谐共生。"请简述边坡开挖对公路周边的自然破坏因素。

模块 1.4　路堤填筑

路堤是利用当地土石在原地面上填筑而成的,路堤的填筑质量与填料选择、基底处理、填筑方案等因素有关。路堤填筑的施工质量应满足《公路路基施工技术规范》(JTG/T 3610—2019)中的相关要求。

一、路堤填筑方案

路堤填方取土,应根据设计要求,结合路基排水和当地土地规划、环境保护要求进行,不得任意挖取。考虑填土路堤、填石路堤和土石路堤等的填料要求,从原地面逐层填起,并水平分层压实。

微课:路堤填筑

(一)填土路堤的填筑

(1)性质不同的填料,应水平分层、分段填筑,分层压实。同一水平路基的全宽应采用同一种填料,不得混合填筑。每种填料的填筑层压实后的连续厚度不宜小于500mm。路基上部宜采用水稳性好或冻胀敏感性小的填料。有地下水的路段或浸水路堤,应填筑水稳性好的填料。

(2)在透水性差的压实层上填筑透水性好的填料前,应在其表面设2%~4%的双向横坡,并采取相应的防水措施;不得在透水性好的填料所填的路堤边坡上覆盖透水性差的填料。

(3)每种填料的松铺厚度应通过试验确定。

(4)每一填筑层压实后的宽度不得小于设计宽度。

(5)路堤填筑时,应从最低处起分层填筑,逐层压实。

(6)填方分几个作业段施工时,接头部位如不能交替填筑,先填路段应按1:1~1:2坡度分层留台阶;如能交替填筑,应分层相互交替搭接,搭接长度应不小于2m。

(7)取土应符合以下规定:

①取土应根据设计要求,结合路基排水和土地规划、环境保护、公路建设要求进行。

②取土应不占或少占耕地,取土深度应结合地下水等因素综合考虑,原地面耕植土应先集中存放。

③桥头两侧不宜设置取土场。

④取土场与路基之间的距离,应满足路基边坡稳定的要求。

⑤线外取土场与排水沟、鱼塘、水库等设施连接时,应采取防冲刷、防污染措施。

⑥取土场周边坡度应满足稳定性要求。

⑦对取土造成的裸露面,应采取整治或防护措施。

用不同土质填筑路堤的正确与错误方式如图1-4-1、图1-4-2所示。

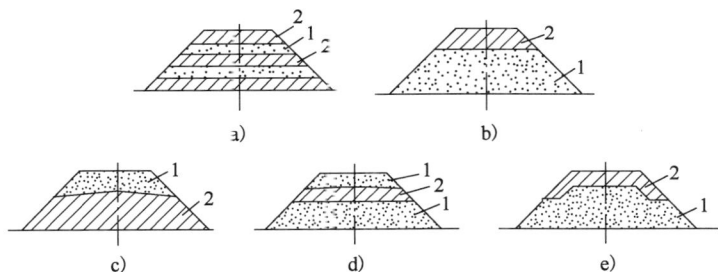

图 1-4-1 用不同土质填筑路堤的方式(正确方式)

a)分层填筑;b)透水性好的填料在透水性不好的填料之上;c)分层填筑坡度应向内大于4%;d)水平向上
填筑;e)接头部位采用台阶形式

1-透水性较大的土质;2-透水性较小的土质

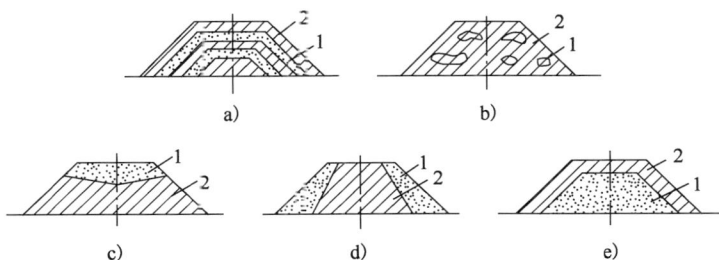

图 1-4-2 用不同二质填筑路堤的方式(错误方式)

a)按路基形状填筑;b)透水性好的填料和透水性不好的填料混合填筑;c)分层填筑坡度向外;d)由中间向两
侧填筑;e)按路基形状填筑且填筑厚度过大

1-透水性较大的土质;2-透水性较小的土质

湿黏土路堤施工应符合下列规定:

(1)应按设计要求对基底湿黏土层进行处理。

(2)湿黏土填料宜采用石灰进行改良,石灰宜采用消石灰或磨细生石灰粉。石灰粒径应
不大于20mm,石灰标号符合三级及三级以上标准。

(3)施工前应取现场有代表性的土做石灰掺配试验,确定石灰用量。

(4)灰土拌和可采用路拌法,翻拌后填料的块状粒径超过15mm的含量宜小于15%,填筑
层厚度不宜超过200mm。

(二) 填石路堤的填筑

填石路堤是指用粒径大于37.5mm且含量超过总质量70%的石料填筑的路堤。填石路
堤的施工要点如下:

(1)硬质岩石(抗压强度≥60MPa)、中硬岩石(抗压强度30~60MPa)可用于路堤和路床
填筑;软质岩石(抗压强度5~30MPa)可用于路堤填筑,不得用于路床填筑;膨胀岩石、易溶性
岩石和盐化岩石不得用于路基填筑。

(2)路基的浸水部位,应采用稳定性好、不易膨胀崩解的石料填筑。

（3）路堤填料粒径应不大于500mm，且不宜超过层厚的2/3。路床底面以下400mm范围内，填料最大粒径不得大于150mm，其中小于5mm的细料含量应不小于30%。

（4）填石路堤应分层填筑、分层压实。在陡山坡地段施工特别困难时，三级及三级以下砂石路面公路的下路堤可采用倾填方式填筑。

（5）对岩性相差大的填料应分层或分段填筑，软质石料与硬质石料不得混合使用。

（6）填石路堤顶面与细粒土填土层之间应填筑过渡层或铺设无纺土工布隔离层。

（7）压实机械宜选用自重不小于18t的振动压路机。

（8）当填石路堤采用强夯、冲击压路机进行补压时，应避免对附近构造物造成影响。

（9）当用中硬、硬质石料填筑路堤时，应进行边坡码砌。码砌边坡的石料强度、尺寸及码砌厚度应符合设计要求。边坡码砌与路基填筑宜基本同步进行。

（10）当采用易风化岩石或软质岩石石料填筑时，应按设计要求采取边坡封闭和底部设置排水垫层、顶部设置防渗层等措施。

（11）在施工过程中，每填高3m宜检测路基中线和宽度。

（三）土石路堤的混填

土石路堤是指用石料含量占总质量30%～70%的土石混合材料修筑的路堤。土石路堤混填时的施工要点如下：

（1）膨胀岩石、易溶性岩石、崩解性岩石、盐化岩石等不得用于路基填筑。

（2）当中硬、硬质石料的粒径过大时，在碾压时易造成压路机碾压轮的架空，不利于中间土的压实，因此规定中硬、硬质石料的最大粒径不得超过压实层厚的2/3。

（3）压实机械宜选用自重不小于18t的振动压路机。

（4）应分层填筑压实，不得倾填。

（5）应使大粒径石料均匀分散在填料中，石料间孔隙应填充小粒径石料和土。

（6）土石混合料来自不同料场，其岩性或土石比例相差大时，宜分层填筑或分段填筑。

（7）当采用填料由土石混合材料变化为其他填料时，土石混合材料最后一层的压实厚度应小于300mm，该层填料最大粒径宜小于150mm，压实后表面应无孔洞。

（8）当采用中硬、硬质石料填筑土石路堤时，宜进行边坡码砌，码砌与路堤填筑宜同步进行，软质石料土石路堤的边坡按土质路堤边坡处理。

（9）当采用强夯、冲击压路机进行补压时，应避免对附近构造物造成影响。

（10）中硬、硬质石料的土石路堤，施工过程中，对于每一压实层，应采用试验路段确定的工艺流程、工艺参数，压实质量可采用沉降差指标进行检测。

（11）当采用软质石料的土石路时，填筑质量标准应符合《公路工程质量检验评定标准 第一册　土建工程》(JTG F80/1—2017)的规定。

（12）在施工过程中，每填筑3m高宜检测路线中线和宽度。

（四）高路堤与陡坡路堤的填筑

高路堤沉降量与降雨量密切相关，高路堤第一个雨季的沉降量约占总沉降量的一半。因此，合理进行路基的施工安排，使高路堤在路面铺筑前经过1个雨季或6个月的自然沉降期。

（1）高路堤宜采用强度高、水稳性好的材料。路堤浸水部分应采用水稳性和透水性好的材料。

（2）高路堤施工中，应按设计要求预留高度与宽度，并进行动态监控。

（3）高路堤宜每填筑2m冲击补压1次，或每填筑4~6m强夯补压1次。

（4）高路堤填筑过程中，应进行沉降和稳定性观测。

（5）在不良地质路段进行高路堤与陡坡路堤填筑，应控制填筑速率，并进行地表水平位移监测，必要时应进行地下土体分层水平位移监测。

二、路堤填筑施工工艺

（一）路堤填筑施工的工艺流程

路堤填筑施工的工艺流程图如图1-4-3所示。

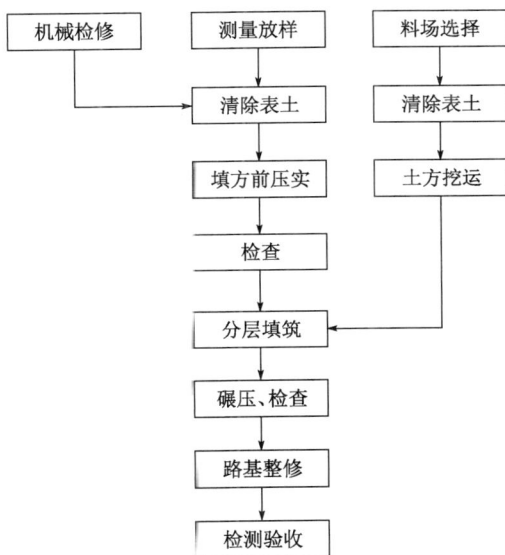

图1-4-3　路堤填筑施工的工艺流程图

（二）路堤填筑施工的主要工序

路堤填筑施工的主要工序有料场选择、基底处理、填筑和碾压。

1.料场选择

填筑路堤的材料（以下简称填料）以采用强度高、水稳性好、压缩变形小、便于施工压实以及运距短的土、石为宜。在选择填料时，一方面要考虑料源和经济性，另一方面要考虑填料的性质是否合适。

为了节约投资和少占耕地良田，一般应利用附近路堑或附属工程（如排水沟等）的弃方作为填料，或者将取土坑布置在荒地、空地或劣地上。

2. 基底处理

路堤基底的处理是保证路堤稳定与坚固极为重要的措施。在路堤填筑前进行基底处理，能使填土与原来的表土密切结合；使初期填土作业顺利进行，使地基保持稳定，增加其承载能力；防止因草皮、树根腐烂而引起的路堤沉陷。对于一般的路堤基底处理，应按下列规定执行。

（1）当基底土密实且地面横坡不陡于 1：10 时，经碾压符合要求后，可直接在地面上修筑路堤（但在不填不挖或路堤高度小于 1m 的地段，应清除草皮、树根等杂物）。在稳定的斜坡上，横坡为 1：10 ～ 1：5 时，应清除基底草皮。当横坡陡于 1：5 时，应将原地面挖成台阶，台阶宽度不小于 1m，高度不小于 0.5m（图 1-4-4）。当地面横坡超过 1：2.5 时，对外坡角应进行特殊处理，如修筑护墙、护脚等。

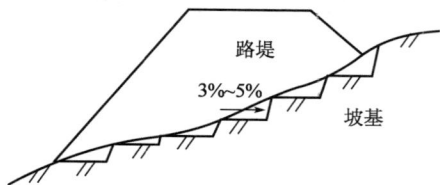

图 1-4-4　横坡较大时的台阶形基底

（2）当路基受到地下水影响时，应设置地下排水设施加以拦截或排除，引地下水至路堤基础之外，再进行填方压实。

（3）当路堤基底为耕地土或松土时，应先清除种植有机土，平整后按规定的要求压实。在深耕地段，必要时应将松土翻挖，打碎土块，然后回填、整平、压实。经过水田、池塘或洼地时，应根据具体情况采取排水疏干、挖除淤泥、打砂桩、抛填片石、砂砾石或石灰（水泥）等措施，以保持基底的稳固。

（4）路堤修筑范围内，对于原地面的坑、洞、墓穴等，应用原地的土或砂性土回填，并按规定进行压实。

3. 填土压实

填土压实是路基填筑过程中的一道关键工序，有效地压实路基填筑土，才能保证路基工程的施工质量。为此，必须控制每层填土的厚度、含水率和压实度，并选择合适的压实机械与压实厚度，以及合理的施工方案等。

三、路基压实

（一）路基压实的目的

微课：路基压实

路堤填筑所用的土或者路堑开挖形成路基表面的土，由于开挖扰动破坏了土体原来紧密的状态，致使其结构松散，颗粒间需要重新密实组合。为了使路基具有足够的强度与稳定性，必须予以压实，以提高其密实程度。因此，路基的压实是路基施工过程中一项重要工序。

土是三相体，土粒为骨架，颗粒之间的孔隙由水分和气体所占据。压实的目的是使土粒重新组合，彼此挤紧，孔隙缩小，使土的单位重量提高，形成密实整体，最终使土的强度增加，稳定性提高。

大量的试验和工程实践已经证明，土基经压实后，路基的塑性变形、渗透系数、毛细水上升及隔温性能等均有明显改善。

（二）影响压实效果的因素

对于细粒土的路基，影响压实效果的因素有内因和外因两个方面。其中，内因是指土质和湿度，外因是指压实功能（如机械性能、压实时间与速度、土层厚度）及压实时外界自然和人为的其他因素等。下面就影响压实效果的主要因素进行介绍。

1. 含水率对压实效果的影响

1）含水率 w 与密实度（以干密度 γ 度量）的关系

以同一种土在同一贯入击实标准试验下，各个土样配以不同的含水率 w，测定各个干密度 γ，作干密度 γ 随含水率 w 而变的规律性曲线，得图 1-4-5 中所示曲线 1 的驼峰曲线。该图表明，同等条件下，在一定含水率之前，γ 随 w 增加而提高，主要原因在于水起润滑作用，土粒间阻力减小，施加外力后，孔隙减小，土粒易于被挤紧，γ 得以提高。当 γ 值达到最大值后，w 再继续增大，土粒孔隙被水分占据，而水一般不为外力所压缩，水分互挤转移，因而随 w 的增大，γ 值降低。通常在一定压实条件下，干密度的最大值称为最大干密度 γ_0（驼峰曲线的最高点），相应的含水率称为最佳含水率 w_0。由此可见，压实时，若能控制土的最佳含水率 w_0，则压实效果最好。

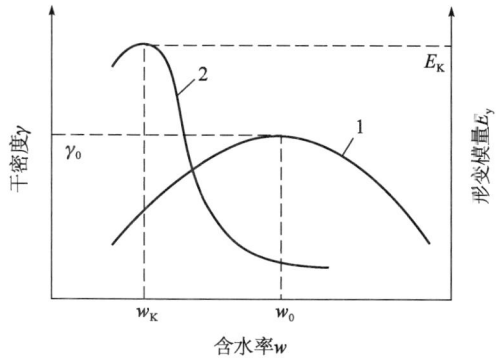

图 1-4-5　土基的 E、γ 与 w 关系示意图
1-γ 与 w 关系；2-E 与 w 关系

2）含水率 w 与土的水稳定性关系

如果以形变模量 E_y 代替 γ，它与含水率 w 也有类似的驼峰形曲线关系，而且最高点的 E_K 及其相应的 w_K 值，与 γ_0 及 w_0 有区别。曲线 2 表明，土体含水率未达到最佳值 w_0 之前（$w_K < w_0$），形变模量（间接反映强度）已达最高值 E_K，而随着土中含水率在 w_K 值前后的增加或减少，相应的 E_y 值有所降低。

图 1-4-6 是饱水前后土基的压实试验结果对照曲线关系图，它反映出含水率 w 与土的水稳定性的关系。从图中曲线 1 和曲线 2 的对比可见，饱水后，γ 与 E_y 均有所降低，但在 w_0 时，两曲线间的降低值（$\gamma_0 - \gamma_S$ 或 $E_K' - E_S'$）均最小，这种状态称为水稳定性好。由此可见，控制最佳含水率 w_0 压实的土基，其强度和稳定性最好。如果以 w_K 为准，尽管相应的 E_K 最高，但饱水后的 E_S 却大大降低，表明水稳定性极差。通过比较可见，最大干密度 γ_0 及相应的最佳含水率 w_0 可作为土基压实指标的控制因素。

2. 土质对压实效果的影响

在同样压实条件下，不同土质的压实效果是不一样的。一般规律是，不同的土质有着不同的最佳含水率 w_0 及最大干密度 γ_0，如图 1-4-7 所示。颗粒分散性（液限、黏性）较高的土，其 w_0 值较高，γ_0 值较低。同时，通过对比可见，砂性土的压实效果优于黏性土。其机理在于土粒愈细，比表面积愈大，加之黏土中含有亲水性较高胶体物质所致，土粒表面水膜所需的含水率就愈高。另外，对于砂土，由于其呈松散状态，水分极易散失，分析其最佳含水率则没有太大实际意义。

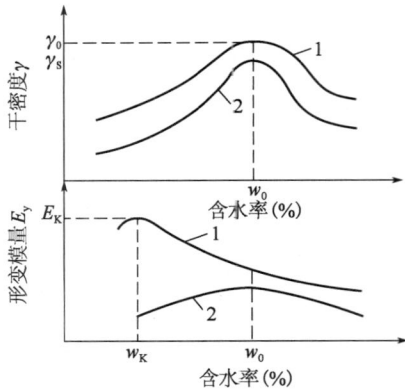

图 1-4-6 饱水前后土基压实指标对照
1-饱水前；2-饱水后

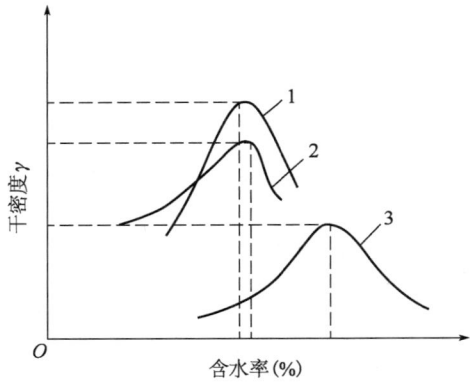

图 1-4-7 几种土质的压实曲线对比
1-亚砂土；2-亚黏土；3-黏土

3. 压实功能对压实效果的影响

压实功能（如压实工具的质量、碾压遍数、作用时间等）对压实效果的影响，是上述因素之外的又一重要因素。图 1-4-8 所示是同一种土在不同压实条件下，压实功能与压实效果的关系曲线。通过几条曲线的对比表明，同一种土的最佳含水率 w_0 随压实功能的增大而减小，最大干密度 γ_0 则随压实功能的增大而提高；在相同含水率条件下，压实功能越高，土基密实度越高。据此规律，工程实践中可以增加压实功能（如选用重碾，增加碾压遍数或延长作用时间等），以提高路基土的干密度或降低最佳含水率。但必须指出的是，用增加压实功能的办法来提高土基强度，有一定的限度，压实功能增加超过一定限度后，其提高就会越来越缓慢，这样在经济效益和施工组织上不尽合理。当压实功能超过限度过大时，要注意以下两点：一是超过土的极限强度，会造成土基结构的破坏；二是相对应压实时的含水率减小，获得的密实度经不起水的影响，即水稳定性变差。相比之下，严格控制最佳含水率，要比增加压实功能收效大得多。当含水率不足，洒水有困难时，可适当增加压实功能；但如果土的含水率过大，此时再增大压实功能，必将出现"弹簧"现象，即压实效果很差，易造成返工浪费。

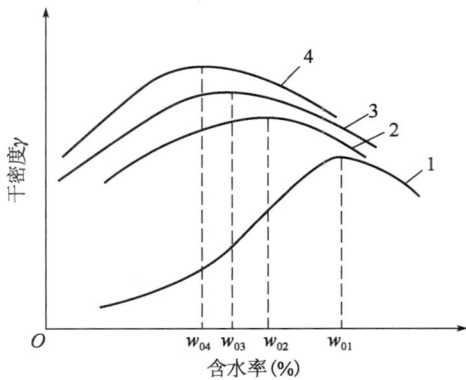

图 1-4-8 不同压实功能的压实曲线对照
注：1、2、3、4 曲线的功能分别为 600kN·m、1150kN·m、2300kN·m、3400kN·m。

4. 压实厚度对压实效果的影响

相同压实条件下（土质、含水率与压实功能不变），由实测土层不同深度的密实度（γ 或压实度）可以得知，密实度随深度递减，表层 5cm 的密实度最高。不同压实工具的有效压实深度有所差异，根据压实工具类型、土质及压实的基本要求，路基分层压实的厚度有具体的规定数值。一般情况下，夯实不宜超过 20cm；12～15t 光面压路机，不宜超过 25cm；振动压路机或夯击机,宜以 50cm 为限。确定实际施工时的压实厚度后,还应通过现场试验确定合适的摊铺厚度。

(三)压实机具的选择

土基压实机具的类型较多,大致可分为静压式、夯击式和振动式三大类型。静压式(又称为静力碾压式),包括光面碾(普通的两轮和三轮压路机)、羊足碾和气胎碾等几种。夯击式压实机具除了人工使用的石夯、大夯外,机动设备中有夯锤、夯板、风动夯及蛙式夯机等。振动式压实机具有振动器、振动压路机等。

不同压实机具适用于不同土质及不同二层厚度等条件。表 1-4-1 中所列的是几种常用机具的一般技术特性。正常条件下,对于砂性土的压实效果,振动式较好,夯击式次之,碾压式较差。对于黏性土,则宜选用碾压式或夯击式,振动式较差甚至无效。不同的压实机具适用于不同的土类,同时也对应于最大有效压实厚度和碾压行程遍数。表 1-4-2 给出了各种土质适宜的碾压机械的建议。

压实机具的技术性能 表 1-4-1

机 具 名 称	最大有效压实厚度（实厚）(m)	碾压行程遍数				适宜的土类
		黏性土	亚黏土	粉砂土	砂黏土	
人工夯实	0.10	3~4	3~4	2~3	2~3	黏性土与砂性土
牵引式光面碾	0.15	—	—	7	5	黏性土与砂性土
羊足碾(2 个)	0.20	10	8	6	—	黏性土
自动式光面碾 5t	0.15	12	10	7	—	黏性土与砂性土
自动式光面碾 10t	0.25	10	8	6	—	黏性土与砂性土
气胎路碾 25t	0.45	5~6	4~5	3~4	2~3	黏性土与砂性土
气胎路碾 50t	0.70	5~6	4~5	3~4	2~3	黏性土与砂性土
夯击机 0.5t	0.40	4	3	2	1	砂性土
夯击机 1.0t	0.60	5	4	3	2	砂性土
夯板 1.5t,落高 2m	0.65	6	5	2	1	砂性土
履带式	0.25	6~8		6~8		黏性土与砂性土
振动式	0.40	—		2~3		砂性土

各种土质适宜的碾压机械 表 1-4-2

机 械 名 称	细粒土	砂类土	砾石土	巨粒土	备 注
6~8t 两轮光轮压路机	A	A	A	A	用于预压整平
12~18t 两轮光轮压路机	A	A	A	B	最常使用
25~50t 两轮光轮压路机	A	A	A	A	最常使用
羊足碾	A	C 或 B	C	C	粉土质砂可用
振动压路机	B	A	A	A	最常使用
凸块式振动压路机	A	A	A	A	最宜使用含水率较高的细粒土

续上表

机 械 名 称	细粒土	砂类土	砾石土	巨粒土	备　注
手扶式振动压路机	B	A	A	C	用于狭窄地点
振动平板夯	B	A	A	B 或 C	用于狭窄地点，机械重量 800kN 的可用于巨粒土
夯锤（板）	A	A	A	B	用于狭窄地点
推土机、铲运机	A	A	A	A	夯击影响深度最大
	A	A	A	A	仅用于摊平土层和预压

注：1. 表中符号 A 代表适用；B 代表无适当机械时可用；C 代表不适用。

2. 土的类别按《公路土工试验规程》（JTG 3430—2020）的规定划分。

3. 对特殊土和黄土（CLY）、膨胀土（CHE）、盐渍土等的压实机械选择可按细粒土考虑。

4. 自行式压路机宜用于一般路堤、路堑基底的换填等的压实，宜采用直线式进退运行。

5. 羊足碾（包括凸块碾、条形碾）应与光轮压路机配合使用。

压实机具对土施加的外力应有所控制，以防压实功能太大，压实过度，不仅造成失效、浪费，甚至有害。一般认为，压实时的单位压力不应超过土的强度极限。不同土的强度极限，还与压实机具的质量、相互接触的面积、施荷速度及作用时间（遍数）等因素有关。表 1-4-3 所列是在最佳含水率条件下，在不同压实机具作用下各类土的极限强度，可供选择机具和压实功能时参考。

压实时土的强度极限　　　　　　　　　　　表 1-4-3

土　类	土的极限强度（MPa）		
	光面碾	气胎碾	夯板（直径 70～100cm）
低黏性土（砂土、亚砂土粉土）	0.3～0.6	0.3～0.4	0.3～0.7
中等黏性土（亚黏土）	0.6～1.0	0.4～0.6	0.7～1.2
高黏性土（重亚黏土）	1.0～1.5	0.6～0.8	1.2～2.0
极黏土（黏土）	1.5～1.8	0.8～1.0	2.0～2.3

实践经验证明，路堤压实时，在机具类型、土层厚度及行程遍数已经确定的条件下，压实操作宜先轻后重、先慢后快，先边缘后中间（匝道及弯道的超高路段需要压实时，则由内侧至外侧宜先低后高）。压实时，相邻两次的轮迹应重叠轮宽的 1/3，保持压实均匀，不漏压，对于压不到的边角，应辅以人工方法或小型机具夯实。在压实全过程中，应经常检查含水率和密实度，使其符合规定压实度的要求。

（四）路堤压实标准

在野外进行路堤施工时，受到种种条件限制，不能达到室内标准击实试验所得的最大干密度 γ_0 时，应予以适当降低。令工地实测干密度为 γ，它与室内标准击实试验得到的 γ_0 值之比的相对值，称为压实度 K。

$$K = \frac{\gamma}{\gamma_0} \times 100\% \qquad (1\text{-}4\text{-}1)$$

压实度 K 必须满足《公路路基施工技术规范》（JTG/T 3610—2019）规定的压实标准。

1. 土质路堤

土质路堤压实度标准见表1-4-4。

土质路堤压实度标准　　　　　　　　　　表1-4-4

填筑部位（路面底面以下深度）（m）			压实度（%）		
			高速公路、一级公路	二级公路	三、四级公路
填方路基	上路床		0~0.30	≥96	≥95	≥94
	下路床	轻、中及重交通	0.30~0.80	≥96	≥95	≥94
		特重、极重交通	0.30~1.20			—
	上路堤	轻、中及重交通	0.80~1.50	≥94	≥94	≥93
		特重、极重交通	1.20~1.90			—
	下路堤	轻、中及重交通	>1.50	≥93	≥92	≥90
		特重、极重交通	>1.90			
零填及路堑路床	上路床		0~0.30	≥96	≥95	≥94
	下路床	轻、中及重交通	0.30~0.80	≥96	≥95	—
		特重、极重交通	0.30~1.20			

注：1. 表列压实度以现行《公路土工试验规程》（JTG 3430—2020）重型击实试验法为准。

2. 三、四级公路铺筑水泥混凝土路面或沥青混凝二路面时，其压实度应采用二级公路的规定值。

3. 路基采用特殊填料或处于特殊气候地区时，压实度标准在保证路基强度要求的前提下根据试验路段和当地工程经验确定。

4. 特殊干旱地区的压实度标准可降低2%~3%。

2. 填石路堤

膨胀岩石、易溶性岩石不宜直接用于路堤填筑，强风化石料、崩解性岩石和盐化岩石不得直接用于路堤填料。路堤填料粒径不应大于500mm，且不宜超过层厚的2/3，不均匀系数宜为15~20。路床底面以下400mm范围内，填料粒径应小于150mm。路床填料粒径应小于100mm。

上、下路堤的压实质量标准见表1-4-5。

填石路堤上、下路堤的压实质量标准　　　　　　表1-4-5

分区	路床顶面以下深度（m）	硬质石料孔隙率（%）	中硬石料孔隙率（%）	软质石料孔隙率（%）
上路堤	0.8~1.50	≤23	≤23	≤20
下路堤	>1.50	≤25	≤25	≤22

（五）碾压工序的控制

为了有效地压实路基填筑土，必须对碾压工序进行控制，具体要求如下：

（1）确定工地施工要求的密实度。路基要求的压实度根据填挖类型和公路等级及路堤填筑的高度而定，见表1-4-4。通常，根据表中的规定，用标准击实试验，得出最大干密度和相应的最佳含水率。

（2）对于各种压实机具碾压不同土类的适宜厚度,所需压实遍数与填土的实际含水率(最佳含水率±2%以内)等,均应根据要求的压实度,通过试验路段确定。高等级公路路基填土压实宜采用振动压路机或35～50t轮胎压路机进行。采用振动压路机碾压时,第一遍应静压,第二遍开始采用振动压实。

压实过程中应严格控制填土的含水率。当含水率过大时,应将土翻晒至要求的含水率再碾压;当含水率过小时,需均匀洒水后再进行碾压。通常,天然土的含水率接近最佳含水率时,在填土后应随即压实。

（3）填石路堤在压实前,应先用大型推土机推铺平整,个别不平处,应由人工配合,用细石屑找平。宜选用18t以上的重型振动压路机。碾压时,要求均匀压实,不得漏压。每层的填铺厚度在0.4m左右,当采用重型振动压路机或夯锤压实时,可加厚至1.0m。

填石路堤所要求的密实度、所需的碾压遍数(或夯压遍数)应经过试验确定。以18t以上的振动压路机进行压实试验。当压实层顶面稳定,不再下沉(无轮迹)时,可判定为密实状态,即压实度合格。

（4）土石混填路堤的压实要根据混合料中巨粒土含量的多少来确定。当巨粒土含量较小时,应按填土路堤的压实方法进行压实;当巨粒土含量较大时,应按填石路堤的压实方法压实。不论何种路堤,碾压都必须确保均匀密实。

（5）压实度的检测方法有灌砂法、环刀法等方法。检测应符合《公路路基路面现场测试规程》(JTG 3450—2019)的有关规定。

四、路基填筑施工质量控制

对路基的填筑,主要控制填土路基上的颗粒大小、杂质含量、分层厚度、含水率、塑性指数和分区的压实度等指标;对填石或土石混填路基,主要控制石块的尺寸、空隙、分层厚度、碾压机械类型、施工方式和压实度等。

零填及挖方地段的施工,应检测地基的承载力和翻松层的压实状况,挖方边坡的坡面是否平顺,有无浮石、扎堆、坑穴等。

《公路路基施工技术规范》(JTG/T 3610—2019)和《公路工程质量检验评定标准　第一册　土建工程》(JTG F80/1—2017)(以下简称《检评标准》)规定的质量标准如下。

（一）土质路堤、土石路堤

（1）路基必须分层填筑压实,表面平整坚实,无软弹和翻浆现象,路拱合适,排水良好,压实度、土基强度、路基和路床的整体强度符合设计要求。

（2）不得采用设计或规范规定的不适用材料作为路基填料。路基填料强度(CBR)应符合规范和设计规定。

（3）在填方地段,应在填土前排除地面积水和其他杂物、草皮、淤泥、腐殖土和冰块,并平整压实。路堤边坡应修整密实、直顺、平整稳定、曲线圆顺,填料及路堤的整体强度必须符合设计要求。

（4）挖方地段遇有树根、洞穴等必须进行处理,上边坡要平整稳定。路床土质强度及压实度必须符合规范规定。

（5）取土坑、弃土堆的位置应适当、整齐,无水土流失和淤塞河道情况。

（6）土质路堤、土石路堤施工质量标准见表1-4-6。

土方路基实测项目 表1-4-6

项次	检查项目				规定值或允许偏差			检查方法和频率
					高速公路一级公路	其他公路		
						二级公路	三、四级公路	
1△	压实度（%）	上路床		0~0.3m	≥96	≥95	≥94	按《检评标准》附录 B 检查; 密度法:每200m 每压实层测2处
		下路床	轻、中及重交通荷载等级	0.3~0.8m	≥96	≥95	≥94	
			特重、极重交通荷载等级	0.3~1.2m	≥96	≥95	—	
		上路堤	轻、中及重交通荷载等级	0.8~1.5m	≥94	≥94	≥93	
			特重、极重交通荷载等级	1.2~1.9m	≥94	≥94	—	
		下路堤	轻、中及重交通荷载等级	>1.5m	≥93	≥92	≥90	
			特重、极重交通荷载等级	>1.9m				
2△	弯沉（0.01mm）				≤设计验收弯沉值			按《检评标准》附录 J 检查
3	纵断高程（mm）				+10, −15	+10, −20		水准仪:中线位置每200m 测2点
4	中线偏位（mm）				50	100		全站仪:每200m 测2点,弯道加 HY、YH 两点
5	宽度（mm）				满足设计要求			尺量:每200m 测4点
6	平整度（mm）				≤15	≤20		3m 直尺:每200m 测2处×5尺
7	横坡（%）				±0.3	±0.5		水准仪:每200m 测2个断面
8	边坡				满足设计要求			尺量:每200m 测4点

注:1. 表列压实度系按《公路土工试验规程》(JTG 3430—2020)重型击实试验所得最大干密度求得的压实度。评定路段为的压实度平均值下置信界限不得小于规定标准,单个测定值不得小于极值(表列规定值减5%)。按测定值不小于表列规定值减2%的测点占总检查点数的百分率计算合格率。

2. 特殊干旱、特殊潮湿地区或过湿土路基等,可安路基设计、施工规范所规定的压实度标准进行评定。

3. 三、四级公路铺筑沥青混凝土或水泥混凝土面时,路基压实度应采用二级公路标准。

4. △表示关键项目,全书后同。

（二）填石路堤

（1）修筑填石路堤时应认真进行地表清理,逐层水平填筑石块,摆放平稳。填筑层厚度及石块尺寸应符合设计和施工规范规定,填石空隙用石渣或石屑嵌压稳定。采用振动压路机分层碾压时，压至填筑层顶面石块稳定，振压两遍无明显高程差异。上、下路床填料和石料最大尺寸应符合规范规定。

（2）填石路堤成型后的外观质量标准：表面无明显孔洞；大粒径石料不松动，铁锹挖动困难；边坡码砌紧贴、密实，无明显孔洞、松动，砌块间承接面向内倾斜，坡面平顺，表面不得露有直径大于15cm的石块。

（3）填石路堤施工质量标准见表1-4-7。

填石路基实测项目　　　　　　　　　　　　　　表1-4-7

项次	检查项目		规定值或允许偏差		检查方法和频率
			高速公路 一级公路	其他公路	
1△	压实*		孔隙率满足设计要求		密度法：每200m每压实层测1处
			沉降差≤试验路确定的沉降差		精密水准仪：每50m测1个断面，每个断面测5点
2△	弯沉（0.01mm）		≤设计值		按《检评标准》附录J检查
3	纵断高程（mm）		+10，−20	+10，−30	水准仪：中线位置每200m测2点
4	中线偏位（mm）		≤50	≤100	全站仪：每200m测2点，弯道加HY、YH两点
5	宽度（mm）		满足设计要求		尺量：每200m测4点
6	平整度（mm）		≤20	≤30	3m直尺：每200m测2处×5尺
7	横坡（%）		±0.3	±0.5	水准仪：每200m测2个断面
8	边坡	坡度	满足设计要求		尺量：每200m测4点
		平顺度	满足设计要求		

注：*上下路床填土时压实度检验标准同土方路基。

（三）路肩

（1）路肩表面须平整密实，不积水。

（2）路肩边缘直顺，曲线圆滑。

（3）路肩应无阻水、无杂物。

（4）路肩施工质量标准见表1-4-8。

路肩实测项目　　　　　　　　　　　　　　表1-4-8

项次	检查项目		规定值或允许偏差	检查方法和频率
1	压实度（%）		不小于设计值，设计未规定时不小于90%	按《检评标准》附录B检查，每200m测1点
2	平整度 （mm）	土路肩	≤20	3m直尺：每200m测2处×5尺
		硬路肩	≤10	
3	横坡（%）		±1.0	水准仪：每200m测2个断面
4	宽度（mm）		满足设计要求	尺量：每200m测2点

1.路基填筑施工有哪些工艺流程?

2.何谓最佳含水率、最大干密度和压实度?

3.路基的填筑方式有哪几种? 各自的适用性如何?

4.土质路堑常用的开挖方法有哪些? 其中的纵挖法又可分为哪几种? 各自的适用性如何?

5.路堤的压实机具可分为几类? 对于不同的土质,应如何正确选择压实机具?

6.路堤碾压的操作要领有哪些?

7.在实际工程中,如何检测压实度?

1.路基填筑施工的工艺流程是什么?

2.简述路基填筑的主要施工工序。

3.如何提高路基的压实效果?

模块 1.5　路基排水工程施工

公路使用质量和寿命的好坏很大程度上取决于水的影响,沉陷、翻浆、唧泥等路基病害都与水的影响密切相关。如果没有做好路基排水设施的施工,地面水不能及时排出,就会影响路基的稳定性。因此,必须科学、全面地掌握路基排水设施的施工工艺和施工过程要点。

一、路基地表与地下排水设施设置

路基工程土石方开挖与填筑前,根据现场实际地形、地貌,应按设计要求做好临时排水设施。临时性排水设施应尽量与永久性排水设施结合,施工期间应经常维护临时排水设施。

微课:路基地表与地下
排水设施设置

在路基施工期间,不得任意破坏地表植被或堵塞水路,应及时维修和清理,保持其完好状态,使水流畅通,不产生淤塞。

根据水源的不同,影响路基的水源可分为地表水和地下水两大类,与此相适应的路基排水工程,则分为地表排水设施和地下排水设施。

危害路基的地表水,包括大气降水(雨和雪),坡面向着路基一侧流向路基基身的水,大小河流流经路基近旁的水,以及湖、海、水库、水渠造成的路基旁长期积水等。

危害路基的地下水,包括影响路基上部较高的地下水位、毛细水、地下泉水及暗流水等。

水对路面的危害主要表现为:渗入路面结构层,降低路面材料的强度,引起路面基层、底基层承载能力下降;在水泥混凝土路面的接缝、沥青类路面的裂缝及路肩处造成唧泥;在冻胀地区,融冻季节路面下结构层的存水会引起路基翻浆。

(一)排水的目的与要求

路基排水的目的是将路基范围内的土基湿度降低到一定的限度以内,保持路基常年处于干燥或中湿状态。路面排水的目的是设法将水在路面以外尽快排除,防止水渗入路面以下的结构层和路基中,以确保路基及路面具有足够的强度与稳定性。

进行路基设计时,必须考虑将影响路基稳定性的地表水排除或拦截于路基用地范围之外,并防止地表水漫流、滞水或下渗。对于影响路基稳定性的地下水,则应予以隔断、疏干或降低其水位,并引导至路基范围以外的适当地点。

路基施工中,首先应校核全线路基排水系统的设计是否完备和妥善,必要时应予以补充或修改,并重视排水工程的施工质量和使用效果。此外,在路堤填筑期间,作业面应设 2% ~ 4% 的排水横坡,表面不得积水。边坡应采取临时排水措施。路堑施工时,应及时排除地表水。

路基养护中,对排水设施应定期进行检查与维修,以保证排水设施的正常使用、水流畅通,并根据实际情况不断改善路基排水条件。

(二)路基常用的地表排水设施

路基地表排水设施有边沟、截水沟、排水沟、跌水与急流槽、渡槽与倒虹吸等,常用的有边沟、截水沟和排水沟。这些地表排水设施的作用和要求各有不同。

1.边沟

边沟设置在挖方路基的路肩外侧或矮路堤的坡脚外侧,多与路中心线平行。边沟用于汇集和排除路面、边坡范围内以及流向路基的少量地表水。常用的边沟断面形式有梯形、矩形、三角形和蝶形等,如图 1-5-1 所示。

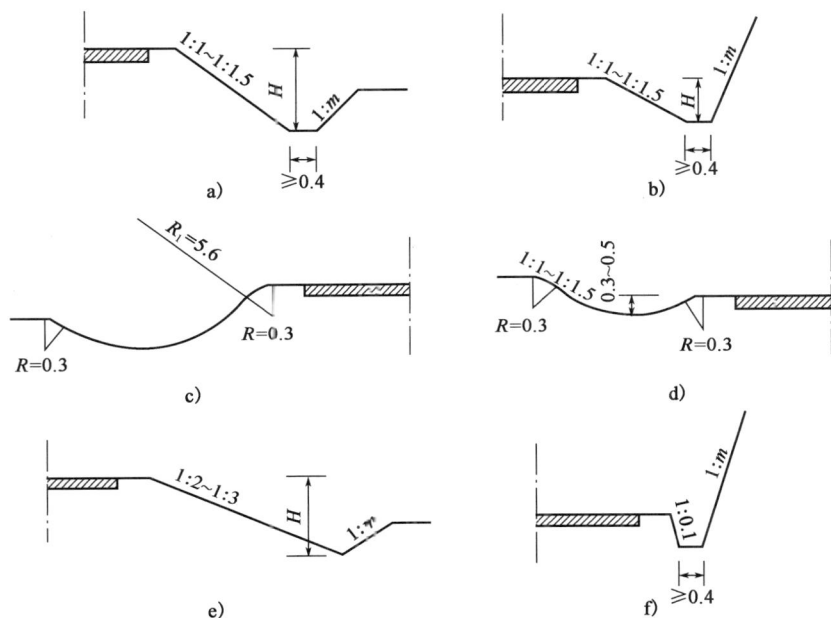

图 1-5-1 边沟横断面示意图(尺寸单位:m)
a)、b)梯形;c)、d)蝶形;e)三角形;f)矩形

高速公路、一级公路宜采用三角形或蝶形边沟,条件受限而需采用矩形边沟时,应在顶面加带槽孔的混凝土盖板。二级及二级以下公路的土质边沟用梯形,石质边沟用矩形。在易积雪或积砂的路段,边沟宜用蝶形。某些较矮的路堤,如果用地许可,采用机械化施工时,可用三角形边沟。公路两侧为农田时,为了少占良田及防止农业用水对路基的破坏,可采用石砌矩形边沟。

梯形土质边沟的边坡,靠近路基的一侧常用 1:1 ~ 1:1.5,另一侧与挖方边坡坡度一致。土质或经铺砌加固的矩形边沟的边坡,可以直立或稍有倾斜。三角形边沟的边坡采用 1:2 ~ 1:3。蝶形边沟的边坡需修整圆滑,可防止积雪和积砂。梯形及矩形边沟的深度和宽度,一般为 0.4 ~ 0.6m,多雨和潮湿地段不宜小于 0.5m,干旱地区或少水路段尺寸可小些,但不宜小于0.3m。边沟的排水量不大,一般不需进行水力水文计算,依沿线具体情况选用标准横断面。边沟紧靠路基,通常不容许其他排水沟渠的水引入,也不能与其他人工沟渠合并使用。

边沟的纵坡不宜过陡,以免水流冲刷造成损害;亦不宜过缓,以免造成水流不畅,形成阻滞

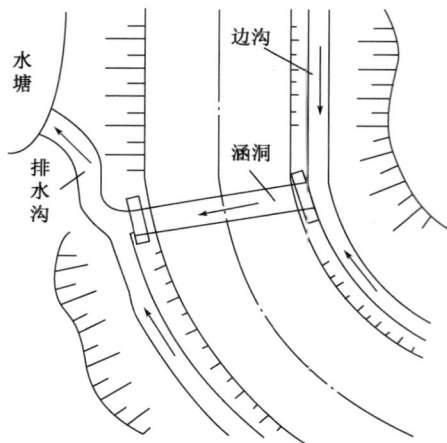

图1-5-2 边沟水流通过涵洞排向路基另一侧

和淤积;应尽可能与路线纵坡保持一致。一般情况下,边沟纵坡以1%～2%为宜;任何情况下,沟底纵坡均不应小于0.3%。当路线纵坡小于沟底最小纵坡时,边沟应采用沟底最小纵坡,并缩短边沟出水口的间距。边沟出水口的间距,一般地区不超过500m,多雨地区不超过300m,三角形边沟和蝶形边沟不超过200m。边沟中的水应就近排至路旁自然水沟或低洼地带,必要时添设涵洞,将边沟水引至路基另一侧排出,如图1-5-2所示。边沟的进出水口是水流汇集和改向的部位,冲刷较严重,必须因地制宜,妥善处理。

平曲线尤其是小半径平曲线路段的边沟水流方向改变时,因设置超高,内侧边沟高程降低,可能形成低洼积水;山谷展线,路基排水条件较差;平坡路堑地段,难以保证边沟的最小纵坡;陡坡地段,路线常采用较陡纵坡,导致边沟纵坡较大。对于这些不利排水条件,宜结合路线设计及路基排水系统综合考虑,统筹安排。

2.截水沟

截水沟设置在距路堑坡顶外缘或路堤坡脚外缘的一定距离处(规范规定距路堑坡顶外缘≥5m,距路堤坡脚外缘≥2m)。设置截水沟的作用是,当路基一侧或两侧受较大坡面面积汇水影响时,单边拦截汇集水流并予以排除。因此,当路基两侧受水影响时,应在两侧分别设置截水沟。截水沟是多雨地区、山岭和丘陵地区路基排水的重要设施之一。通常,梯形断面的截水沟的深度与底宽均不小于0.5m,设1%～3%的纵坡,靠近路基一侧设有挡水的土台,必须防止沟内渗水,出口应引伸到路基范围以外。常见的截水沟断面形式如图1-5-3所示。

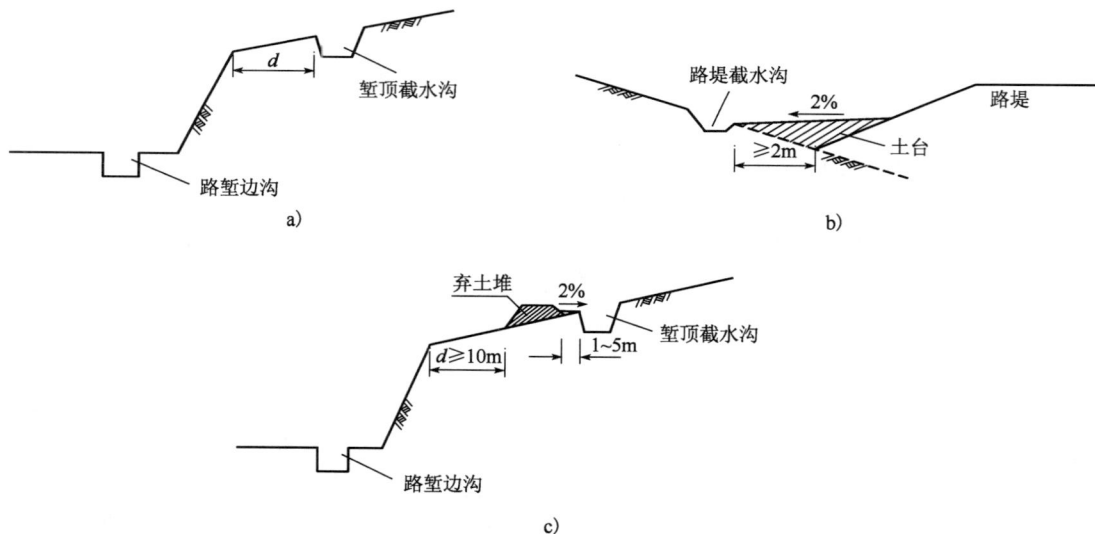

图1-5-3 常见的截水沟断面图
a)路堑截水沟($d\geq5m$);b)路堤截水沟;c)弃土堆截水沟

3. 排水沟

排水沟主要用于将来自边沟、截水沟或其他水源的水流引至桥涵或路基范围以外的指定地点。排水沟一般采用梯形断面，其断面尺寸通常需经过水力水文计算确定。

排水沟的布置，应离路基尽可能远，距路基坡脚不宜小于 3～4m，并且结合地形因势利导，平面上力求短捷平顺，以直线为宜；必须转弯时，尽量采用较大半径（10～20m 以上），圆缓顺畅。纵面上宜控制最大纵坡和最小纵坡为 1%～3%。当纵坡大于 3% 时，需要加固；当纵坡大于 7% 时，应改用跌水或急流槽。为避免水流过分集中，排水沟的全长一般不超过 300m。排水沟与其他沟渠相接时，应使原水道不产生冲刷或淤积。一般应使排水沟与原水道成锐角相交，交角不大于 45°，有条件时可采用半径 $R=10b$（b 为沟底宽）的圆曲线，朝下游与原水道相连接。

4. 跌水与急流槽

跌水与急流槽是路基地表排水沟渠的特殊形式，用于陡坡地段，沟槽的纵坡可达 7% 以上（跌水）或更陡（急流槽），是山区公路路基排水常见的结构物。

跌水是一种将沟底做成台阶状的人工沟渠。当高边坡水位落差较大时，为了消能减速、便于水流安全进入涵洞而不至冲刷时，可设置跌水。跌水有单级和多级之分。单级跌水用于边沟出水口高程与涵洞进水口高程水位落差较大，同时改变水流方向集中消能时，如图 1-5-4 所示。多级跌水用于水流通过较长陡坡，为了逐步减缓水流速度，逐步消能而设，如图 1-5-5 所示。

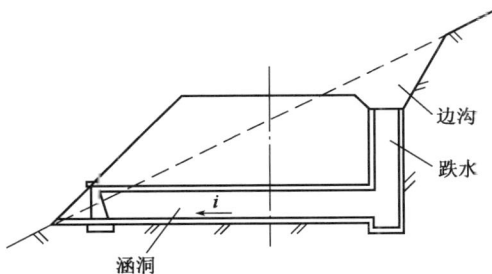

图 1-5-4 边沟与涵洞用单级跌水连接

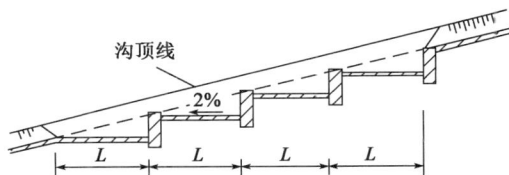

图 1-5-5 多级跌水纵剖面图

跌水的构造可分为进水口、消力池（槛）和出水口三个组成部分，如图 1-5-6 所示。进水口水流呈水跌现象；消力池（槛）起消能减速作用（当地基为土质或软石，易开挖时，一般采用消力池；当地基为坚石，不易开挖时，可采用消力槛）；出水口是为了使水流稳定而设置的段落。其具体的尺寸可根据水力计算和结构强度计算确定。

通常在水平短距离内需要排泄急速水流，如陡坡路段涵洞的进出口附近连接处，或回头曲线上下线涵洞之间的连接处，可设置急流槽。急流槽的纵坡比跌水更陡，可达 67% 以上，如图 1-5-7 所示。

急流槽的构造可分为进口、槽身和出口三个组成部分。根据水力计算，进出口与槽身可采用不同大小的断面尺寸，因此进出口与槽身连接处应设置过渡段。

急流槽一般依地形坡度敷设，应具有稳固的基础，端部及槽身每隔 2～5m 在槽底设耳墙嵌入地面以下。当槽身较长时，宜分段砌筑，每段长 5～10m，预留伸缩缝，并用防水材料填筑。

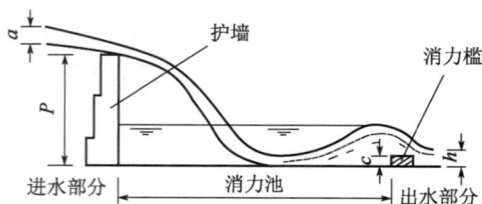

图 1-5-6　跌水构造示意图

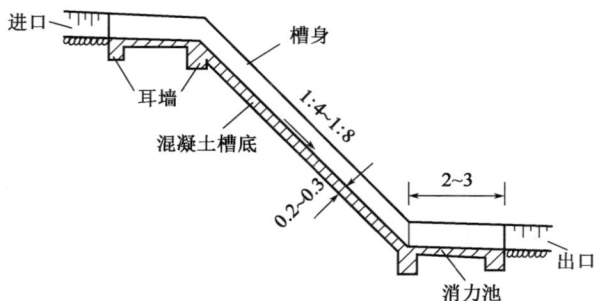

图 1-5-7　急流槽构造示意图(尺寸单位:m)

5. 渡槽与倒虹吸

在路堑路段,当农田水利灌溉沟渠水流需要上跨路基横穿通过时,可以采用渡槽或倒虹吸,这两者均属于路基地表排水的特殊结构物。

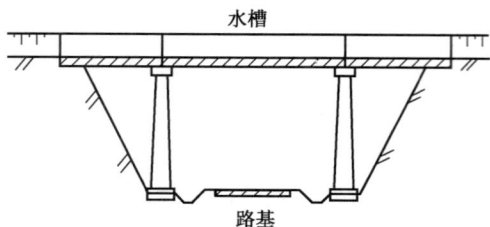

图 1-5-8　渡槽示意图

当沟渠底高程与路基设计高程相差较大,能够同时满足行车净高和结构物高度的要求时,可采用渡槽排(过)水。渡槽相当于渡水桥,如图 1-5-8 所示,可设简易桥梁,架设水槽或管道,从路基上部跨越,以沟通路基两侧的水流。渡槽除了应满足沟渠排水通过流量的要求,还应满足自身结构强度和稳定性的要求。

渡槽由进出水口、槽身和下部支承三部分组成。为降低工程造价,槽身过水横断面一般比两端的沟渠横断面要小,槽中水流速度相应有所提高,因此在进出口段应注意防止冲刷和渗漏。通常,在进出水口处设置过渡段,根据土质情况,分别将槽身两端伸入路基两侧地面 2 ~ 5m,进出水口过渡段宜长些,以防淤积。过渡段的平面收缩角为 10° ~ 15°。如果槽身与沟渠的横断面相同,沟槽可直接衔接而不设过渡段。与槽身连接的土质沟渠,应予以防护加固,其加固长度至少是沟渠水深的 4 倍。

当沟渠底高程高于路基设计高程,但不能够满足行车净高和结构物高度的要求时,可采用倒虹吸排(过)水,如图 1-5-9 所示。倒虹吸是借助上下游沟渠水位差,利用势能迫使水流降落,经路基下部洞身管道流向路基另一侧,然后再复升流入下游沟渠。由于所设管道为有压管道,竖井式倒虹吸的水流多次垂直改变方向,造成涡流局部冲刷,沿程不同位置容易产生漏水或淤积,因此对其结构的要求较高,且难以清理和修复,应尽量不用或少用。必须使用时,应进行水力计算和合理设计,并保证施工质量,使用中要经常检查维修。

洞身管道有箱形和圆形两种,以水泥混凝土和钢筋混凝土为主。管道的孔径为 0.5 ~ 1.5m,管道附近的路基填土厚度一般不小于 1.0m,以免行车荷载压力过于集中,使管道受损或变形。为了施工和养护方便,管道亦不宜埋置过深,填土高度以不超过 3.0m 为宜。

倒虹吸管道两端设竖井,井底高程低于管道高程,起沉淀泥砂与杂物作用,也可改用斜管式或缓坡式,以代替竖井式升降水流。此时,水流条件有所改善,但路基用地宽度增大,管道长度增加。为减少堵塞现象,设计时要求管道内水流的速度不小于 1.5m/s,并在进口处设置沉砂池和拦泥栅。

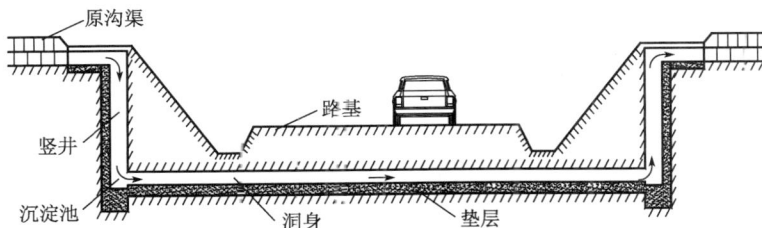

图 1-5-9 竖井式倒虹吸布置图

（三）路基常用的地下排水设施

由于开挖路堑，边坡或堑底可能出现流向路基工作区的层间水、集中的泉眼、大面积的渗水，由于填筑的路堤高度不足，堤旁地表长期积水位、堤下地基原地下水位，以及毛细水上升等，造成对路基的影响时，应设相应的地下排水设施，起到拦截、汇集、排除地下水或局部范围降低地下水位的作用。

常用的路基地下排水设施有暗沟、渗沟和渗井等。由于地下排水设施埋置在地面以下，不易维修，在路基建成后又难以查明损坏失效情况，因此，地下排水设施应牢固、耐久。

1. 暗沟

暗沟的主要作用是把路基工作区范围内及其以下较浅的集中泉眼或渗沟所拦截、汇集的水流，排到路基范围之外。另外，暗沟还可用于城市道路的污水管或雨水管；高速公路、一级公路中央分隔带有雨水浸入时，通过雨水口将水流引入地下暗沟，然后排到路基范围之外；等等。

应在路基填土前或开挖后，按泉眼范围及流量大小或渗沟汇集的水流情况，确定暗沟断面的尺寸。图 1-5-10 所示是用于排除路基泉眼的暗沟示意图。首先，在泉眼处用浆砌块石或水泥混凝土圈井，上面加以盖板，然后在井壁上连接暗沟。暗沟敷设施工完毕后，恢复正常的路基填筑。当暗沟沟底高程处于路基工作区内或以下不深时，暗沟沿程必须进行防渗封闭，否则不能保证路基工作在干燥或中湿状态。暗沟沟底纵坡应不小于 1%，出水口沟底高程应高出沟外最高水位 20cm，以防水流倒灌。对于寒冷地区的暗沟，应采取防冻保温处理措施或将暗沟设在冰冻深度以下。

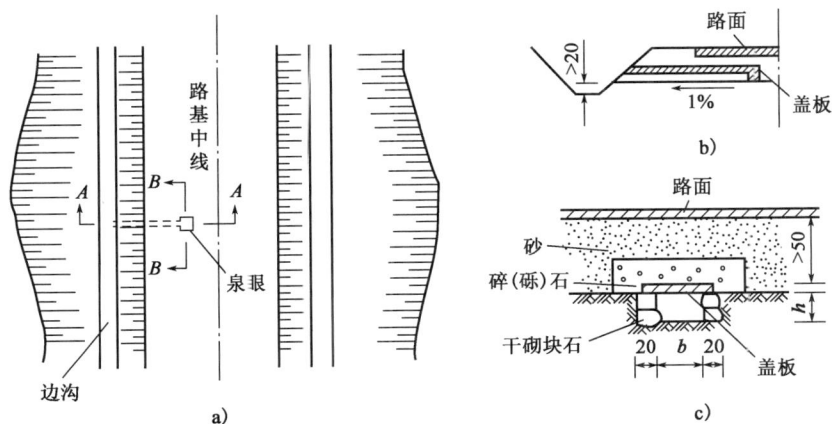

图 1-5-10 暗沟结构示意图（尺寸单位：cm）

a）平面；b）A-A 断面；c）B-B 断面

2.渗沟

采用渗透方式将路基工作区或以下较浅的大面积地下水汇集于沟内,并沿沟把水排到指定地点,这种地下排水设施统称为渗沟。由于渗沟具有汇集水流的功能,渗沟沿程必须是"开放"的。根据地下水分布及影响路基情况的不同,渗沟设置的位置及作用也有所不同。

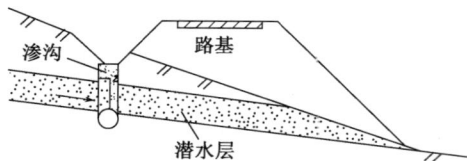

图 1-5-11 用于拦截流向路基地下水的渗沟

当用于拦截、汇集和排除流向路基的地下水时,渗沟可设在边沟以下或路基上侧山坡地面以下的适当位置,如图 1-5-11 所示。此时,渗沟的平面布置应尽可能与地下水流向相互垂直,使之拦截效果良好。

当用于汇集路基范围内大面积的渗水,并引至指定地点时,首先应根据每条渗沟的流量,做好渗沟网的平面规划设计,然后在指定地点圈井以利汇集,其后再以暗沟连接,将水排至路基之外。图 1-5-12 所示为渗沟与暗沟结合使用的示例。

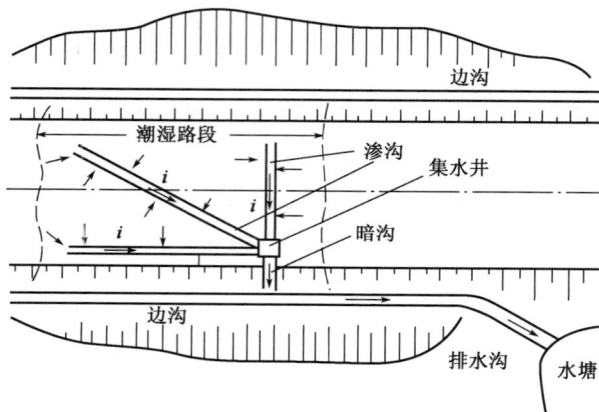

图 1-5-12 用于汇集排除大面积渗水的渗沟网(示例)

按照需要排水流量的不同,渗沟大致有填石渗沟(亦称盲沟)、管式渗沟和洞式渗沟三种形式,如图 1-5-13 所示。这三种形式均由排水层(碎砾石缝或管、洞)和反滤层所组成。有无浆砌块石或水泥混凝土托底,应根据沟底排水水面的高程而定。当沟底排水水流已经进入路基工作区或接近该区时,必须设置托底,否则在渗沟内已经汇集应该排出的水就会沿程又渗回到路基工作区;当沟底排水水面在路基工作区以下较远处时,则可不设托底。

(1)填石渗沟(盲沟)。盲沟一般用于流量不大、渗沟长度不长的地段,是目前公路常用的一种渗沟形式。盲沟的排水层可采用石质坚硬的较大颗粒填充,以保证具有足够的孔隙率排出设计流量的水。由于排水属渗流紊流状态,碎砾石构成的排水层阻力较大,为防止淤积,其纵坡应不小于1%,一般可采用5%。

(2)管式渗沟。管式渗沟适用于有一定流量、渗沟较长的地段,但渗沟纵向长度不应大于250~350m。若渗沟过长,应加设横向泄水管,将渗沟内的水流迅速分段排除。其最小纵坡为0.5%,沟底纵坡取决于设计流速,最大流速应根据水管及托底的耐冲能力而确定。

（3）洞式渗沟。洞式渗沟适用于地下水流量较大或缺少圆管时，可采用石砌涵洞形式。洞身断面大小依设计流量而定。涵洞可用浆砌片石筑成，上加带泄水小孔的混凝土盖板或条石覆盖。沟底纵坡最小为 0.5%，有条件时可适当采用较大纵坡，以利排水。渗沟施工时，人工开挖槽宽视沟深而定，一般深度在 2m 时，宽度为 0.6～0.8m；当其深度在 3～4m 时，宽度不小于 1.0m。

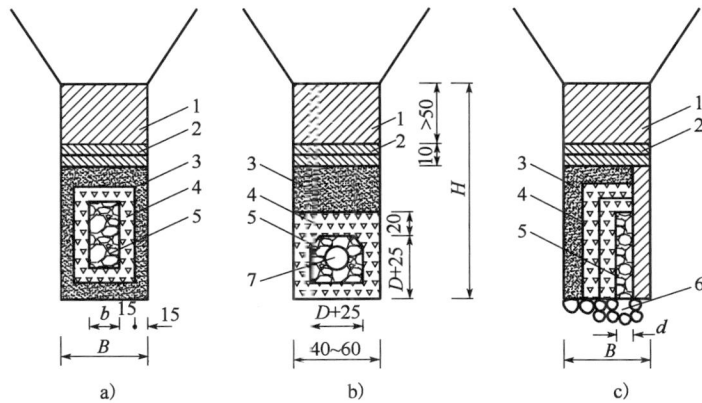

图 1-5-13 渗沟结构图示（尺寸单位：cm）
a）填石渗沟；b）管式渗沟；c）洞式渗沟
1-夯实黏土；2-双层铺草皮；3-粗砂；4-石（细砾石）；5-碎石（砾石）；6-浆砌片石涵洞；7-泄水管

渗沟内用作渗水或排水的砂石填料，应经过筛选和清洗。反滤层是为汇集水流，并用于防止含水层中土粒堵塞排水层而设置的。反滤层应尽可能选用颗粒大小均匀的砂石材料，分层填埋，相邻两层颗粒直径之比不小于 1:4，每层厚度不小于 15cm。有条件时，可在反滤层外加铺土工布进行包裹，则过滤效果更佳，同时使得路基土颗粒不会随水流被带走而形成空洞。各种渗沟出水口沟底高程应高于沟外最高水位高程 20cm。

管式渗沟的泄水管可用陶土、混凝土、石棉或带孔塑料管等材料制成。管壁上半部可交错排列留有渗水孔，外铺土工布过滤。管径视设计流量而定，一般为 15～30cm。在冬季管内水流易结冰的地段，为防止堵塞，可采用较大直径的泄水管，并加设保温层。

3. 渗井

在平原地区，当路基设计高程不高，但是地下水位较高而影响路基工作区时，可设置竖直方向排水设施，把附近上部的地下水，由渗流引排到深部的潜水层或透水层中。这种局部降低路基范围内地下水位的竖向排水设施称为渗井，如图 1-5-14 所示。前述暗沟、渗沟均属于平面方向的排水设施，而渗井则属于竖直方向的排水设施。

渗井的下部必须穿过不透水层而深达透水层（透水层中有潜水时，要注意潜水压力不致造成渗井内潜水倒灌，具体的分析判断可根据地质钻探资料进行）。透水层距地面较深时，可用钻井机钻孔。钻孔直径为 50～60cm，最小直径不应小于 15cm。井（孔）内由中心向四周按层次分别填入由粗至细的砂石材料，中心粗料渗水，四周细料反滤。填充料要经筛分冲洗。施工时需用铁皮套筒分隔，以便分别填入不同粒径的材料。不得粗细混杂，以保证渗井达到预期排水效果。

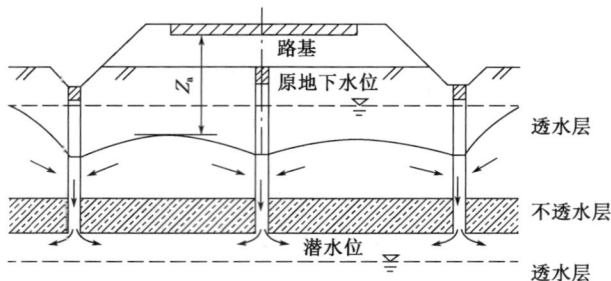

图 1-5-14　渗井布置示意图

注：Z_a 为路基工作区。

渗井的行、列间距布置,以满足路基范围内原地下水位降低并脱离路基工作区,使该区内能保持工作在干燥、中湿状态为准则,需根据渗流流量计算确定。

二、路基地表排水设施施工

微课:路基地表排水
设施施工

(一)边沟、排水沟、截水沟的施工

其施工工序包括施工准备、测量放样、沟槽开挖、沟槽加固和检查验收。

(1)施工准备。清除现场杂草、树根等杂物,平整场地,设置临时排水设施。

(2)测量放样。放样沟槽时,直线段桩距为20m,曲线段桩距为5m。对于高速公路和一级公路的水沟,使用全站仪按极坐标法进行测设放样。

(3)沟槽开挖。沟槽开挖时,在纵向应从下游向上游开挖。对于土质路基,采用人工开挖或人工配合机械开挖;对于石质路基,可采用机械开挖或小型爆破。

①边沟。为了防止边沟漫溢或冲刷,在平原区和山岭重丘区,边沟应分段设置出水口,多雨地区梯形边沟每段长度不宜超过300m,三角形边沟不宜超过200m;平曲线处边沟施工时,沟底纵坡应与曲线前后沟底纵坡平顺衔接,曲线内侧不得有积水或外溢现象发生。曲线外侧边沟应适当加深,其增加值等于超高值。

②截水沟。可将截水沟挖出的土在路堑与截水沟之间修成土台并进行夯实,台顶应筑成2%倾向截水沟的横坡。

(4)沟槽加固。当水沟沟底纵坡大于3%或土质水沟采用矩形断面时,对水沟的沟底和沟壁应进行加固。加固类型应根据当地的土质、流速、沟底纵坡、使用性质和使用年限等具体情况而定,一般采用干砌片石、浆砌片石、水泥砂浆抹面等沟槽加固方法。

①边沟的加固。土质地段,当沟底纵坡大于3%时,应采取加固措施;当采用干砌片石对边沟进行铺砌时,应选用有平整面的片石,各砌缝要用小石子嵌紧;当采用浆砌片石铺砌时,砌缝砂浆应饱满,沟身不漏水;若沟底采用抹面时,抹面应平整压光。

②截水沟的加固。在地质不良地段和土质松软、透水性较大或裂隙较多的岩石路段,对沟底纵坡较大的土质截水沟及截水沟的出水口,均应采用加固措施,防止渗漏和冲刷沟底及沟壁。

（5）检查验收：

①纵坡顺直，曲线线形圆滑。

②沟壁平整、坚实、稳定，无贴坡；沟底平整，排水通畅，无冲刷和阻水现象。

③防渗、加固设施坚实稳固。

④浆砌片石工程，嵌缝均匀、饱满、密实，勾缝平顺、无脱落、密实、美观，缝宽均匀协调；砌体咬合紧密；抹面平整、压光、顺直，无裂缝、空鼓。

⑤干砌片石工程，砌筑咬合紧密，无叠砌、贴砌和浮塞。

⑥水泥混凝土砌块的强度满足设计要求，砌体平整，勾缝整齐牢固。

⑦基础与墙身设置的伸缩缝、沉降缝应垂直对齐。

土质边沟、排水沟、截水沟的施工质量标准见表1-5-1。

土 沟 实 测 项 目　　　　　　　　　　　表1-5-1

项次	检 查 项 目	规定值或允许偏差	检查方法和频率
1	沟底高程（mm）	0，-30	水准仪：每200m测4点，且不少于5点
2	断面尺寸（mm）	≥设计值	尺量：每200m测2点，且不少于5点
3	边坡坡度	不陡于设计值	尺量：每200m测2点，且不少于5点
4	边棱直顺度（mm）	50	尺量：20m拉线，每200m测2点，且不少于5点

浆砌边沟、排水沟、截水沟的施工质量标准见表1-5-2。

浆砌水沟实测项目　　　　　　　　　　　表1-5-2

项次	检 查 项 目	规定值或允许偏差	检查方法和频率
1△	砂浆强度（MPa）	在合格标准内	按《检评标准》附录F检查
2	轴线偏位（mm）	50	全站仪或尺量：每200m测5点
3	沟底高程（mm）	±15	水准仪：每200m测5点
4	墙面直顺度（mm）	30	20m拉线：每200m测2点
5	坡度	满足设计要求	坡度尺：每200m测2点
6	断面尺寸（mm）	±30	尺量：每200m测2个断面，且不少于5个断面
7	铺砌厚度（mm）	≥设计值	尺量：每200m测2点
8	基础垫层宽度、厚度（mm）	≥设计值	尺量：每200m测2点

混凝土排水管的施工质量标准见表1-5-3。

混凝土排水管安装实测项目　　　　　　　　　　　表1-5-3

项次	检 查 项 目	规定值或允许偏差	检查方法和频率
1△	混凝土抗压强度或砂浆强度（MPa）	在合格标准为	按《检评标准》附录D、附录F检查
2	管轴线偏位（mm）	15	全站仪或尺量：每两井间测3处
3	流水面高程（mm）	±10	水准仪、尺量：每两井间进出水口各1处，中间1~2处

项次	检查项目		规定值或允许偏差	检查方法和频率
4	基础厚度(mm)		≥设计值	尺量:每两井间测3处
5	管座	肩宽(mm)	+10,-5	尺量:每两井间测2处
		肩高(mm)	±10	
6	抹带	宽度	≥设计值	尺量:按10%抽查
		厚度	≥设计值	

（二）跌水、急流槽、倒虹吸的施工

其施工工序包括施工准备、测量放样、沟槽开挖、沟槽砌筑、检查验收。

（1）施工准备。在现场核查排水设施设计的位置、坡度、尺寸、出水口及加固设施是否合理,组织施工人员及施工机械,准备材料。

（2）测量放样。使用水准仪、全站仪进行测设放样。

（3）沟槽开挖。跌水、急流槽、倒虹吸应开挖到设计要求的高程或设计要求的承载力基础上为止,通过验收合格后可进行加固施工。

（4）沟槽砌筑。一般宜采用浆砌块石、混凝土预制块砌筑或混凝土现浇进行加固。砌筑时,在纵向应从下游向上游砌筑,在横向应先砌沟槽沟底、后砌墙。砌墙时,应从墙脚开始,由下向上分层砌筑。砌筑砂浆初凝前应勾缝,勾缝应自上而下用砂浆充填、压实和抹光。

（5）检查验收。按照《公路工程质量检验评定标准 第一册 土建工程》(JTG F80/1—2017)的要求进行。

①涵管的进出水口,所设的竖井井身应竖直,井底高程应符合设计要求。

②涵身应密实不漏水,浆砌结构应抹面,涵管连接处应填塞密实、不漏水。

③为防止泥沙堵塞虹吸涵管,在进水口竖井与虹吸道之间,应设网状拦泥栅。与倒虹吸涵管进出口连接的沟渠,在一定长度内应进行加固。

三、路基地下排水设施施工

（一）暗沟、渗沟的施工

其施工工艺包括施工准备、测量放样、沟槽开挖、砌筑加固、回填夯实、检查验收。

1. 暗沟的施工

（1）施工准备。应根据现场实际情况,检查暗沟的设计位置、出水口是否合理。

（2）测量放样。使用水准仪、全站仪进行测设放样。

（3）沟槽开挖。开挖时应从下游往上游进行,在土质地基上采用机械开挖时,基底应预留20cm左右采用人工挖土清底、清壁。

（4）砌筑加固。钢筋混凝土圆管管道安装工序:整平基底→管子就位→稳管→管座→抹带。盖板沟施工时，应先沿槽底浇筑混凝土或砌筑浆砌片石(或预制块)基础，再砌沟壁，完成后在沟壁内侧、砌筑式沟底用砂浆抹面。

(5)回填夯实。回填时主体结构的砂浆或混凝土强度应达到设计强度的 70% 以上，回填材料以砂砾类或碎石类为宜，回填时应确保回填土的密实度。

(6)检查验收。按照《公路工程质量检验评定标准 第一册 土建工程》(JTG F80/1—2017)的要求进行。

①排水盲沟(渗沟)的设置及材料质量规格应符合规范要求。

②反滤层应采用筛选过的中砂、粗砂、砾石等渗水材料分层填筑。

③排水层应采用石质坚硬的较大粒料填筑，以保排水通畅。

④排水盲沟施工质量标准见表1-5-4。

排水盲沟(渗沟)施工质量标准 表 1-5-4

项 次	检查项目	规定值或允许偏差	检查方法和频率
1	沟底高程(mm)	±15	水准仪：每20m测1点
2	断面尺寸	不小于设计值	尺量 每20m测1处

2.渗沟的施工

(1)施工准备。应根据现场实际情况，检查渗沟的设计位置、出水口是否合理。

(2)测量放样。使用水准仪、全站仪进行测设放样。

(3)沟槽开挖。根据渗沟宽度大小以及现场条件，选择采用人工开挖或机械开挖，开挖方向宜从下游往上游进行。开挖过程中应注意检查控制基底高程、断面尺寸，做到不超挖、不扰动槽底基土。采用机械开挖时，在设计槽底高程以上保留20cm左右不挖，用人工清理基底、基壁。

(4)砌筑加固。渗沟砌筑加固可采用以下两种方法：

①反滤土工布渗沟施工。将事先裁剪好的反滤土工布铺放于沟槽内。铺好土工布后，沿槽底土工布分层倒入经筛分并清洗洁净的碎石或卵石填料，并进行密实处理。渗沟内排水层碎石填至预定高度后，应及时将沟顶碎石封闭，以防碎石受到污染，沟顶土工布可用缝接或搭接方式处理接头。当渗沟位于路基范围以外时，为防止地面水进入渗沟，应在渗沟顶面砌筑厚度20cm的浆砌片石或夯填厚度不小于30cm的黏土作为顶部封闭层。

②集料反滤渗沟的施工。准备好符合质量要求的各种填料与反滤料；填料要求筛分冲洗，施工时需用铁皮套筒分隔填入不同粒径的材料，层次分明，不得粗细料混填，以保证渗沟达到预期的排水效果。

(5)回填夯实。回填时，应确保回填土的密实度。

(6)检查验收。按表1-5-4所列的要求进行验收。

(二)渗井的施工

其施工工艺包括施工准备、测量放样、开挖渗井、集料填充、井顶封闭、检查验收。

(1)施工准备。现场核查原设计是否合理，并进行现场清理。

(2)测量放样。使用水准仪、全站仪进行测设放样。

（3）开挖渗井。采用履带式打桩机打桩成孔。

（4）集料填充。井内填置材料,按层次在下层透水范围内填碎石或卵石,在上层不透水层范围内填砂或砾石,填充料采用筛洗过的不同粒径的材料,应层次分明,不得粗细材料混杂填塞。井壁和填充料之间应设反滤层。

（5）井顶封闭。在渗井顶部四周用混凝土或黏土筑成围堰围护,井顶用混凝土盖板盖严,以防渗井淤塞。在进口部分安装镀锌铁丝网或铁条格栅,防止杂物进入。在渗井顶部反滤层上面砌筑一层厚20cm的砂浆片石封闭层,或夯填不小于30cm厚的黏土层。

（6）检查验收。按照《公路工程质量检验评定标准　第一册　土建工程》（JTG F80/1—2017）的要求进行。

复习思考题

1. 路基地表排水设施有哪些?
2. 路基地下排水设施有哪些?
3. 影响路基的水源分为哪两类?
4. 渗沟按流量的不同可分为哪几种?
5. 边沟、截水沟、排水沟的主要区别是什么?

能力训练

1. 简述路基常用的地表和地下排水设施及其作用。
2. 简述边沟、截水沟、排水沟的施工步骤。
3. 简述暗沟、渗沟、渗井的施工步骤。
4. 叙述浆砌边沟的施工质量标准。

模块1.6　防护与支挡工程施工

由岩土填筑的路基,受到浸水、风化、温差、河水及软基沉陷等自然因素的影响易导致各种变形、病害甚至破坏。为了减少与防治公路病害,确保行车安全,保持公路与自然环境相协调,保证公路使用品质,做好路基防护工程及支挡工程具有十分重要的意义。

一、路基防护与支挡工程分类及其构造

路基防护与支挡工程,主要有边坡的坡面防护、沿河路堤河岸的冲刷防护以及修筑路堤的挡土墙。路基防护与支挡工程可分为坡面防护、冲刷防护和挡土墙工程。

(一)坡面防护

坡面防护主要是用于保护路基边坡坡面免受雨水冲刷,减缓温差及湿度变化的影响,防止或延缓软弱岩土表面的风化、破碎、剥蚀,从而保护路基边坡的整体稳定性,在一定程度上还可以兼顾美化路容。对于坡面防护设施,不考虑承受斜坡地层的侧压力,故要求坡面岩土整体稳定牢固。简易防护的边坡高度与坡度不宜过大,土质边坡坡度一般不陡于1:1~1:1.5。地面水的径流速度以不超过2.0m/s为宜,水亦不宜集中汇流。当雨水集中或汇水面积较大时,应有排水设施相配合,如在挖方边坡顶部设截水沟、高填方的路肩边缘设拦水埂等。

常用的坡面防护设施有植物防护(铺草皮、种草、植树等)、圬工防护(喷浆、锚杆挂网喷射混凝土、石砌护坡、护面墙等)和骨架植物防护。植物防护可视为有"生命"(成活)防护,圬工防护属无机物防护,骨架植物防护可视为前两种防护设施的综合使用。有"生命"防护主要用于土质边坡,无机物防护主要用于石质路堑边坡。在一定程度上,有"生命"防护在稳定边坡和改善路容方面优于无机物防护。

(二)冲刷防护

冲刷防护主要指沿河滨海路堤、河滩路堤、桥头引道的路基边旁或堤岸的防止水流冲刷的防护。此类堤岸常年或季节性浸水,在流水冲击、淘刷和侵蚀作用下,易造成路基水毁、坡脚淘空,或者在水位骤降时产生管涌现象,使路基内细粒填料流失,进而导致路基失稳、边坡坍塌。所以,冲刷防护主要是针对水流的破坏作用而设,具有防水治害和加固堤岸双重功效。

冲刷防护设施有直接和间接防护两类。直接防护是为了防止水流直接危害路基或堤岸,防护重点在边坡和坡脚。直接防护包括植物防护、石砌防护或抛石与石笼防护等。间接防护是通过改变水流方向,消除或减缓水流对路基或堤岸的直接冲刷破坏,同时促使堤岸附近水流减速和泥沙淤积,起安全保护作用。其主要方法是设置调治构造物,如丁坝、顺坝、防洪堤、拦

水坝等,必要时应疏浚河床、改变河道,但改变水流流速、流向和原来状态可能导致水流加剧对对面堤岸的冲刷,因此必须慎重对待,掌握水流运动规律,因势利导,综合治理。

(三)挡土墙工程

挡土墙是指承受土体侧压力的墙式构造物。在公路工程中,其广泛用于支撑路堤填土或路堑边坡以及桥台、隧道洞口和河流堤岸等处。

挡土墙各部分名称如图1-6-1a)所示。靠回填土或山体的侧面称为墙背;外露的侧面称为墙面,也称为墙胸;墙的顶面部分称为墙顶;墙的底面部分称为基底或墙底;墙面与墙底的交线称为墙趾;墙背与墙底的交线称为墙踵;墙背与铅垂线的夹角称为墙背倾角 α。

挡土墙的构造必须满足强度和稳定性要求,同时考虑就地取材、结构合理、断面经济、施工养护方便与安全。

1.挡土墙的用途

按照挡土墙设置的位置不同,其用途也不尽相同:

(1)路堑墙设置在路堑坡底部,主要用于支撑开挖后不能自行稳定的边坡,同时可减少挖方数量,降低挖方边坡的高度[图1-6-1a)]。

(2)路堤墙设置在高填土路堤或陡坡路堤的下方,可以防止路堤边坡或基底滑动,同时可以收缩路堤坡脚,减少填方数量,减小拆迁和占地面积[图1-6-1b)]。

(3)路肩墙设置在路肩部位,墙顶是路肩的组成部分,其用途与路堤墙相同。它还可以保护邻近路线既有的重要建筑物[图1-6-1c)]。沿河路堤,在傍水的一侧设置挡土墙,可以防止水流对路基的冲刷和侵蚀,也是减少压缩河床的有效措施[图1-6-1d)]。

(4)山坡墙设置在路堑或路堤上方,用于支撑山坡上可能坍滑的覆盖层、破碎岩层或山体滑坡[图1-6-1e)、图1-6-1f)]。

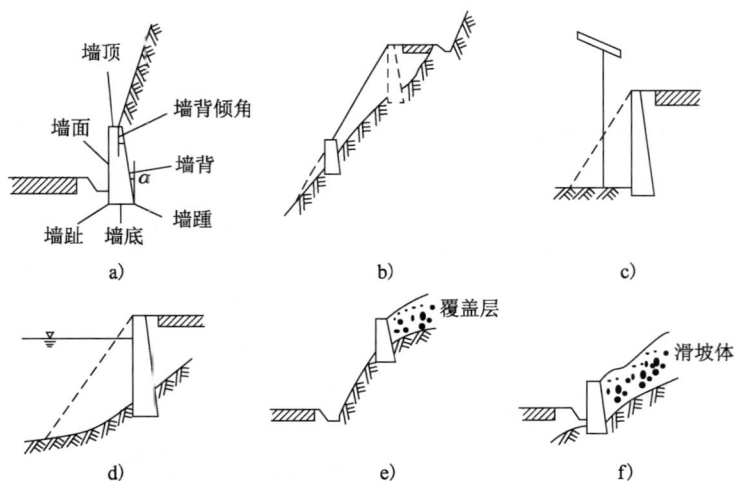

图1-6-1　设置挡土墙的位置

a)路堑墙;b)路堤墙(虚线为路肩墙);c)路肩墙;d)浸水挡土墙;e)山坡挡土墙;f)抗滑挡土墙

2.挡土墙的分类及使用条件

1)挡土墙的分类

(1)按照挡土墙设置的位置,可分为路堑墙、路堤墙、路肩墙和山坡墙等类型。

(2)按照挡土墙的结构形式,可分为重力式挡土墙、锚定式挡土墙、薄壁式挡土墙和加筋土挡土墙(图1-6-2)等。

(3)按照挡土墙的墙体材料,可分为石砌挡土墙、混凝土挡土墙、钢筋混凝土挡土墙和钢板挡土墙等。

2)挡土墙的使用条件

根据挡土墙的结构形式的不同,其使用条件亦不同。

(1)重力式挡土墙。

重力式挡土墙是依靠墙身自重抵抗土体侧压力来维持其稳定的挡土墙。一般多用片(块)石砌筑,在缺乏石料的地区有时也用混凝土修建。重力式挡土墙形式简单,施工方便,可就地取材,适应性较强,故被广泛应用;但其圬工数量较大,对地基的承载能力要求较高。

(2)加筋土挡土墙。

加筋土挡土墙是填土、拉筋、墙面板三者的结合体,如图1-6-2所示。填土和拉筋之间的摩擦力改善了土的物理力学性质,使得填土与拉筋结合为一个整体;在这个整体中起控制作用的是填土与拉筋之间的摩擦力。墙面板的作用是阻挡填土坍落挤出,迫使填土与拉筋结合为整体。加筋土挡土墙属于柔性结构,对地基变形适应性强,建筑高度大,具有省工、省料、施工方便、快速等优点,适用于填土路基。

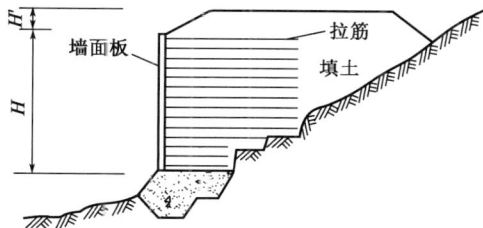

图1-6-2 加筋土挡土墙

(3)锚定式挡土墙。

锚定式挡土墙可分为锚杆式和锚定板式挡土墙两种。锚杆式挡土墙是指由钢筋混凝土墙板面和锚杆组成,依靠锚固在岩层内锚杆的水平拉力来承受土体侧压力的挡土墙,如图1-6-3a)所示。锚杆的一端与立柱连接,另一端锚固在山坡深处的稳定岩层或土层中。墙后侧向土压力由挡土板传给立柱,由锚杆与稳定岩层或土层之间的锚固力使墙获得稳定。其适用于墙高较大,缺乏石料或挖基困难地区,具有锚固条件的路堑挡土墙。

锚定板式挡土墙是由钢筋混凝土墙板、拉杆和锚定板组成,借埋在破裂面后部稳定土层内的锚定板和拉杆的水平拉力来承受土体侧压力的挡土墙,如图1-6-3b)所示。锚定板式挡土墙借助于埋在填土内的锚定板的抗拔力抵抗侧土压力,保持墙的稳定。锚定板式挡土墙的特点在于其构件断面小、工程量小,不受地基承载力的限制,构件可预制,有利于实现结构轻型化和施工机械化。其适用于缺乏石料地区的路肩墙或路堤墙。

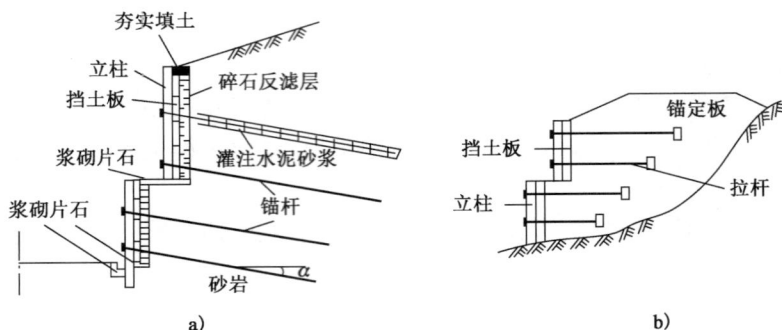

图 1-6-3 锚定式挡土墙

a)锚杆式挡土墙;b)锚定板式挡土墙

(4)薄壁式挡土墙。

薄壁式挡土墙属于钢筋混凝土结构,可分为悬壁式挡土墙和扶壁式挡土墙两种。悬壁式挡土墙由立壁、墙趾板和墙踵板三个钢筋混凝土悬壁式构件组成,如图 1-6-4a)所示。扶壁式挡土墙是指沿悬壁式挡土墙的立壁,每隔一定距离加一道扶壁,将立壁与踵板连接起来的挡土墙,如图 1-6-4b)所示。薄壁式挡土墙结构的稳定不是依靠其本身的重量,而主要依靠墙踵板上的填土重量来保证。薄壁式挡土墙具有断面尺寸较小,自重轻,能修建在较弱的地基上等优点。其适用于城市或缺乏石料的地区。其缺点是需耗用一定数量的水泥和钢筋,施工工艺较为复杂。

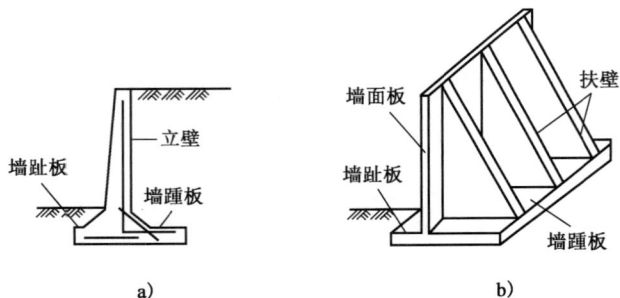

图 1-6-4 薄壁式挡土墙

a)悬壁式挡土墙;b)扶壁式挡土墙

3.重力式挡土墙的构造

重力式挡土墙一般由墙身、基础、排水设施和变形缝等部分组成。

1)墙身

(1)墙背。

墙背是指挡土墙靠回填土或山体的侧面,根据墙背倾斜方向的不同可分为仰斜、俯斜、垂直、凸形折线式、衡重式等形式,如图 1-6-5 所示。

仰斜墙背所受土压力较小,墙身断面经济,用于路堑墙时,墙身与开挖坡面较贴合,故开挖及回填量较小。但当墙趾地面横坡较陡时,会使墙身增高,断面增大,故仰斜墙背适用于路堑墙及墙趾地面平坦的路肩及路堤墙。仰斜墙背的坡度不宜缓于 1:0.3,以免施工困难。

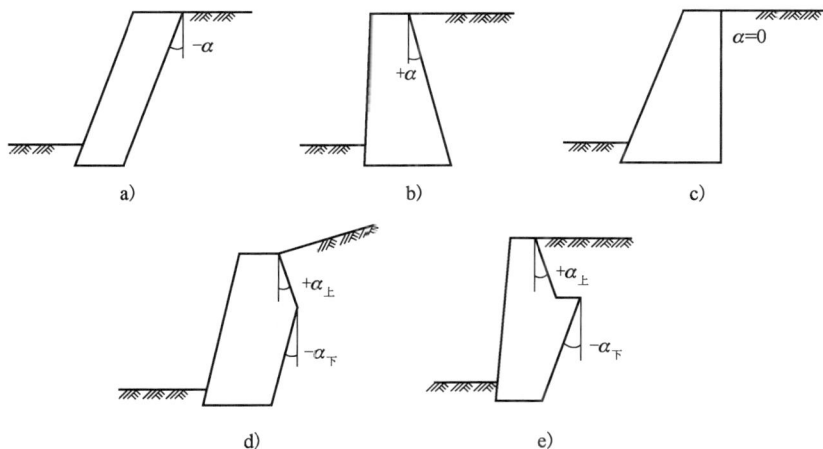

图 1-6-5 重力式挡土墙的断面形式

a)仰斜;b)垂直;c)俯斜;d)凸形折线式;e)衡重式

俯斜墙背所受的土压力较大。在地面横坡陡峻时,俯斜式挡土墙可采用陡直的墙面,以减小墙高。俯斜墙背也可做成台阶形,以增加墙背与填料间的摩擦力。其背坡一般不缓于1:0.4。

垂直墙背的特点介于仰斜式与俯斜式墙背之间。

凸形折线式墙背系将仰斜挡土墙的上部墙背改为俯斜,以减小上部尺寸,故其断面较为经济,多用于路堑墙,也可用于路肩墙。

衡重式墙背可视为在凸形折线式墙背的上下墙之间设置一衡重台,并采用陡直墙面。上墙俯斜墙背的坡度一般为1:0.25~1:0.45,下墙仰斜墙背坡度在1:0.25左右,上下墙的墙高比一般采用2:3。其适于山区地形陡峻处的路肩墙及路堤墙,也可用于路堑墙。

(2)墙面。

墙面一般为平面,其坡度应与墙背坡度相协调。墙面坡度直接影响挡土墙的高度。因此,在地面横坡较陡时,墙面坡度一般为1:0.05~1:0.2,矮墙可采用陡直墙面;地面横坡缓时,一般采用1:0.2~1:0.35较为经济。

(3)墙顶。

墙顶是墙的顶面部分,其最小宽度:混凝土墙不小于40cm,浆砌挡土墙不小于50cm,干砌挡土墙不小于60cm。路肩墙顶面宽度不应占据硬路肩、路缘带及行车道的路基宽度范围。浆砌挡土墙墙顶一般宜用粗料石或混凝土做顶帽,厚度为40cm。若不做顶帽,应以大块石砌筑,并用M5砂浆抹平顶面,砂浆厚度为2cm。干砌挡土墙墙顶高度在50cm内,应用砂浆砌筑,以增加墙身稳定性。

《公路路基设计规范》(JTG D30—2015)规定,浆砌挡土墙墙高不大于12m,干砌挡土墙墙高不大于6m。高速、一级公路不用干砌挡土墙。

(4)护栏。

路肩式挡土墙需要在墙身的顶部设置护栏,它属于墙身的辅助部分。高速、一级公路的护栏设计应符合《公路交通安全设施设计技术规范》(JTG D81—2017)的规定。护栏内侧边缘至路面边缘的距离,二、三级公路不小于75cm,四级公路不小于50cm。

2)基础

基础设计,包括基础类型选择和确定基础埋置深度两项主要内容。

(1)常用基础类型。

①扩大基础。

重力式挡土墙基础一般采用扩大基础,将墙趾或墙踵部分的一侧或两侧加宽成台阶,称为襟边,其宽度视基底应力及合力偏心距而定,一般不小于0.2m,台阶高度按加宽部分强度及材料的刚性角要求而定,一般不小于0.5m。

②切割台阶基础。

在陡坡上且地基为稳定坚硬岩石时,为节省圬工和基坑开挖量,采用高宽比不大于2:1,台阶高度一般不小于0.5m的台阶基础。

(2)基础埋置深度。

挡土墙基础的埋置深度,应视地形、地质条件而定,以保证挡土墙的稳定性。

①土质地基。

a.无冲刷时,应埋于天然地面以下不小于1.0m;有冲刷时,基底埋于局部冲刷线以下不小于1.0m。

b.受冻胀影响时,若冻深小于1m,应埋于冻结线下不小于0.25m且埋深不小于1.0m;若冻深大于1m,则埋深不小于1.25m,且将基底至冻结线下0.25m深度范围的地基土换填为弱冻胀材料。

c.路堑挡土墙基础顶面应低于路堑边沟底面不小于0.5m。

②对于碎石、砾石和砂类土地基,可不考虑冻胀影响,但基础埋深不小于1.0m。

③岩石地基。

a.软质岩石,埋深不小于1.0m。

b.风化层不厚的硬岩地基,基底应置于基岩表面风化层以下,基础嵌入岩层的深度要求见表1-6-1。

④斜坡地面基础埋置。

当墙趾前地面横坡较大时,墙趾埋入地面的深度和距地表的水平距离应满足表1-6-1中所列要求。

斜坡地面基础埋置条件   表1-6-1

土层类别	最小埋入深度 h(m)	距地表水平距离 l(m)	示意图
较完整的硬质岩石	0.25	0.25 ~ 0.50	
一般硬质岩石	0.60	0.60 ~ 1.50	
软质岩石	1.00	1.00 ~ 2.00	
土质	≥1.00	1.50 ~ 2.50	

3)排水设施

(1)目的。疏干墙后土体,防止地面水下渗,防止墙后积水形成静水压力,减小冻胀压力,消除黏性土的膨胀压力。

（2）措施。设置地面排水沟引排地面水；夯实回填土表面，防止雨水下渗，必要时可加设铺砌；路堑墙趾前边沟应铺砌加固，防止边沟水渗入基础；墙身设泄水孔，以排除墙后水。

泄水孔尺寸一般为5cm×10cm、10cm×10cm、15cm×20cm的方孔或直径为5～10cm的圆孔，间距一般为2～3m。下排泄水孔应高出墙前地面0.3m，路堑墙高出边沟水位0.3m，浸水挡土墙高出常水位0.3m。泄水孔应向外倾斜一定坡度，一般为3%。

墙后填料宜用透水性强的砂性土、砂砾，并设置反滤层，且最下一排泄水孔下设30～50cm厚的黏土隔水层。当墙背填料透水不良时，墙后最下一排泄水孔至墙顶下0.5m范围设置不小于0.3m厚度的砂卵石排水层。

4）沉降缝和伸缩缝

为避免地基不均匀沉降而引起墙身开裂，需根据地质条件的差异和墙高、墙身断面的变化情况设置沉降缝。为了防止圬工砌体硬化收缩和温度变化而产生裂缝，应设置伸缩缝。二者一般设在一起，沿纵向10～15m设一道，缝宽为2～3cm，用沥青麻絮等弹性材料沿墙内、外、顶三方填塞，深度不小于15cm。若干砌，缝两侧应平整，做成由墙顶到基底的垂直通缝。

二、常见防护工程施工

路基防护工程主要包括路基的坡面防护和冲刷防护。支挡工程主要是指用于支承路基填土或山坡土体，防止路基失稳的挡土墙工程。

（一）路基坡面防护

1. 植物防护

1）铺草皮

铺草皮适用于坡度不陡于1∶1的土质边坡及强风化、全风化的岩质边坡。草皮可为天然草皮或人工培植的土工网草皮，应选择根系发达、茎矮叶茂的耐旱草类。常用的草皮有天鹅绒草、结缕草、高羊茅、鼠尾草、狗牙根等。不能选用生长在泥沼或砂砾土中的草。

草皮规格一般为长30cm、宽20cm、厚5～10cm，干燥炎热地区草皮厚度可增加到15cm。草皮应铺过堑顶肩部至少100cm，或铺至截水沟。

铺草皮一般应在春季或初夏进行，气候干燥地区则应在雨季进行。铺设前，将边坡表层挖松、整平、洒水润湿。铺草皮需预先备料，草皮可就近培育，将其切成整齐块状，然后移铺在坡面上。铺草皮时，应自下而上进行，并用竹木小桩将草皮钉在坡面上，使之稳固。草皮根部土应随草切割，要预先整平坡面，必要时还应加铺种植土。草皮应随挖随铺，注意相互贴紧。

铺草皮示意图如图1-6-6所示。

2）种草

种草前，将边坡表层挖松、整平和洒水湿润。种草时，草籽应撒布均匀，同时可将多种草籽掺合在一起进行种植。

3）植树

植树适用于各种土质边坡和极严重风化的岩质边坡，边坡坡度不陡于1∶1.5。树种应为根系发达、枝叶茂盛、能迅速生长的低矮灌木。公路弯道内侧边坡严禁栽植高大树木。路线两侧尽量植树造林,使道路形成绿色林带,同时可减轻汽车尾气、噪声等影响。选种植物,应兼顾物种的多样性。

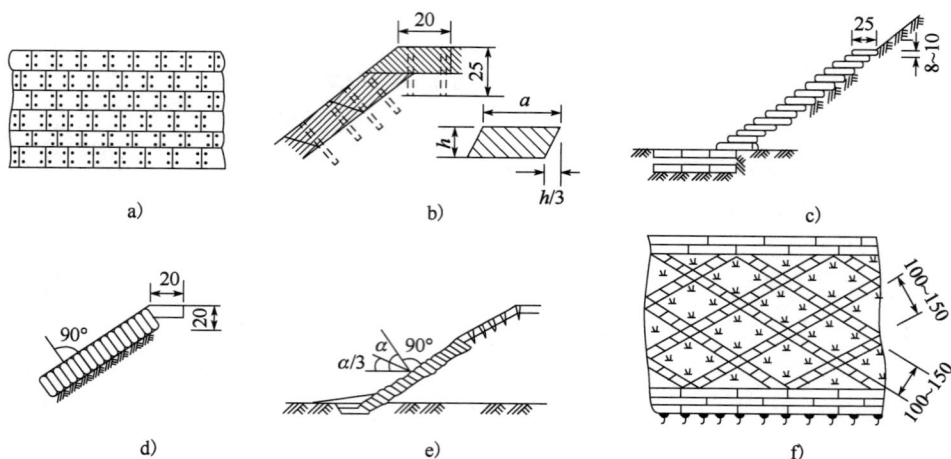

图 1-6-6 铺草皮示意图(尺寸单位:cm)

a)平铺平面;b)平铺剖面;c)水平叠铺;d)垂直叠铺;e)斜交叠铺;f)网格式

注:图中 h 为草皮厚度,为 $5\sim8$cm;a 为草皮边长,为 $20\sim25$cm。

(1)路堤边坡:行道树。

(2)路堑边坡:依次为草、乔木、灌木。乔木优先选用常绿阔叶树中的香樟、广玉兰、大叶女贞;灌木优先选用常绿阔叶树中的丁香、东北连翘、山茶、杜鹃、夹竹桃、小叶女贞、大叶黄杨、瓜子黄杨等。

(3)观景台过渡带:夹竹桃、杜鹃、小叶女贞。

进行植物防护前应清理坡面。回填土宜采用土、肥料及腐殖质土的混合物。种植土层厚度应符合表 1-6-2 中的规定。

种 植 土 层 厚 度 表 1-6-2

植物类型	草本花卉	草坪地被	小灌木	大灌木	浅根乔木	深根乔木	检查方法和频率
土层厚度(mm)	≥30	≥30	≥45	≥60	≥90	≥150	尺量:每 50m 测 1 点

铺、种植物后应适时进行洒水、施肥等养护作业,直到植物成活。植树示意图如图 1-6-7 所示。

坡面植物防护施工质量应符合表 1-6-3 ~ 表 1-6-5 中的相关规定。

树木栽植实测项目 表 1-6-3

项次	检查项目	规定值或允许偏差	检查方法和频率
1	种植穴(槽)直径(mm)	$d+400\sim d+600$*	尺量:抽查全部种植穴(槽)5%,且不少于 10 个,少于 10 个时应全部检查
	种植穴(槽)深度(mm)	$(3/4\sim4/5)$穴径	

续上表

项次	检 查 项 目			规定值或允许偏差	检查方法和频率
2	苗木数量			满足设计要求	目测或无人机航拍测量:带状绿地每1km检查100m内的苗木;点状绿地每个连续种植单元按苗木数量抽查10%,且不少于10株,少于10株的苗木应全部检查
3△	苗木成活率(%)			≥95	
4	苗木规格	乔木	胸径(mm)	≤50	0
				50~90	-50
				90~150	-100
				150~200	-200
				>200	-100
			高度(mm)		0
			冠径(mm)		0
		灌木	高度(mm)	≥1000	-100
				<1000	-200
			冠径(mm)	≥1000	-300
				<1000	-10
		球类	冠径(mm)	<500	-20
				500~1000	-30
				1000~2000	-2
				>2000	-5
			高度(mm)	<500	-8
				500~1000	-10
				1000~2000	-20
				>2000	-200
		藤本	主蔓长(mm)	≥500	-200
			主蔓径(mm)	≥10	-100
		棕榈类植物	株高(mm)	≤1000	-50
				1000~2500	-100
				2500~4000	-50
				>4000	0
			地径(mm)	≤100	-50
				100~400	-100
				>400	-200

注:*d 为土球苗直径或裸根苗根系展幅,以 mm 计。

图 1-6-7 植树工程实例

草坪、草本地被及花卉种植实测项目   表 1-6-4

项次	检 查 项 目		规定值或允许偏差	检查方法和频率
1	草坪、草本地被面积		满足设计要求	尺量或无人机航拍测量：带状绿地每 1km 检查 100m；点状绿地按每个连续种植单元全部检查
2△	草坪、草本地被覆盖率(%)	取弃土场绿地	≥90	目测或无人机航拍测量：带状绿地每 1km 检查 100m；点状绿地按每个连续种植单元全部检查
		其他绿地	≥95	
3	花卉数量		满足设计要求	目测或无人机航拍测量：带状绿地每 1km 检查 100m 内的花卉数量；点状绿地每个连续种植单元按花卉数量抽查 5%，且不少于 10 株，少于 10 株的花卉应全部检查
4△	花卉成活率(%)		≥95	

喷播绿化实测项目   表 1-6-5

项次	检 查 项 目	规定值或允许偏差	检查方法和频率
1△	基材混合物喷射厚度(mm)	设计厚度 ±10	环刀取样或挖样洞，尺量：带状绿地每 1km 测 10 点；点状绿地每个连续种植单元每 1 000m² 测 2 点，且不少于 5 点
2	植物群落物种组成	满足设计要求	植物样方法调查：带状绿地每 km 设置 3 个样方（长 2m，宽 2m 或等同于绿地宽度），且不少于 3 个；点状绿地每个连续种植单元设置 3 个样方（长 2m，宽 2m），且不少于 3 个
3	绿化面积	满足设计要求	尺量或无人机航拍测量：带状绿地每 1km 检查 100m；点状绿地按每个连续种植单元全部检查
4△	植被盖度(%)	≥95	目测或无人机航拍测量：带状绿地每 1km 检查 100m；点状绿地按每个连续种植单元全部检查

2. 圬工防护

1) 喷浆及喷射混凝土

喷浆及喷射混凝土适用于易风化但尚未严重风化的坡面较干燥的岩质边坡。对高而陡的边坡、上部岩层较破碎而下部岩层完整的边坡和需大面积防护的边坡，采用此种类型防护更为经济。对于成岩作用差的黏土岩质边坡则不宜采用此种防护。

坡面喷浆防护施工的喷射顺序应自下而上进行。砂浆初凝后，应立即开始养护。养护期宜不少于5d。施工结束后，应及时对喷浆层顶部进行封闭处理。

喷射混凝土厚度应符合设计规定，且临时支护厚度宜不小于60mm，永久支护厚度宜不小于80mm。永久支护面钢筋的喷射混凝土保护层厚度应不小于50mm。坡面喷射混凝土的施工工艺如下：

（1）修整坡面。面层表面应抹平、压实、修整。

（2）试喷。作业前应进行试喷，选择合适的水灰比和喷射压力。

（3）喷射作业。每层混凝土喷射应自下而上进行。当混凝土厚度大于100mm时，宜分两次喷射。在第二次喷射混凝土作业前，应清除接合面上的浮浆和松散碎屑。

（4）设置伸缩缝。喷射混凝土面层应在长度方向上每30m设一道伸缩缝，缝宽10～20mm。

（5）养护。喷射混凝土初凝后，应立即开始养护。养护期宜不少于7d。

喷射混凝土表面应密实、平整，无裂缝、脱落、漏喷、漏筋、空鼓和渗漏水等。施工质量应符合表1-6-6的规定。

喷射混凝土施工质量标准

表1-6-6

项次	检查项目	规定值或容许偏差	检查方法和频率
1	混凝土强度（MPa）	在合格标准内	按《检评标准》（JTG F80/1—2017）附录E检查
2	喷层厚度（mm）	平均厚度≥设计厚度；80%测点的厚度≥设计厚度；最小厚度≥设计规定最小值	凿孔法或工程雷达法：每50m² 测1处，总数不少于5处

2) 锚杆挂网喷射混凝土

锚杆挂网喷射混凝土的施工工艺如下：

（1）修整坡面。对面层表面应抹平、压实、修整。

（2）钻孔并放入锚杆。锚杆应嵌入稳固基岩内，锚固深度根据设计要求结合岩体性质确定。锚杆孔深应大于锚杆长度200mm。

（3）铺设钢筋网。钢筋网应与锚杆连接牢固。钢筋网与岩面的间隙宜为30～50mm。

（4）喷射混凝土。喷射混凝土宜分层施工，铺设钢筋网前喷射一层混凝土，铺设后再喷射混凝土至设计厚度。喷射混凝土厚度应均匀，钢筋网及锚杆不得外露。钢筋保护层厚度宜不小于20mm。

（5）养护。养护期宜不少于7d。

喷射混凝土施工质量应符合表 1-6-4 中的相关规定。

3）浆砌片石护面墙

浆砌片石护面墙能防治比较严重的坡面变形,适用于各种土质边坡及易风化剥落的岩质边坡。边坡坡度不大于 1∶0.5。浆砌片石护面墙分等截面和变截面两种形式。

等截面护面墙高度:当边坡为 1∶0.5 时,不宜超过 6m;当边坡缓于 1∶0.5 时,不宜超过 10m。

变截面护面墙高度:单级不宜超过 10m,否则应采用双级或三级护面墙,但高度一般不宜超过 30m。双级或三级护面墙的上墙高度不应大于下墙高度,下墙的截面应比上墙大,上下墙之间应设错台,其宽度应使上墙修筑在坚实的基础上,一般不宜小于 1m。

等截面护面墙厚一般为 50cm,变截面护面墙顶宽一般为 40~60cm,底宽 B 根据墙高 H 而定(表 1-6-7)。

护面墙厚度参考表　　　　表 1-6-7

护面墙高度 H (m)	路堑坡度	护面墙尺寸(cm)		护面墙高度 H (m)	路堑坡度	护面墙尺寸(cm)	
		顶宽 b	底宽 B			顶宽 b	底宽 B
≤2	1∶0.5	40	40	6 < H ≤ 10	1∶0.5 ~ 1∶0.75	40	40 + H/20
≤6	> 1∶0.5	40	10 + H/10	10 < H < 15	1∶0.75 ~ 1∶1	60	60 + H/20

浆砌片石护面墙的施工工艺如下:

(1)清除边坡。修筑护面墙前,应清除边坡风化层至新鲜岩面。对风化迅速的岩层,清挖到新鲜岩面后应立即修筑护面墙。

(2)浆砌墙身。护面墙背面应与路基坡面密贴,边坡局部凹陷处应挖成台阶后,采用与墙身相同的圬工砌补,不得回填土石或干砌片石。

(3)设置伸缩缝。按设计要求设置伸缩缝。当护面墙基础修筑在不同岩层上时,应在变化处设置沉降缝。

(4)设置泄水孔。

(5)浇筑墙顶。用 M5 砂浆勾缝和抹面,并均应在墙顶外缘线留出 10cm 的帽檐。

3.骨架植物防护

1）浆砌片石骨架植物防护

浆砌片石骨架植物防护(图 1-6-8)是指先用浆砌片石形成刚性骨架(如拱形、菱形、方格形等骨架),然后在中间部分种草、铺草皮等。该方法适用于边坡坡度不大于 1∶0.75 的土质边坡和全风化、强风化岩石;其可以防止边坡受雨水侵蚀,避免土质边坡坡面上产生冲沟。骨架内是植草、铺草皮,还是捶面或栽砌卵石,应根据土质、边坡坡度及当地材料来源等情况选用。

浆砌片石骨架植物防护施工工艺如下:

(1)放样。采用全站仪或卷尺定出骨架位置与高程,挂线放样。

(2)刷坡。采用人工或小型挖掘机刷坡。

(3)开挖沟槽。采用人工从上向下开挖沟槽。

（4）浆砌片石骨架。自下而上用 M5 或 M7.5 的水泥砂浆铺砌浆砌片石骨架，骨架每一组合垂直高度为 8~10m，沿坡长每隔 10~15m 设置一条伸缩缝（缝宽 2cm）。

（5）回填耕植土。主要针对风化严重的岩石边坡和原边坡土壤不容易生长草种的边坡。

（6）植草。植草及养护方法与种草防护方法相同。

图 1-6-8　骨架植物防护

2）混凝土骨架植物防护

混凝土骨架植物防护是指用混凝土预制块、现浇混凝土形成刚性骨架（如菱形、人字形、方格形和空心砖等），中间透空部分可采用铺草皮、三维植被网、喷播植草等进行坡面绿化。该方法适用于边坡稳定性较差而采用的护坡形式。

混凝土骨架植物防护的施工工艺如下：

（1）放样。采用全站仪或卷尺定出骨架位置与高程，挂线放样。

（2）刷坡。采用人工或小型挖掘机刷坡。

（3）开挖骨架沟槽。采用人工从上向下开挖沟槽。

（4）自下而上砌筑混凝土骨架。每级坡面施工时，采用 M5 或 M7.5 水泥砂浆就地砌筑混凝土，骨架应与坡面密贴，与草皮表面保持平顺。在坡面的底部、顶部和两侧范围内，应用 M5 或 M7.5 水泥砂浆砌筑片石或混凝土镶边加固。

3）锚杆混凝土框架植草防护

锚杆混凝土框架植草防护使用锚杆对风化破碎岩石边坡进行加固，采用浇筑混凝土框架稳固边坡，在框架中培土植草。这种方法既可防止岩石边坡因开挖松动而产生局部破坏，又兼顾了混凝土骨架植草防护的美观作用，适用于土质边坡和坡体中无不良结构面、风化破碎的岩石路堑边坡。

锚杆采用非预应力的全长黏结型锚杆，锚杆间距、长度应根据边坡地质情况而定。锚杆保护层厚度不应小于 20mm。框架采用钢筋混凝土，混凝土强度不应低于 C25，框架几何尺寸应根据边坡高度和地层情况等确定，框架内宜植草。

锚杆混凝土框架植草防护形式有多种组合，如锚杆混凝土框架 + 喷播植草、锚杆混凝土框架 + 挂三维土工网 + 喷播植草、锚杆混凝土框架 + 土工格室 + 喷播植草、锚杆混凝土框架 + 混凝土空心块 + 喷播植草等。

锚杆混凝土框架植草防护的施工工艺如下：

（1）放样。采用全站仪或卷尺定出骨架位置与高程，挂线放样。

（2）刷坡。采用人工或小型挖掘机刷坡。

（3）钻孔平台搭设。利用钢管搭设脚手架平台，在边坡平台上插打钢筋，平台支架立杆插在钢筋上，横杆顶撑在坡面。

（4）钻孔、清孔。钻孔采用潜孔钻钻进，在钻孔完成后，使用高压空气将孔内岩粉清除出孔外。

（5）锚杆制作与安装。在钢筋加工厂制作加工，运输至施工现场后由人工将锚杆体放入孔内。

（6）锚杆注浆。将胶管与锚杆同时送入锚孔底部，用灌浆泵将砂浆自孔底向外充满。

（7）框架梁测量放样。按设计要求的位置、间距、尺寸测放框架梁。

（8）框架梁钢筋安装。在现场绑扎成型后吊装到坡面上进行安装。

（9）模板安装。在模板表面刷脱模剂，挂线立模并加固，保证结构物线形顺畅。

（10）混凝土浇筑、养护。框架混凝土浇筑采用汽车吊料斗入模，采用插入式振捣棒振捣，浇筑完成后立即覆盖土工布洒水养护。

（11）锚索张拉、自由段注浆、封锚。孔内浆体及外锚头达到设计强度后进行张拉试验，确定张拉工艺，通过张拉试验锚孔验收合格后方可正式张拉，注浆后封锚。

（12）植草、养护。在框架中喷播适宜植物生长的土料，然后播撒草籽，或者根据设计植草袋，码砌在框架中，定期洒水养护。

（二）路基冲刷防护

沿河路基地段，应采取冲刷防护措施。常用的防护方式有抛石防护、干砌片石护坡、浆砌片石护坡、石笼护坡和土工模袋等。

1. 抛石防护

抛石防护是指在坡脚处抛填较大石块，用于稳固水下边坡的防护措施。该方法适用于浸水且水较深地段的路基边坡防护，一般应于枯水季节施工。抛石防护的顶宽不应小于所用最小石块尺寸的2倍。

抛石防护的施工步骤如下：

（1）选取石料。所抛石料应选用质地坚硬、耐冻且不易风化崩解的石块，石料短边尺寸一般不小于300mm。

（2）抛投石块。为了使抛石具有一定密实度，宜用大小不同的石块掺杂抛投。

（3）抛石边坡成型。为了减小坡脚处的局部冲刷及增加抛石的稳定性，抛石堆的水下边坡不宜陡于1:1.5；当水较深且流速较快时，不宜陡于1:2～1:3。

新建路基的抛石防护，可采用图1-6-9a)所示的断面形式，已有路基的边坡抛石防护一般采用图1-6-9b)所示的断面形式。图1-6-10所示为抛石防护工程实例。

干砌片石护坡适用于坡度缓于1:1.25的路堑边坡或边坡易受地表水冲刷以及有少量地下水渗出的地段。

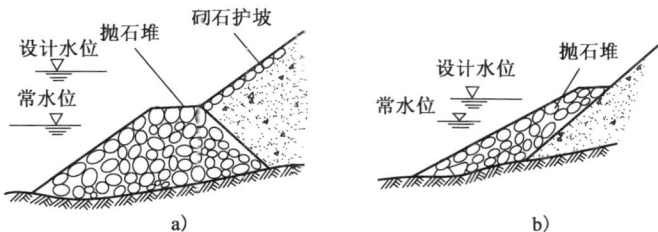

图 1-6-9 抛石防护断面图

图 1-6-10 抛石防护工程实例

干砌片石护坡的施工步骤如下：

(1)石料修整。片石的厚度应不小于150mm，不得使用卵形石和薄片石。镶面石料应选择尺寸大并具有平整表面的石料，且应稍加粗凿。在角隅处应使用大块石料，大致将其粗凿方正。

(2)垫层施工。干砌片石护坡的垫层应密实，厚度应满足设计要求。边坡为粉质土、松散的砂或粉砂土等易被冲蚀的土时，碎石或砂砾垫层厚度宜不小于100mm。

(3)石料按层砌筑。采用分段砌筑时，相邻段高差应不大于1.2m，段与段间应设伸缩缝或沉降缝，各段水平砌缝应一致。

(4)接缝错开。砌筑石料应彼此镶紧，接缝要错开，缝隙间应用小石块填满塞紧。扩坡基础宜选用大石块砌筑。干砌片石施工质量应符合表1-6-8中的规定。

干砌片石砌体实测项目 表 1-6-8

项次	检查项目		规定值或允许偏差	检查方法和频率
1	顶面高程(mm)		±30	水准仪:长度不大于30m时测5点，每增加10m增加1点
2	断面尺寸(mm)	高度	±100	尺量:长度不大于30m时测5处，每增加10m增加1处
		厚度	=50	
3	表面平整度(mm)		≤50	2m直尺:每20m测3处，每处测竖直、水平两个方向

2. 干砌片石护坡

各种干砌片石护坡如图1-6-11所示。

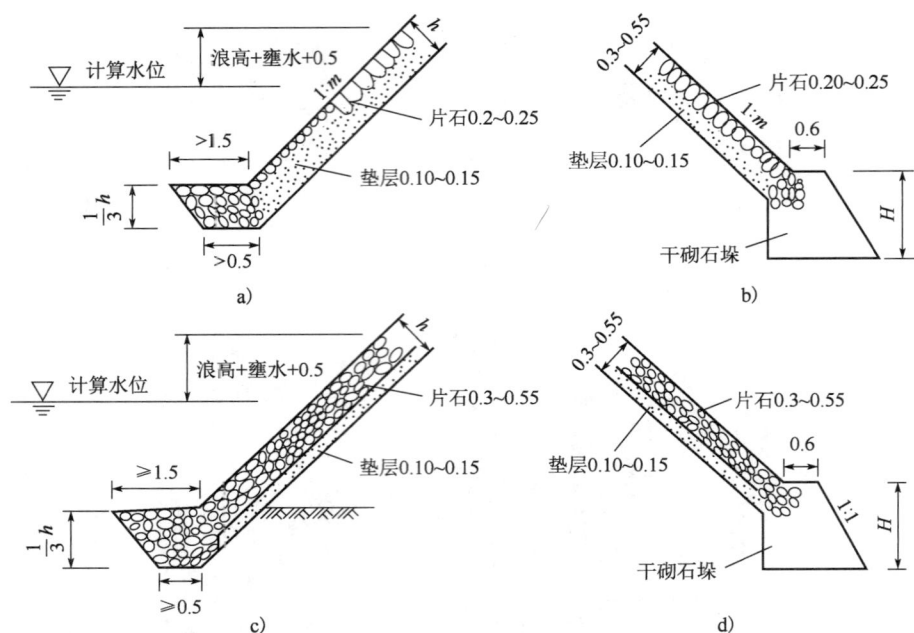

图 1-6-11　单层与双层干砌片石护坡(尺寸单位:m)

a)、b)单层;c)、d)双层

注:h 表示护面厚度,H 表示干砌石垛高度。

3. 浆砌片石护坡

浆砌片石护坡适用于经常浸水的受水流冲刷或受较强烈的波浪作用的路基边坡防护和河岸及水库边岸防护,也适用于有流冰及封冻的河岸边坡防护。

护坡砌筑的石料宜选用坚硬、抗压强度大于 30MPa、遇水不崩解的石料。水泥砂浆一般采用 M7.5,严寒地区应使用 M10。浆砌片石护坡下设置 10～15cm 的卵、砾石垫层。

浆砌片石护坡的施工工艺如下:

(1)石料修整。片石的厚度应不小于 150mm,不得使用卵形石和薄片石。镶面石料应选择尺寸大并具有平整表面的石料,且应稍加粗凿。在角隅处应使用大石料,大致将其粗凿方正。

(2)垫层施工。宜在路堤沉降稳定后完成垫层施工。受冻胀影响的土质边坡,护坡底面的碎石或砂砾垫层厚度应不小于 100mm。

(3)分层砌筑。片石砌体应分层砌筑,对 2～3 层组成的工作面宜找平,片石之间用砂浆填充饱满。

(4)设置伸缩缝和沉降缝。每 10～15m 应布置一道伸缩缝,缝宽一般为 20～30m。伸缩缝与沉降缝可合并设置。

(5)设置泄水孔。泄水孔间距宜为 2～3m,干旱地区可适当加大间距,渗水量大时应适当缩小间距。上下排泄水孔应交错布置,左右排泄水孔应避开伸缩缝与沉降缝,与相邻伸缩缝间距宜不小于 500mm。泄水孔应向外倾斜,最下一排泄水孔出口应高出地面或边沟、排水沟及积水地区的常水位 0.3m。

（6）养护。砂浆初凝后，应立即进行养护。砂浆终凝前应覆盖砌体表面。

浆砌片石施工质量应符合表 1-6-9 中的规定。

浆砌砌体实测项目 表 1-6-9

项次	检 查 项 目		规定值或允许偏差	检查方法和频率
1△	砂浆强度（MPa）		在合格标准内	按《检评标准》附录 F 检查
2	顶面高程（mm）	料、块石	±15	水准仪：长度不大于 30m 时测 5 点，每增加 10m 增加 1 点
		片石	±20	
3	坡度（%）	料、块石	≤0.3	铅锤法：长度不大于 30m 时测 5 处，每增加 10m 增加 1 处
		片石	≤0.5	
4△	断面尺寸（mm）	料石	±20	尺量：长度不大于 50m 时测 10 个断面，每增加 10m 增加 1 个断面
		块石	±30	
		片石	±50	
5	表面平整度（mm）	料石	≤15	2m 直尺：每 20m 测 3 处，每处测竖直、水平两个方向
		块石	≤25	
		片石	≤35	

4. 石笼护坡

沿河路堤坡脚及河岸因防护工程基础不易处理或沿河挡土墙、护坡基础局部冲刷深度过大时，可采用石笼防护。石笼是用铁丝编织成的框架，内填石料，设在坡脚处以防急流和风浪破坏堤岸，也可用来加固河床，防止淘刷。铁丝框架可以是箱形或圆形。

一般河段，常用镀锌铁丝、高强度聚合物土工格栅或竹木石笼；急流滚石河段，可在铁丝笼内灌注小石块，或采用钢筋混凝土框架石笼。用于防止冲刷淘底时，一般在河床上将石笼平铺并与坡脚线垂直，堤岸一端固定，另一端不必固定，淘刷后石笼可以向下沉落并贴于底面；对于防护岸坡或坡脚，则用垒码形式，但岸坡较缓时，也可平铺并叠加石笼。石笼内装填的石料块径应大于石笼的网孔孔径。单个石笼的大小，以不被相应速度的水流或波浪冲移为宜。石笼防护的容许流速可达 5~6m/s。图 1-6-12 所示为铁丝石笼防护示意图。

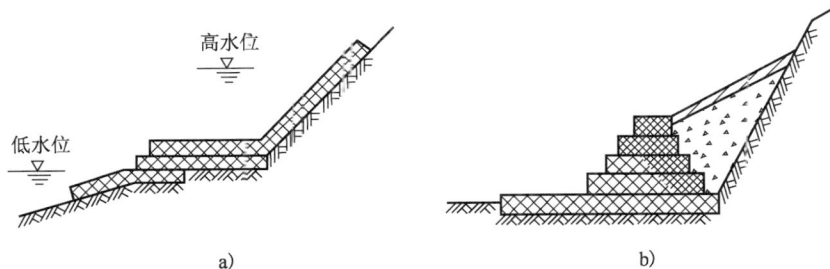

图 1-6-12　铁丝石笼防护示意图

图 1-6-13　石笼防护工程实例

笼内填石(图 1-6-13)的最小粒径应不小于 4.0cm,一般为 5~20cm,外层应用较大且有棱角的石料,内层可用较小石块填充。

5. 土工模袋

土工模袋是一种双层织物袋,袋内充满流动性混凝土或水泥砂浆或细石混凝土,凝固后形成高强度与高刚度的硬结板块(图 1-16-14)。其主要应用场合及铺设形式如图 1-6-15 所示。模袋的主要技术指标应符合表 1-6-10 中的规定。充填混凝土时,粗集料最大粒径应符合表 1-6-11 中的要求。采用土工模袋护坡的坡度不得陡于 1:1。如在水下施工,水流速度不宜大于 1.5m/s。模袋选型应根据工程要求和当地土质、地形、水文、经济与施工条件等确定。应根据水流量选定模袋滤水点分布数量,当选用无滤水点模袋时,应增设渗水滤管。模袋应用尼龙绳缝制。

图 1-6-14　土工模袋工程实例

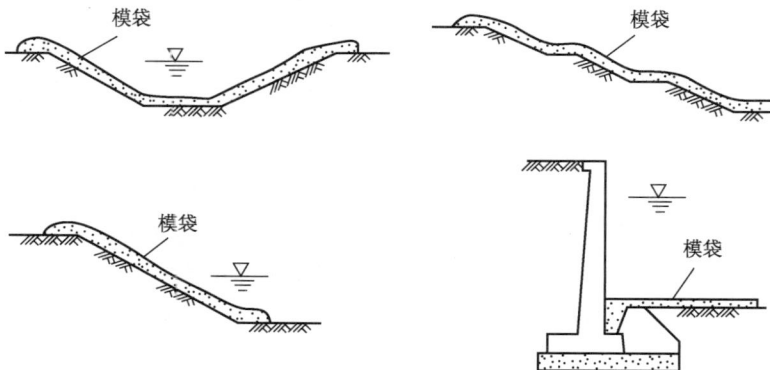

图 1-6-15　土工模袋示意图

模袋主要技术指标 表 1-6-10

检查项目		质量标准
单层质量（g/m²）		200
拉伸强度（N/50mm）	经向	1500
	纬向	1300
延伸率（%）	经向	14
	纬向	12
撕裂强度（N/50mm）	经向	600
	纬向	400
顶破强度（N）		300
渗透系数（mm/s）		0.28
单层厚度（mm）		0.45

混凝土集料的最大粒径要求 表 1-6-11

土工模袋厚度（mm）	集料最大粒径（mm）	土工模袋厚度（mm）	集料最大粒径（mm）
150~250	≤20	≥250	≤40

土工模袋的施工工艺如下：

（1）坡面清理整平。施工前，对周边的各种杂物进行清理，保证坡面的平整度。

（2）土工模袋加工。模袋砂围堰施工前，根据围堰大小确定各个模袋的尺寸，模袋出厂前通过工业缝纫机将土工布加工成袋形。需要在水中铺设的模袋，按照设计要求，长度为17m、24m、26.7m 等，高度为0.5m，在模袋面层每隔5m 设一灌砂孔，灌砂孔加工成衣袖形状，与模袋连在一起。模袋加工好后运至施工现场，用雨布盖好，防止暴晒，注意保护好模袋。

（3）设置防滑枕。每隔一定距离需要进行土沟槽挖掘，用作土工模的防滑枕。

（4）夯锤下垫层。做好坡面处理后，进行下垫层的铺垫，用夯板夯紧。

（5）模袋铺设安装。土工模袋与下垫层一定要紧紧地贴在一起，并进行压实。土工模袋埋到防滑枕时，拉平土工模袋，确保土工模袋与坡面吻合处保持一定的平整度，防止出现褶皱。

（6）充灌模袋。通过混凝土泵输送，充灌模袋。充灌完毕后，要清洗管道。

（7）回填土。在土工模袋铺槽内需要回填黏土或混凝土，用来加固土工模袋。

（8）养护。

（三）锥、护坡施工质量控制

（1）石料质量、规格以及砂浆质量、配合比应符合相关规定。

（2）基础埋置深度及地基承载力应符合设计要求。

（3）砌体咬扣紧密，嵌缝饱满密实，填土达到密实度要求。

（4）锥、护坡施工质量标准见表 1-6-12。

砌体坡面防护实测项目   表 1-6-12

项次	检 查 项 目		规定值或允许偏差	检查方法和频率
1△	砂浆强度（MPa）		在合格标准内	按《检评标准》附录 F 检查
2	顶面高程（mm）	料、块石	±30	水准仪：长度不大于 30m 时测 5 点，每增加 10m 增加 1 点
		片石	±50	
3	表面平整度（mm）	料、块石	≤25	2m 直尺：除锥坡外每 50m 测 3 处，每处纵、横向各 1 尺；锥坡处顺坡测 3 尺
		片石	≤35	
4	坡度		≤设计值	坡度尺：长度不大于 30m 时测 5 处，每增加 10m 增加 1 处
5△	厚度或断面尺寸（mm）		≥设计值	尺量：长度不大于 50m 时测 10 个断面，每增加 10m 增加 1 个断面
6*	框格间距（mm）		±150	尺量：抽查 10%

注：* 仅适用于框格式护面。

三、挡土墙施工

挡土墙是用于支挡路基填土或山坡土体的结构物。因其施工方便，可就地取材，适应性强，在公路工程中得到了广泛使用。公路工程中，通常以重力式挡土墙、混凝土挡土墙和加筋土挡土墙最为常用。

微课：挡土墙施工

（一）重力式挡土墙

重力式挡土墙一般采用明挖基础，当基底松软或水下挖基困难时，可采用换填基础、桩基础或沉井基础。为了保证挡土墙的稳定，墙趾的施工埋置深度应符合以下要求：

（1）无冲刷时，一般应在自然地面以下至少 1.0m。

（2）有冲刷时，在冲刷线以下至少 1.0m。

（3）在冻胀地区，当冻结线以下至少 0.25m、冻胀深度超过 1.0m 时，基底应换填一定厚度的砂砾或碎石垫层等不冻胀填料，且垫层底面应在冻结线以下至少 0.25m，但埋置深度不宜小于 1.25m。

（4）对岩石地基，应清除表面风化层，如风化层较厚，基础应嵌入岩石 0.25～0.60m（按照岩层的坚硬程度和抗风化能力确定），墙趾前应有足够的襟边宽度。

砌筑前，应将石料表面泥垢清扫干净，并用水保持湿润。砌筑时，外面线应顺直整齐，内面线可大致顺适，砌筑过程中应经常校正。浆砌石底面应卧浆铺砌，立缝填浆补实，不得有空隙和立缝贯通现象。施工缝位置宜设在伸缩缝和沉降缝处，压石两侧的水平缝应保持一致。分段砌筑时，相邻段的高差不宜超过 1.2m。砌体外的浆缝需留 1～2cm 深的缝槽，以便砂浆勾缝。

1. 浆砌片石（图 1-6-16）施工工艺

（1）分层砌筑。应使片石长短相间地与里层砌块咬接成一体。

（2）上下层石块交错排列。避免竖缝成一直线。

（3）宽面朝下。砌筑时，较大的片石宜铺筑在下面，片石间以砂浆隔开。

（4）砌缝宽度一般不应大于 4cm。每层的水平缝大致齐平，竖缝应错开，不能贯通。

（5）大小搭配、相互错叠。砌体中的片石应大小搭配、相互错叠、咬紧密实，并配有小石块，以挤浆填缝。

（6）砂浆配置。砂浆强度不得低于 M5。

（7）勾缝。用 1:1.5 水泥细砂砂浆，细砂应过筛，砂浆黏度以勾缝刀挑起不落为宜。勾缝顺序应由上而下，先勾水平缝，后勾竖缝。勾缝凸出墙面约 5mm，线条应明显、清晰。

2. 浆砌块石（图 1-6-17）施工工艺

（1）修整块石。用作镶面的块石，应对其表面及四周进行修整。

（2）分层砌筑。

（3）一丁一顺。镶面的块石应按一丁一顺排列，丁石深入墙心不小于 25cm。

（4）砌缝宽度一般为 2～3cm。

（5）上下层竖缝错开。相邻两层竖缝应错开不小于 10cm。

（6）块石应平砌。每层石料高度应基本齐平。

（7）砂浆配置。砂浆强度不得低于 M5。

（8）勾缝。

图 1-6-16 浆砌片石挡土墙工程实例　　　　图 1-6-17 浆砌块石挡土墙工程实例

对浆砌块石挡土墙，一般勾凹缝或凸缝。勾缝后，石块轮廓不能被掩盖，真实砌缝的准确位置和宽度应清晰可见。对合格缝槽充分清洗湿润后，应用比砌筑砂浆高一个等级的砂浆（用细砂拌制）勾缝。缝槽宽度应是砌缝的真实宽度，不符合要求者应返工处理，缝面高度比砌体石略凸或凹 2～4mm。勾缝砂浆表面应平整、光滑，勾完缝后，砌石轮廓分明、清晰可见。

3. 砌筑料石施工工艺

（1）配好料石。对于每层镶面料石，均应事先按规定灰缝宽度及错缝要求配好料石。

（2）分层砌筑。

（3）一丁一顺。每层料石均应采用一丁一顺法砌筑。

（4）缝宽一般为 1.0 ~ 1.5cm。

（5）上下层竖缝错开。相邻两层竖缝应错开不小于 10cm。

（6）先砌角石。按铺浆法顺序砌筑，随砌随填竖缝，并应先砌角石。

（7）砌筑镶面石，再砌填心石。填心石高度应与镶面石齐平。

（8）砂浆配置。砂浆强度不得低于 M5。

（9）勾缝。

4. 墙顶

墙顶宜用粗料石或现浇混凝土做成顶帽，路肩墙顶面宜用大石块砌筑，用 M5 砂浆勾缝和抹面，并均应在墙顶外缘线留出 10cm 的帽檐。

5. 基础

（1）基坑底面开挖宽度应比设计尺寸各边宽 0.5 ~ 1.0m，并保持一定的开挖边坡坡度。

（2）在松软地层或坡积层地段时，基坑不宜全段贯通，应采用跳槽方法开挖，以防上部失稳。当基底土质为碎石土、砂砾土、砂性土、黏性土等时，应将其整平夯实。地质、水文较特殊时，也可采用桩基、沉井等基础。

（3）当基底软弱、地形平坦、墙身又超过一定高度时，可在墙趾处伸出一台阶，以拓宽基础。

（4）当地层为淤泥土、杂填土等时，可采用砂砾、碎石、矿渣、灰土等材料以换填，或者用砂桩、石灰桩、碎石桩、土工织布、粉喷桩等方法处理。

（5）当岩层有空隙和裂缝时，应以水泥砂浆或片石混凝土浇筑饱满。当墙趾地面纵坡较大时，挡土墙基底可做成不大于 5% 的纵坡。

（6）当基础高程不一致或有局部加深部位时，应从最低处往上砌筑，经常拉线检查，以保持砌体通顺、平直。

6. 墙背填料

（1）待砌体砂浆强度达到 70% 以上时，方可回填墙背填料，并应优先选择渗水性较好的砂砾土填筑。浸水挡土墙背应全部用水稳性和透水性较好的材料填筑。

（2）墙背回填要均匀摊铺平整，并设不小于 3% 的横坡，逐层填筑，逐层夯实。每层压实厚度不宜超过 20cm，碾压机具和填料性质、厚度及碾压遍数应经试验确定。

（3）压实时，邻近墙背 1.0m 范围内，应采用小型压实机具，如蛙式打夯机、内燃打夯机、手扶式振动压路机、振动平板夯等。

7. 施工质量控制

（1）石料的规格和质量应符合有关规范和设计要求。

（2）砂浆所用的水泥、砂、水的质量应符合有关规范的要求，按规定的配合比施工。

（3）地基承载力必须满足设计要求。

（4）砌筑应分层错缝。浆砌时，坐浆挤紧，嵌填饱满密实，不得有空洞；干砌时，不得有松动、叠砌和浮塞。

（5）沉降缝、泄水孔、反滤层的设置位置，及其质量和数量应符合设计要求。

（6）检查验收的实测项目有砂浆强度、平面位置、墙面坡度、断面尺寸、顶面高程、表面平整度。

（7）外观鉴定。砌体表面平整，砌缝完好、无开裂现象，勾缝平顺，无脱落现象。泄水孔坡度向外，无堵塞现象。沉降缝整齐垂直，上下贯通。

（8）砌石挡土墙施工质量标准见表1-6-13、表1-6-14。

浆砌挡土墙实测项目   表1-6-13

项次	检查项目		规定值或允许偏差	检查方法和频率
1△	砂浆强度（MPa）		在合格标准内	按《检评标准》附录F检查
2	平面位置（mm）		≤50	全站仪：测墙顶外边线，长度不大于30m时测5点，每增加10m增加1点
3	墙面坡度（%）		≤0.5	铅锤法：长度不大于30m时测5处，每增加10m增加1处
4△	断面尺寸（mm）		≥设计值	尺量：长度不大于50m时测10个断面，每增加10m增加1个断面
5	顶面高程（mm）		±20	水准仪：长度不大于30m时测5点，每增加10m增加1点
6	表面平整度（mm）	块石	≤20	2m直尺：每20m测3处，每处测竖直、墙长两个方向
		片石	≤30	
		混凝土预制块、料石	≤10	

干砌挡土墙实测项目   表1-6-14

项次	检查项目	规定值或允许偏差	检查方法和频率
1	平面位置（mm）	≤50	全站仪：测墙顶外边线，长度不大于30m时测5点，每增加10m增加1点
2	墙面坡度（%）	≤0.5	铅锤法：长度不大于30m时测5处，每增加10m增加1处
3△	断面尺寸（mm）	≥设计值	尺量：长度不大于50m时测10个断面，每增加10m增加1个断面
4	顶面高程（mm）	±50	水准仪：长度不大于30m时测5点，每增加10m增加1点
5	表面平整度（mm）	≤50	2m直尺：每20m测3处，每处测竖直、墙长两个方向

（二）混凝土挡土墙

混凝土挡土墙一般包括重力式混凝土挡土墙、扶壁式钢筋混凝土挡土墙、悬壁式钢筋混凝土挡土墙和组合式钢筋混凝土挡土墙（如挡土板）等（图1-6-18～图1-6-21）。其共同特点是墙身断面小、自重轻、圬工省，适用于石料缺乏、地基承载力较低的路堤和路肩墙，浇筑的钢筋混凝土系整体结构，以现浇为宜。

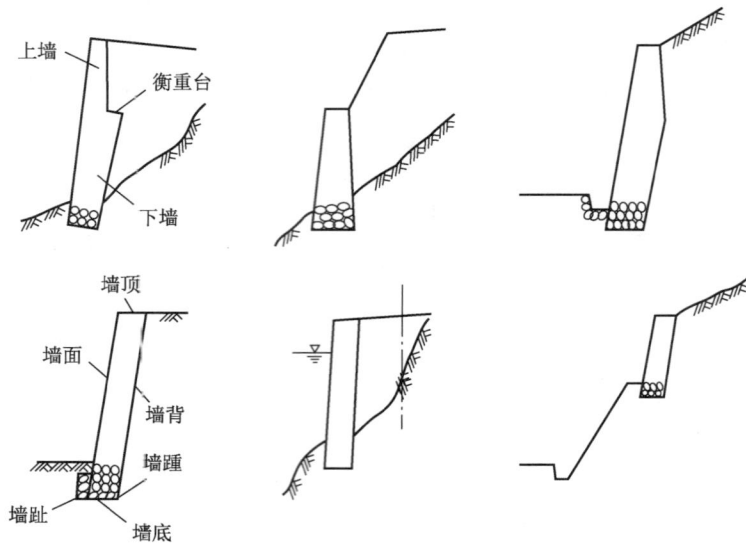

图 1-6-18 重力式混凝土挡土墙

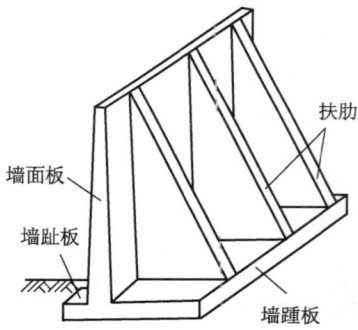

图 1-6-19 扶壁式钢筋混凝土挡土墙

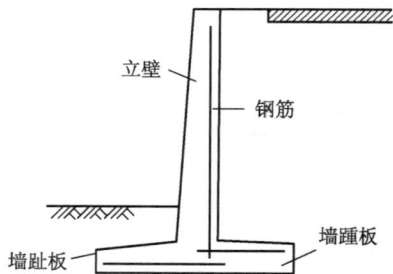

图 1-6-20 悬壁式钢筋混凝土挡土墙

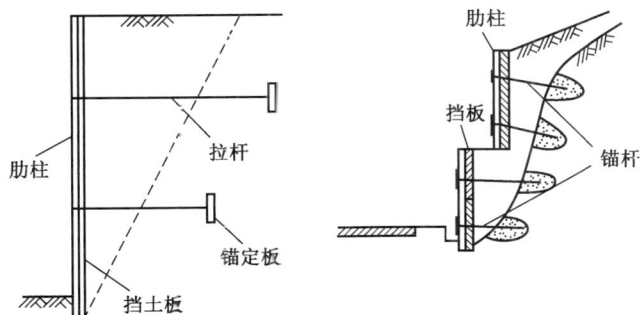

图 1-6-21　锚定板和锚杆式挡土墙

1. 形式

（1）重力式混凝土挡土墙

重力式混凝土挡土墙一般是指素混凝土结构，与砌石挡土墙相似，其施工特点是模板简单、混凝土用量大。

（2）扶壁式钢筋混凝土挡土墙

扶壁式钢筋混凝土挡土墙属典型的钢筋混凝土结构，有直墙、斜墙和板等几种结构形式，模板、钢筋和混凝土施工工艺简单。

（3）悬壁式钢筋混凝土挡土墙

悬壁式钢筋混凝土挡土墙与扶壁式钢筋混凝土挡土墙相比，结构受力方式虽不同，但其结构形式和施工工艺相似。

（4）组合式钢筋混凝土挡土墙

组合式钢筋混凝土挡土墙适用于需要快速施工的挡土墙。开挖前，预制钢筋混凝土挡土板。土方开挖完成后，将预制的钢筋混凝土挡板安装到位，作临时支撑，起到土体防护作用。同时进行基底清理，组立模板，浇筑混凝土，与预制钢筋混凝土一起组成重力式挡土墙。

2. 基础施工

（1）基底处理

基底处理与砌石挡土墙基础基本相同。软基处可以采取桩基础、加固结剂等加固措施。

（2）桩基础

挡土墙的桩体规模不大，常用挤密振冲桩或沉桩。

（3）施工方式

混凝土底板（图 1-6-22），可以在地基上直接立模；钢筋混凝土底板，则需先浇垫层，然后在垫层上放线绑扎钢筋立模。

基础模板的支撑，不宜直接落在土基上，应加垫木。

钢筋混凝土基础施工时，要注意钢筋的保护层厚度，墙体钢筋应安装到位，并且有可靠的固定措施。

混凝土的施工缝应尽量避免设置在基础与墙体的分界面处，基础混凝土成型面设置在墙体以上 10cm 处，其界面应做成毛面。

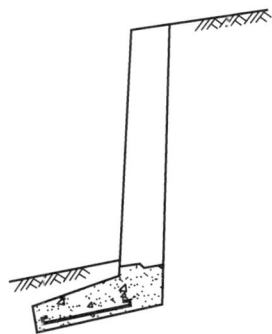

图 1-6-22　混凝土底板

3.墙体模板

混凝土挡土墙模板属于墙体模板，它所承受的混凝土侧压力为：

$$p = \frac{4 + 1500K_sK_wv^{0.33}}{T + 30} \qquad (1\text{-}6\text{-}1)$$

式中：p——新浇混凝土最大侧压力（kPa）；

　　K_s——坍落度影响修正系数，一般取 0.9，泵送混凝土时取 1.15；

　　K_w——外加剂修正系数，不掺缓凝剂时取 1.0，掺缓凝剂时取 1.2；

　　v——混凝土浇筑速度（m/h）；

　　T——混凝土温度（℃）。

按墙体模板的特点，可使用木模、组合钢模以及整体模板，也可使用滑模和翻模。

1）基本要求

挡土墙分段施工时，相邻段应错开间断施工。钢筋混凝土挡土墙，特别是扶壁式挡土墙，因墙体交叉倾斜，需要放样准确，支撑控制到位，并且模板结构要有一定的刚度。

2）整体模板技术

整体模板技术的特点是整体设计、工厂加工、整体拼装。整体模板成型混凝土质量高，功效也可大大提高。

（1）整体模板由面板、筋肋和支撑件构成。面板常用胶合板、竹胶板或木板，筋肋可用木条、型钢或冲压件。对于小型结构，也可直接冲压成固定模板，模板的大小由结构尺寸、吊装能力和材料规格等因素确定。

（2）挡土墙对模板接缝要求不太高，可不用拼接件而直接安装。安装时，从转角处开始，注意控制对线和模板坡度。整体模板一般用于专用支撑，有时可用于临时支撑，也可用对销螺栓来平衡混凝土侧压力。

（3）为了方便拆模，模板表面应涂刷拆模剂。拆模应在混凝土成型 24h 以后进行，但也不能太迟，以免增加拆模的难度。

3）其他辅助施工

混凝土挡土墙同砌石挡土墙一样，需做排水、渗水和接缝处理，方法与砌石挡土墙基本相同。

4.墙体钢筋及混凝土施工

1）墙体钢筋安装

墙体钢筋安装应在立模前完成（有时先立一侧，再绑扎钢筋，然后封闭另一侧）。安装模板时，特别是对扶壁式挡土墙钢筋，不易校正其位置偏差，因此钢筋安装绑扎必须控制到位。一般控制方法是搭架支撑，在钢筋顶部设置檩架，准确控制钢筋在顶端的位置。对每根钢筋，控制其上下的准确位置，然后拉紧固定。

2）墙体混凝土

钢筋混凝土挡土墙截面较小、钢筋密，浇注混凝土时，坍落度可适当大些，混凝土浇筑前需要借助漏斗、溜槽等辅助工具，以免上层钢筋沾上残浆，影响成型混凝土对钢筋的握裹力。另外，应分层浇筑，分层振捣，每层厚度以 30cm 为宜，浇筑进度控制在每小时 1～1.5m。

混凝土重力式挡土墙属大体积混凝土,宜用低热量、收缩小的矿渣类水泥。必要时还可在混凝土中抛入块石,抛石比例不超过混凝土的15%,要求石质坚硬,清洗干净,石块厚度不小于15cm,不得使用片石、卵石。石块与石块、模板、钢筋及预埋件的净距均不小于4cm。

混凝土的养护方法及要求与其他结构相同。

5. 施工质量控制

(1)混凝土所用的水泥、碎石、砂、水和外加剂的规格和质量应符合有关规范的要求,按规定的配合比施工。

(2)地基承载力必须满足设计要求。

(3)不得有露筋和空洞现象。

(4)沉降缝、泄水孔的设置位置、质量和数量应符合设计要求。

(5)检查验收的实测项目包括混凝土强度、平面位置、顶面高程、墙面坡度、断面尺寸、表面平整度等。

(6)外观鉴定。混凝土施工缝应平顺;蜂窝、麻面面积不得超过该面面积的0.5%;混凝土表面不得出现裂缝;泄水孔坡度向外,无堵塞现象;沉降缝整齐垂直,上下贯通。

(7)悬臂式和扶壁式挡土墙允许偏差见表1-6-15。

悬臂式和扶壁式挡土墙实测项目 表 1-6-15

项次	检查项目	规定值或允许偏差	检查方法和频率
1△	混凝土强度(MPa)	在合格标准内	按《检评标准》附录D检查
2	平面位置(mm)	≤30	全站仪:长度不大于30m时测5点,每增加10m增加1点
3	墙面坡度(%)	≤0.3	铅锤法:长度不大于30m时测5处,每增加10m增加1处
4△	断面尺寸(mm)	≥设计值	尺量:长度不大于50m时测10个断面及10个扶壁,每增加10m增加1个断面及1个扶壁
5	顶面高程(mm)	±20	水准仪:长度不大于30m时测5点,每增加10m增加1点
6	表面平整度(mm)	≤8	2m直尺:每20m测3处,每处测竖向、纵向两个方向

(三)加筋土挡土墙

加筋土挡土墙由填料、在填料中布置的拉筋以及面板三部分组成,是利用加筋土技术修建的支挡结构物。它具有圬工工程量少、对地基强度要求不高、抗震性能好、造价低、施工方便、进度快等特点,在路基工程中得到了广泛应用。

1. 施工准备

1)面板形式及预制

面板一般采用混凝土预制板,其外形有矩形槽板、正六边形槽板、十字形板以及其他形状的角隅板,见表1-6-16。

面板尺寸参考表（cm） 表 1-6-16

类型	简图	高度 H	宽度 B	厚度 D	备注
十字形		50 ~ 150	50 ~ 150	8 ~ 25	
槽形	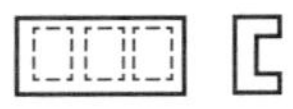	30 ~ 70	100 ~ 200	14 ~ 20	底板及翼缘厚度 l≥5
六角形		80 ~ 120	1.15H	8 ~ 25	
L 形		30 ~ 50	100 ~ 200	8 ~ 12	L 形底宽 20 ~ 25；L 形底厚 8 ~ 12
矩形		50 ~ 100	100 ~ 200	8 ~ 25	
弧形	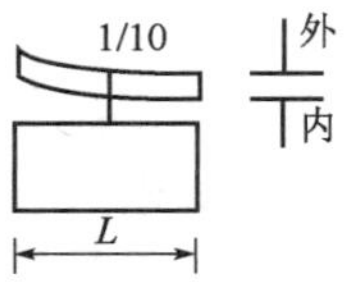	50 ~ 100	100 ~ 200	8 ~ 15	

构件预制可以在工厂进行，机械化操作，批量生产。预制模板时采用定型钢模，这种模板需专门设计，一次成本高，但综合效益好。对于批量小或较少采用的特殊面板，可以用木模钉铁皮制成有足够刚度、强度和表面光洁度的定型模板。无论采用哪种定型模板，都要求尺寸准确、方便装拆。

面板钢筋根据设计尺寸，由工厂加工成钢筋片，浇筑混凝土前将钢筋片安装到位。采用干性或半干性混凝土，机械振捣密实，混凝土强度等级不低于 C20。面板混凝土成型后，应特别注意养护，防止产生龟裂，影响美观，降低防渗防水性能。

2）筋带选择及技术标准

筋带采用强度高、受力变形小、能与土料产生足够摩擦力的耐腐蚀材料制成。筋带的一端通过预留孔与面板连接，另一端拉直锚固在压实的土料上。目前可采用钢带（或钢筋带）、钢筋混凝土带和复合材料土工带，具体性能参见表 1-6-17。

常用筋带性能表　　　　　　　　　　　　表 1-6-17

项　　目	钢带/扁钢	钢筋混凝土带	聚丙烯土工带	钢塑复合带
断裂拉应力(MPa)	410～470	—	127～276	100～150
容许拉应力(MPa)	135	钢筋:135 C20 混凝土:0.45	19～53	67～100
破断伸长率(%)	<22(规范值)	—	<10～30	1.0～1.5
摩擦系数(砂砾材料)	0.4	0.4～0.6	0.5	0.49～0.52

对于钢带,我国目前没有定型产品,国外则是使用 3 号扁钢,宽度不应小于 30mm,厚度不应小于 3mm,表面压成肋纹以增强抗拔力。

筋带是受拉构件,钢筋混凝土筋带由主筋受拉,主筋数量根据计算确定,直径不得小于 8mm。混凝土可起到增强咬合力和保护钢筋的作用。这种筋带做成等厚变宽形式,断面尺寸为(6～10)cm×(10～25)cm,每节长度等宽段为 2～3m,不等宽段为 1.5～2m。

目前,复合材料筋带主要有聚丙烯土工带(打包带)和钢塑复合材料拉筋带。聚丙烯土工带在包装行业普遍使用,具有质量轻、强度大、耐腐蚀等优点;但其易老化,持力后有蠕变的缺点,特别在储存中需防晒。钢塑复合带是针对拉筋带专门设计的,克服了钢带的质量大、耐腐蚀性差的缺点,相对聚丙烯土工带,其具有防老化、蠕变小的优点。

3)填料分类及选用

回填土料应具有较好的稳定性和较高的抗剪强度,一般采用中低液限黏土、砂类土、砾碎石土和各种稳定土。对于满足要求的工业废渣也可采用。禁止使用腐殖土、冻结土、白垩土和硅藻土。

挡土墙采用的填料按级配分为三类,其力学性能指标见表 1-6-18。

挡土墙填料力学性能指标　　　　　　　　表 1-6-18

填 料 种 类	重度(kN/m³)	计算内摩擦角(°)	摩 擦 系 数	基底摩擦系数
中低液限黏土	20	30	0.3	0.3
砂性土	19	35	0.4	0.4
砾碎石类土	21	37	0.4	0.4

选用填料时,宜根据当地土源情况,尽可能选择力学性能好的土料。

4)排水滤水构件

为了保证土体稳定,必须控制土的含水率。施工中,通过埋设滤水管网和铺设滤水粒料,及时排除加筋体内的积水或渗水。目前常用管网材料为直径 $\phi 40～100mm$ 的 UPVC(硬质聚氯乙烯)管件,支管(也有主管)有规则地钻出洞眼,管周填较粗的砂砾,以达到排水滤水的目的。

2. 施工方法

加筋土挡土墙施工主要包括:基坑开挖、基底处理、基础浇筑、构件准备、面板安装、筋带布设、填料摊铺及压实、封闭压顶、附属构件安装。一般可按图 1-6-23 所示工艺流程安排作业。

1)基础施工

进行基础开挖时,基槽(坑)底平面尺寸一般大于基础外缘 0.3m,对未风化的岩石应将岩石凿成水平台阶,台阶宽度不宜小于 0.5m,台阶长度除满足面板安装需要外,高宽比不宜大于1:2。基槽(坑)底土质为碎石土、砂性土或黏性土等时,均应整平夯实。对风化岩石和特殊土地基,应按有关规定处理。在地基上浇筑或放置预制基础,基础须平整,使得面板能够直立。

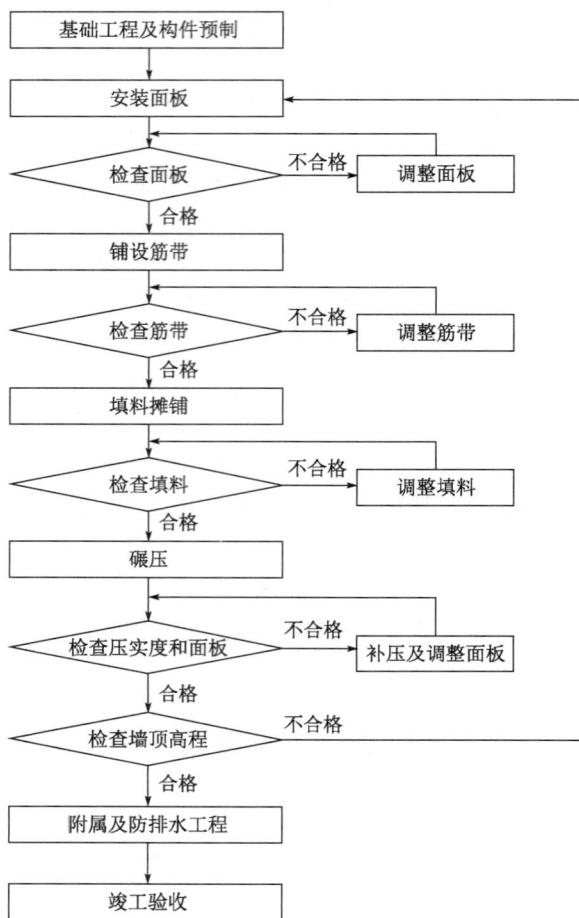

```
┌─────────────────────────┐
│   基础工程及构件预制        │
└────────────┬────────────┘
             ↓
┌─────────────────────────┐←──────────────────────┐
│       安装面板            │                        │
└────────────┬────────────┘                        │
             ↓                                      │
        ╱检查面板╲──不合格──→┌──────────┐            │
        ╲        ╱          │ 调整面板  │────────────┤
           合格             └──────────┘            │
             ↓                                      │
┌─────────────────────────┐                        │
│       铺设筋带            │                        │
└────────────┬────────────┘                        │
             ↓                                      │
        ╱检查筋带╲──不合格──→┌──────────┐            │
        ╲        ╱          │ 调整筋带  │────────────┤
           合格             └──────────┘            │
             ↓                                      │
┌─────────────────────────┐                        │
│       填料摊铺            │                        │
└────────────┬────────────┘                        │
             ↓                                      │
        ╱检查填料╲──不合格──→┌──────────┐            │
        ╲        ╱          │ 调整填料  │────────────┤
           合格             └──────────┘            │
             ↓                                      │
┌─────────────────────────┐                        │
│        碾压              │                        │
└────────────┬────────────┘                        │
             ↓                                      │
      ╱检查压实度和面板╲─不合格→┌─────────────┐        │
      ╲              ╱        │ 补压及调整面板│────────┤
           合格               └─────────────┘        │
             ↓                                      │
      ╱检查墙顶高程╲──不合格───────────────────────────┘
      ╲          ╱
           合格
             ↓
┌─────────────────────────┐
│    附属及防排水工程        │
└────────────┬────────────┘
             ↓
┌─────────────────────────┐
│       竣工验收            │
└─────────────────────────┘
```

图 1-6-23 加筋土挡土墙施工工艺流程

2)面板安装

混凝土面板可在预制厂或工地附近场地预制后,运到施工场地进行安装。每块面板上均应布置便于安装的插销和插销孔。安装时,应防止插销孔破裂、变形以及角隅损坏。在拼装最底层面板时,必须把半尺寸和全尺寸的面板相间、平衡地安装在基础上。面板安装可用人工或机械吊装就位,安装时单块面板倾斜度一般可内倾 $1/100 \sim 1/200$,作为填料压实时面板外倾的预留度。为防止相邻面板错位,宜用夹木螺栓或斜撑固定。水平误差用软木条或低强度砂浆调整。水平及倾斜的误差应逐层调整,不得将误差累积后再进行总调整。

矩形、十字形及六角形面板安装顺序如图 1-6-24 所示。每块面板的放置应自上而下垂直就位,以免横向施力造成相邻面板移位。为防止相邻面板错位,可采用螺栓夹木或斜撑固定;面板一般干砌,接缝不作处理,可用砂浆或软木进行调整。

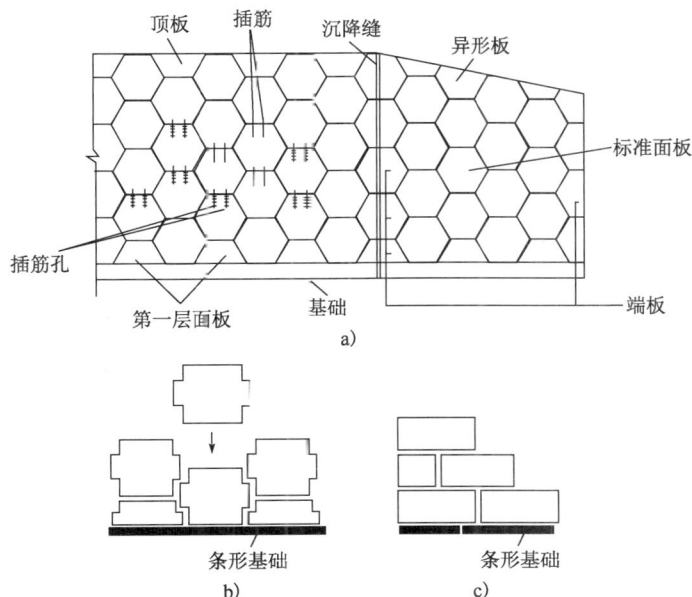

图 1-6-24 面板安装顺序
a)六角形面板;b)十字形面板;c)矩形面板

3）拉筋铺设

安装拉筋时,应把拉筋垂直墙面平放在已经压实的填土上,如填土与拉筋间不密贴而产生空隙,应用砂垫平,以防止拉筋断裂。钢筋混凝土带或钢带与面板拉环的连接,以及每节钢筋混凝土带间的钢筋连接或钢带接头,可采用焊接、扣环连接或螺栓连接;聚丙烯土工聚合物带与面板的连接,一般可将聚合物带的一端从面板预埋拉环或预留孔中穿过,折回与另一端对齐。聚合物带可采用单孔穿过、上下穿过或左右环孔合并穿过,并绑扎以防止抽动。无论采用何种方法,均应避免土工聚合物带在环(孔)上绕成死结。

筋带应呈扇形辐射状铺设在硬基上,如图 1-6-25 所示。筋带不得与硬质棱角填料直接接触。筋带从面板铺设到位后,在尾部少量填土,且固定在预先埋设的小木条上,然后再进行尾部张拉(不宜太紧)。填料摊铺碾压结束后,取出木条,留作下次使用。

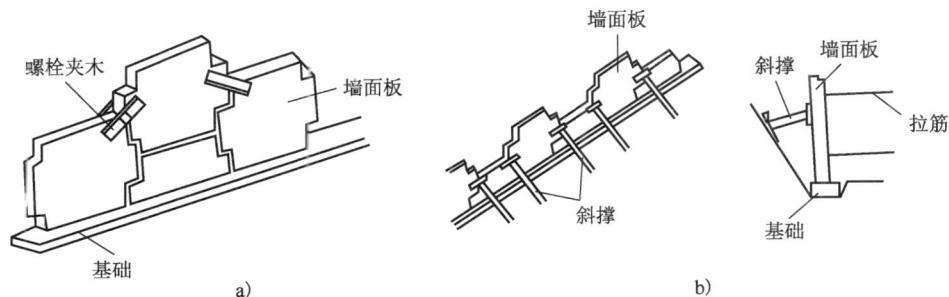

图 1-6-25 面板固定方式
a)螺栓固定法;b)斜撑固定法

4）填土的铺筑与压实

加筋土填料应根据拉筋竖向间距分层铺筑和压实，每层的填土厚度应根据上下两层拉筋的间距和碾压机具统筹考虑后确定。钢筋混凝土拉筋顶面以上填土，一次铺筑厚度不小于20cm。当采用机械铺筑时，铺筑机械距面板不小于1.5m，在距面板1.5m范围内应采用人工铺筑。铺筑填土时，为了防止面板受到土压力后向外倾斜，铺筑应从远离面板的拉筋端部开始逐步向面板方向进行，机械运行方向应与拉筋垂直，并不得在未覆盖填土的拉筋上行驶或停车。

碾压前应进行压实试验，根据碾压机械和填土性质确定填土分层铺筑厚度和碾压遍数，以指导施工。每层填土铺填完毕后应及时碾压，碾压时一般应先轻后重，并不得使用羊足碾。压实作业应先从拉筋中部开始，平行墙面板方向逐步驶向尾部，然后再向面板方向进行碾压（严禁向平行拉筋方向碾压）。用黏性土作填土时，雨季施工应采取排水措施和遮盖措施。

当加筋土挡土墙建造在压缩性大的土上时，要定期检查地基的变形、结构物的沉降和不均匀沉降、水平向变形以及孔隙水压力增长和消散的情况等。

3. 施工质量控制

（1）混凝土所用的水泥、碎石、砂、水和外加剂的规格和质量应符合有关规范的要求，并应按规定的配合比施工。

（2）地基强度必须满足设计要求。

（3）筋带的强度、质量和规格应满足设计和有关规范的要求。

（4）筋带须理顺，放平拉直，筋带与面板、筋带与筋带应连接牢固。

（5）检查验收的实测项目包括筋带长度、筋带与面板连接、筋带与筋带连接、筋带铺设等。

（6）外观鉴定。预制面板表面平整光洁，线条顺直美观，不得有破损翘曲、掉角啃边等现象。蜂窝、麻面面积不得超过该面面积的0.5%。混凝土表面无裂缝。墙面直顺，板缝均匀，伸缩缝贯通垂直。

（7）加筋土挡土墙施工质量标准见表1-6-19~表1-6-22。

筋带施工质量标准　　　　　　　　　　　　　表1-6-19

项　次	检查项目	规定值或允许偏差	检查方法和频率
1	筋带长度	≥设计值	尺量：每20m测5根（束）
2	筋带与面板连接	满足设计要求	目测：全部
3	筋带与筋带连接	满足设计要求	目测：全部
4	筋带铺设	满足设计要求	目测：全部

面板预制实测项目　　　　　　　　　　　　　表1-6-20

项次	检 查 项 目		规定值或允许偏差	检查方法和频率
1△	混凝土强度（MPa）		在合格标准内	按《检评标准》附录D检查
2	边长（mm）	边长<1m	±5	尺量：抽查10%，每板长宽各测1次
		其他	±0.5%边长	

项次	检查项目		规定值或允许偏差	检查方法和频率
3	两对角线线差（mm）	边长<1m	≤10	尺量：抽查10%，每板测2对角线
		其他	≤0.7%最大对角线长	
4△	厚度（mm）		-5，-3	尺量：抽查10%，每板测2处
5	表面平整度（mm）		≤5	2m直尺：抽查10%，每板长方向测1处
6	预埋件位置（mm）		≤5	尺量：抽查10%

面板安装实测项目　　　　　　　　　　　　　　　表1-6-21

项次	检查项目	规定值或允许偏差	检查方法和频率
1	每层面板顶高程（mm）	±10	水准仪：长度不大于30m时测5组，每增加10m增加1组
2	轴线偏位（mm）	≤10	挂线、尺量：长度不大于30m时测5点，每增加10m增加1点
3	面板坡度（%）	+0，-0.5	铅锤法：长度不大于30m时测5处，每增加10m增加1处
4	相邻面板错台	≤5	尺量：长度不大于30m时测5条缝最大处，每增加10m增加1条
5	面板缝宽（mm）	≤10	尺量：每30m检查5条，每增加10m增加1条

注：面板安装以同层相邻两板为一组。

加筋土挡土墙总体实测项目　　　　　　　　　　表1-6-22

项次	检查项目		规定值或允许偏差	检查方法和频率
1	墙顶和肋柱平面位置（mm）	路堤式	+50，-10	全站仪：长度不大于30m时测5点，每增加10m增加1点
		路肩式	±50	
2	墙顶和柱顶高程（mm）	路堤式	±50	水准仪：长度不大于30m时测5点，每增加10m增加1点
		路肩式	±30	
3	肋柱间距（mm）		±15	尺量：每柱间
4	墙面平整度（mm）		≤15	2m直尺：每20m测3处，每处测竖直、墙长两个方向

复习思考题

1. 路基防护与支挡工程的形式有哪几种？

2. 挡土墙的形式有哪几种？

3. 路基防护与加固工程，按作用不同可分为哪几种？各类的作用是什么？

4. 冲刷防护有哪些常用方法？

5. 挡土墙由哪些三要部分组成？

6. 根据结构形式的不同，挡土墙可分为哪几类？各类的使用条件是什么？

7. 干砌片石挡土墙的施工质量检查内容有哪些?

8. 浆砌锥、护坡的施工质量检查内容有哪些?

9. 锚杆挂网喷射混凝土的施工工艺有哪些?

能力训练

1. 简述重力式挡土墙的施工要点。

2. 简述混凝土挡土墙的基础施工要点。

3. 简述挡土墙沉降缝与伸缩缝的作用。

4. 简述干砌式挡土墙的施工质量标准。

5. 简述浆砌式挡土墙的施工工艺流程。

6. 简述加筋土挡土墙的施工工艺流程。

模块1.7 路基病害处治及路域地质灾害防治

路基因经受各种自然因素的长期影响,承受车辆荷载的重复作用,并且由于路基所经过地区的地形、地质及水文地质等条件不同,路基在使用过程中常产生各种病害。常见的病害有路基的沉陷、翻浆和路基边坡的滑坡、塌方及泥石流等。

一、路基常见病害的种类及成因

(一)路基沉陷

路基沉陷是指路基在垂直方向产生较大的沉落,从而引起局部路段的破坏,影响交通的正常运行。路基沉陷有两种:一种是堤身下陷;另一种是地基下陷,如图1-7-1所示。

图1-7-1 路堤的沉陷

a)堤身下陷;b)地基下陷

(1)堤身下陷。因填料选择不当,填筑方法不合理,压实不足,在荷载和水、温度的综合作用下,堤身可能向下沉陷。

(2)地基下陷。原地面为软弱土层,如泥沼、流沙或垃圾堆积等,填筑前未经换土或压实,发生地基下陷,侧面剪裂凸起,引起路堤沉陷。

(二)翻浆

翻浆是指在冻胀性土的路段,冬季地下水分连续向上汇集、冻结成冰,导致春融期间,路基含水率过高,强度急剧降低,在行车荷载作用下路面将发生弹簧、裂缝、鼓包、冒泥等现象(图1-7-2)。

例如,某国道改建工程投入使用几个月后,路面上大坑挨着小坑,给行车安全造成隐患。其原因是冻胀的道路在春暖融化时,路基上部已融化的水被下部未融化的冻土所阻,不能下渗,使路基土上部处于饱水状态,承载能力显著降低。在车轮荷载作用下,路面下沉,饱水泥浆从路面裂缝中挤出,造成翻浆,给公路交通带来危害。

1.翻浆的分类

根据翻浆的破坏程度不同可分为三个等级,见表1-7-1。根据导致翻浆的水分来源不同,翻浆可分为五类,见表1-7-2。

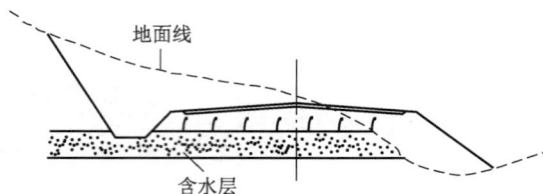

图 1-7-2　含水层造成路基翻浆

翻浆分级　　　　　　　　　　　　　　　表 1-7-1

翻浆等级	路面变形破坏程度
轻型	路面龟裂、湿润、车辆行驶时有轻微弹簧现象
中型	大片裂纹、路面松散、局部鼓包、车辙较浅
重型	严重变形、翻浆冒泥、车辙很深

导致翻浆的水分来源及分类　　　　　　　表 1-7-2

翻浆类别	水分来源
地面水类	受季节性积水、结冰融水、排水不良造成的路旁积水和路面渗水
地下水类	受上层滞水、泉水、潜水等地下水影响,路基经常处于潮湿状态
土体水类	雨季施工或过湿的填土路堤,造成路基水量过大
气态水类	冬季温差较大,土中水主要以气态成分存在于路基顶部和路面结构层
混合水类	受地面水、地下水、土体水和气态水等两种以上水类综合作用

2. 形成原因

冬季路基开始冻结,并不断向深处发展,导致路基上下层形成了温度差。在负温区内,土中的毛细水、自由水首先冻结,薄膜水逐渐移向冰晶体而冻结,于是该处土粒周围的水膜减薄而剩余许多表面能,增加了从水膜较厚的土粒处吸热的能力。土中温度高处的水分便向上移动,补充低温处土粒薄膜水的转移。在正温区内,下层水分向零度等温线附近移动,气态水由于冷处比暖处气压小而移向冰晶体,凝成液态水而结冰;毛细水通过毛细作用上升移向冰晶体,一部分冻结,一部分转变为薄膜水以补给负温区的水分转移,从而造成大量水分积聚在路基上层。由于气候的变化,零度等温线不断下移,形成一层、两层或多层聚冰层。路基中水分冻结后体积膨胀,由于土质不均匀,使路面冻裂或冻胀隆起。

春季气温回升到 0℃ 以上,路基开始解冻,由于路面导热性大,路中的融解速度较两侧快,水分不易向下及两侧排泄,路基土层便呈现过湿状态。当融解到聚冰层时,土层的湿度有时会超过液限。路基承载能力极低,在车辆通过时,稀软的泥浆便会沿着干裂的路面缝隙挤出或形成较深的车辙和鼓包,即为翻浆现象。

3. 影响翻浆的因素

(1)土质

粉性土是最容易产生翻浆的土。这种土毛细水上升速度快且高,土中水分增多时强度降低很快,容易失去稳定。

黏性土毛细水上升虽高,但上升速度慢。因此,只有在水源供给充足并且在路基冻结速度缓慢的情况下,才能形成比较严重的翻浆。

砂性土一般情况下不会发生翻浆。这和土透水性强,毛细水上升高度小,在冻结过程中水分聚流现象极轻。同时,这种土即使含有大量水分也能保持一定的强度。

(2)水文

地面排水困难,路基填土高度不足,边沟积水或利用边沟作农田灌渠,路基靠近坑塘;地下水位较高的路段,可为水分积聚提供充足的水源。

(3)气候

多雨的秋天、暖和的冬天、骤热的晚春、春融期降雨等都是加剧湿度偏高和翻浆现象的不利气候。

(4)行车

由于行车重复荷载的作用,最后形成和暴露出来的即为翻浆现象。当其他条件相同时,在翻浆季节,交通量大,车辆超载超限,则会加速翻浆现象发生。

(5)养护

不能及时排泄路基积水或修补裂缝、坑槽,会促成或加剧翻浆现象的形成。

(三)滑坡

滑坡是指斜坡上的土体或者岩体,受河流冲刷、地下水活动、雨水浸泡、地震及人工切坡等因素影响,在重力作用下,沿着一定的软弱面或者软弱带,整体或分散地顺坡向下滑动的自然现象。

滑坡的成因很多,主要是由水害引起的。因此,重视导水、排水是防止滑坡的主要措施。滑坡的主要类型包括:

(1)堆积层滑坡。其主要是由地下水引起的。

(2)残积层滑坡。由于强烈的化学风化作用,使坚硬的基岩风化成土和碎石而形成的。

(3)黄土滑坡。由于黄土遇水不稳定而引起。

(4)黏性土滑坡。水沿裂缝下渗,使土的强度降低而引起。

(5)破碎岩体滑坡。由碎(块)石和黏土混合组成的岩体,失去完整性,且因地下水位较高而引起。

【案例1-7-1】 川藏公路102滑坡

川藏公路102滑坡位于波密县易贡乡内,因邻近102道班而得名。102滑坡的形成历史较长,在20世纪50年代初期修筑川藏公路时,滑坡已有成灾先兆。1986年本区降雨特别丰富,引起整个斜坡的蠕滑变形。1991年6月16日,此段公路路基急剧下沉2m,17日又继续下沉1m,18日路基边坡局部开始坍塌,至6月20日下午2时左右,整段边坡失去平衡,突然快速下滑,大量物质滑入河中,滑体前缘直冲拍隆藏布江彼岸,形成北岸高、南岸低的堵塞大坝,北岸堵塞高度达50m,南岸高度为10m左右,堵塞大坝平均高20m,河流堵断40min,堵河回水3.0km。图1-7-3为102滑坡剖面示意图。

(四)塌方

路基的塌方是山区公路常见的路基病害,根据其形成的条件及原因一般可分为剥落、碎落、滑坍和崩塌等形式。

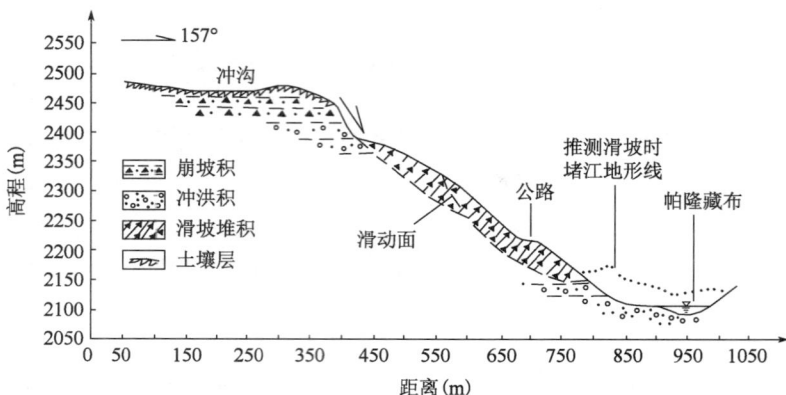

图 1-7-3   102 滑坡剖面示意图

(1)剥落。边坡表土层或风化岩表面,在湿热的作用下,表面发生胀缩现象,从而引起零碎薄层从边坡上脱落的现象。

(2)碎落。碎落是岩石碎块的一种剥落现象,其程度较剥落严重。碎落产生原因:路堑边坡较陡(大于45°),岩石破碎和风化严重,在震动及水的侵蚀和冲刷下,块状碎末沿坡面向下滚动。

(3)滑坍。滑坍是指路基边坡土体或岩石沿着一定的滑动面向下滑动的现象。其产生的主要原因:边坡较高,大于10m;边坡较陡,陡于50°;填土不密实,缺少必要的支撑与加固;岩层倾向公路路基,岩层倾角为50°~70°,岩石风化严重。

(4)崩塌。崩塌是指路基边坡上的土体或岩层在自重作用下塌落下滚的现象。其产生的主要原因:山坡岩层软硬交错,风化程度不同;边坡较陡、较高;边坡下部或坡脚被掏空或挖空,使上部土石失去支撑;大爆破震松了岩层;边坡上部水流的浸入,使边坡土体失去平衡。

(五)泥石流

泥石流是一种突发性的,含大量泥沙、石块和巨砾的固液两相流体。泥石流对路基的危害主要是通过堵塞、淤埋、冲刷、撞击等造成的,也可通过压缩、堵塞河路使水位骤升,淹没上游沿河路基,或者迫使主河槽改道,引起对岸的冲刷,造成间接水毁。

泥石流的形成主要有以下原因:

(1)流域内有丰富的松散固体物质。

(2)地形陡峻,沟槽纵坡较大。

(3)流域中上游有大量的降雨、急剧消融的冰雪或渠道、水库的溃决。

二、路基病害的处治方法及施工工艺

路基病害的防治应贯彻"预防为主、综合治理"的原则。地质、气候和水文等自然因素每时每刻都在对路基产生影响,这势必会加剧病害的扩大与发展。调查病害的成因,是治理病害的起点,而同一病害在不同

微课:路基病害的处治

时间、不同地点发生时,其根源往往不尽相同。因此,只有深入现场,综合分析,才能因地制宜地采取有效的措施。

(一)路基沉陷的处治方法

路基沉陷一般可用换土法、粉喷桩法和灌浆法等进行处治。

1. 换土法

换土法是指先将路基一定范围内的松软土挖去,然后回填分层夯实的砂砾石或素土等强度较高的填土材料。其主要施工要点如下:

(1)基坑开挖。

(2)选用良好的填料,严禁用腐殖土或有草根的土块,应分层填筑、分层夯实。

(3)填石路堤自下而上,应用由大到小的石块按序填筑,并用石渣或石屑填空隙。

(4)设置路基排水设施。

(5)原地面为软弱土层时,路堤高度较低,且可中断行车时,应挖除并换上良好的土料,然后按原高度填平夯实;路堤高度较高,且又不能中断行车时,可采用打砂桩、混凝土桩或松木桩。

2. 粉喷桩法

粉喷桩法是采用水泥、石灰等粉体状固化剂来进行搅拌处理软土地基的方法。

粉喷桩法主要施工要点如下:

(1)放样定位。

(2)移动钻机,准确对孔。对孔误差不得大于50mm。

(3)利用支腿油缸调平钻机,钻机主轴垂直度误差应不大于1%。

(4)启动主电动机,根据施工要求,逐级加速,正转预搅下沉钻至接近设计深度时,应低速慢钻,钻机应原位钻动1~2min。为保持钻杆中间送风通道的干燥,从预搅下沉开始直到喷粉为止,应在钻杆内连续输送压缩空气。

(5)粉体材料及掺和量:使用粉体材料,除水泥外,石灰、石膏及矿渣等也可使用粉煤灰等作为添加料。我国公路工程中,普通硅酸盐水泥掺量常为180~240kg/m³。

(6)提升喷粉搅拌。在确认加固料已喷至孔底时,按0.5m/min的速度反转提升。当提升到设计停灰高程时,应慢速原地搅拌1~2min。

(7)重复搅拌。为保证粉体搅拌均匀,须再次将搅拌头下沉到设计深度。提升搅拌时,其速度控制在0.5~0.8m/min。

(8)为防止空气污染,在提升喷粉距地面0.5m处应减压或停止喷粉。施工中,孔口应设喷灰防护装置。

(9)提升喷灰过程中,须有自动计量装置。该装置为控制和检验喷粉桩质量的关键,应予以足够重视。

(10)钻具提升至地面后,钻机移位对孔,按上述步骤进行下一根桩的施工。

施工中发现喷粉量或喷浆量不足时,应整桩复打,复打量应不小于设计用量。中断施工时,可采取补桩措施,做好深度记录,并在12h内进行复打,复打重叠长度应大于1m;超过12h后,需采取补桩措施。

3. 灌浆法

灌浆法是利用气压或者液压原理将可以固化的浆液注入软土地基中,以提高软土地基强度与稳定性的方法。

灌浆法主要施工要点如下:

(1)钻孔。对于较浅的软土,可采用螺旋结,较深时则宜采用回转式钻机。为防止冒浆,孔径宜略小,一般为 75 ~ 110mm,垂直偏差小于 1%。

(2)制浆。根据材料试验确定配比、选择浆体。制浆时应注意以下几点:

①按顺序加料,准确计量,掌握浆液性能,控制浆量。

②对浆液应进行充分搅拌,并在灌浆前不断搅拌,防止再次沉淀,影响浆液质量。

(3)灌浆。灌浆是通过灌浆设备、输浆管路,将浆液注入目的层中。用于公路软弱地基处治工程的灌浆方法有:

①自下而上式孔口封闭灌浆法。这种工序一次成孔,孔口用三角楔止浆塞封口,分段自下而上灌浆,灌浆段高度在 1.5 ~ 2.0m。该方法对于黏性土层较多或地层下部具有少量中粗粒砂土层的软弱土层较为适用。

②自上而下式孔口封闭灌浆法。这种方法一次只钻成一段灌浆孔,孔口用三角楔止浆塞封口,分段自上而下灌浆,灌浆段高度在 1.5 ~ 2.0m。该方法在上部中粗粒砂土层较多的软弱土层中较为适用。

开始灌浆前,应进行现场灌浆试验,确定单孔灌浆量,然后按照所采用的灌浆工艺施工。在灌浆顺序上,先施工边缘帷幕孔,再施工加固孔,并宜按序次施工,即先注第一序次孔,再注第二序次孔,其次注第三序次孔。当灌浆长度达到设计要求时,可终止灌浆。边缘帷幕孔孔距应为一般流浆孔孔距的 1/2,以确保灌浆工程的质量。

在边缘帷幕孔施工后,应根据处治段水文地质情况决定是否施工排水孔。在地下水位较高地区,应在处治范围内用钻机钻成 1 ~ 3 个排水孔,其目的是将边缘帷幕孔所围范围内的地下水随灌浆施工排出,以便能更有效地保证灌浆质量。当进行排水孔周围灌浆孔施工中,排水孔内可见灌浆浆液时,可将该排水孔用灌浆浆液灌实,并封孔。

在灌浆过程中,当地面隆起或地面有跑浆现象时,应停止灌浆,并分析其原因,对下一个灌浆段宜减少灌浆量,检查封孔装置、灌浆设备等。如仍然有地面隆起或地面跑浆现象,则应结束该孔灌浆施工。

(二)翻浆处治

路基一旦发生了翻浆,可视情况采用以下处治方法。

1. 挖换土

挖换土是指把翻浆路段上的土挖出来,挖到稳定土层,然后把挖出的土摊在路肩翻晒再回填,或者换铺一层水稳性较佳的土。此法适用于翻浆较严重的路段。

2. 掺石灰

掺石灰是指在翻浆路段上撒铺石灰,并用木棍或木榔头捣夯,使石灰进入路基中。此法可用于路基已经翻浆破坏的路段。

3. 换铺粒料

换铺粒料是指挖除稀泥填以碎石、碎砖或炉渣等粒料，表面整平后直接通车，或在下面真一层干土，再铺上粒料，垫平后通车。此法适用于翻浆严重的地段。

4. 挖渗水坑

挖渗水坑是指在翻浆路段的中心线上，顺路向每隔 4 ~ 6m 挖一个圆坑，其直径为 30 ~ 40cm，坑深要挖到冻土层以下 10cm 左右，以便把融化的冰水引聚到坑内，再加以掏除。此法适用于基层渗透性较好的路段。注意施工中须设立交通安全标志，以保证行车安全。

5. 提高路基

根据实际情况加高路基，使路基上部土层远离地下水或地表积水。路基增加的高度，应根据当地冻土深度、路基土质和水文情况，以路基最小填土高度或临界高度的方法确定，以保证路基处于干燥状态。此法适用于平原区的土路和其他地区取土较易的路段。

6. 设置不透水隔离层

用经过沥青结合料处理的土做成厚 2 ~ 3cm 的不透水隔离层，用油毛毡则为 2 ~ 3 层，或用不易老化的塑料薄膜，铺在路基全宽上，做贯通式，或者只做到路面边缘 50 ~ 60cm 处的不贯通式。

翻浆防治措施参考表见表 1-7-3。

翻浆防治措施参考表 表 1-7-3

序号	防治措施种类	翻浆类型	翻浆等级	适用地区或条件
1	路基排水	①②③	轻、中、重	平原区、丘陵区、山区
2	换土	①②③⑤	中、重	产砂砾，水稳定性良好地段
3	砂填层	①②③⑤	中、重	产砂砾地区
4	掺石灰	①②③④⑤	轻、中、重	缺砂、石地区
5	煤渣石灰土	①②③④⑤	中、重	缺砂、石地区，煤渣供应良好
6	透水性隔离层	②⑤	中、重	产砂、石地区
7	不透水性隔离层	①②③④⑤	中、重	沥青、油毡纸、塑料薄膜供应良好
8	盲沟	①②④⑤	轻、中、重	地下水位较高地段
9	提高路基	①②⑤	轻、中、重	平原区、洼地、盆地

注：表中，①表示地面水类，②表示地下水类，③表示土体水类，④表示气态水类，⑤表示混合水类。

三、路域地质灾害防治对策

公路区域内常见的地质灾害类型主要有滑坡、崩塌、泥石流等。为了确保工程建设的质量，并最大限度地降低地质环境对工程的不利影响，需要对路域地质环境进行详细的调查，并对地质灾害所在区域的地形地貌、地层岩性、地质构造和水文地质条件等，以及地质灾害的类型、分布规律和发育特征等做出综合性评价，提出路域地质灾害防治对策。

（一）滑坡的防治

滑坡的防治主要有以下措施。

1. 截水、排水

在滑坡后缘的稳定地层上，修筑具有防渗功能的环形截水沟、排水沟。滑坡体上及其以外的地表水，应拦截引离，可采用截水沟、明沟、渗沟等排水构造物；地下水可采用支撑渗沟、边坡渗沟及截水渗沟等措施，如图1-7-4～图1-7-6所示。

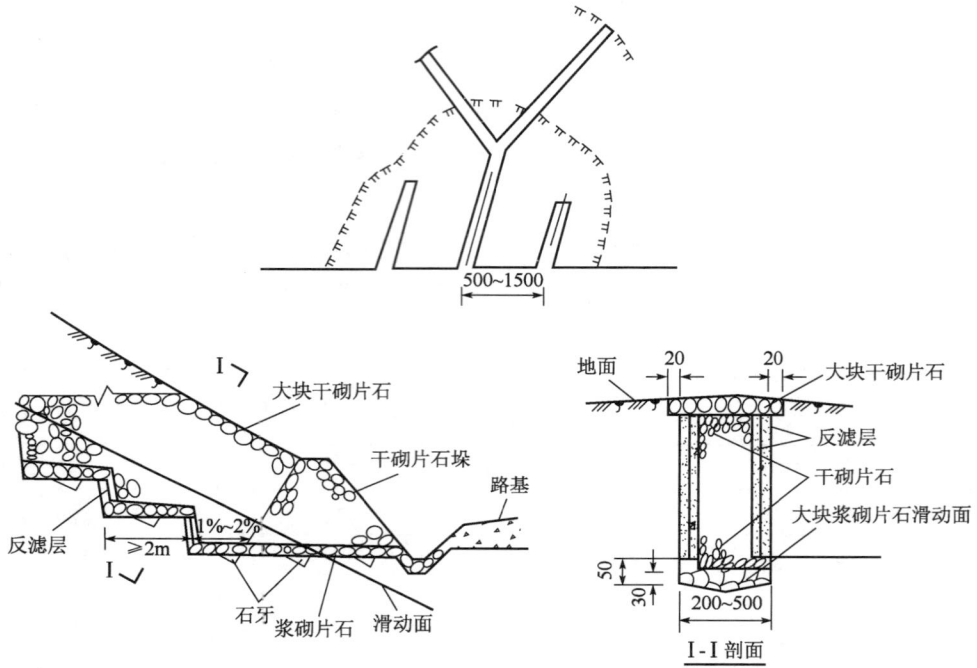

图1-7-4　支撑渗沟平面布置图(尺寸单位:cm)

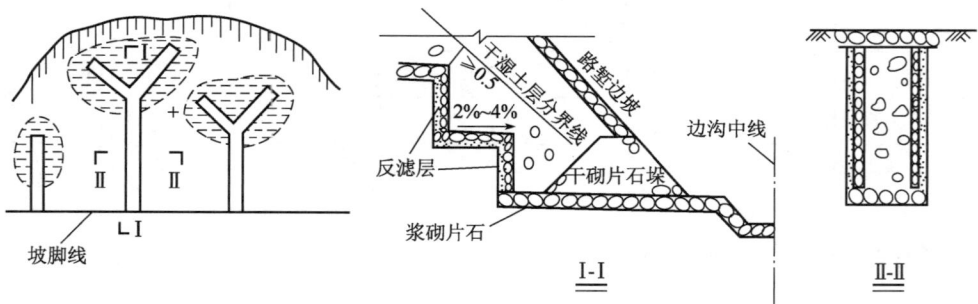

图1-7-5　边坡渗沟设计参考图(尺寸单位:m)

2. 减载

在滑坡体后缘挖除一定数量的滑体，以减小滑体的下滑力，常与其他方法配合使用。应自上而下逐级开挖,严禁采用爆破法施工。减重后的弃土,应尽量堆填于滑坡前缘,以稳定滑坡;减重后的坡面,应注意整平、排水及防渗。

3. 反压

滑坡体具有滑动迹象或已经发生滑动时,应采取反压填筑等措施。反压措施应在滑坡体前缘抗滑段实施。

4. 支挡措施

抗滑支挡结构包括抗滑挡土墙、抗滑桩、注浆锚杆、预应力锚索、隧道明洞等。微型桩、山体注浆等措施可治理土质中小型滑坡。各种支挡结构的基底应置于滑动面以下,并应嵌入稳定地层。

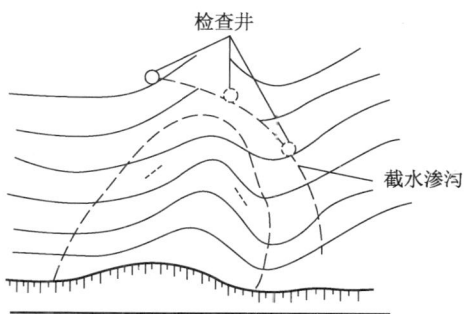

图 1-7-6 截水渗沟示意图

(二)路基塌方的防治

路基塌方的防治措施主要有如下几种:

1. 加固边坡

有岩块零星坠落的边坡或自然坡面,宜进行坡面防护。对土方边坡一般采用密铺草皮的方法,在石料充足的地方也可以做石砌护坡。当边坡为软硬岩石交错组成时,可采用灰浆抹面,在抹面前,应先清除松动岩屑及风化层,并嵌补坡面的坑洼。对于易风化的软质岩层边坡,特别是节理发育的边坡,可修建浆砌片石护墙或干砌块石护墙(应加水泥砂浆勾缝)来保护。

2. 柔性防护、拦截、遮挡措施

危岩崩塌体积小时,可采取清除支挡、挂网喷锚、柔性防护等措施,或采取拦石墙、落石槽等拦截措施。拦石墙与落石槽宜配合使用,其设置位置可根据地形布置,拦石墙墙背应设缓冲层。

对处于发展中的岩堆地段路基,应减少开挖,并按设计要求采取挡土墙、坡面封闭等防护措施,也可设置拦石墙与落石槽或修建明洞、棚洞等遮挡构造物。当崩塌体大、发生频繁且距离路线近而设拦截构造物有困难时,应按设计要求采用明洞、棚洞等遮挡构造物,洞顶应设缓冲层。

3. 支撑、支挡措施

对路基有危害的危岩体,应清除或采取支撑、预应力锚固等措施。在破碎带或节理发育的高陡山坡上不宜刷坡。

对于大而稳定性差的岩堆,应按设计要求采取综合治理措施。应先进行抗滑挡土墙或抗滑桩等支挡工程施工,再分阶梯形成边坡或修筑护面墙,然后在岩堆体内分段注入水泥砂浆。

(三)泥石流的防治

泥石流的防治措施主要有如下几种:

1. 水土保持措施

在易发生泥石流地区植树造林,平整填洼,修筑截水沟、边坡渗沟等排水工程,设置支挡工程。

2. 跨越措施

采用桥梁形式跨越泥石流地段时,应按设计要求及时完成防护加固设施。

3. 排导措施

采用排导沟、明洞、涵洞、渡槽等排导功能为主的构造物,排导构造物平面线形应圆滑、渐变,上下游应有足够长的衔接段,行进段沟槽不宜过分压缩,出口不宜突然放宽。流向改变处的转折角不宜超过15°,避免因急弯突然收缩和扩大而造成淤塞。

复习思考题

1. 路基的主要病害有哪些?
2. 路基沉陷可分为哪两种? 从施工处理角度来看,哪种更严重?
3. 路基翻浆的破坏程度分为哪三个等级? 从外观上如何判定?
4. 影响路基翻浆的因素有哪些? 其中最直接和最主要的因素是什么?
5. 路基塌方按程度轻重可分为哪些形式?

能力训练

1. 简述路基沉陷的原因与处治方法。
2. 举例说明路基翻浆的处治方法。
3. 举例说明滑坡的防治方法。

项目小结

模块 1.1　路基工程认知

公路是一种暴露于自然界中的线形工程构造物,呈一条空间曲线状。路基是指按照路线位置和一定技术要求修筑的带状构造物,是路面的基础,承受由路面传递下来的行车荷载。路基工程的项目较多,主要有路基土石方工程、排水工程、挡土墙及防护支挡工程等。

路基横断面的典型形式可归纳为路堤、路堑和填挖结合(又称为半填半挖)三种类型。

路基几何尺寸表示:路基宽度、路基高度、路基边坡坡率。

路基临界高度是指在不利季节当路基处于某种干湿状态时,路床顶面距地下水位或地表长期积水位的最小高度,可根据土质、气候因素按当地经验确定。

路基地表排水设施分别有边沟、截水沟、排水沟、跌水与急流槽、渡槽与倒虹吸等,常用的有边沟、截水沟和排水沟。常用的路基地下排水设施有暗沟、渗沟和渗井等。

路基防护与加固设施,主要有边坡的坡面防护、沿河路堤河岸的冲刷防护以及湿软地基的加固处治。挡土墙是指承受土体侧压力的墙式构造物。

路基土分为巨粒土、粗粒土、细粒土和特殊土四类。

表征路基土强度的指标主要有路基土的承载能力和抗剪强度。

模块 1.2　路基施工准备

路基是支撑路面的土工结构物,必须具备足够的强度、良好的水稳定性和整体稳定性等工程质量基本要求。

路基施工准备工作的主要内容包括组织准备、技术准备和物资准备等。

常用施工机械有推土机、铲运机、平地机、挖掘机、装载机等,应熟悉其机械性能及适用性。

路基施工前,将公路中线桩号的位置、路基填挖高度、横断面的各主要点、边坡坡率、路基路面的设计高程、路面各结构层的边桩位置等,根据路基横断面设计图进行实地放样,称为施工放样。

施工单位应根据客观的施工规律和当时、当地的具体条件,编制具有可操作性的施工组织计划,用以指导、安排路基工程施工。

工程质量控制体系一般由工程项目建设部门(业主)、施工部门(承包方)、专业部门(工程监理)和政府部门(工程质量监督)共同组成。

路基开挖、路堤填筑、路基排水工程、防护与支挡工程应参照《公路路基施工技术规范》(JTG/T 3610—2019)和《公路工程质量检验评定标准　第一册　土建工程》(JTG F80/1—2017)的项次和检查项目,达到规定的质量标准要求。

模块 1.3　路堑开挖

目前,常用的土质路堑开挖方法可分为全断面横挖法、纵挖法及混合开挖法三种。

炸药的威力一般用爆力和猛度来衡量。爆力是指炸药破坏一定量介质的能力;猛度是指炸药爆炸时,将一定量岩石粉碎成细块的能力。石质路堑的起爆方法有:导火索起爆、电力起爆、导爆索起爆、塑料导爆管起爆。

土方开挖应自上而下逐级进行,严禁掏底开挖,拟用作路基填料的土方,应分类开挖、分类使用。石方开挖应根据岩石的类别、风化程度、岩层产状,制订开挖方案。爆破作业应符合《爆破安全规程》(GB 6722—2014)的有关规定。

土方开挖的路基施工质量实测项目有压实度、弯沉、纵断高程、中线偏位、宽度、平整度、横坡、边坡坡度。石方开挖路基施工质量实测项目有压实度、纵断高程、弯沉、中线偏位、宽度、平整度、横坡、边坡坡度与平顺度。

模块 1.4　路堤填筑

对于土方路堤的填筑,性质不同的填料,应水平分层、分段填筑,分层压实。

路基填筑施工的主要工序有料场选择、基底处理、填筑和碾压。

路基压实应考虑含水率、土质、压实功能、压实厚度对压实效果的影响。

压实度 K 用工地实测干密度 γ 与室内标准击实试验得到的 γ_0 值之比值表示。压实过程中应严格控制填土的含水率(最佳含水率 ±2% 以内)。

土质路堤、土石路堤施工质量实测项目有压实度、弯沉、纵断高程、中线偏位、宽度、平整度、横坡、边坡坡度。填石路堤施工质量实测项目有压实、纵断高程、弯沉、中线偏位、宽度、平整度、横坡、边坡坡度与平顺度。

模块 1.5　路基排水工程施工

路基排水设施包括地表排水设施和地下排水设施。地表排水设施分别有边沟、截水沟、排水沟、跌水与急流槽、渡槽与倒虹吸等,常用的有边沟、截水沟和排水沟。常用的路基地下排水设施有暗沟、渗沟和渗井等。

边沟、排水沟、截水沟的施工工序包括:施工准备、测量放样、沟槽开挖、沟槽加固、检查验收。

暗沟、渗沟的施工工艺包括:施工准备、测量放样、沟槽开挖、砌筑加固、回填夯实、检查验收。

渗井的施工工艺包括:施工准备、测量放样、开挖渗井、集料填充、井顶封闭、检查验收。

模块 1.6　防护与支挡工程施工

防护与加固工程包括路基坡面防护、冲刷防护。其中,路基坡面防护有植物防护、圬工防护和骨架植物防护;冲刷防护有抛石防护、干砌片石护坡、浆砌片石护坡、石笼护坡、土工模袋。

在挡土墙施工中,浆砌片(块)石的施工工艺包括:修整块石、分层砌筑、一丁一顺、确保砌缝宽度、上下层竖缝错开、块石平砌、砂浆配置、勾缝。

重力式挡土墙砌体表面应平整,砌缝完好、无开裂现象,勾缝平顺,无脱落现象。泄水孔坡度向外,无堵塞现象。沉降缝整齐垂直,上下贯通。混凝土挡土墙应确保混凝土施工缝平顺,蜂窝、麻面面积不得超过该面面积的 0.5%。混凝土表面无裂缝,泄水孔坡度向外并无堵塞现象,沉降缝整齐垂直、上下贯通。加筋土挡土墙应确保预制面板表面平整光洁,线条顺直美观,不得有破损翘曲、掉角啃边等现象,墙面直顺,板缝均匀,伸缩缝贯通垂直。

浆砌挡土墙施工质量实测项目有砂浆强度、平面位置、墙面坡度、断面尺寸、顶面高程、底面高程、表面平整度。干砌挡土墙施工质量实测项目有平面位置、墙面坡度、断面尺寸、顶面高程、表面平整度。

混凝土挡土墙施工质量实测项目有混凝土强度、平面位置、墙面坡度、断面尺寸、顶面高程、表面平整度。

加筋土挡土墙的总体施工质量实测项目有墙顶和肋柱平面位置、墙顶和柱顶高程、肋柱间距、墙面平整度等。

模块 1.7 路基病害处治及路域地质灾害防治

路基在使用过程中常产生各种病害,主要有:路基的沉陷、翻浆、路基边坡的滑坡、塌方及泥石流等。

路基沉陷一般可用换土法、粉喷桩法、灌浆法等进行处治。翻浆可采用的措施有:挖换土、掺石灰、换铺粒料、挖渗水坑、提高路基、设置不透水隔离层。

常见路域地质灾害主要有滑坡、塌方、泥石流。滑坡的防治措施主要有:截水排水、减载、反压、支挡。塌方的防治方法有:加固边坡、拦截构造物、支挡构造物。泥石流的防治方法有:水土保持措施、跨越措施、排导措施。

项目2
PROJECT TWO
路面施工

模　块	能 力 目 标	知 识 要 点	重要性
2.1　路面工程认知	1.能识别路面的结构； 2.能布置路面的排水设施	路面的基本要求	C
		路面结构分层及功能	A
		路面结构层材料类型的选用	B
		路面排水设施的设置	B
2.2　路面施工准备	1.能完成路面施工准备工作； 2.能实施路面施工前的测量放样	路面施工准备工作的内容	B
		施工前的路面放样测量	A
2.3　路面基层施工	1.能根据公路等级、路面结构等选择基层材料； 2.能控制基层施工质量	路面基层（底基层）结构	A
		常用材料要求	B
		路面基层（底基层）施工工艺	A
		路面基层（底基层）施工质量控制	A
2.4　沥青路面面层施工	1.能识别沥青路面的各类面层； 2.能进行沥青路面面层的施工； 3.能控制沥青路面面层施工质量	沥青类路面面层分类	B
		沥青路面常用材料要求	C
		沥青路面施工机械的种类	C
		各类沥青路面面层施工方法	A
		沥青类路面面层施工过程质量控制	A
2.5　水泥混凝土路面面层施工	1.能识别水泥混凝土路面的结构； 2.能进行水泥混凝土路面面层的施工； 3.能控制水泥混凝土路面施工质量	水泥混凝土路面结构组成	A
		水泥混凝土路面常用材料要求	B
		水泥混凝土路面施工机械的种类	C
		各类水泥混凝土路面的施工方法	A
		水泥混凝土路面面层施工质量控制	A
2.6　路面病害处治	1.能处治沥青路面常见病害； 2.能处治水泥混凝土路面常见病害	沥青路面常见病害	B
		水泥混凝土路面常见病害	B
		常见病害的处治方法	C

注：重要性表示知识点的重要程度，A＞B＞C。

模块 2.1 路面工程认知

路面是在路基的顶部用各种筑路材料分层修筑的供车辆行驶的层状构造物。良好的路面施工质量可确保车辆行驶的安全性和舒适性,降低运输费用和延长路面使用年限。在路面施工中,必须层层把关,保证原材料质量合格、配合比准确、拌和均匀、摊铺平整、碾压密实、接缝平整等,严格遵照施工工艺,确保路面的施工质量。

微课:路面工程认知

一、路面的基本要求

(一)强度和刚度

1.路面强度

路面结构应具有足够的强度,以抵抗汽车荷载引起的各个部位的各种压力,如压应力、拉应力、剪应力等,保证不发生压碎、拉断、剪切等各种破坏。

对于不同类型的路面和路面的不同层位,强度可用不同的指标表示。对于水泥混凝土路面,以水泥混凝土面板的抗折强度表示;对于沥青混凝土路面,以面层材料的抗弯拉强度、抗剪强度表示;对于无机结合料稳定材料基层,以劈裂强度作为强度控制指标。

路基路面整体结构或各个结构层应具有足够的刚度,避免在车轮荷载作用下发生过量的变形,保证不产生车辙、沉陷或波浪等病害。

这里的强度,包括修建路面的原材料(如砂石、水泥等)、复合材料(如水泥混凝土、沥青混凝土)以及路面结构的强度。

2.路面刚度

足够的刚度是指在汽车荷载作用下路面抵抗变形的能力。路面结构整体或部分刚度不足时,即使强度足够,在汽车荷载作用下也会产生过量的变形,造成车辙、沉陷或波浪等破坏。

对于水泥混凝土路面,刚度指标是弹性模量;对于沥青混凝土路面,刚度指标是设计弯沉值;对于无机结合料稳定材料基层,刚度指标是回弹模量、回弹弯沉。

(二)耐候性

路面是暴露在大自然中的构造物,它将直接受到高温、低温、水、阳光、空气和风等自然因素的作用与影响,力学性能和技术品质随之发生变化。路面的耐候性是指路面结构经受气候的考验,对光照、冷热、风雨等的耐受能力。这里所说的耐候性应包括以下内容与要求。

6.世界第一条高速公路——秦直道

7.筑梦中国 路路畅通——苍南

8.最美绿化遂道——磐安

9.筑梦美丽交通——金华

1.具有足够的高温稳定性

在夏季高温条件下,沥青路面的材料或结构如没有足够的抗高温能力,则会发生泛油、面层发软甚至产生车辙、波浪和拥包等病害,结构使用功能将下降;水泥路面则可能产生拱起、开裂等病害。

2.具有足够的低温稳定性

冬季低温时,沥青路面的材料或结构如没有足够的抗低温能力,则会因收缩或变脆而开裂。水泥混凝土路面是典型的板状结构,浇筑时受温度的影响较大。低温条件对早期混凝土质量如工作性、凝结时间和早期强度以及体积稳定性和耐久性的影响不可忽视。

3.具有足够的水稳定性

在雨季,由于雨水多,如果路面材料和结构没有足够的抗水损能力,则其强度会下降,甚至出现剥离、松散等破坏,砂石路面将出现大量坑洞、主集料外露、松散等破坏;在冬春季节,在水温因素的综合作用下,路面将会出现冻胀翻浆现象,造成严重后果。

4.具有足够的大气稳定性(抗老化能力)

太阳的照射、空气中氧气的氧化作用等都会对路面结构和材料产生影响,如果路面材料和结构没有足够的抵抗大气作用的能力,则沥青材料会老化而失去其原有技术品质,导致沥青路面开裂、剥落,甚至大面积松散破坏。水泥路面会出现老化而表面起砂,导致路面渗水,对路面基层造成严重的破坏。

(三)平整度

不平整的路面表面会增大行车阻力,并使车辆产生附加的震动作用和冲击作用,造成行车颠簸,影响行车速度、安全和舒适性,同时会加剧路面和汽车机件的损坏与轮胎磨耗,并增加汽油的消耗。因此,要求路面具有与公路等级相应的足够的平整度。

(四)抗滑性能

如果路面没有足够的抗滑性能,将带来一系列的问题,甚至引起翻车和人员伤亡事故。没有足够的抗滑能力,在雨天高速行车、紧急制动、突然起动、爬坡和转弯时,车轮容易产生空转或打滑,致使行车速度降低、油耗增加。因此,路面表面应具有足够的抗滑性能,即具有足够的粗糙度。

(五)耐久性

耐久性主要是指路面在规定的设计年限内满足各级公路相应的承载能力、舒适性、安全性的要求。路面承受行车荷载和自然因素的反复作用,其使用性能将逐年下降,其强度与刚度将逐年衰变,路面材料的技术性能也会由于老化衰变,从而导致路面结构的损坏。

(六)低扬尘性

汽车在砂石路面上行驶,由于车身和路面所产生的真空吸力的作用,将使面层表面或其中的细粒料被吸起而尘土飞扬,导致路面松散、脱落和坑洞等破坏。扬尘还会加速汽车机械的损坏,造成污染,影响行车视距和旅客的舒适度以及沿线居民的生活环境,甚至导致沿线邻近的农作物出现减产。

二、路面结构分层及功能

行车荷载和自然因素对路面结构的强度、刚度和耐候性的要求,随深度的增加逐渐降低。为了适应这一持点,路面结构通常是分层铺筑的,即按照使用要求、受力状况、土基支承条件和自然因素影响程度的不同,分成若干层次(图2-1-1)。路面结构模型图中的分层排列顺序是一定的,但按照不同的公路等级及通行交通量,沿线分段典型断面上的路基(含地基)的土质、水温状况等条件,综合考虑对各个层次功能的具体要求及层次间的配合,组合设计路面结构。下面分别介绍各结构分层的作用。

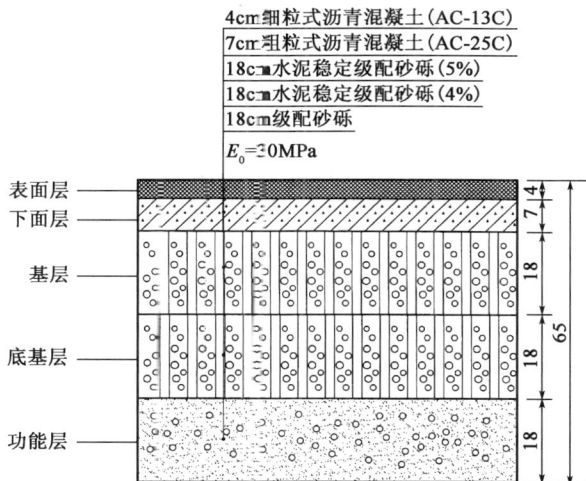

4cm细粒式沥青混凝土(AC-13C)
7cm粗粒式沥青混凝土(AC-25C)
18cm水泥稳定级配砂砾(5%)
18cm水泥稳定级配砂砾(4%)
18cm级配砂砾
$E_0 = 30MPa$

表面层 —— 4
下面层 —— 7
基层 —— 18
底基层 —— 18
功能层 —— 18
65

图 2-1-1 路面结构(分层)模型图(尺寸单位:cm)

(一)面层

面层是直接承受车轮荷载反复作用和自然因素影响的结构层。它承受较大的行车荷载的垂直力、水平力和冲击振动力的作用,同时还受到降水的侵蚀、气温变化及风化的影响。因此,面层不仅应具备较高的结构强度和抗变形能力,以及较好的水稳定性和温度稳定性,而且应当耐磨、不透水(目前我国高速、一级公路所采用的结构特点),其表面还应有良好的抗滑性和平整度。

(二)基层

基层主要承受由面层传递来的行车荷载的垂直力,并将其扩散到下面的功能层或路基中。对于沥青类路面结构来说,基层是路面结构中的承重层,它应具有足够的强度和刚度,并有良好的扩散应力的能力。基层遭受自然因素的影响虽然比面层小,但是仍有可能经受地下水和通过面层渗入的雨水侵蚀,所以基层结构应具有足够的水稳定性。尤其是水泥混凝土面层下的基层,由于水泥混凝土面板板块缝隙中渗入的水对其下的基层危害极大,因此,基层的水稳定性尤为重要。基层表面虽不直接与车轮接触,但为了保证面层的平整性和面层铺筑厚度的均匀性,其表面应有较好的平整度。

对于高速、一级公路的基层厚度,根据力学计算往往需要设计得比较厚(>40cm),而目前使用的碾压机具的每层压实厚度以不超过20cm为宜,所以需要分层铺筑;同时,从不同层位功能要求的差异,以及技术和经济上的综合考虑,当基层设计和施工中需要分为两层时,其上层仍称为基层,下层称为底基层。基层与底基层可以采用不同的结构形式,如目前常用的水泥稳定粒料基层和石灰稳定土底基层等;也可以用不同质量的材料填筑。相对而言,对底基层材料质量的要求比基层的要求低。

当基层或底基层较厚,需要分两层施工时,可分别称为上基层、下基层,或上底基层、下底基层。

为了保护路面面层的边缘,铺筑时,基层宽度每侧宜比面层宽出25cm,底基层每侧宜比基层宽出15cm。

(三)功能层

在特殊需要的路段,设置在基层或底基层与路基之间,起着稳定加强路基、改善基层或底基层工作条件作用的结构层,总称为功能层。所谓特殊需要是指功能层往往是为隔水、排水、隔热、防冻等不同目的而设置的,通常铺设在路基处于潮湿以及有冰冻路基翻浆的路段。在地下水位较高地段铺设的能起隔水作用的层次称为隔离层;在冰冻较深地段铺设的能起防冻作用的层次称为防冻层;等等。此外,功能层还能扩散由基层传递下来的应力,以减小路基的应力和变形,而且它能阻止路基土挤入基层中,从而保证基层的结构稳定性。

应当指出的是,不是任何路面结构都需要上述几个层次,应根据具体情况而定,如地基良好路段的公路,可能只有面层和基层所组成的路面结构。而且,层次的划分也不是一成不变的,如在公路改建中,旧路面的面层则可成为新路面的基层。

三、路面各结构层材料的选用

(一)路面面层材料的选用

修筑面层所用材料主要有沥青、水泥、碎(砾)石、块石、砂、石屑、矿粉、石灰、黏土及其他粒料等。根据公路等级和对路面功能要求,经济合理地选择材料。常用的路面面层类型主要有沥青混凝土、水泥混凝土、沥青贯入、沥青碎石、砂石路面等。其中,砂石路面是以砂、石等为集料,以土、水、灰为结合料,通过一定的配比铺筑而成的路面的统称,包括级配碎(砾)石路面、泥结碎(砾)石路面、水结碎石路面、填隙碎石路面以及其他粒料路面。

用沥青混合料做路面的面层有时分两层或三层铺筑,自上而下可分别称为表面层、下面层或表面层、中面层、下面层。如果高速公路沥青面层总厚度达15~25cm,可分成上、中、下三层铺筑,并根据各分层的要求采用不同的级配组成。水泥混凝土路面有时也可分为上、下两层铺筑,分别采用不同强度的水泥等材料。在水泥混凝土路面上加铺5cm厚的沥青混凝土的复合式面层也是常见结构。但是,砂石路面面层上所铺的2~3cm厚的磨耗层和1cm厚的保护层,以及厚度不超过1cm的简易沥青表面处治层,不能作为一个独立的层次,应看作是面层的一部分。

（二）基层（底基层）材料的选用

基层（底基层）的材料主要有无机结合料稳定类、粒料类、水泥混凝土类等，常用的基层（底基层）结构见表 2-1-1。

各种常用的基层（底基层）类型 表 2-1-1

类 型			材 料 类 型
无机结合料稳定类（半刚性基层）	水泥稳定类		包括水泥稳定级配碎石、水泥稳定级配砾石、水泥稳定土等
	石灰稳定类		包括石灰稳定级配碎石、石灰稳定级配砾石、石灰稳定土等
	工业废渣稳定类	石灰粉煤灰类	包括石灰粉煤灰土（二灰土）、二灰稳定碎石、二灰稳定砾石等
		石灰煤渣类	包括石灰煤渣（二渣）、石灰煤渣土、石灰煤渣碎石（三渣）、石灰煤渣砂砾等
		水泥煤渣类	包括水泥粉煤灰稳定碎石、水泥粉煤灰稳定砾石等
粒料类（柔性基层）	嵌挤型		包括泥结碎石、泥灰结碎石、填隙碎石等
	级配型		包括级配碎石、级配砾石、级配砂砾等
水泥混凝土类（刚性基层）	水泥混凝土类		贫混凝土基层、水泥混凝土基层

（三）功能层材料的选用

修筑功能层所用的材料，强度不一定很高，但水稳定性和隔热性要好。其常用材料有两类：一类是由松散粒料（如砂、砾石等粗粒料）组成的透水性功能层；另一类是由整体性材料（如石灰和水泥稳定粒料等）组成的稳定性功能层。

高速、一级公路的排水功能层应铺至与路基同宽，以利于路面结构排水。一般情况下，功能层宽度立比底基层每侧至少宽出 25cm。

四、路面排水设施

路面排水的目的是迅速排除路面表面的大气降水和渗入路面结构中的水，防止水对路面结构层的损害，以保证路面结构的强度和稳定性。路面排水设施分为路面表面排水设施、中央分隔带排水设施及路面内部排水设施三类。

（一）路面表面排水设施

路面表面排水设施设计应遵循下列原则：

（1）目前我国公路要求降落在路面上的雨水应通过路面横向坡度向两侧排流，避免行车道的路面范围内出现积水。

（2）在路线纵坡平缓、汇水量不大、路堤较低且边坡坡面不会受到冲刷的情况下，在路堤边坡上用横向漫流的方式排除路面表面水。

(3)在路堤较高、边坡坡面未做防护而易遭受路面表面水流冲刷,或者坡面虽已采取防护措施但仍有可能受到冲刷时,应沿路肩外侧边缘设置拦水带,汇集路面表面水后改为纵向流水,然后通过八字式泄水口(水簸箕)和急流槽横向排离路堤,如图2-1-2所示。拦水带的设置高度应满足以下条件,即其过水断面内的水面在高速公路及一级公路上不得漫过右侧车道外边缘,在二级及二级以下公路上不得漫过右侧车道中心线。

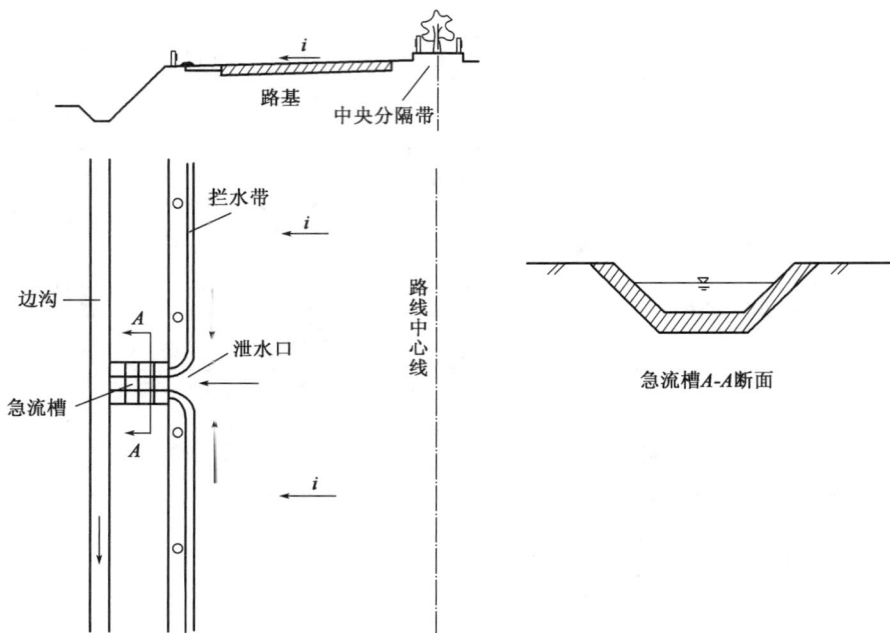

图2-1-2 路面表面排水设施(拦水带、泄水口、急流槽)

(4)对于无中央分隔带的公路,在未设超高路段上,行车道的路面应沿路中心线向两侧设置倾斜的双向横坡;在设超高路段上,应设置向弯道内侧倾斜的单向横坡。对于设置中央分隔带的公路,各个行车方向的路面应分别设置单向横坡,但单向车道数超过3个时,也可分别设置双向横坡。

路面和路肩横坡的坡度,应根据路面面层类型,按《公路工程技术标准》(JTG B01—2014)中的规定选用,一般采用1%～2%的单向坡。设拦水带时,右侧硬路肩的横向坡度宜采用5%。拦水带可由沥青混凝土现场浇筑,或由水泥混凝土预制块铺砌而成。

在道路交叉口、匝道口与桥梁等构造物连接处,以及超高路段和一般路段的横坡转换处,应设置泄水口,以避免路面表面水横向流过行车道或结构物。在纵坡变换的凹形竖曲线底部,泄水口应设在最低点,并在其前后相距2～4m处各增设一个泄水口。泄水口的设置间距以20～50m为宜。

(二)中央分隔带排水设施

(1)当中央分隔带宽度小于3m且表面采用铺面封闭时,在不设超高路段,分隔带铺面应采用向两侧外倾的横坡,其坡度与路面的横坡度相同;在超高路段,可在分隔带迎流上侧边缘处设置缘石和泄水口,或者在分隔带内设置缝隙式圆形集水管或碟形混凝土浅沟和泄水口,以拦截和排泄上侧半幅路面的表面水,如图2-1-3所示。

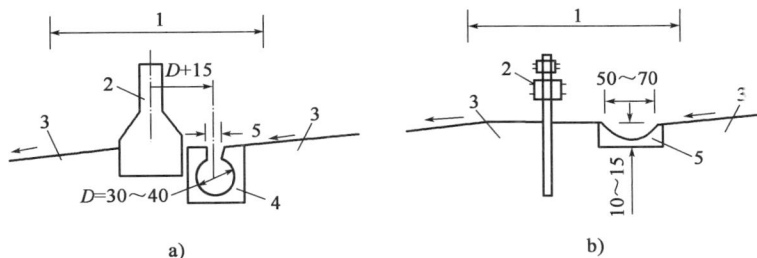

图2-1-3 超高路段中央分隔带排水(尺寸单位:cm)
a)缝隙式圆形集水管;b)碟形混凝土浅沟
1-中央分隔带;2-护栏;3-铺面;4-缝隙式圆形集水管;5-碟形混凝土浅沟

(2)中央分隔带宽度大于3m且未采用铺面封闭时,应在分隔带内设置两侧内倾的横向坡度,使表面水流向分隔带中央低凹处汇集,并设置纵坡使水流到泄水口或横穿路线的桥涵水道中。分隔带的横向坡度不得陡于1:6;分隔带的纵向排水坡度,在中央分隔带无铺面时不得缓于0.25%,有铺面时不得缓于0.12%。当水流速度超过地面土的最大容许流速时,应在过水断面宽度范围内对地面土进行防冲刷处理,做成三角形或U形断面的水沟。防冲刷层可采用石灰或水泥混凝土,或采用浆砌片石铺砌,层厚10~15cm。

(3)当中央分隔带内的水流流量过大或流速超过容许范围时,可在分隔带低凹处的泒水汇集点设置格栅式泄水口,并通过排水管纵向引排到桥涵或横向引排到路基之外。格栅顶面可与周围地面齐平,也可适当降低,并在其周围一定宽度范围内做成低凹区(图2-1-4),以增加泄水能力。

(4)对于多雨地区表面无铺面且未采用表面排水措施的中央分隔带,为了排除渗入分隔带内的水,可设置纵向排水渗沟,并隔一定间距通过横向排水管将渗沟内的水引排出路基之外,如图2-1-5所示。渗沟周围应包裹反滤织物(土工布),以免水渗入时携带的细粒土将渗沟堵塞。在渗沟上的回填料周围与路面各结构层的交界面处,可铺设涂双层沥青的土工布隔渗层。排水管可采用直径70~150mm的塑料管。

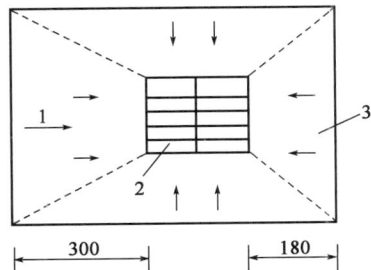

图2-1-4 中央分隔带格栅式泄水口
示意图(尺寸单位:mm)
1-上游;2-格栅;3-低凹区

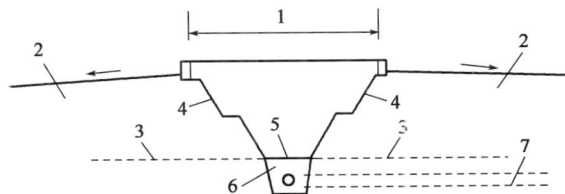

图2-1-5 中央分隔带下设排水渗沟
1-中央分隔带;2-铺面;3-路床顶面;4-隔渗层;
5-反滤织物;6-渗沟;7-横向排水管

(三)路面内部排水设施

在多雨或严重冰冻地区,路基由透水性差的细粒土组成,处于潮湿路段的二级及二级以上公路;路基两侧有滞水,可能渗入路面结构内的路段;或现有路面改建工程需要排除积滞在路面结构内的水分等情况下,宜设置路面内部排水系统。

路面内部排水系统有边缘排水系统和排水基层排水系统两种。其中,边缘排水系统常用于旧水泥混凝土路面下基层材料透水性较小,需要改善排水状况时;排水基层排水系统常用于新建路面时,其排水效果比边缘排水系统好得多的情况。

1. 边缘排水系统

边缘排水系统是由沿路面边缘设置的透水性填料集水沟、纵向排水管、横向出水管和过滤织物(土工布)所组成,如图2-1-6所示。该系统是将渗入路面结构内的自由水,先沿路面结构层内空隙或某一透水层横向流入纵向集水沟和排水管,再由横向出水管引排出路基。

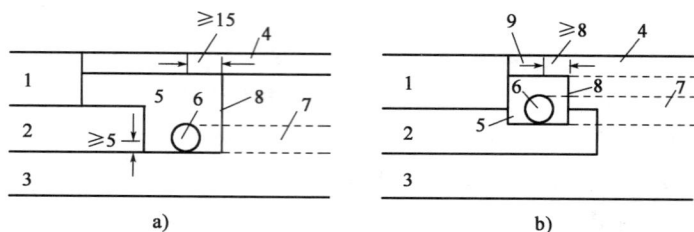

图2-1-6 边缘排水系统(尺寸单位:cm)
a)新建路面边缘排水系统;b)改建路面边缘排水系统
1-面层;2-基层;3-功能层;4-路肩面层;5-集水沟;6-纵向排水管;7-横向出水管;8-反滤织物;9-回填路肩面层

集水沟底面的最小宽度,对于新建路面不应小于30cm,对于改建路面应能保证排水管两侧各有至少5cm宽的透水性填料。透水填料底面和外侧围以反滤织物(土工布),以防路面功能层、基层及路肩内的细料侵入而堵塞填料空隙或管孔。反滤织物可选用由聚酯类、丙烯材料制成的无机纺织物。

纵向排水管通常选用聚氯乙烯或聚乙烯塑料管。排水管左右及上部可设槽或孔眼。排水管的埋置深度,应保证不被车辆或施工机械压裂,并应低于当地的冰冻深度。在非冰冻地区,新建路面时,排水管管底通常与基层底面齐平;改建路面时,管中心应低于基层顶面。排水管的纵向坡度应尽量与路线纵坡相同,不得小于0.25%。

横向出水管通常选用不带槽或孔眼的聚氯乙烯或聚乙烯塑料管。出水管的横向坡度不宜小于5%。出水管的外露端头用镀锌铁丝网或格栅罩住。出水口的下方应铺设水泥混凝土防冲刷垫板,或者对泄水道的坡面进行浆砌片石防护,以防止水流冲刷路基边坡和影响植物生长。

2. 排水基层排水系统

排水基层排水系统是直接在面层下设置透水性排水基层,在其边缘设置纵向集水沟和排水管,然后由横向出水管将水流排到路基之外,如图2-1-7所示。

排水基层是由小于或等于4.75mm细颗粒的开级配碎石集料,经过水泥或沥青处治,或未经处治的开级配集料组成。

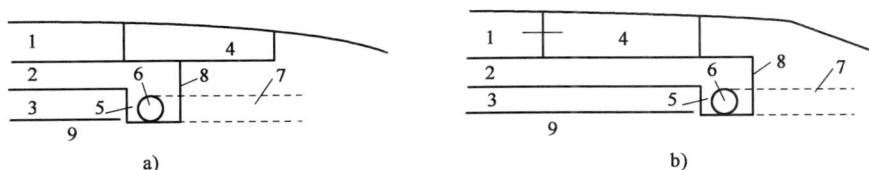

图 2-1-7　排水基层排水系统

a)沥青面层排水基层排水系统;b)水泥混凝土面层排水基层排水系统

1-面层;2-排水基层;3-不透水功能层;4-路肩面层或水泥混凝土路肩面层;5-集水沟;6-纵向排水管;7-横向出水管;8-反滤织物;9-路基

　　排水基层的厚度应按所需排放的水量和基层材料的渗透系数经水力计算确定,通常在8～15cm范围内选用,但最小厚度不得小于6cm(碎石经沥青处治)或8cm(碎石经水泥处治)。其宽度应视面层施工的需要,可超出面层宽度30～90cm。

　　纵向集水沟可设在面层边缘外侧、路肩下或路肩边缘外侧(图 2-1-7)。集水沟中的填料采用与排水基层相同的透水性材料。集水沟的下部设置带槽或孔眼的纵向排水管,并间隔适当距离设置不带槽或孔眼的横向出水管。

　　1.常用的公路路面面层有哪些? 它们各自的适用范围如何?

　　2.目前常用的路面结构层中的基层(底基层)可分为哪几类? 其各自的适用范围是什么?

　　3.路面表面排水应遵循哪些原则?

　　4.路面排水有哪些设施?

　　5.路面内部排水又可分为哪两种系统? 其各自的适用性如何?

　　1.简述路面的基本要求。

　　2.绘图说明路面结构分层示意图。

　　3.简述路面表面排水、中央分隔带排水、路面内部排水的排水目的的区别。

模块2.2　路面施工准备

施工单位应根据设计要求并结合施工合同段情况,详细制订确保路面质量、预防路面早期破损的路面施工组织设计,经监理工程师审核达到合同规定的要求后方可正式开工。

路面施工准备工作的主要内容包括组织准备、技术准备、施工现场准备、物资准备、拌和场设置和路面试验路段铺筑等。

一、组织准备

路面工程施工前的组织准备工作的主要内容有建立路面施工组织机构、建立路面施工班组、编制路面施工管理规划、确定路面施工目标等。

（一）建立路面施工组织机构

施工组织机构是指为完成施工任务,负责现场指挥与管理工作的项目经理部。施工企业取得施工任务后,首先应组建好工程项目经理部,确定工程项目领导班子与工程项目经理,项目部在项目经理的领导下开展工作。为了充分发挥项目经理部在项目管理中的主体作用,必须对项目经理部的机构设置予以特别重视,要做到设计好、组建好、运转好,发挥其应有的功能。

结合工程项目的规模、复杂程度和专业特点,根据工程项目管理组织机构设置原则,选用适当的组织机构形式,组建目的明确、人员精干高效、技术配备精良、设备先进齐全、生产快速高效的施工组织管理机构,建立工程项目分工责任制,完善工程质量分级管理体系,明确各自的责任、权限和义务等。

工程项目经理部一般由生产系统与职能部门组成。其中,生产系统是直接从事生产的组织机构(如施工队、施工班组),由有实际生产经验及组织管理才能的领导干部,通常由管理生产工作的项目副经理负责。职能部门是为保证生产系统完成施工任务所需进行的一系列管理工作的办事机构,它按工程施工计划及项目经理部领导的意图和指示进行工作,必须有明确的责任、权限和分工,同时要有密切的协作。根据工程规模的实际需要,可以设置计划、生产、材料、统计、安全、质检等办事机构,负责办理各项业务的具体工作。

大型项目经理部可以设置职能部(处),中型项目经理部可以设置职能科(室),小型项目经理部只需设置职能人员。在遵守企业规章制度的前提下,根据项目管理的需要,制定施工过程中必要的组织与技术管理规章制度。

（二）建立路面施工班组

施工班组是直接参与施工的基层生产组织,一般不设专职管理人员,而是根据需要由班组人员分工兼任记工、领料、保管、质量检查、安全检查等工作。班组的人数及工作性质,应根据工程需要及管理需要在施工组织设计中进行研究和确定。

施工班组的建立有两种形式:一种是按工艺专业化原则建立,如木工班、钢筋班、混凝土班、浇筑班等;另一种是按施工专业化原则建立,如路面基层班、路面面层班等。

施工班组的合理组织和劳动力合理安排,是保证施工连续性、紧凑性、协调性和经济性的前提。

(三)编制路面施工管理规划

路面施工管理规划是对项目施工管理的组织、内容、方法、步骤、重点工作进行预测和决策,是具体安排的纲领性文件。

路面施工管理规划的内容主要包括:①进行工程项目分解,形成施工对象分解体系,以便确定阶段性控制目标,从局部到整体地进行施工活动和施工管理;②建立路面施工管理工作体系,绘制路面施工管理工作体系图和路面施工管理工作信息流程图;③编制施工管理规划,确定管理要点,形成文件,以利于执行。

(四)确定路面施工目标

路面施工目标根据完成程度分为阶段性目标和最终目标,根据具体项目可分为质量目标、安全目标、工期目标、成本目标等。在劳动组织准备阶段确定路面施工目标是为了保证工程项目在施工阶段进行全过程控制。

施工单位应根据确定的路面施工目标,结合路面工程施工进度计划、工期计划安排以及劳动力的调配情况,合理地组织安排施工环节和施工过程,严抓劳动纪律,严把工程质量关,实施奖惩制度,以创造最佳效益。

二、技术准备

路面施工前的技术准备工作包括设计文件的熟悉和核对、现场补充资料调查、实施性施工组织设计和施工预算编制、路面施工测量放样、原材料试验与混合料配合比设计、路面施工技术交底等。对于高速公路和一级公路或采用新技术、新工艺及新材料的其他等级公路的路面施工,除做好上述准备工作外,还应在大规模路面施工前铺筑试验路段,为路面正式施工提供技术指导。

(一)设计文件的熟悉和核对

设计文件是工程施工最重要的依据之一,施工前要组织技术人员领会设计文件的意图,熟悉设计文件中的各项技术指标,认真分析技术经济的合理性和施工的可行性。对设计文件中有疑问、错误或设计不妥之处,应及时与建设单位(业主)、设计单位和监理工程师联系,共同进行调查分析,选择合理的解决方案。

对路面工程设计文件和路面设计图纸进行现场核对的主要内容包括:

(1)各项路面施工计划的布置和安排是否符合路面施工技术规范的要求。

（2）路面工程设计图纸、技术资料是否齐全，有无错误和相互矛盾之处。

（3）路面工程设计文件所依据的水文、气象、地质、岩土等资料是否准确、可靠、齐全。

（4）掌握整个工程设计内容和技术条件，明确设计规模、各分项工程的结构特点和形式。

（5）核对路线中线、主要控制点、转角点、水准点、三角点、基线等是否准确无误。

（6）路面施工方法、料场分布、运输工具、道路条件等是否符合工程现场实际情况。

进行现场核对时，如发现设计有错误或不合理之处，应提出修改意见，报上级机关审批，待核准批复后再进行现场测量、修改设计、补充图纸等工作。

（二）现场补充资料的调查

进行现场补充资料的调查是为优化和修改设计、编制实施性施工组织计划、因地制宜地布置施工场地等收集资料。

补充资料调查的内容主要包括：

（1）工程所在地的地形、地质、水文、气候等自然条件。

（2）路面自采加工材料料场分布情况、储量、供应量与运距等情况。

（3）路面地方性生产材料供应情况。

（4）施工期间可供利月的房屋数量。

（5）当地劳动力资源、工业生产加工能力、运输条件和运输工具，施工场地的水源、水质、电源、通信设施，生活物资供应状况，以及当地民俗风情、生活习惯等。

（三）实施性施工组织设计和施工预算编制

编制路面实施性施工组织设计和施工预算是路面施工前非常重要的技术准备工作。施工单位应根据设计文件中的施工组织计划和建设单位（业主）在承包合同中的具体要求，结合本工程项目路面的特点、施工具体条件、路面工程量、施工难易程度以及路面施工设备、人员、材料供应情况和工期要求，编制具体、可行的实施性组织设计，并报监理工程师和建设单位批准。

（四）路面施工测量放样

路面施工测量放样是指在路基施工完成后，放出各结构层施工的中线和边线，并对每层施工的松铺挂线（或摊铺机导引绳挂线）高度和压实厚度相应的挂线高程位置进行放样。

在路面施工前，应根据路线导线点或控制点，恢复中线，钉设中心桩和边线桩。一般直线段桩距为 20～25m，曲线段为 10～15m，并在两侧路肩边缘外 0.3～0.5m 处设置指示桩。此外，还应测量原有路基顶面的断面高程，在两侧的指示桩上标记路面基层（底基层）的顶面高程位置线。

在路面施工中，要充分考虑路面层次的特点，讲究"层层放样、层层抄平"，即每施工一层都要进行放线和抄平，从底基层、基层直至面层。

1. 中线放样

1）低精度公路中线放样

对于二、三、四级公路，其中线放样可采用传统的方法，即使用全站仪、钢尺（或皮尺）等仪器工具。其施工放样的基本步骤如下：

（1）恢复交点和转点。根据原设计资料,对路线各交点和转点逐一查找或恢复。

（2）直线段中桩放样。根据交点、转点,用全站仪、钢尺(或皮尺)按规定桩距钉设中线桩。

（3）曲线段中桩放样。首先根据设计的曲线要素放样各曲线主点桩,然后按切线支距法、偏角法或弦线支距法等详细放样曲线上各桩。

2）高精度公路中线放样

高速公路和一级公路中线放样应采用自由测站法放线,以恢复主要控制桩。

自由测站法放线的基本思路:原设计单位在路线附近设置了一系列控制点,这些控制点的连线称为"自由导线",利用全站仪测定其导线边长、角度等,当各项观测误差和闭合差都符合相应的限差规定时,进行平差计算,直至求出这些控制点的坐标。进行中线放样时,以"自由导线"为基础,根据中线点的角度、距离或坐标确定中桩位置。

"自由测站法"中线施工放样示意图如图 2-2-1 所示。将全站仪或 GPS 测量仪架在"自由导线点 C_i 上",将棱镜架在相邻的"自由导线点 C_{i-1} 或 C_{i+1} 上",然后指挥拟定中线桩上的点 M 或 K 的棱镜移动,直至满足桩点定位要求,最后用木桩标点。其放线方法有角度距离法放样和坐标法放样两种。

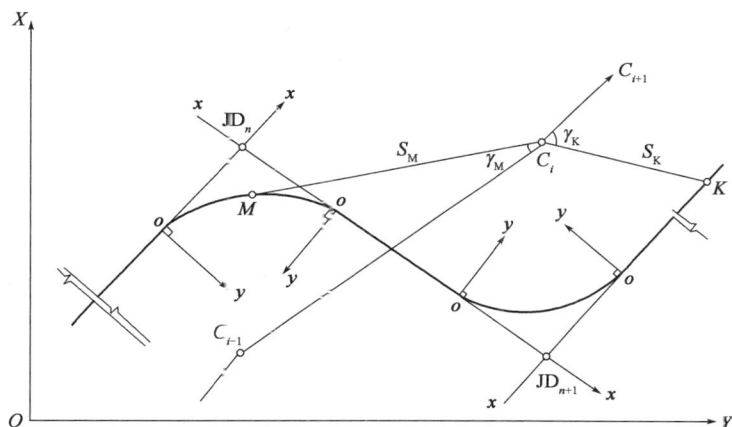

图 2-2-1　全站仪或 GPS 自由测站法施工放样中线

（1）角度距离法放样。

采用角度距离法放样确定图中 M 点时,将全站仪置于 C_i 点,利用计算好的夹角 γ_M 和距离 S_M 确定 M 点位。角度距离法放样的关键是计算 M 点位的夹角 γ_M 和距离 S_M。其放样步骤如下:

①将全站仪架设在自由导线点上,瞄准后导线或前导线点,然后将读数归零。

②按照有关公式计算待放桩点与安置仪器点(连线)和后导线或前导线点与置仪点(连线)之间的夹角 γ,以及待放桩点与置仪点之间的距离 S。

③转动全站仪照准部,使水平角的读数等于 γ,并使距离等于 S,指挥持棱镜人员挪动棱镜正好在该点位置,该点即为待放桩点。

（2）坐标法放样。

当用全站仪坐标法进行中线放样测量时,控制导线点和待测点的坐标应已知,且通视条件良好。坐标法放样的步骤如下:

①架设全站仪于自由导线点 C_i 上,后视 C_{i+1} 点。

②从路线"导线坐标表"中查取置仪点 C_i 的坐标 (X_i,Y_i,Z_i) 和后视点 C_{i+1} 的坐标 $(X_{i+1},Y_{i+1},Z_{i+1})$ 输入全站仪;并将测站数据(仪器高、后视方位角等)输入全站仪。

③从路线"逐桩坐标表"中查取待放桩点 K 的坐标,并输入全站仪。

④松开水平制动,转动照准部,使水平角为 $0°00'00''$。

⑤在 C_i 到 K 的方向上置反射棱镜并测距,直到面板显示的距离值为 0.000m 时为止。

在上述第③步输入 K 点的坐标后,仪器在计算夹角的同时,也计算出了 C_i 到 K 点的距离 S 并自动存储。测距时,将量测到的距离 d 自动与 S 进行比较,面板显示其差值 $(\Delta S=d-S)$,当 $\Delta S>0$ 时,应向 C_i 方向移动反射棱镜 ΔS;当 $\Delta S<0$ 时,应远离 C_i 方向移动反射棱镜 ΔS;当 $\Delta S=0$ 时,即 K 点的准确位置。

⑥在中桩位置定出后,随即测出该桩的地面或路基顶面高程(Z 坐标)。

重复上述第③~⑥步,测设其他中桩位置。

2. 路面边线放样

路面边线放样使用全站仪、钢尺等仪器工具。其施工放样的基本步骤如下:

(1)根据道路中心线的放样结果,用全站仪等找出横断面方向(中心线垂直方向)。

(2)用钢尺沿中心线垂直方向分别水平量取半个路面结构层宽度($B/2$,以米计),即路面结构层边缘位置(可钉设边线桩或撒石灰线)。

(3)在两侧路面结构层边缘外 0.3~0.5m 处设置指示桩。

重复上述(1)~(3)步,测设其他边桩和指示桩位置。

测量时,钢尺要保持水平,不得将钢尺紧贴地面量取,且不得使用皮尺。

测量的精度要求:对于高速公路和一级公路,准确至 0.005m;对于其他等级公路,准确至 0.010m。

路面边线放样亦可使用全站仪按角度距离法或坐标法进行。

3. 路面结构层厚度放样

路面结构层铺筑施工时,其厚度控制分为松铺厚度控制和压实厚度(设计厚度)控制两项。对于预先埋设路缘石或安装模板铺筑施工的路段,可在路缘石上或模板上用明显标记标出路面结构层边缘的松铺厚度和设计高度;对于无路缘石的路段,可在两侧指示桩上用明显标记标出路面结构层边缘的松铺厚度(或松铺挂线)和设计高度;对于用摊铺机摊铺的结构层,路面结构层的松铺厚度由摊铺机导引绳挂线标示。

采用挖槽法(挖路槽)施工时,可在结构层两侧的边缘桩或指示桩处挖一个小坑,在小坑中钉桩,使桩顶高程符合路槽底的边缘高程,以指导路槽开挖。

(五)原材料试验与混合料配合比设计

对于拟选择的自采加工材料料场、地方性生产材料供应料场和外购材料,按照有关规定选取有代表性的试样,进行原材料各项技术性能指标试验,在此基础上进行路面混合料配合比设计试验,确定混合料的施工配合比。

原材料试验和混合料配合比设计结束后,应及时向监理工程师提交报告,经监理工程师审核批准后方可采购和使用。

(六)路面施工技术交底

技术交底是指把设计对施工的要求、施工方案及措施转达给基层施工人员,这是落实技术责任制的前提。进行技术交底的目的是保证严格按照路面施工图、实施性施工组织设计、施工操作规程、安全生产规程、工程施工及验收规范和其他技术规范进行施工。

采用新技术、新结构、新材料、新工艺等的路面工程,应先由项目总工程师向施工队技术员交底,施工队向作业班组技术员交底,作业班组技术员再向具体操作人员进行交底。一般路面工程由施工队的单位工程技术负责人向班组长和工人交底。

路面施工技术交底内容包括:

(1)路面设计图纸交底。主要是说明设计图纸上必须特别注意的问题,如尺寸、轴线、高程、预留孔和预埋件的位置、规格和数量等。

(2)原材料交底。使用材料的品种、规格、质量、配合比和质量要求。

(3)路面施工工艺交底。采用的施工方法、操作工艺以及与其他工种的配合等。

(4)路面施工规范、技术标准交底。采用的施工规范、质量评定标准和有关要求。

(5)技术措施交底。保证质量、安全生产、降低成本、文明施工和工程产品保护等技术措施要求。

(6)样板交底。凡采用新技术、新工艺、新材料的工程和技术复杂的工程,应在正式施工前,做出样板或实际样品,经有关多方核查研究同意后,方可正式施工。

(7)路面设计变更情况交底。

三、施工现场准备

(一)临时设施

在路面工程正式施工前,应将相应的临时设施建造好,如工棚、仓库、供水、供电、通信设施等。

1. 加工场地

工地临时加工场地组织即确定建筑面积和结构形式。加工场(站、厂)的建筑面积,通常参照有关资料或根据施工单位的经验确定,也可按有关公式计算。

大型沥青混凝土或水泥混凝土搅拌设备的场地面积,根据设备说明书的要求确定。

上述建筑场地的结构形式应根据当地条件和使用期限而定。使用年限短的,采用简易结构,如油毡或草屋面的竹木结构;使用年限较长的,则可采用瓦屋面的砖木结构或活动房屋等。

2. 临时仓库

工地临时仓库分为转运仓库、中心仓库和现场仓库等。临时仓库组织是指确定材料储备量和仓库面积、选择仓库位置和进行仓库设计等。

建筑材料的储备量,既要保证工程连续施工的需要,也要避免材料积压而增大仓库面积。对于供应不易保证、运输条件差、受季节影响大的材料,可增大储存量。常用材料的储备量宜通过运输组织确定。对于不经常使用和储备期长的材料,可按年度需用量的某一百分比储备。

一般的仓库面积可按有关公式计算,特殊材料(如爆炸品、易燃或易腐蚀品)的仓库面积,按有关安全要求确定。

除应满足仓库总面积要求外,还要正确确定仓库的平面尺寸,即仓库的长度和宽度。仓库的长度应满足装卸要求,宽度要根据材料的存放方式、使用方便性和仓库的结构形式而定。

3. 行政、生活用临时房屋

此类临时房屋的建筑面积取决于工地的人数,包括施工人员及家属人数。

在编制施工组织设计时,应尽量利用工地附近的现有建筑物,或者提前修建能利用的永久房屋,如道班房、加油站等,不足部分修建临时建筑。

临时建筑应按"节约、适用、装拆方便"的原则设计,其结构形式按当地气候、材料来源和工期长短确定,通常有帐篷、活动房屋和就地取材的简易工棚等。

4. 临时供水、供电、供热

工地临时供水、供电、供热应解决以下问题:确定用量、选择供应来源、设计管线网络等。如果供应来源由工地自行解决,还需要确定相应的设备。

确定用量时,应考虑施工生产、生活和特殊用途(如消防、抗洪)的需用量。选择供应来源时,首先考虑当地已有的水源、电源,若当地没有或供应量不足时,才需自行解决。

(二)路基检查

不论是路堤、路堑,还是原有路面,铺筑路面结构层之前,必须进行路基检查验收,其压实度、弯沉值、高程、平整度等技术指标达到规定要求后,方可进行路面施工。如果发现路基土过干、表层松散,则应适当洒水、碾压;如果路基土过湿,发生"弹簧"现象,应采取挖开晾晒、换土、掺石灰或水泥等措施进行处理。

(三)施工现场交通管制

为了确保路面施工安全和有序,须在施工现场范围内的公路两端和必经的交叉路口、部分设施设备等处设置施工标志,进行施工现场交通管制,并对附近群众进行施工安全宣传。

四、物资准备

路面施工要消耗大量的人力、材料和机具,正式施工前应进行所需材料的购买、采集、加工、调运和储备等工作,同时要检修或购置及安装一些路面施工机械、机具,做好施工人员的生活、后勤保障准备工作。材料和施工机械、机具的准备工作是路面施工组织计划的重要组成部分。

(一)施工用水、用电准备

施工用水主要有工程施工生产用水、生活用水与特殊用水。由沿线河流取水时,须取样化验,检查水质是否符合工程或生活使用的要求。对于路线附近可利用的水源,要与就近掘井取水作经济比较后再确定。在有自来水设施的地区施工时,饮用水使用自来水,工程及其他用水如无合适天然水源可利用时也可使用自来水,但要与供水单位订立供水协议。

施工和生活用电最好利用当地电源,要了解供电单位能否满足工地用电的要求,并与供电单位订立供电及安装输电线路和设施的协议。当供电单位经常定期停电、供电量满足不了施工需要或根本就没有可利用的电源时,应自备电源。

(二)材料准备

对于在当地采购或开采加工的材料(如砂、石等),必须对其产地、品质、数量、运输和价格作详细的调查分析。需要临时开采加工的材料,要了解可否发包给当地生产供应部门,并与自行组织生产作经济比较。特别要注意的是,在设计文件提供的材料产地以外,确认可否找到材料品质符合要求、运距更近的产地。

在各结构层正式施工前,材料储备量应满足连续施工需要,其中基层集料满足 5~7d 的用量要求,面层集料应达到该结构层所需总量的 30% 以上。根据生产进度变化,及时调整材料供应计划。

1. 自采材料

做好石灰、粉煤灰、水泥、沥青、集料等各项材料的采购。经检验和选择,按需要的规格和数量运到现场。

2. 外运材料

路面工程材料运输,可利用当地已有的运输力量,必须了解当地可利用的运输工具的类型、数量、运输能力和运价。如果当地运输力量不能满足要求或经比较不经济时,可自行组织运输。

3. 材料堆放

材料堆放位置应根据实施性施工组织计划进行合理安排。堆场的地面应平坦、坚固,坡度不得大于 2% ,并应有良好的排水设施。

对料场的基础做加固处理,采用土石混渣硬化压实,然后采用 C20 混凝土硬化 20m ;一般重载区,基础处理压实后用 C20 混凝土硬化 15cm ;普通区为生活区及办公区,一般经基础压实后,采用 C20 混凝土硬化 10cm 。

各种材料之间,用隔墙分开。隔墙高度为 20m ,采用 M7.5 浆砌片石砌筑。人工将片石运至挡墙边,进行挡墙砌筑,砂浆采用砂浆搅拌机集中搅拌,运送至工作面。砌筑时,选用大块片石做面石,表面应平整,无水锈污渍,沟底应整平夯实,片石应砌筑牢固,砌筑后用 M10 水泥砂浆抹面。

(三)施工机械、机具准备

应按照施工合同规定,配备足够的施工机械、设备及器具,并保证其均处于良好的技术状态,能满足施工的需要,并应有相匹配的维修措施。

有些不常使用的机械设备可以采用租赁方式,施工单位只要向租赁者按合同规定定期交付一定的租赁费便可取得设备的使用权,从而可以减少或无须购买那些不常使用的设备。在租赁设备调查中,首先要了解出租设备的型号、功能、数量等能否满足施工要求,同时还要将租赁与自购进行经济比较,以便择优选用。如果选择租赁设备,要签订租赁合同。机械设备的放置,应考虑到施工的要求。

1. 机具准备

根据路面实施性施工组织计划,一次或分批配齐足够的施工机械和相关的工具(表2-2-1 ~ 表2-2-3)。

基层施工机械机具准备　　　　　　　　　　　　　　　表2-2-1

基层结构类型	机械设备名称	单　位	数　量
级配碎石	拌和机(400t/h)	台	1
	摊铺机	台	2
	双钢轮振动压路机(18t以上)	台	≥2
	单钢轮振动压路机(20t以上)	台	≥2
	轮胎压路机(25t以上)	台	≥2
	自卸汽车(15t以上)	辆	≥5
水泥稳定碎石	拌和机(400t/h)	台	1
	摊铺机	台	2
	双钢轮振动压路机(18t以上)	台	≥2
	单钢轮振动压路机(20t以上)	台	≥2
	轮胎压路机(25t以上)	台	≥2
	自卸汽车(15t以上)	辆	≥5

沥青混合料路面机械机具准备　　　　　　　　　　　　表2-2-2

机械设备名称	单　位	数　量	备　注
间歇式沥青拌和机(3000型以上)	台	1	应配备混合料生产质量动态监控仪
摊铺机	台	2	性能一致
双钢轮振动压路机(11t以上)	台	≥3	宜配置间隔式喷水装置
轮胎压路机(25t以上)	台	≥3	—
自卸汽车(15t以上)	辆	≥15	—

水泥路面机械机具准备　　　　　　　　　　　　　　　表2-2-3

机械设备名称	单　位	数　量	备　注
间歇式拌和设备	台	1	—
摊铺机	台	1	—
硬刻槽机	台	1	—
机动翻斗车	台	≥3	—

续上表

机械设备名称	单 位	数 量	备 注
排式振捣机	台	≥2	任选一种设备
平板振动器(不小于2.2kW)	台	≥2	
插入式振捣器(不小于1.1kW)	台	1	
振捣整平梁(不小于1.1kW)	台	2	
提浆滚杠	台	≥2	—
抹面机(叶片式或圆盘式)	台	1	—

2.机械设备维修与保养

制订与实施拌和站机械维修与保养计划,保证机械设备完好,设置专用停放的机械库,做好各种机械标识,做好机械设备的定期、日常检查记录。

(四)安全防护准备

应严格执行《公路工程施工安全技术规范》(JTG F90—2015)的规定,加强安全生产管理,落实安全生产责任,提高作业人员的安全意识,准备好各种安全防护设施和劳动防护用品,正确使用安全防护用品。

安全防护措施应是施工组织设计的重要组成部分,这些措施必须有效落实且可靠。

1.建立路面施工组织机构与路面施工班组有哪些要求?

2.路面施工准备工作包括哪些?

3.路面施工前的技术准备工作包括哪些?

1.简述施工现场准备的主要内容。

2.简述路面施工技术交底的要点。

3.简述路面施工材料的堆放要求。

模块 2.3　路面基层施工

一、路面基层(底基层)结构

微课:路面基层施工

路面基层根据需要设计为两层时,应进行分层铺筑。通常上层为基层,下层为底基层,两层所用材料的类型、等级、质量均可不同。同时,《公路路面基层施工技术细则》(JTG/T F20—2015)及《公路工程质量检验评定标准　第一册　土建工程》(JTG F80/1—2017)根据公路等级将基层和底基层划分为高速公路、一级公路和其他公路两档,并分别规定了相应的技术要求、施工方法和验收评定标准。

路面的基层(底基层)根据使用材料、强度和形成机理的不同,一般可分为无机结合料稳定材料基层(底基层)、级配碎石基层(底基层)和填隙碎石基层(底基层)。

(一)无机结合料稳定材料基层(底基层)

无机结合料稳定材料基层或稳定土基层是指采用一定的技术措施,在土中掺入适量的稳定剂(如石灰、水泥或沥青等),按照一定的技术要求,经拌和、压实、养护成型的路面基层。

(1)无机结合料稳定材料基层的特点

整体性好、承载能力强、刚度大、水稳性好且较为经济。目前,已广泛应用于各等级公路的路面基层(底基层)。

(2)稳定材料及方法

采用不同的稳定剂或稳定方法,从而形成不同的稳定土路面,见表2-3-1。

稳定材料及稳定土的主要方法　　　　　　　　　　表 2-3-1

稳定的方法	使用的稳定材料	适宜稳定的土类型	稳定土的主要技术性能
掺加粒料	对黏性土用砂、砾、碎石、炉渣等;对砂性土用黏性土	高液限黏土、中液限黏土或砂砾	减少扬尘和磨耗
掺无机结合料	各类水泥、熟石灰粉与磨细生石灰、硅酸钠(水玻璃)	经级配改善或未改善的高液限黏土类、中液限黏土类、低液限黏土类、粉土类	不透水,具有一定的强度、水稳性和抗冻性,拌和稍困难
综合法	以石灰、水泥、沥青中的一种为主,掺入其他结合料等	各类土	较高的强度与稳定性
掺工业废料	炉渣、矿渣和粉煤灰等	高液限黏土类、中液限黏土类	较高的强度与稳定性
高分子聚合物及合成树脂		各类土	较高的强度与稳定性

（3）无机结合料稳定材料基层（底基层）路用性能

无机结合料稳定材料基层（底基层）路用性能的比较见表2-3-2。

无机结合料稳定材料基层（底基层）路用性能比较　　　　　　　表2-3-2

类　型	种　类	强度形成	影响强度及稳定性的因素
石灰稳定类	石灰土、石灰砂砾土、石灰碎石土	石灰与细粒土的相互作用	土质、石灰的质量与剂量、养护条件与龄期
水泥稳定类	水泥稳定土、水泥稳定砂砾、水泥稳定砂砾土、水泥稳定碎石土	水泥与细粒土的相互作用	土质、水泥性能与剂量、水
综合稳定类	石灰粉煤灰类（二灰、二灰土、二灰砂、二灰砂砾、二灰碎石）水泥石灰稳定土	石灰、水泥（粉煤灰）与砂、土的相互作用	土质、石灰及水泥的性能与剂量、养护条件

（二）级配碎（砾）石基层和底基层

级配碎石基层（底基层）是指采用颗粒大小不同的集料按一定的比例拌和、摊铺和碾压而形成的路面结构层。级配碎石基层（底基层）属于粒料类基层（底基层），分为级配碎石、级配砾石、级配砾（碎）石。

级配碎石中的碎石可以由预先筛分成几个大小不同粒级的碎石组配而成，亦可用未筛分碎石和石屑组配而成。未筛分碎石指控制最大粒径（仅过一个规定筛孔的筛）后，由碎石机轧制的未经筛分的碎石料。其理论颗粒组成为 $0 \sim D$（D 为最大粒径），并具有较好的级配，未筛分，随时可直接用作基层。石屑指碎石经孔径 5mm 筛的筛下余料，其实际颗粒组成常为 $0 \sim 10mm$，并具有良好的级配。

级配砾石可直接采用符合级配要求的天然砂砾，对于级配不符合要求的天然砂砾，需要筛除超尺寸颗粒或需要掺加另一种（或几种）砂砾或砂，经过计算确定其各自的用量，使掺配的混合料符合级配要求。

由于级配砾（碎）石是用颗粒大小相间的材料掺配而成，经过压实后，能形成密实的结构，具有一定的水稳性和力学强度。因此，级配碎石可用于各级公路的基层和底基层。

级配砾（碎）石基层（底基层），施工时的平整度较易控制，在就地取材的前提下，造价也较为低廉。

级配砾（碎）石基层（底基层）的路拱坡度一般为 2.5% ~ 3.5%，最小厚度为6cm，松铺系数为 1.3 ~ 1.4。当在潮湿路段作为沥青路面的基层时，应掺加一定剂量的石灰，以改变其水稳性。

级配碎（砾）石基层或底基层，其强度和稳定性取决于粒料之间的内摩阻力和黏结力的大小，即在很大程度上取决于碎（砾）石的类型、最大粒径、细料的含量、塑性指数以及密实度等。

砂砾基层所用材料为天然砂砾，它并不完全符合级配的要求，但因其可以就地取材，且施工简易，造价低廉，一般含土少，水稳性好，故可用作沥青路面的基层和底基层。如果天然砂砾符合级配要求，则可以成为天然级配料，其使用范围和要求均与级配砾石相同。如果不符合级配要求，可用作底基层，并应按干湿类型适当控制细料含量和塑性指数。

因天然砂砾材料的整体性较差,整体强度不高,故可掺入一定剂量的无机结合料稳定砂砾,以提高天然砂砾材料的整体强度,改善天然砂砾材料的路用性能,且早期强度较低而后期强度增长较快。

(三)填隙碎石基层(底基层)

填隙碎石基层(底基层)是指用加工轧制的碎(砾)石作主骨料,并以石渣和石屑嵌缝,用黏土或石灰土泥浆灌缝,按嵌挤原理压实形成的路面结构层,也称为碎(砾)石基层(底基层)。按施工方法及所用填充结合料的不同,分为泥结碎石、泥灰结碎石、干压碎石和水结碎石,后两种又统称为填隙碎石。

填隙碎石基层(底基层)的强度主要依靠碎石之间的嵌挤锁结作用以及填充结合料的黏结作用。嵌挤力的大小主要取决于石料的内摩擦角;黏结作用的大小取决于填充结合料本身的黏聚力及其与矿料之间的黏附力大小。整体稳定性取决于石料的强度、形状、尺寸、均匀性、表面粗糙度以及施工时的压实程度等。

填隙碎石基层(底基层)的优点是投资少,在盛产石料地区可就地取材,并可随交通量的增加进行分期修建和改善,还可在分期修建过程中作为其他路面的基层。其缺点是平整度差、易扬尘,在行车和自然因素影响下,易产生磨损、松散、磨耗层脱落、露骨等病害,因此维修养护工作量大,而且适应的交通量较小。

填隙碎石基层(底基层)对材料的基本要求是:碎石应具有较高的强度、韧性和抗磨耗能力,以不低于Ⅲ级、带有棱角、近于立方体、表面粗糙的碎石为好。

1. 泥结碎石

泥结碎石是以碎石作为骨料、黏土作为填充料和结合料,经压实形成的结构层。

泥结碎石基层(底基层)的厚度一般为8~20cm。当厚度超过15cm时,一般应分两层铺筑,上层厚度为总厚度的0.35~0.4倍,一般采用6~15cm。

泥结碎石基层(底基层)适用于三、四级公路,在地方道路应用较广泛,它具有施工简便、造价低的优点。

2. 泥灰结碎石

泥灰结碎石是以碎石作为骨料,用一定数量的石灰土填充空隙作黏结料形成的结构层。它针对泥结碎石基层(底基层)水稳性不好的缺点,利用填充料中的石灰以达到提高路面水稳定性的目的。

3. 填隙碎石

用单一尺寸的粗碎石作为骨料,形成嵌挤作用,用石屑填满碎石间的孔隙,增加密实度和稳定性,这种结构称为填隙碎石。填隙碎石可用作各等级公路的底基层和二级以下公路的基层,一层铺筑厚度通常为碎石最大粒径的1.5~2倍,即10~12cm,适用于盛产石料地区。其施工方法可分为干法和湿法两种。将碎石材料撒铺后直接压实而成的结构层,称为干压碎石;经洒水碾压而成的结构层,称为水结碎石。适量洒水,可降低碎石颗粒间的摩擦力,提高压实效果。同时,水结碎石在压实过程中会产生一部分磨碎的石粉,石粉可起到黏结作用。

二、常用材料的要求

（一）无机结合料稳定材料基层（底基层）

1.粗、细集料

（1）土要易于粉碎，便于碾压成型。

（2）最大粒径：用作基层时，不超过 40mm（方孔筛，下同）；用作底基层时，不超过 50mm。颗粒组成应满足表 2-3-3 的要求。水泥稳定类用作底基层时，土的均匀系数应大于 5，实际中宜大于 10。

无机结合料稳定材料基层土的颗粒组成范围 表 2-3-3

二级及二级以下公路			高速公路及一级公路		
筛孔尺寸（mm）	通过质量百分率（%）		筛孔尺寸（mm）	通过质量百分率（%）	
	底基层	基层		底基层	基层
53	100	—	—	—	—
37.5	—	90~100	37.5	100	100	—
26.5	—	66~100	31.5	—	90~100	100
19	—	54~100	26.5	—	—	90~100
9.5	—	39~100	19	—	67~90	72~89
4.75	50~100	50~100	9.5	—	45~68	47~67
2.46	—	20~70	4.75	50~100	29~50	29~49
1.18	—	14~57	2.46	—	18~38	17~35
0.6	17~100	8~47	0.6	17~100	8~22	8~22
0.075	0~50	0~30	0.075	—	0~30	0~7	0~7
0.002	0~30	—	—	—	—

注：集料中 0.5mm 以下细粒土有塑性指数时，小于 0.075mm 的颗粒含量不应超过 5%；细粒土无塑性指数时，小于 0.075mm 的颗粒含量不应超过 7%。

（3）液、塑性指数：对于水泥稳定类，土的液限不宜超过 40%，塑性指数不宜超过 17；对于水泥稳定砂，可在砂中掺入少量塑性指数小于 12 的黏性土（亚黏土），以便于碾压；对于石灰稳定类，塑性指数宜为 15~20；对于综合稳定类，塑性指数宜为 12~20。

（4）硫酸盐、有机质含量：对于水泥稳定类，有机质含量不应大于 2%，硫酸盐含量不应大于 0.25%；对于有机质含量超过 2% 以及塑性指数偏高的土，必须先用石灰进行处理，才可用水泥稳定；石灰稳定类土的有机质含量不应超过 10%，硫酸盐含量不应超过 0.8%。

2. 碎石

碎石应符合表 2-3-4 的要求。

所用碎石的集料压碎值 表 2-3-4

基层(底基层)	公路等级	压碎值
基层	高速公路和一级公路	不大于 30%
	二级和二级以下公路	不大于 35%
底基层	高速公路和一级公路	不大于 30%
	二级和二级以下公路	不大于 40%

3. 水泥

技术指标满足要求的硅酸盐水泥、矿渣水泥或火山灰水泥都可用于稳定土,但应选用初凝时间在 3h 以上和终凝时间较长(宜在 6h 以上)的水泥。不得使用快凝水泥、早强水泥以及受潮变质水泥。宜采用强度等级为 32.5 或 42.5 的水泥。

4. 石灰

应满足Ⅲ级以上的生石灰或消石灰的技术指标。实际使用时,应尽可能缩短石灰的存放时间,如需存放较长时间,应覆盖封存,妥善保管。

使用等外石灰、贝壳石灰、珊瑚石灰等,应通过试验确定。若稳定土混合料的强度符合规范的要求,也可使用。

高等级公路的基层(底基层)宜采用磨细生石灰。

5. 粉煤灰

粉煤灰中 SiO_2、Al_2O_3 和 Fe_2O_3 的总含量应大于 70% ,烧失量不应超过 20% ,比表面积宜大于 $2500cm^2/g$,但比表面积越大,对水分越敏感,也越不容易压实。因此,用作石灰粉煤灰土混合料时,宜选用粗颗粒的粉煤灰,以求容易碾压稳定;用作水泥外加剂时,宜选用细颗粒的粉煤灰。

干粉煤灰堆放时应加水,以防止扬尘造成污染。湿粉煤灰的含水率不宜超过 35%。使用时,应将凝固的粉煤灰打碎或过筛,同时清除有害杂质。

6. 煤渣

煤渣是煤经锅炉燃烧后的残渣,它的主要成分是 SiO_2 和 Al_2O_3,其松干重度为 6.86 ~ $10.78kN/m^3$,煤渣的最大粒径不应大于 30mm,以颗粒粗细搭配而略有级配为佳。使用时,应将大于 30mm 的颗粒预先筛除,因颗粒过大日后易被行车压碎,使基层形成开裂。煤渣的含煤量宜少,最好低于 20%,且不宜含杂质。

7. 水

无有害物质的可供人、畜饮用的水均可使用。

（二）级配型基层（底基层）

1. 施工规定

级配碎（砾）石可用于各级公路基层和底基层。施工时应遵守下列规定：

（1）颗粒组成曲线应呈一条顺滑的曲线。

（2）配料组成必须准确。

（3）塑性指数应符合规定要求。

（4）混合料必须拌和均匀，没有颗粒离析现象。

（5）在最佳含水率时进行碾压，直到达到下列按重型击实试验法确定的压实度。

①中间层：100%；

②基层：98%；

③底基层：96%。

2. 石料的强度要求

（1）石料应具有足够的强度，且不低于Ⅳ级。

（2）以压碎值控制，即石料强度不宜低于表 2-3-5 中的规定。

级配碎石、级配碎砾石和级配砾石所用石料的集料压碎值　表 2-3-5

基层（底基层）	公 路 等 级	压 碎 值
基层	高速公路和一级公路	不大于 26%
	二级公路	不大于 30%
	二级以下公路	不大于 35%
底基层	高速公路和一级公路	不大于 30%
	二级公路	不大于 35%
	二级以下公路	不大于 40%

3. 集料的最大粒径和颗粒形状

（1）最大粒径

当级配碎石用于高速公路和一级公路的基层、半刚性路面的中间层时，碎石的最大粒径不应超过 31.5mm；当用作二级及二级以下公路基层时，最大粒径应控制在 37.5mm 以内。

级配砾石用于公路的基层时，碎石的最大粒径不应超过 37.5mm；当用作公路底基层时，最大粒径应控制在 53mm 以内。

（2）颗粒形状

级配碎石和级配砾石中针片状颗粒含量不应超过 20%，且不含有害杂质。

4. 颗粒级配和塑性指数

当用作基层和底基层时，级配碎石和级配砾石的颗粒组成和塑性指数应满足表 2-3-6、表 2-3-7 中的有关规定，同时，级配曲线宜圆滑居中。在塑性指数偏大的情况下，为保证级配集料基层和底基层的稳定性，要严格控制粒径小于 0.5mm 的细料含量与塑性指数；在年降雨量小于 600mm 的中干和干旱地区，地下水位对地基没有影响时，0.5mm 以下细料含量与塑性指数的乘积,对于干旱地区不应大于120,对于潮湿多雨地区不应大于100。

级配碎石混合料的颗粒组成和塑性指数　　　　　　表 2-3-6

基　层			底 基 层		
筛孔尺寸（mm）	通过左侧筛孔的质量百分率（%）		筛孔尺寸（mm）	通过左侧筛孔的质量百分率（%）	
	二级及二级以下公路	高速公路及一级公路		二级及二级以下公路	高速公路及一级公路
—	—	—	53	100	—
37.5	100	—	37.5	85～100	100
31.5	90～100	100	31.5	69～88	83～100
19	73～88	85～100	19	40～65	54～84
9.5	45～68	52～74	9.5	19～43	29～59
4.75	29～54	29～54	4.75	10～30	17～45
2.46	17～37	17～37	2.46	8～25	11～35
0.6	8～20	8～20	0.6	6～18	6～21
0.075	0～7	0～7	0.075	0～10	0～10
液限（%）	<28	<28	液限（%）	<28	<28
塑性指数	<6（或9）	<6（或9）	塑性指数	<6（或9）	<6（或9）

注:潮湿多雨地区塑性指数不大于6,其他地区塑性指数宜小于9。

级配砾石混合料的颗粒组成和塑性指数　　　　　　表 2-3-7

基　层			底 基 层		
筛孔尺寸（mm）	通过左侧筛孔的质量百分率（%）		筛孔尺寸（mm）	通过左侧筛孔的质量百分率（%）	
	二级及二级以下公路	高速公路及一级公路		各级公路	
—	—	—	53	100	
37.5	100	—	37.5	80～100	
31.5	90～100	100	31.5	81～94	
19	73～88	85～100	19	—	
9.5	49～69	52～74	9.5	40～100	
4.75	29～54	29～54	4.75	25～85	
2.46	17～37	17～37	2.46	—	
0.6	8～20	8～20	0.6	8～45	
0.075	0～7	0～7	0.075	0～15	
液限（%）	<28	<28	液限（%）	<28	
塑性指数	<6（或9）	<6（或9）	塑性指数	<6（或9）	

注:潮湿多雨地区塑性指数不大于6,其他地区塑性指数宜小于9。

5. 细集料

(1) 石屑、砂

砂的颗粒尺寸应适宜,必要时应筛除其中的超尺寸颗粒。粗砂应有较好的级配。一般情况下,应尽量选用粗砂或中砂。

(2) 土

土的塑性指数越高,含量越大,则黏结越牢固;但干燥时容易产生收缩开裂,潮湿时水稳性差。当用于基层时,其含水率和塑性指数可适当降低,黏土中不应含有草根、杂质,不得使用腐殖土。

6. 砂砾

对于天然砂砾的颗粒组成应予以适当控制,以便其稳定成型。砾石的最大粒径以不大于6cm 为宜,厚度一般采用10~20cm,最小厚度为6cm。其颗粒组成中,大于20mm 粗集料应占40% 以上,0.5mm 以下细集料含量应小于15%。

(三) 填隙碎石基层(底基层)

填隙碎石基层(底基层)对材料的基本要求:碎石应具有较高的强度、韧性和抗磨耗能力,以不低于Ⅲ级、带有棱角、近于立方体、表面粗糙的碎石为宜。

1. 泥(灰) 结碎石基层(底基层)

泥结碎石作为基层(底基层)时,因含有一定数量的黏土,水稳定性较差,因此不宜用作沥青路面基层。如用作沥青路面基层,应用于干燥路段,在中湿和潮湿路段填充黏结料黏土中应掺一定剂量的石灰,做成泥灰结碎石,以提高其稳定性。

泥(灰)结碎石路面中的黏土质量、规格要求均与泥结碎石基层(底基层)相同,石灰质量不低于Ⅲ级,土和石灰的总含量与石料质量百分比应小于20%,其中石灰剂质量占土质量的8%~12%。其施工程序及质量要求均与泥结碎石基层(底基层)相同。泥(灰)结碎石多用在潮湿与中湿路段作为沥青路面的基层。

泥(灰)结碎石基层对材料的具体要求如下:

(1) 采用机轧碎石或天然碎石,应采用坚硬且尽可能接近立方体并具有棱角石料。

(2) 针片状颗粒含量不宜超过20%。

(3) 碎石的颗粒组成范围应满足表2-3-8 的要求。

(4) 黏土的塑性指数一般为18~27,且不得含有腐殖质和其他杂质。

(5) 石灰质量不得低于Ⅲ级,土和石灰的总含量不应大于20%(与石料质量比),石灰剂质量占土质量的8%~12%。

泥(灰)结碎石的碎石颗粒组成范围 表2-3-8

序号	通过下列筛孔(mm)的质量百分率(%)					
	63	53	37.5	19	9.5	4.75
1	100	—	0~15	0~5	—	—
2	—	100	—	0~5	0~5	—

续上表

序号	通过下列筛孔(mm)的质量百分率(%)					
	63	53	37.5	19	9.5	4.75
3	—	—	100	0~15	0~5	—
4	—	—	—	85~100	—	0~5
5	—	—	—	—	85~100	0~5

2. 填隙碎石

(1)填隙碎石用作基层时,碎石的最大粒径不应超过53mm(标准筛);用作底基层时,最大粒径不应超过63mm。

(2)针片状颗粒总含量应不超过15%。

(3)粗碎石的颗粒组成应满足表2-3-9中的有关规定。

(4)轧制碎石中5mm以下的石屑作为填隙料,宜满足表2-3-10的要求。

(5)石料的压碎值,用作基层时不大于26%,用作底基层时不大于30%。

粗碎石的颗粒组成范围 表2-3-9

序号	公称尺寸(mm)	通过下列筛孔(mm)的质量百分率(%)							
		63	53	37.5	31.5	26.5	19	16	9.5
1	30~60	100	25~60	—	0~15	—	0~5	—	—
2	25~50	—	100	—	25~50	0~15	—	0~5	—
3	20~40	—	—	100	35~70	—	0~15	—	0~5

填隙料的颗粒组成范围 表2-3-10

筛孔尺寸(mm)	9.5	4.75	2.46	0.6	0.075
通过百分率(%)	100	85~100	50~70	30~50	0~10
塑性指数	小于6				

三、路面基层(底基层)施工工艺

目前,在路面基层(底基层)施工中,混合料的拌和方式主要有路拌法和厂拌法,其摊铺方式有人工和机械两种。对于高等级公路,一般先通过修筑试验路段,制定标准施工方法后再进行大面积施工。

修筑试验路段的目的:

(1)检验计划投入拌和、运输、摊铺、碾压、养护等过程使用设备的可靠性。

(2)检验混合料的组成设计是否符合质量要求,以及各道工序的质量控制措施。

(3)确定大面积施工的材料配合比及松铺系数。

(4)确定每一作业段的合适长度和合理厚度。

（5）提出标准施工方法。

（一）石灰稳定土的施工

石灰稳定土一般采用路拌法施工，在高等级公路施工中，多采用集中拌和法（厂拌法）。

1. 路拌法施工

路拌法的主要施工工序如图 2-3-1 所示。

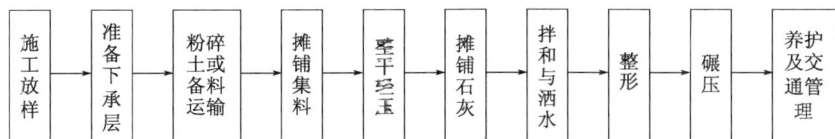

图 2-3-1　石灰稳定土施工流程图

1）准备工作

准备工作包括流程图（图 2-3-1）中的前三个工序。

（1）施工前应对下承层（土基或底基层）按质量验收标准进行验收，合格后，才能进行中线放样，并在两侧路面边缘外 0.3～0.5m 处设指示桩，在指示桩上标出基层（底基层）边缘设计高程及松铺厚度位置。

（2）根据各路段基层（底基层）的宽度、厚度及预定的干密度，计算各路段需要的干燥集料数量。

（3）根据混合料的配合比、材料的含水率以及运输车辆的载质量，计算各种材料每车料的堆放距离，对于以袋为计量单位的石灰等结合料，应计算每袋结合料的堆放距离。

（4）根据各集料所占比例及松干密度，计算各集料的松铺厚度，以控制集料的施工配合比。

2）集料摊铺

根据试验或试验路段确定的松铺系数，准备集料。摊铺前，如下承层的表面过分干燥，应适当洒水，使表面湿润。集料或土应尽可能摊铺均匀，不应有离析现象。混合料松铺系数的参考值见表 2-3-11。

混合料的松铺系数　　　　　　　　　　　　　表 2-3-11

混合料名称	松铺系数	备注
石灰土	1.53～1.58	现场人工摊铺土和石灰，机械拌和，人工整平
	1.65～1.70	路外集中拌和，运到现场人工摊铺
石灰土砂砾	1.52～1.56	路外集中拌和，运到现场人工摊铺

3）集料整平轻压

只有集料或土层的表面平整并具有一定的密实度，人工摊铺时才能将表面摊铺均匀。因此，将集料或土摊铺均匀后，必须进行整平，使表面具有规定的路拱，并用两轮压路机碾压 1～2 遍，使集料或土的表面平整且较密实。

4）摊铺石灰

根据计算的石灰堆放间距，在现场用石灰做标记，同时画出摊铺石灰的边线。用刮板均匀摊铺,并量测石灰的松铺厚度,根据石灰的含水率和松干密度,校核石灰的用量。

5)拌和与洒水

(1)使用灰土拌和机或稳定土拌和机"干拌"一两遍,使石灰分布到全部土中,不要求完全拌和,而是预防加水过程中石灰成团。然后边洒水边拌和,进行"湿拌"。

(2)当使用犁进行拌和时,犁翻的遍数应成双数。第一遍由路中心开犁,将混合料向中间翻,此时应慢速前进,将土层翻透。第二遍应相反,从两边开犁,将混合料向外侧翻。犁翻过程中,应注意犁翻的深度,不得在稳定土和下承层间残留一层"素土",宜将下承层表面1～2cm刮破。

(3)洒水车洒水时不能中断,不得在正进行洒水的路段上掉头或停留。拌和机械在洒水机后配合行进过程中,应及时检查混合料的含水率,一般宜比最佳含水率大1%～2%,拌和直至水量足够、混合料颜色及含水率均匀为止。

(4)对于石灰稳定粒料,应先将石灰拌和均匀,然后均匀地摊铺在具有规定路拱、表面平整并有一定密实度的粒料层上,再一起进行拌和。

6)整形

(1)将混合料拌和均匀后,应立即用平地机进行初平。一般在直线段,由两侧向路中心刮平;在曲线段,由内侧向外侧刮平。然后,用轮胎式压路机或平地机快速碾压一遍。

(2)不平整的地方,用齿耙将表面5cm耙松。必要时,用新拌的混合料找平,再进行碾压。每次整平碾压均需按要求调整坡度和路拱。

(3)接缝处的整平应顺适平整,并应包括路肩。

(4)为避免出现薄层贴补(指基层在整形过程中,在低洼处贴补一层厚度不足5cm的混合料),在总厚度满足要求的情况下,摊铺时,宜"宁高勿低";整平时,宜"宁刮勿补"。

7)碾压

(1)整形后,当混合料处于最佳含水率不超过1%～2%范围时,进行碾压。如表面水分不足,应适当洒水。

(2)在人工摊铺和整平的情况下,应先用拖拉机、6～8t两轮压路机或轮胎压路机碾压1～2遍,再用重型轮胎压路机、振动压路机或12t以上的三轮压路机进行碾压。

(3)如有"弹簧"、松散、起皮等现象,应及时翻开重新拌和,或用其他方法处理,使其达到质量要求。

(4)碾压结束之前,用平地机终平一次,使其高程、路拱和超高符合设计要求,局部低洼之处,不得找补,以免出现薄层贴补现象。

8)养护及交通管理

(1)养护期应采取洒水保湿措施,一般为7d左右。

(2)未采用覆盖措施时,应封闭交通。采用覆盖砂或喷洒沥青膜养护,若不能封闭交通,应限制车速不得超过30km/h。

(3)养护期结束后,应立即进行面层施工,以免产生收缩裂缝,或先铺一封层,开放交通,待基层充分开裂后,再进行面层施工,以减少反射裂缝。

(4)每层施工厚度一般为15～20cm,当采用振动羊足碾与三轮压路机配合碾压时,厚度可达25cm。如设计厚度过大,应分层施工,下层应稍厚些,但上层不宜小于10cm,下层碾压后,应立即施工上层,不需专门养护。

2. 集中拌和法(厂拌法)

一般利月强制式拌和机或双转轴桨叶式拌和机在中心站集中拌和,也可用路拌机械或人工在现场进行分批集中拌和。

(1)集中拌和法的生产流程如图 2-3-2 所示。

(2)拌和时,土块要粉碎,且最大尺寸不超过 15mm。

(3)配料准确,含水率大于最佳含水率 1% ~ 2%。

(4)将拌成的混合料运送到现场,用摊铺机、平地机或人工按松铺厚度摊铺均匀,如有离析现象,应用机械或人工补充拌和。

(5)整平、碾压及养护交通管理与路拌法相同。

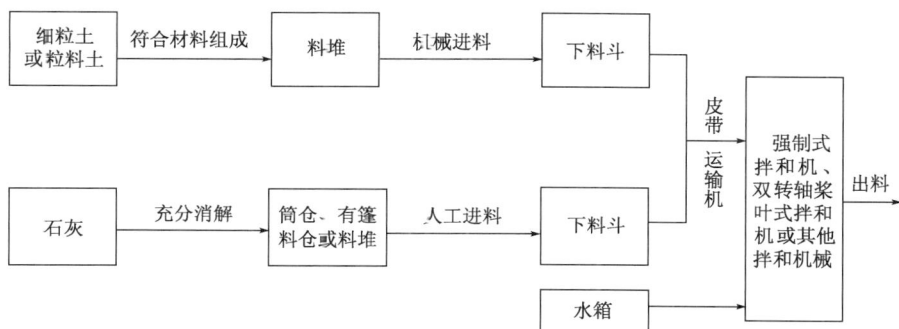

图 2-3-2 石灰稳定土生产工艺流程图

3. 人工路拌法

在工程量不大,又没有拌和机械的情况下,可以采用人工路拌法。

(1)按事先计算的数量将土料、石灰分堆运到路上,不连续间隔放置。

(2)拌和可采用筛拌法或翻拌法。采用筛拌法时,将细粒土和石灰混合或交替过孔径 15 ~ 20mm 的筛,然后加水拌和至均匀为止。采用翻拌法时,将过筛的土和石灰先干拌 1 ~ 2 遍,再加水拌和至均匀为止。为使水分充分均匀,可当天堆方闷料。

(3)用石灰稳定低塑性指数的砂性土和粉性土时,为便于成型,可采用下列方法:

①大量洒水,分两阶段碾压。第一阶段,洒水后用履带拖拉机或轮胎压路机先压 2 ~ 3 遍,初步稳定。第二阶段,待水分接近最佳含水率时,再用 12t 以上压路机压实。

②当没有履带拖拉机时,洒水后,先用轻型压路机碾压两遍,然后覆盖一层素土,再用 12t 压路机压实,养护后,将素土层清除干净。

(二)水泥稳定土的施工

水泥稳定土的施工,按拌和方法有路拌法(就地拌和法)、集中拌和法(厂拌法)、移动拌和机沿线拌和法(图 2-3-3)。

1. 路拌法

路拌法的施工流程如图 2-3-4 所示。

图 2-3-3 拌和设备
a)路拌法;b)厂拌法;c)移动式

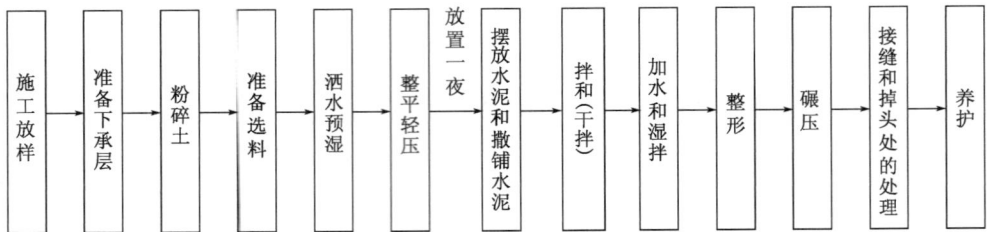

图 2-3-4 水泥稳定土施工流程图

1)施工准备

(1)在水泥稳定土的下承层(土基或底基层)上恢复中线,测量断面高程,并在两侧路肩边缘外设置指示桩,在桩上标定水泥稳定土的设计高程。

(2)水泥稳定土施工前,应检查下承层是否合格。

对于土基,应用 12～15t 三轮压路机或等效的碾压机械进行碾压检验,发现土过干和表面松散或土过湿有"弹簧"现象,应采取挖开晾晒、换土、掺生石灰或粒料等措施进行处理。

对于底基层或旧路,应进行弯沉测定,以及坡度和路拱的检验。强度达不到要求的,须采用增加底基层的密实度、加厚底基层、改善底基层的材料或挖换质量好的材料等措施进行修补;对坑槽、搓板等现象应进行处理,以满足设计要求。

运料前,应用洒水车对底基层均匀洒水,使表面湿润。

(3)粉碎土。

①当水泥稳定土所用的土为土基上层的一部分时,需翻松一定深度的土层,并将土粉碎直至适合与水泥拌和。翻松和粉碎的深度与混合料中的水泥剂量、稳定土层厚度有关,根据翻松层的土的干密度与水泥稳定土层的预期干密度相比,可确定合适的深度。

②可采用圆盘耙、旋转耕作机、稳定土拌和机或旋转松土机等设备配合平地机或铧犁进行粉碎。

③为便于粉碎,可在粉碎前 8～24h 喷洒合适的水量预湿土。

④粉碎结束后,用平地机整平,将土均匀地摊铺在预定长度和宽度的路段上。

(4)准备选料。主要是选择稳定混合料中的土料。

①料场选择。从沿线初步选定的料场,分别选取具有代表性的土样,做土的性能试验和水泥土混合料的力学试验,以选定料场。

②选料采集。将料场表层覆盖土、草皮、植被、树根等杂物用推土机清除干净,按预定深度自上而下采集土料,有明显分层变化时,应及时采集样品做各项试验。

③土料的运输与堆放。土料应按计算的数量和间距进行堆放,并做好排水工作。对较大的土块应进行粉碎和筛除,然后用平地机整平。

2)洒水预湿与整平轻压

翻松、粉碎和运到现场的选料,均需洒水预湿。一般预湿后土的含水率应为最佳含水率的70%左右。中粒土、粗粒土预湿后的含水率比最佳含水率低2%~3%为宜;对含砂较多的土,可比最佳含水率大1%~2%。

预湿后,应整形成要求的路拱和坡度,并用两轮压路机碾压1~2遍,使表面平整,具有一定的密实度。

3)摊铺水泥

根据水泥稳定土层的压实厚度、预定的干密度、水泥剂量及施工作业面,计算每袋水泥的摊铺面积和堆放间距。

(1)根据计算的间距,在现场做标记,并画出摊铺水泥的边线。

(2)用刮木板将水泥均匀摊开,有条件时,用散装水泥撒布车撒铺水泥会更准确、均匀。

(3)混合料的松铺系数见表2-3-12。

混合料的松铺系数   表2-3-12

混合料名称	松铺系数	备注
水泥稳定砂砾	1.30~1.35	—
水泥稳定土	1.53~1.58	现场人工摊铺土和水泥,机械拌和,人工整平

4)拌和、洒水湿拌

拌和、洒水湿拌的方法和要求与石灰稳定土相同。

5)整形

整形的方法与要求与石灰稳定土相同。

6)碾压

水泥稳定土经整形后,应立即用15t三轮压路机、振动压路机或轮胎压路机在路基全宽内进行碾压。

(1)含水率适当时,碾压不得少于6遍。碾压时,应由两侧路肩向路中心、由曲线内侧向外侧进行碾压。错轮时,后轮迹的重叠宽度不得小于后轮宽度的二分之一。对边部及路肩宜多压2~3遍。

(2)压路机不得在已完成的或正在碾压的路段上掉头或紧急制动,以避免破坏基层表面。

(3)在碾压过程中,若发生"弹簧"、松散、起皮等现象,应及时翻开换料或加水泥重新拌和,碾压至规定的干密度为止。终压前,应用平地机终平一次,局部低洼之处,不得找补,以免出现薄层贴补。

(4)为满足水泥稳定土表面的平整,对于砂(砾)质土,适宜用轮胎压路机或钢轮压路机;对于砂质黏土,适宜用轮胎压路机;振动压路机适用性较广,且压实效果良好,现已被广泛用于工程中。

7）接缝和掉头处的处理

两个工作段的衔接处，应搭接拌和。第一段拌和后，留 5~8m 不进行碾压。第二段施工时，将前段留下的部分，再加部分水泥，重新拌和，并与第二段一起碾压。具体方法如图 2-3-5 所示。

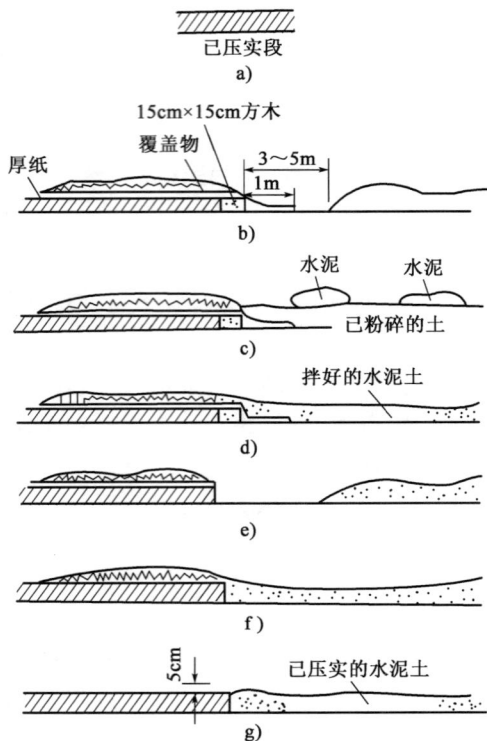

图 2-3-5　两个工作段间接缝施工方法

（1）把已压实段的末端切成垂直面，并将下一段已粉碎的土推离接缝。

（2）将一块方木放在已压实段的末端，并用一张厚建筑纸保护，纸上用土覆盖（或铺木板）。

（3）将粉碎的土铺开直到接缝处，在新段上洒水，使其含水率达到要求值，并摊铺水泥。

（4）将水泥和土完全拌和，需要时可加水。

（5）将拌好的混合料推离接缝，割断厚纸并将方木移去。

（6）将拌好的混合料铺回到接缝，并用纸将水泥土混合料与覆盖土隔开。

（7）新段压实，仅在接缝处留少量工作，将覆盖土及纸移去，然后将高出部分刮平。

（8）养护。水泥稳定土经拌和、压实后，在规定的 7d 养护期内，可以用帆布、粗麻袋、稻草、麦秸或农用地膜湿润养护。若用砂养护，砂层需 7~10cm 厚，铺匀后，洒水保持湿润。

2. 集中拌和法

对于高等级公路，尤其是高速公路应采用集中拌和法制备基层和底基层混合料，以保证拌和质量和消除"素土"夹层的危险。

集中拌和法除中心站的一套固定式拌和机械外，所需要的其他机械与路拌法相同。

1）拌和机

工程中,常采用固定式稳定土拌和机,也可采用强制式的水泥混凝土拌和机或沥青混凝土拌和机来拌和水泥稳定土。

目前,拌和机械主要有以下几种:

（1）移动式连续拌和机。适用于沿线料场布置较密的工地,中心站的规模可根据所需的产量而定。

（2）固定式连续拌和机。适用于相对固定的较大型料场,数个大料斗上的皮带输料器可供存放和输送规定数量的不同尺寸的集料。

（3）间歇式拌和机。与水泥混凝土拌和机配合使用拌和水泥稳定粗料土,适用于修补工作的小工地。目前,主要有普通倾筒式混凝土拌和机、双桨叶拌和机、卧式桨叶拌和机及锅式拌和机。

2）摊铺混合料

（1）为减少混合料中水分的散失,运料时应覆盖,且运输时间一般在 30min 以内。

（2）宜采用两台摊铺机前后错列摊铺（相距 5～10m）,相邻工作道的混合料摊铺间隔时间不超过 25min。摊铺均匀后应立即碾压。

（3）采用沥青混凝土摊铺机摊铺水泥稳定土时,应严格控制好平整度、高程等,避免出现离析现象（图 2-3-6）。

图 2-3-6　基层材料摊铺机

（4）采用备有轨道的摊铺机或有自动找平装置的摊铺机,特别是当摊铺机包括适当的压实设备,只需要压路机进行补充碾压时,摊铺预拌的水泥混合料表面的平整度可以达到规定要求。

3.移动式拌和法

采用移动式拌和机的施工工序包括准备工作及加工处理两部分,具体如下。

1）准备工作（施工放样与其他方法相同）

（1）采用原路基土作为混合料的土料。

①整形路基,使其路拱和坡度符合设计要求。

②翻松路基土到预定的深度。

③如需要,则粉碎土。

④堆积土,并平整料堆。

(2)采用路外选料。

①将路基或底基层整形成要求的路拱和坡度。

②压实路基或底基层。

③选料准备(包括采集、运输和摊铺)。

④堆积选料。

2)加工处理

(1)撒铺水泥。将水泥撒铺在堆料的顶面后,应立即拌和。

(2)拌和、摊铺及碾压。与其他方法相同。

移动式拌和机加工水泥稳定土的工作状况如图2-3-7所示。

图2-3-7 移动式拌和机加工水泥稳定土的示意图

(三)石灰粉煤灰稳定土的施工

对于石灰粉煤灰稳定土,可利用常规的施工设备进行拌和、摊铺和碾压。其施工要点是混合料要拌和均匀,摊铺到合适的厚度,压实至规定的密实度。

目前,工程中常用的是集中拌和法与路拌法。

1.集中拌和法

为保证配料准确,拌和均匀,应尽可能采用中心站集中拌和法。其生产工艺流程如图2-3-8所示。

1)拌和

可在中心站采用强制式拌和机、双转轴桨叶式拌和机或路拌机械在现场分批集中拌和。

(1)应将土块、粉煤灰块粉碎。

(2)配料要准确。

(3)含水率要略大于最佳含水率。

（4）拌和要均匀。

（5）石灰应储存在筒仓中，粉煤灰可露天覆盖堆放，含水率宜在15%～20%。

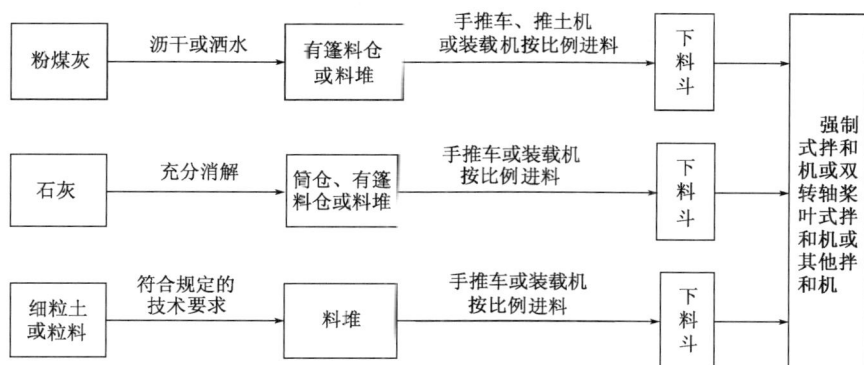

图 2-3-3 石灰粉煤灰稳定土生产工艺流程图

2）运输

运输时，可以用普通的自卸车运料，并适当覆盖，以防水分损失或运料扬尘。

3）摊铺

将混合料运到现场后，应尽可能用机械摊铺，注意摊铺均匀，保证一定的平整度。

4）压实

可用轮胎压路机、振动压路机等进行压实。轻型压路机初压后，可用重型钢轮压路机进行碾压，并在终压前，用平地机进行整平。

压路机一般压实厚度为15～18cm，重型振动压路机可达20～25cm。若设计厚度较大，应分层摊铺压实，上下层的施工间隔时间不宜过长，最好在同一天铺筑。下层不应有松散材料，摊铺上层时，下层的表面应保持潮湿。

2. 路拌法

路拌法一般用于二级及二级以下公路施工。施工过程中，应注意混合料的均匀性和粗细颗粒的离析现象。

1）材料准备

用石灰粉煤灰处理原路上的集料时，应检验集料是否合格，并能满足混合料的级配要求。若原路上集料中的细料是黏土矿物，可先用石灰处理，增加混合料的和易性。

其施工步骤如下：

（1）翻挖原路上的土料，必要时进行粉碎。

（2）整平按要求的宽度和厚度摊铺的土料层，以便摊铺石灰和粉煤灰。

（3）撒布拌和均匀的石灰和粉煤灰混合料。

（4）拌和混合料，并使混合料具有一定的含水率。

（5）整平混合料达到要求的厚度。

（6）压实达到规定的密实度。

2）撒布石灰和粉煤灰

（1）对于密实式石灰粉煤灰混合料，应先将石灰和粉煤灰拌和均匀后，再撒铺到粒料层上。若需短时间堆放，应使其处于干燥状态。对于悬浮式混合料，应先撒布粉煤灰再撒布石灰。

（2）粉煤灰宜在含水率15%～25%状态下撒布。

（3）石灰和粉煤灰应摊铺均匀。

3）拌和

一般采用转轴式拌和机进行拌和，也可使用平地机进行拌和，但应注意避免出现离析现象。对于没有专用拌和机械的次要公路，可采用四（或五）铧犁配合旋转耕作机或缺口圆盘耙进行拌和。拌和过程中，拌和层底部不得留有"素土"或"素粒料"夹层。

4）压实

压实与集中拌和法施工相同。

5）养护

养护期一般为7d，若石灰粉煤灰作为底基层，需养护10～14d，再铺筑上面的结构层。

6）透层或下封层

石灰（水泥）粉煤灰集料基层养护结束后，宜开放交通一段时间，以磨去表面的二灰薄层，露出集料颗粒，清扫表面浮土，然后喷洒透层沥青或做下封层。

做透层时，宜采用浓度较稀的慢裂型沥青乳液。做下封层时应分两次喷洒乳液：第一次喷洒较稀的沥青乳液，用量为$1.0 kg/m^2$，待干后再喷洒正常的乳液，用量为$1.0～1.2 kg/m^2$，然后撒布一层粒径$4.75～9.5 mm$的碎石，并用16t轮胎压路机碾压2～3遍。

（四）石灰稳定工业废渣的施工

石灰稳定工业废渣基层的施工方法基本与石灰稳定土基层相同，拌和工序可采用就地拌和或集中拌和的方法。在材料基地集中拌和时，拌好的混合料堆放时间不宜过长，以免混合料的水分有较大量的蒸发，并使石灰碳化而降低混合料的强度。

石灰稳定工业废渣的初期强度较低，并且强度增长受气温影响较大，因此，一般应尽可能避免在冬季施工，并要注意初期养护工作；在干燥而较热的季节，必须洒水养护2～5d以上。

石灰稳定工业废渣基层施工质量的关键是：混合料须按比例配合并拌匀；含水率须在恰当的范围内，且压实到规定的密实度，同时应高度重视初期养护工作。

（五）级配碎（砾）石的施工

级配碎（砾）石的施工应做到：集料级配要满足要求，配料准确，细料的塑性指数须符合规定，松铺厚度适当，路拱横坡符合规定，拌和均匀，避免粗细颗粒出现离析现象。

级配碎（砾）石的施工，一般采用路拌法。为保证质量要求，级配碎石有时采用集中拌和法。

1. 路拌法

级配碎（砾）石采用路拌法的施工工艺流程如图2-3-9所示。

图 2-3-9 级配碎(砾)石施工工艺流程

1)准备下承层

(1)土基或功能层等下承层的表面应平整、坚实,具有一定的路拱,没有松散材料和软弱地方。

(2)下承层的平整度和压实度应满足规范要求。

(3)下承层须用 12~15t 的三轮或等效的压路机进行碾压(碾压 3~4 遍)检验,发现过干松散、低洼、搓板、车辙或过湿"弹簧"现象,应采用填补、耙松、洒水、碾压,挖开晒干,换土,掺石灰或集料等措施进行处理。

(4)对于底基层,压实度检查和弯沉测定的结果不符合要求的,应采用补充碾压、换填好料、挖开晾晒等措施。

(5)检查各断面的高程是否满足要求。

(6)槽式断面路段,两侧路肩每隔 5~10m 应交错开挖泄水沟。

2)施工放样

恢复中线,并在两侧路肩边缘外 0.3~0.5m 设指示桩。逐个断面进行高程测量,并在指示桩上标记结构层的设计高程。

3)计算材料用量

根据各路段基层或底基层的宽度、厚度及预定的干密度,计算所需各种集料的数量,并推算每车材料的堆放间距。

4)运输和摊铺集料

同一料场内,运料应由远到近按计算的间距堆放,堆放时间不宜过长,一般仅提前数天。料堆间每隔一定距离应留缺口,以利排水。

应事先通过试验确定集料的松铺系数,一般人工摊铺时为 1.40~1.50,平地机摊铺时为 1.25~1.35。

将级配碎石的未筛分碎石摊铺平整后,在其较湿润的情况下,向上运送石屑,用平地机并辅以人工将石屑均匀摊铺在碎石层上,或用石屑撒布机将石屑直接均匀撒布在碎石层上。采用粗细不同的多种集料时,应将粗集料铺在下面,并使其处于湿润状态,再将细集料铺在上面。

5)拌和及整形

(1)对于级配碎石,应用稳定土拌和机拌和,若没有,也可用平地机或多铧犁与缺口圆盘耙配合拌和;对于级配砾石,可采用平地机拌和。

(2)拌和时,稳定土拌和机应拌两遍以上,且深度应到级配碎石底层,最后一遍拌和前,可先用多铧犁贴底面翻拌一遍。用平地机拌和时,平地机刀片的安装角度(表 2-3-13)与位置如图 2-3-10 所示,一般需拌 5~6 遍,结束时,混合料的含水率应均匀,比最佳含水率大 1% 左右,且不应出现离析现象。

(3)采用平地机整平,并具有一定的路拱后,用平地机或轮胎压路机快速初压一遍,再用平地机进行整平和整形。

（4）用拖拉机牵引四（或五）犁铧进行拌和。第一遍，由路中心开始，将混合料向中间翻，同时应慢速前进；第二遍则相反，从两边开始，将混合料向外翻，一般应拌6遍。

（5）在整形过程中，禁止车辆通行。

平地机刀片安装角度 表2-3-13

拌和条件	平面角 α(°)	倾角 β(°)	切角 γ(°)
干拌	30～50	45	3
湿拌	35～40	45	2

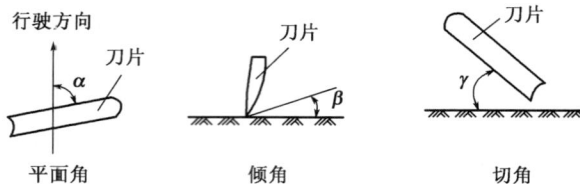

图2-3-10 平地机刀片安装示意图

6）碾压

（1）整形后，应立即用12t以上三轮压路机、振动压路机或轮胎压路机进行碾压。应由两侧路肩向路中心、由曲线内侧向外侧进行碾压，后轮应重叠1/2轮宽，且须超过两段的接缝处。一般需碾压6～8遍，并使表面没有明显轮迹。前两遍的速度宜为1.5～1.7km/h，之后的速度为2.0～2.5km/h。

（2）对路面两侧区域应多碾压2～3遍。

（3）严禁在已完成或正在碾压的路段上掉头或紧急制动。

（4）对含有土的级配碎（砾）石层，应进行滚浆碾压，直到表层没有多余的细土为止，然后将表层薄层土清除干净。

7）接缝处理

作业段的衔接处，应搭接拌和。第一段拌和后，应留5～8m不碾压。第二段施工时，再将留下的部分一起加水拌和，整平后进行碾压。

施工时，应尽量避免纵向接缝。当分两幅铺筑时，应搭接拌和。一种方法是，前半幅全宽碾压密实，后半幅拌和时，应将前半幅边部0.3m左右搭接拌和，整平后一起碾压。另一种方法是，在前半幅的边部用高度与结构层的厚度相同的方木或钢模板作支撑，进行碾压；后半幅施工时，再拆除方木或钢模板，进行碾压。

2. 集中拌和法

级配碎石混合料可以在中心站利用强制式拌和机、卧式双转轴桨叶式拌和机、普通混凝土拌和机等进行集中拌和。将混合料运到现场后，用沥青混凝土摊铺机、水泥混凝土摊铺机或稳定土摊铺机等进行摊铺。

（1）正式拌和前，应先调试所用的设备，使混合料的组成和含水率达到规定要求。

（2）运到现场的混合料，应按计算的间距堆放。

（3）应设专人处理集料的离析现象。

（4）用平地机进行整形与碾压，方法与路拌法相同。

（5）横缝、纵缝的处理与路拌法相同。

3.天然砂砾基层的施工

天然砂砾基层的施工准备工作和施工程序均与级配砾石相同，其关键在于洒水碾压。天然砂砾摊铺均匀后，宜先用轻型压路机稳压几遍，接着洒水用中型压路机碾压，并边压边洒，反复碾压至稳定成型，直至无明显轮迹时为止。需要注意的是，应随时洒水以保持砂砾表面湿润，但不宜过多，以防水分渗入路基。碾压时，还应随时检查高程与平整度，如有不符，应立即找平。

当以水泥为结合料用以稳定天然砂砾时，应避免由于水泥凝结快而给施工和质量带来不利的影响，所以拌和、摊铺、洒水、碾压应环环相扣，紧密衔接。

（六）填隙碎石的施工

填隙碎石的施工工艺流程如图2-3-11所示。

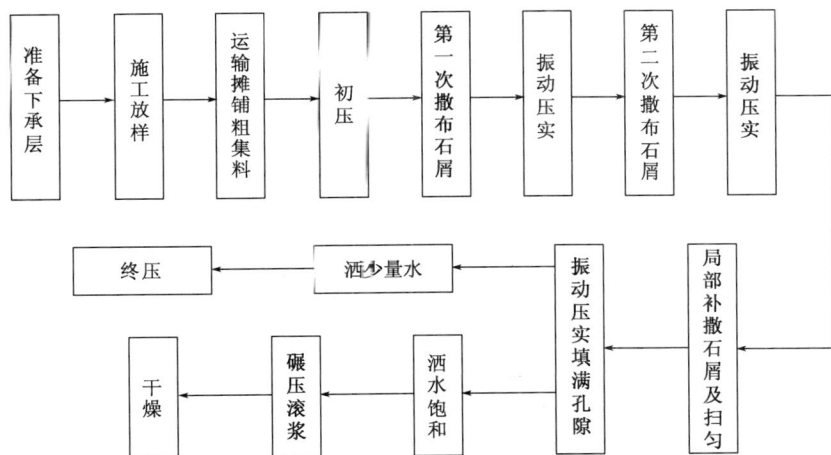

图2-3-11 填隙碎石的施工工艺流程图

1.准备下承层和施工放样

准备下承层和施工放样的过程及施工要点与级配碎（砾）石基层路拌法相同。

2.备料

根据各路段基层或底基层的宽度、厚度及松铺系数（1.20～1.30），计算粗碎石的需要量和每车料的堆放间距，填隙料的用量为粗碎石的30%～40%。

3.运输和摊铺粗料石

可用平地机或其他合适的机具将粗料石均匀摊铺，具体的施工过程与级配碎（砾）石基层路拌法相同。

4.撒铺填隙料和碾压

1）干法施工

（1）初压。用8t两轮压路机碾压3～4遍，使粗料石稳定。碾压的顺序与级配碎（砾）石基层路拌法相同。结束时,表面应平整,并具有规定的路拱和纵坡。

（2）撒铺填隙料。用石屑撒布机或类似设备将干填隙料均匀地撒布在已初压的粗料石层上,松铺厚度为 2.5 ~ 3.0cm,并扫匀。

（3）碾压。用振动压路机慢速碾压,将全部填隙料振入粗料石间的孔隙中,方法与初压相同。

（4）再次撒铺填隙料和碾压。用石屑撒布机或类似设备将干填隙料再次均匀地撒布在已初压的粗料石层上,松铺厚度为 2.0 ~ 2.5cm,并扫匀。对振动压路机补料后再次碾压,直至全部孔隙被填满,并清扫表面多余的填隙料,清扫后须能看到粗料石。

（5）将孔隙全部填满后,用 12 ~ 15t 三轮压路机再碾压 1 ~ 2 遍。碾压前,宜在表面先洒水,洒水量约为 $3kg/m^2$。

（6）厚度过大时,应分层摊铺和碾压。应将压实后的下层表面清扫干净,使粗料石外露 5 ~ 10mm,再摊铺和碾压上层。

2）湿法施工

（1）初压、撒铺填隙料、碾压、再次撒铺填隙料和碾压的过程与干法施工相同。

（2）粗料石表面孔隙全部填满后,应立即洒水,直至饱和,注意勿使多余水浸泡或渗入下承层。

（3）用 12 ~ 15t 三轮压路机在洒水车后进行碾压。碾压过程中,将湿填隙料扫入孔隙中,直至细集料和水形成粉砂浆为止。粉砂浆的数量以在压路机轮前能形成微波纹状为宜。

（4）停留一段时间,结构层水分散失变干后,将表面清扫干净。

（5）厚度过大时,应分层摊铺和碾压,方法与干法施工相同。

（七）泥（灰）结碎石的施工

泥（灰）结碎石含有较多的黏土,水稳性较差,只适合用于四级公路,不宜作沥青路面的基层。使用时,应严格控制用土量及塑性指数,且用于干燥路段。在中湿和潮湿路段,可选用泥（灰）结碎石,以提高其水稳性。

泥（灰）结碎石的施工方法主要有灌浆法和拌和法。

1.灌浆法

目前,工程中常采用灌浆法。

1）准备工作

准备工作包括放样、布置堆料、整理路槽和拌制泥（灰）浆。泥浆一般按水土体积比 0.8:1 ~ 1:1 拌制。泥灰浆中石灰质量占土质量的 8% ~ 12%,土和石灰总质量不应大于石料质量的 20%。

2）摊铺石料

将准备好的石料按松铺系数 1.2 ~ 1.3 一次铺足,同一层石料粒径相差不宜过大。

3）初步碾压

用三轮压路机或振动压路机将碎石颗粒压紧,颗粒间需留有一定的空隙,以便灌注泥（灰）浆。一般碾压 2 ~ 4 遍至碎石无松动为止。

4)灌浆

在碎石层上,灌注调制好的泥(灰)浆。灌浆要均匀,需灌满碎石间的孔隙直至底部,同时,碎石的棱角应露出泥(灰)浆之上。待孔隙中的空气逸出后,在湿的碎石层表面均匀撒铺嵌缝料($1\sim1.5m^3/m^2$),以填塞表面的空隙。

5)碾压

灌浆后,待碎石层内部处于半湿状态时,用三轮压路机或振动压路机继续碾压,并扫匀嵌缝料,直至无明显轮迹。每碾压$1\sim2$遍,即撒铺薄层石屑,再进行碾压,以使缝隙内的泥(灰)浆泛到表面与石屑粘结成整体。

2.拌和法

拌和法是指将土(或土加石灰)直接撒铺在平整的碎石上,用平地机、多铧犁或多齿耙均匀拌和,然后用三轮压路机或振动压路机进行碾压,碾压方法与灌浆法相同。碾压过程中,一般需补水碾压$4\sim6$遍,撒铺嵌缝料,再继续碾压,直至无明显轮迹且结合料完全稳定为止。

四、路面基层(底基层)施工质量控制

路面基层(底基层)的施工质量控制的关键在于混合料的强度,除原材料的性质、施工时间、温度、湿度及工艺外,混合料的配合比设计和施工压实度控制对其强度也有较大的影响。

路面基层(底基层)的混合料配合比设计,是保证基层(底基层)路用性能的前提,是控制基层(底基层)施工质量的重要依据。按照理论配合比的组成设计,制作试件(块),通过试验,检验混合料的技术性能,并结合工程的实际特点,调整和修正理论配合比,提供工地配合比,并确定最大干密度和最佳含水率,以指导施工。因此,在施工过程中,应严格控制混合料的配合比,以保证基层(底基层)的施工质量。

压实度是检查和控制路面基层(底基层)压实效果的重要技术指标,是工程施工质量控制的主要手段,它直接影响到路面基层(底基层)的强度、刚度及平整度,良好的压实度可延长公路的使用寿命。根据结构层的类型、位置及工程的实际特点,压实度的现场检查可采用不同的方法。

(一)配合比设计控制

1.石灰稳定土基层(底基层)

石灰土混合料的组成设计包括:根据表2-3-14的强度标准,通过试验选取最适宜于稳定的土,确定必需的或最佳的石灰剂量和混合料的最佳含水率,在需要改善混合料的物理力学性能时,还应包括确定掺加料的比例。

石灰稳定土的7d强度标准(MPa)　　　　　　　　　　　表2-3-14

使 用 层 位	二级及二级以下公路	高速公路和一级公路
基层	>0.8	—
底基层	0.5~0.7	≥0.8

注:1.在低塑性土(塑性指数小于7)地区,石灰稳定砂砾土和碎石土的7d抗压强度应大于0.5MPa。

2.低限用于塑性指数小于7的土;高限用于塑性指数大于7的土。

石灰剂量应根据路面层位、灰土试件的抗压强度,并考虑气候、水文地质条件等因素,予以确定。考虑到室内试验与现场施工的差异等因素,施工时石灰剂量应比试验时提高 0.5% ~ 1%。

1)原材料和混合料试验

如前所述,石灰土由土(集料,控制质量) + 石灰(控制质量、剂量) + 水(确定水质、最佳用量)经拌和、摊铺、碾压、养护形成。对原材料主要做如下质量方面的试验。

(1)土的试验。包括颗粒分析,液限和塑性指数,有机质含量试验,硫酸盐含量试验,碎石或砾石的压碎试验,击实试验。

(2)石灰试验。有效氧化钙加氧化镁含量试验,未消化残渣含量试验,含水率试验,细度试验,氧化镁含量试验。

(3)水的试验。必要时做。

(4)灰土试验。在室内做无侧限抗压和击实试验;在室外做压实度试验。

2)设计步骤

(1)制备同一种土样、不同石灰剂量的石灰土混合料,一般情况下,可按如下石灰剂量配制:

①做基层

砂砾土和碎石土:3%、4%、5%、6%、7%;

塑性指数小于 12 的黏性土:10%、12%、13%、14%、16%;

塑性指数大于 12 的黏性土:5%、7%、9%、11%、13%。

②做底基层

塑性指数小于 12 的黏性土:8%、10%、11%、12%、14%;

塑性指数大于 12 的黏性土:5%、7%、8%、9%、11%。

(2)确定混合料的最佳含水率和最大干(压实)密度(重型击实试验法),至少应做 3 个不同石灰剂量混合料的击实试验,即最小剂量、中间剂量与最大剂量,其余两个混合料的最佳含水率和最大干密度用内插法确定。

(3)按工地预定达到的压实度(表 2-3-15),分别计算不同石灰剂量的试件应有的干密度。试件不应按击实试验所得的最大干密度制作,而应按与规定的现场压实度相应的干密度制作。如石灰土的最大干密度为 1.68kg/m^3,现场要求的压实度为 96%,则试件的干密度为 $1.68 \times 0.98 = 1.65 \text{kg/m}^3$。

各级公路各种稳定土基层、底基层(重型标准)的压实度要求(%) 表 2-3-15

公 路 等 级	层 位	稳定粗粒土和中粒土			稳定细粒土		
		稳定剂类型					
		石灰稳定	水泥稳定	石灰工业矿渣	石灰稳定	水泥稳定	石灰工业矿渣
高速公路和一级公路	基层	—	98	98	—	98	98
	底基层	96	96	96	95	95	95
二级及二级以下公路	基层	97	97	97	93	93	93
	底基层	95	95	95	93	93	93

（4）按最佳含水率和计算得到的干密度制备试件。试件干密度应与工地预期达到的相同，且不低于表2-3-15的质量标准要求。进行强度试验时，平行试验的试件数量应符合表2-3-16中的规定。

最少的试件数量 表2-3-16

稳定土类型	下列偏差系数时的试件数量		
	<10%	10%~15%	15%~20%
细粒土	6	9	—
中粒土	6	9	13
粗粒土	—	9	13

（5）将试件在规定的温度下保湿养护6d、浸水1d后，进行无侧限抗压强度试验，计算试验结果的平均值偏差系数。

（6）根据表2-3-14的强度标准，选定合适的石灰剂量，按配合比制作的试件室内试验结果的平均抗压强度R应符合式（2-3-1）的要求。

$$R = \frac{R_d}{1 - Z_a C_v} \tag{2-3-1}$$

式中：R_d——设计抗压强度，见表2-3-14；

C_v——试验结果的偏差系数，以小数计；

Z_a——标准正态分布表中随保证率（或置信度）而变的系数，高速公路和一级公路应取保证率95%，此时$Z_a = 1.645$；其他各级公路应取保证率90%，即$Z_a = 1.282$。

（7）工地实际采用的石灰剂量应比室内试验确定的剂量多0.5%~1%。

（8）需掺外加剂时，还需确定其配合比。

2. 水泥稳定土基层（底基层）

水泥稳定土基层（底基层）的设计内容、步骤与石灰土混合料相似，但各级公路的各层位的水泥稳定土强度标准与石灰土相应的强度标准要求不同。水泥稳定土的强度标准见表2-3-17。

水泥稳定土7d无侧限抗压强度标准（MPa） 表2-3-17

层 位	高速公路和一级公路	二级及二级以下公路
基层	3~5①	2.5~3②
底基层	1.5~2.5①	1.5~2.0②

注：①设计累计标准轴次小于12×10⁶的公路可采用低限值；超过12×10⁶的公路可用中值；主要行驶重载车辆的公路应用高限值。具体公路应采用一个定值。

②二级以下公路可取低限值；行驶重载车辆的公路应用高限值；二级公路可用中值；行驶重载车辆的二级公路应用高限值。具体公路应采用一个定值。

3. 石灰稳定工业废渣

石灰稳定工业废渣的设计内容、步骤与石灰土混合料相似，但各级公路的各层位的石灰稳定工业废渣强度标准与石灰土相应的强度标准要求不同。石灰稳定工业废渣的强度标准见表2-3-18。

石灰稳定工业废渣 7d 无侧限抗压强度标准(MPa)　　　　　表 2-3-18

层 位	高速公路和一级公路	二级及二级以下公路
基层	0.8 ~ 1.1*	0.6 ~ 0.8
底基层	≥0.6	≥0.5

注:*设计累计标准轴次小于 12×10^6 的高速公路可采用低限值;超过 12×10^6 的高速公路可用中值;主要行驶重载车辆的高速公路应用高限值。具体的高速公路应根据交通状况采用一个定值。

石灰稳定工业废渣组成材料的配合比见表 2-3-19。

石灰稳定工业废渣的配合比　　　　　表 2-3-19

结构类型	石灰炉渣	石灰炉渣碎石	石灰炉渣土	石灰炉渣碎石土
材料名称	石灰:炉渣	石灰:炉渣:石渣	石灰:炉渣:土	石灰:炉渣:石渣:土
质量配合比(%)	15:85 ~ 30:70	20:40:40 ~ 15:30:55	15:50:35 ~ 20:60:20	20:30:40:10
压实密度(kg/m³)	1400 ~ 1500	1700 ~ 1900	1700 ~ 1800	1700 ~ 1900

选用配合比时,除应考虑混合料的强度外,还应考虑材料的来源、备料、施工等因素,通过必要的试验,选择技术经济上合理的配合比。

4. 级配碎(砾)石

级配碎(砾)石的碎石、砾石及土的塑性指数均应满足相应的技术要求,若材料不能完全满足标准要求,则应对其不足之处分别采用掺配、筛除或加工破碎等方法,使其达到规定标准。

级配碎(砾)石配合比设计步骤及方法参考以下例题分析。

【例 2-3-1】　某级配砾石基层施工,调查料场有 3 处:甲料场产砾石,乙料场产砂,丙料场产黏土。经试验,其颗粒组成及塑性指数见表 2-3-20。如将材料掺配成表 2-3-21 中的 2 号级配,且塑性指数为 15,则均可使用。试按要求计算三种材料的配合比。

甲、乙、丙 3 个料场材料筛分试验结果　　　　　表 2-3-20

通过孔径(mm)	通过百分率(%)			通过孔径(mm)	通过百分率(%)		
	甲料	乙料	丙料		甲料	乙料	丙料
37.5	100	—	—	2	3	70	—
31.5	90	—	—	0.5	0	51	100
19	81	100	—	0.075	0	8	85
9.5	28	88	—	塑性指数	0	1.5	30
4.75	0	13	82	—			

级配砾石基层的颗粒级配范围　　　　　表 2-3-21

项 目		级配编号和级配组成		
		1	2	3
通过右列筛孔(mm)的质量百分率(%)	53	100	—	—
	37.5	90 ~ 100	100	100
	31.5		85 ~ 90	
	19	65 ~ 85	65 ~ 90	85 ~ 100
	9.5	45 ~ 70	50 ~ 70	60 ~ 80

项　目		级配编号和级配组成		
		1	2	3
通过右列筛孔(mm)的质量百分率(%)	4.75	30~55	40~60	45~65
	1.18	20~37	25~40	30~50
	0.6	15~25	20~32	20~32
	0.075	7~12	8~15	8~15
液限(%)		<43	<43	<28
塑性指数		12~21	12~18	12~18

解:设计步骤如下。

(1)仅有乙、丙料场材料有塑性指数,因此应先计算乙、丙料场材料的配合比,即要使塑性指数达到15,按式(2-3-2)计算。

$$P = \frac{p_1 s_1 x + p_2 s_2 y}{s_1 x + s_2 y} \tag{2-3-2}$$

式中:P——拟定的塑性指数,即15;

p_1、p_2——乙、丙材料的塑性指数;

s_1、s_2——乙、丙材料小于0.6mm颗粒含量的百分率;

x、y——乙、丙材料所占百分率。

将已知值代入式(2-3-2),得

$$15 = \frac{(1.5 \times 51)x + (30 \times 100)y}{51x + 100y}$$

即$688.5x - 1500y = 0$,同时$x + y = 100$。

解得:$x = 69\%$,$y = 31\%$。

将乙、丙两种材料混合料的计算结果列入表2-3-22中的第6栏。

(2)将乙料和丙料按69%与31%的比例配合。

(3)计算百分率总和。

标准组成的百分率总和:$M_1 = 100 + 92.5 + 80 + 60 + 50 + 32.5 + 26 + 11.5 = 452.5$

甲料的百分率总和:$M_2 = 100 + 90 + 81 + 28 + 13 + 3 = 315$

乙、丙混合料的百分率总和:$M_3 = 100 + 100 + 100 + 92 + 88 + 79 + 66 + 32 = 657$

$M_1 > M_2$,说明甲通过各筛孔的百分率低于标准组成;$M_3 > M_1$,说明乙、丙混合料通过各筛孔的百分率高于标准组成。

甲料与标准组成的百分率总和差为:$M_1 - M_2 = 452.5 - 315 = 137.5$

乙、丙混合料与标准组成的百分率总和差为:$M_3 - M_1 = 657 - 452.5 = 204.5$

(4)计算甲料与乙、丙混合料的配合比。

因总和的差数是与某种材料在级配混合料中所占的配合比成反比,即差数越小,表示该种材料与级配混合料的筛分组成情况越接近;反之,则表示二者相距越远。因此,与标准组成的百分率总和差越小的某种材料,在级配混合料中所占的比例应越高;反之,所占的比例应越低。

据此有:

    甲料的配合比 = 204.5/(137.5 + 204.5) ≈ 60%

    乙、丙混合料的配合比 = 137.5/(137.5 + 204.5) ≈ 40%

    所以,乙料的配合比 = 40% × 69% ≈ 28%

    丙料的配合比 = 40% × 31% ≈ 12%

(5)根据甲料 60%、乙料 28%、丙料 12% 的配合比计算新的组成,列入表 2-3-22 的第 7 栏。经检验,横向各行均符合表 2-3-21 中的 2 号级配标准组成的范围。

配 合 比 计 算 表   表 2-3-22

通过粒径（mm）	标准组成（%）	通过百分率(%)				
		甲料	乙料	丙料	乙料 69 + 丙料 31	甲料 60 + 乙料 28 + 丙料 12
1	2	3	4	5	6	7
37.5	100	100	100	100	100	100
31.5	85 ~ 100	90	100	100	100	94
19	70 ~ 90	81	100	100	100	88
9.5	50 ~ 70	28	88	100	92	53
4.75	40 ~ 60	13	82	100	88	43
2.46	25 ~ 40	3	70	100	79	33
0.6	20 ~ 32	0	51	100	66	26
0.075	8 ~ 15	0	8	85	32	12
塑性指数	15	0	1.5	30	15	15
百分率总和	452.5	315			657	449

(二)压实度控制指标

压实可以使路面基层(底基层)材料的强度大大增加,同时可以增加其不透水性、强度和稳定性。路面基层(底基层)的压实度是指压实层材料压实后的干密度与该材料的标准最大干密度之比,一般以重型击实标准为准。路面基层(底基层)的压实度现场检测方法及适用范围见表 2-3-23。

压实度现场检测方法及适用范围   表 2-3-23

方 法	适 用 范 围
灌砂法	适月于现场测定基层(底基层)的各种材料压实层的密度和压实度
环刀法	适用于龄期不超过 2d 的无机结合料稳定细粒土的现场压实度检测
核子法	适用于现场用核子密度仪以散射法或直接透射法测定基层(底基层)材料的密度和含水率,并计算施工压实度
钻芯法	适用于龄期较长的无机结合料稳定类基层(底基层)的密度检测

(三)强度控制

无机结合料基层和底基层的强度是以规定温度下保湿养护 6d、浸水 1d 后的 7d 无侧限抗压强度为准,其抗压强度应满足表 2-3-24 中的规定。

无机结合料基层和底基层的抗压强度（MPa） 表 2-3-24

公 路 等 级		高速公路、一级公路	二级及二级以下公路
水泥稳定土类	基层	3~5	2.5~3.0
	底基层	≥1.5~2.5	≥1.5~2.0
石灰稳定土类	基层	—	≥0.8
	底基层	≥0.8	>0.5~0.7
二灰稳定土类	基层	≥0.8~1.1	≥0.6~0.8
	底基层	≥0.6	≥0.5

注：低限与高限分别用于塑性指数小于12和大于12的黏性土。

（四）质量检验

1. 石灰稳定土施工的质量检验

石灰稳定类结构层工程完工后，施工单位、工程监理单位和建设单位应按相同的工程项目划分进行工程质量的监控和管理。

按照《公路工程质量检验评定标准　第一册　土建工程》（JTG F80/1—2017）的规定，对石灰稳定类结构层工程质量检验评定时的基本要求、实测项目和外观鉴定等内容分述如下。

1）石灰稳定土基层和底基层应符合下列基本要求

（1）石灰应经充分消解，路拌深度应达到层底。

（2）石灰类材料应处于最佳含水率状态下碾压，水泥类材料碾压终了的时间不应超过水泥的终凝时间。

（3）碾压检查合格后应立即覆盖或洒水养护，养护期应符合规范规定。

2）实测项目

稳定粒料基层和底基层应符合下列基本要求：

（1）应选择质坚干净的粒料，石灰应充分消解，矿渣应分解稳定，未分解渣块应予以剔除。

（2）路拌深度应达到层底。

（3）石灰类材料应处于最佳含水率状态下碾压，水泥类材料碾压终了的时间不应超过水泥的终凝时间。

（4）碾压检查合格后立即覆盖或洒水养护，养护期应符合规范规定。

石灰稳定类结构层交工验收阶段质量检验评定的检查项目、检查频率、质量要求或允许偏差等见表 2-3-25、表 2-3-26。

稳定土基层和底基层实测项目 表 2-3-25

项次	检查项目		规定值或允许偏差				检查方法和频率
			基层		底基层		
			高速公路一级公路	其他公路	高速公路一级公路	其他公路	
1△	压实度（%）	代表值	—	≥96	≥95	≥93	按《检评标准》附录 B 检查，每200m测2点
		极值	—	≥15	≥91	≥89	

续上表

项次	检查项目		规定值或允许偏差				检查方法和频率
			基层		底基层		
			高速公路一级公路	其他公路	高速公路一级公路	其他公路	
2	平整度（mm）		—	≤12	≤12	≤15	3m 直尺：每 200m 测 2 处×5 尺
3	纵断高程（mm）		—	+5，−15	+5，−15	+5，−20	水准仪：每 200m 测 2 个断面
4	宽度（mm）		满足设计要求		满足设计要求		尺量：每 200m 测 4 个断面
5△	厚度（mm）	代表值	—	−10	−10	−12	按《检评标准》附录 H 检查，每 200m 测 2 点
		合格值	—	−20	−25	−30	
6	横坡（%）		—	±0.5	±0.3	±0.5	水准仪：每 200m 测 2 个断面
7△	强度（MPa）		满足设计要求		满足设计要求		按《检评标准》附录 G 检查

稳定粒料基层和底基层实测项目　　　　　　表 2-3-26

项次	检查项目		规定值或允许偏差				检查方法和频率
			基层		底基层		
			高速公路一级公路	其他公路	高速公路一级公路	其他公路	
1△	压实度（%）	代表值	≥98	≥97	≥96	≥95	按《检评标准》附录 B 检查，每 200m 测 2 点
		极值	≥94	≥93	≥92	≥91	
2	平整度（mm）		≤8	≤12	≤12	≤15	3m 直尺：每 200m 测 2 处×5 尺
3	纵断高程（mm）		+5，−10	+5，−15	+5，−15	+5，−20	水准仪：每 200m 测 2 个断面
4	宽度（mm）		满足设计要求		满足设计要求		尺量：每 200m 测 4 点
5△	厚度（mm）	代表值	−8	−10	−10	−12	按《检评标准》附录 H 检查，每 200m 测 2 点
		合格值	−10	−20	−25	−30	
6	横坡（%）		±0.3	±0.5	±0.3	±0.5	水准仪：每 200m 测 2 个断面
7△	强度（MPa）		满足设计要求		满足设计要求		按《检评标准》附录 G 检查

3）外观质量应符合下列规定

表面平整密实、无坑洼、无碾压痕迹。

2. 水泥稳定土施工的质量检验

水泥稳定类结构层工程完工后，施工单位、工程监理单位和建设单位应按相同的工程项目划分进行工程质量的监控和管理。

施工单位应将全线以 1～3km 作为一个评定路段，按规定频度，随机选取测点，对水泥稳定类结构层进行全线自检，并应在规定时间内提交全线检测结果及施工总结报告，申请交工验收。

下面结合《公路工程质量检验评定标准 第一册 土建工程》（JTG F80/1—2017）介绍水泥稳定类结构层工程质量检验评定时的基本要求、实测项目、外观质量等内容。

1）基本要求

水泥稳定土基层和底基层应符合下列基本要求：

（1）水泥类材料碾压终了的时间不应超过水泥的终凝时间。

（2）碾压检查合格后，立即覆盖或洒水养护，养护期应符合规范规定。

2）实测项目

水泥稳定类结构层交工验收阶段质量检验评定的实测项目、检查频率、质量要求或允许偏差等见表 2-3-25、表 2-3-26。

3）外观质量应符合下列规定

（1）表面平整密实、无坑洼、无碾压痕迹。

（2）表面连续离析不得超过 10m，累计离析不得超过 50m。

3. 级配碎（砾）石施工质量检验

级配碎（砾）石结构层工程完工后，施工单位、工程监理单位和建设单位应按相同的工程项目划分进行工程质量的监控和管理。

按照《公路工程质量检验评定标准 第一册 土建工程》（JTG F80/1—2017）的规定，对级配碎（砾）石结构层工程质量检验评定时的基本要求、实测项目和外观鉴定等内容分述如下。

1）基本要求

（1）配料应准确。

（2）塑性指数应满足设计要求。

2）实测项目

级配碎（砾）石基层和底基层实测项目应符合表 2-3-27 的规定。

3）级配碎（砾）石基层和底基层外观质量应符合下列规定：

（1）表面应无松散，无坑洼、无碾压轨迹。

（2）表面连续离析不得超过 10m，累计离析不得超过 50m。

4. 填隙碎石施工质量检验

填隙碎石结构层工程完工后，施工单位、工程监理单位和建设单位应按相同的工程项目划分进行工程质量的监控和管理。

级配碎(砾)石基层和底基层实测项目　　　　　　　　　　表 2-3-27

检查项目		规定值或允许偏差				检查方法和频率
		基层		底基层		
		高速公路一级公路	其他公路	高速公路一级公路	其他公路	
1	压实度（%）代表值	≥98		≥96		按《检评标准》附录 B 检查，每200m 测 2 点
	压实度（%）极值	≥94		≥92		
2	弯沉值(0.01mm)	满足设计要求		满足设计要求		按《检评标准》附录 J 检查
3	平整度（mm）	≤8	≤12	≤12	≤15	3m 直尺：每200m 测 2 处×5 尺
4	纵断高程（mm）	+5，-10	+5，-15	+5，-15	+5，-20	水准仪：每200m 测 2 个断面
5	宽度（mm）	满足设计要求		满足设计要求		尺量：每200m 测 4 点
6△	厚度（mm）代表值	-8	-10	-10	-12	按《检评标准》附录 H 检查：每200m 测 2 点
	厚度（mm）合格值	-10	-20	-25	-30	
7	横坡（%）	±0.3	±0.5	±0.3	±0.5	水准仪：每200m 测 2 个断面

　　按照《公路工程质量检验评定标准　第一册　土建工程》(JTG F80/1—2017) 的规定，填隙碎石结构层工程质量检验评定时的基本要求、实测项目和外观鉴定等内容分述如下。

1）基本要求

（1）所用材料的规格、质量应满足设计要求。

（2）应采用振动压路机碾压至填隙饱满密实。

2）实测项目

填隙碎石(矿渣)基层和底基层实测项目应符合表 2-3-28 的规定。

填隙碎石(矿渣)基层和底基层实测项目　　　　　　　表 2-3-28

项次	检查项目		规定值或允许偏差				检查方法和频率
			基层		底基层		
			高速公路一级公路	其他公路	高速公路一级公路	其他公路	
1△	固体体积率（%）	代表值	—	≥98	≥96	—	密度法：每200m 测 2 点
		极值	—	≥82	≥80	—	
2	弯沉值(0.01mm)		满足设计要求		满足设计要求		按《检评标准》附录 J 检查
3	平整度（mm）		—	≤12	≤12	≤15	3m 直尺：每200m 测 2 处×5 尺

续上表

项次	检查项目		规定值或允许偏差				检查方法和频率
			基层		底基层		
			高速公路 一级公路	其他公路	高速公路 一级公路	其他公路	
4	纵断高程(mm)		—	+5，−15	+5，−15	+5，−20	水准仪：每200m测2个断面
5	宽度(mm)		满足设计要求		满足设计要求		尺量：每200m测4点
6△	厚度(mm)	代表值	—	−10	−10	−12	按《检评标准》附录H检查，每200m测2点
		合格值	—	−20	−25	−30	
7	横坡(%)		—	±0.5	±0.3	±0.5	水准仪：每200m测2个断面

3）外观质量应符合下列规定

（1）表面应无松散、无坑洼、无碾压轮迹。

（2）表面连续离析不得超过10m，累计离析不得超过50m。

1．路面基层(底基层)的结构类型有哪些？各有何特点？

2．路面基层(底基层)对主要材料有何要求？

3．稳定类路面基层(底基层)的施工特点有哪些？

1．简述水泥稳定土的施工要点。

2．简述石灰粉煤灰稳定土的施工流程。

3．简述级配碎(砾)石的施工步骤。

4．简述水泥稳定粒料基层的施工质量检验内容。

模块2.4　沥青路面面层施工

　　沥青路面是用沥青材料作结合料粘结矿料修筑的面层与各类基层（有时含功能层）所组成的路面。

　　沥青路面由于使用了沥青结合料，因而增强了集料间的黏结力，提高了混合料的强度和稳定性，使路面的使用质量和耐久性都得到了提高。与水泥混凝土路面相比，沥青路面具有表面平整、无接缝、行车舒适、耐磨、震动小、噪声低、施工期短、养护维修简便等优点，因而获得了越来越广泛的应用。20世纪50年代以来，各国修建沥青路面的数量迅猛增长。近三十年来，我国很多公路和城市道路采用了沥青路面，沥青路面也是我国高速公路的主要路面形式。随着经济发展和现代化道路交通的需要，沥青路面预计会有更大的发展。

微课：沥青路面认知

一、沥青路面特性与类别

（一）沥青路面的基本特性

1. 沥青路面属于柔性路面

　　在柔性基层上铺筑的沥青面层称为柔性基层沥青路面，在无机结合料稳定材料基层上铺筑的沥青混合料面层称为无机结合料稳定材料沥青路面。沥青路面的强度和稳定性在很大程度上取决于路基和基层的特性，因此，对路基和基层的强度要求较高。

2. 低温稳定性差

　　低温时，沥青路面的抗变形能力很低。在寒冷地区，为了防止路基因不均匀冻胀而使沥青路面开裂，需设置防冻层。沥青面修筑后，由于其透水性小，使路基和基层内的水分难以排出，在潮湿路段易使路基和基层因湿度过大而变软，从而导致路面破坏。因此，沥青路面宜尽量采用水稳定性较好的无机结合料稳定材料基层。

3. 抗开裂能力低

　　在交通量较大的路段，为了使沥青路面具有一定的抗弯拉和抗疲劳开裂的能力，宜在沥青面层下设置沥青混合料的上基层。采用较薄的沥青面层时，特别是在旧路面上加铺面层补强时，要采取必要的措施加强面层与基层之间的黏结，以防止水平力作用而引起沥青面层的剥落、推挤、拥包等破坏。

（二）沥青路面的分类

　　根据沥青路面的技术特性，沥青面层可分为沥青表面处治、沥青贯入式、热拌沥青碎石、乳化沥青碎石混合料、沥青混凝土五种类型。此外近年来沥青玛蹄脂碎石也得到了广泛应用。

（1）沥青表面处治路面是指用沥青和集料按层铺法铺筑而成的、厚度不超过3cm的沥青路面。沥青表面处治的厚度一般为1.5~3.0cm。采用层铺法施工时可分为单层、双层、三层。单层表处厚度为1.0~1.5cm，双层表处厚度为1.5~2.5cm，三层表处厚度为2.5~3.0cm。沥青表面处治适用于三、四级公路的面层以及旧沥青面层上加铺罩面或抗滑层、磨耗层等。

（2）沥青贯入式路面是指用沥青贯入碎（砾）石作面层的路面。沥青贯入式路面的厚度一般为4~8cm。当沥青贯入式的上部加铺拌和的沥青混合料时，也称为上拌下贯式，此时拌和层的厚度宜为3~4cm，其总厚度为7~10cm。沥青贯入式碎石路面宜用作二级及二级以下公路的沥青面层。

（3）热拌沥青碎石路面是指用沥青碎石作面层的路面。沥青碎石的配合比设计应根据实践经验和马歇尔试验的结果，并通过施工前的试拌和试铺确定。沥青碎石有时也用作联结层。

（4）乳化沥青碎石混合料适用于三、四级公路的沥青面层、二级公路养护罩面以及各级公路的调平层。在国外其也用作柔性基层。

（5）沥青混凝土路面是指用沥青混凝土作面层的路面，其面层可由单层、双层或三层沥青混合料组成，各层混合料的组成设计应根据其层厚和层位、气温和降雨量等气候条件、交通量和交通组成等因素来确定，以满足对沥青面层使用功能的要求。沥青混凝土可用作各个等级公路的面层。

（6）沥青玛琋脂碎石路面是指用沥青玛琋脂碎石混合料作面层或抗滑层的路面。沥青玛琋脂碎石混合料（简称SMA）是以间断级配为骨架，用改性沥青、矿粉及木质纤维素组成的沥青玛琋脂为结合料，经拌和、摊铺、压实而形成的一种构造深度较大的抗滑面层。它具有抗滑耐磨、孔隙率小、抗疲劳、高温抗车辙、低温抗开裂等优点，是一种全面提高密级配沥青混凝土使用质量的新材料，适用于高速公路、一级公路和其他重要公路的表面层。

此外，在路面预防性养护方面，主要用到稀浆封层与微表处。稀浆封层是指用适当级配的石屑或砂填料（水泥、石灰、粉煤灰、石粉等）与乳化沥青外掺剂和水，按一定比例拌和而成的流动状态的沥青混合料，将其均匀地摊铺在路面上形成的沥青封层。微表处是指采用适当级配的石屑或砂、填料（水泥、石灰、粉煤灰、石粉等）与聚合物改性乳化沥青、外掺剂和水按一定比例拌和而成的流动状态的沥青混合料，将其均匀地摊铺在路面上形成的沥青封层。二者有许多相似之处，但却是两种完全不同的类型，其主要区别在于施工机械、施工要求与质量。微表处主要用于高速公路和一级公路预防性养护以及填补轻度车辙，也适用于新建公路的抗滑磨耗层。稀浆封层一般用于二级及二级以下公路的预防性养护，也适用于新建公路的下封层。它们必须使用专用的摊铺机进行摊铺。

（三）沥青路面类型的选择

采用不同的施工工艺和材料可以修筑成不同类型的沥青路面。因此，必须根据路面的使用要求和施工的具体条件，按照技术经济原则来综合考虑，选定最适合的路面类型。

选择沥青路面的类型，一方面要根据任务要求（道路等级、交通量、使用年限、修建费用等）和工程特点（施工季节、施工期限、基层状况等），另一方面应考虑材料供应情况、施工机具、人力和施工技术条件等因素来确定。

从施工季节的角度来讲，沥青类路面一般都要求在温暖干燥的气候条件下施工，所用沥青材料在施工时应具有较大的流动性,便于路面摊铺和压实。对于热拌热铺类的沥青碎石或沥青混凝土面层,气候对其影响较小,仅要求在晴朗天气和气温不低于5℃时施工。

二、沥青路面常用材料要求

(一)沥青材料

沥青路面所用的沥青材料有道路石油沥青、乳化沥青、液体石油沥青、煤沥青、改性沥青、改性乳化沥青等。

将沥青路面使用的各种材料运至现场后,须取样进行质量检验,经评定合格后方可使用。沥青路面集料的选择须经过认真的料源调查,应尽可能就地取材。集料粒径规格以方孔筛为准。不同料源、品种、规格的集料不得混杂堆放。

对热拌热铺沥青路面,由于沥青材料和矿料均须加热拌和,并在热态下铺压,故可采用黏度较高的沥青材料。而热拌冷铺沥青路面,所用沥青材料的黏度可较低。对于浇灌类沥青路面,若采用的沥青材料黏度过大,则难以贯入碎石中;若采用的沥青材料过稀,又易流入路面底部,因此这类路面宜采用中等黏度的沥青材料。当气候寒冷、施工气温较低、矿料粒径偏小时,宜采用黏度较低的沥青材料。但在炎热季节施工时,由于沥青材料的温度散失较慢,则可用黏度较高的沥青材料。对于路拌类沥青路面,一般仅采用黏度较低的沥青材料。

1.道路石油沥青

道路石油沥青应符合表2-4-1中规定的技术要求。经建设单位同意,沥青的针入度PI值、60℃动力黏度、10℃延度可作为选择性指标。

道路石油沥青的使用范围 表2-4-1

沥青等级	适用范围
A级沥青	各等级公路,适用于任何场合和层次
B级沥青	高速公路、一级公路沥青下面层及以下的层次,二级及二级以下公路的各个层次;用作改性沥青、乳化沥青、改性乳化沥青、稀释沥青的基质沥青
C级沥青	三级及三级以下公路的各个层次

沥青路面采用的沥青标号,宜按照公路等级、气候条件、交通条件、路面类型以及在结构层中的层位及受力特点、施工方法等,结合当地的使用经验,经技术论证后确定。对于高速公路、一级公路,夏季温度高且高温持续时间长、重载交通、山区及丘陵区上坡路段、服务区停车场等行车速度慢的路段,尤其是汽车荷载剪应力大的层次,宜采用稠度大、60℃黏度大的沥青,也可提高高温气候分区的温度水平选用沥青等级;对冬季寒冷地区或交通量小的旅游区公路宜选用黏度小、低温延度大的沥青;对日温差、年温差大的地区宜选用针入度指数大的沥青。当高温要求与低温要求发生矛盾时,应优先考虑满足高温性能的要求。当缺乏所需标号的沥青时,可采用不同标号掺配的调和沥青,其掺配比例由试验确定。

沥青必须按品种标号,分开存放。除长期不使用的沥青可在常温下储存外,沥青在储罐中的储存温度不宜低于130℃,且不得高于170℃。桶装沥青应直立堆放,加盖苫布。道路石油沥青在储运、使用及存放过程中应有良好的防水措施,避免雨水或加热管道蒸汽进入沥青中。

2.乳化沥青

乳化沥青是指石油沥青与水在乳化剂、稳定剂等的作用下经乳化加工制得的均匀沥青产品,也称为沥青乳液。乳化沥青适用于沥青表面处治路面、沥青贯入式路面、冷拌沥青混合料路面,可用作修补裂缝,喷洒透层、黏层与封层等。

乳化沥青的品种和适用范围宜符合表2-4-2的规定。

乳化沥青的品种和适用范围 表2-4-2

分　类	品种及代号	适 用 范 围
阳离子乳化沥青	PC-1	表处、贯入式路面及下封层
	PC-2	透层油及基层养护
	PC-3	黏层油
	BC-1	稀浆封层或冷拌沥青混合料
阴离子乳化沥青	PA-1	表处、贯入式路面及下封层
	FA-2	透层油及基层养护
	FA-3	黏层油
	BA-1	稀浆封层或冷拌沥青混合料
非离子乳化沥青	PN-2	透层油
	BN-1	与水泥稳定材料同时使用(基层路拌或再生)

在高温条件下宜采用黏度较大的乳化沥青,寒冷条件下宜使用黏度较小的乳化沥青。乳化沥青类型可根据集料品种及使用条件选择。阳离子乳化沥青适用于各种集料品种,阴离子乳化沥青的破乳速度、黏度宜根据用途与施工方法选择。乳化沥青宜存放在立式罐中,并保持适当搅拌。储存期内,以不离析、不冻结、不破乳为度。

3.液体石油沥青

液体石油沥青是指用汽油、煤油、柴油等溶剂将石油沥青稀释而成的沥青产品,也称轻制沥青或稀释沥青。液体石油沥青适用于透层、黏层及拌制冷拌沥青混合料。根据使用目的与场所,可选用快凝、中凝、慢凝的液体石油沥青。

液体石油沥青宜采用针入度较大的石油沥青,使用前按先加热后加稀释剂的顺序,掺配煤油或轻柴油,经适当搅拌、稀释制成。掺配比例根据使用要求由试验确定。

液体石油沥青在制作、储存、使用的全过程中必须通风良好,并由专人负责,确保安全。基质沥青的加热温度严禁超过140℃,液体沥青的储存温度不得高于50℃。

4.煤沥青

根据气候条件、施工温度、使用目的选用道路用煤沥青的标号,道路用煤沥青可与道路石油沥青、乳化沥青混合使用,以改善渗透性。道路用煤沥青严禁用于热拌热铺的沥青混合料,作其他用途时的储存温度宜为70~90℃,且不得长时间储存。

5.改性沥青

改性沥青是指掺加橡胶、树脂、高分子聚合物、磨细的橡胶粉或者其他材料等外掺剂(改性剂）制成的沥青结合料,从而使沥青或沥青混合料的性能得以改善。改性沥青可单独或复合采用高分子聚合物、天然沥青及其他改性材料制作。

天然沥青可以单独与石油沥青混合使用或与其他改性沥青混融后使用。天然沥青的质量要求宜根据其品种参照相关标准和成功经验执行。用作改性剂的丁苯(SBR)胶乳中的固体物含量不宜少于45%,使用中严禁长时间暴晒或遭冰冻。

改性沥青的剂量以改性剂占改性沥青总量的百分数计算,胶乳改性沥青的剂量应以扣除水以后的固体物含量计算。改性沥青宜在固定式工厂或在现场设厂集中制作,也可在拌和厂现场边制造边使用。改性沥青的加工温度不宜超过180℃。胶乳类改性剂和制成颗粒的改性剂可直接投入拌和缸中生产改性沥青混合料。用溶剂法生产改性沥青母体时,挥发性溶剂回收后的残留量不得超过5%。现场制造的改性沥青宜随配随用,需作短时间保存,或运送到附近的工地时,使用前必须搅拌均匀,在不发生离析的状态下使用。改性沥青制作设备必须设有随机采集样品的取样口,采集的试样宜立即在现场灌模。工厂制作的成品改性沥青运达施工现场后应存储在改性沥青罐中,改性沥青罐中须加设搅拌设备并对沥青进行搅拌,使用前必须搅拌均匀。在施工过程中,应定期取样检验产品质量,发现离析等质量不符合要求的改性沥青不得使用。

6. 改性乳化沥青

改性乳化沥青是指在制作乳化沥青的过程中同时加入聚合物胶乳,或者将聚合物胶乳与乳化沥青成品混合,或者对聚合物改性沥青进行乳化加工得到的乳化沥青产品。改性乳化沥青的品种和适用范围见表2-4-3。

改性乳化沥青的品种和适用范围　　　　　　　　　　表2-4-3

品　　　种		代　　号	适　用　范　围
改性乳化沥青	喷洒型改性乳化沥青	PCR	黏层、封层、桥面防水和黏结层
	拌和用乳化沥青	BCR	改性稀浆封层和微表处

（二）粗集料

沥青混合料中,粗集料是指粒径大于2.36mm以上的碎石、破碎砾石、筛选砾石、钢渣和矿渣等。

沥青路面所用的粗集料有碎石、破碎砾石、筛选砾石、钢渣、矿渣等。

碎石系由各种坚硬岩石轧制而成。沥青路面所用的碎石应具有足够的强度和耐磨性能,根据路面的类型和使用条件选定石料的等级。

碎石应是均质、洁净、坚硬、无风化的,且不含过量小于0.075mm的颗粒(小于2%),吸水率小于2%～3%;颗粒形状接近立方体并有多棱角,针片状颗粒(长边与短边或长边与厚度比大于3)含量应小于15%,压碎值应不大于26%～30%。

碎石与沥青材料的黏附性大小,对沥青混合料的强度和耐久性有极大的影响,应优先选用与沥青材料有良好黏附性的碱性碎石。与沥青材料的黏附性,对于三级以上公路,沥青材料的黏附性采用水煮法测定。

筛选砾石由天然砾石筛选而得。由于天然砾石由各种岩石经自然风化而成不同尺寸的粒料组成,强度极不均匀,而且多是圆滑形状。因此,筛选砾石仅适用于交通量较小的路面面层下层、基层或联结层的沥青混合料,不宜用于防滑面层。对于交通量大的沥青路面面层,若使用砾石拌制沥青混合料,则在砾石中至少应掺50%(按质量计)大于5mm的碎石或经轧制的砾石。沥青贯入式路面用砾石,主层矿料中亦应掺有30%~40%以上的碎石或轧制砾石。

轧制砾石系由天然砾石轧制并经筛选而得,要求大于5mm颗粒中40%(按质量计)以上至少有一个破碎面。用于沥青贯入式面层时,主层矿料中要有30%~40%(按质量计)以上颗粒至少有两个破碎面。

路面抗滑表层粗集料应选用坚硬、耐磨、抗冲击性好的碎石,不得使用筛选砾石、矿渣及软质集料。用于高速公路、一级公路沥青路面表面层及各类抗滑表层的粗集料应符合规定的石料磨光值要求。为了保证石料与沥青之间有较好的黏结性能,经检验属于酸性岩石的石料,用于高速公路、一级公路和城市快速路、主干路时,宜使用针入度较小的沥青,必要时可在沥青中掺加抗剥离剂,或者用干燥的磨细消石灰或生石灰粉、水泥作为填料的一部分,其用量宜为矿料总量的1%~2%。将粗集料用石灰浆处理后使用也可以有效地提高石料与沥青之间的黏结力。

沥青混合料对粗集料的质量技术要求见表2-4-4。

沥青面层粗集料质量技术要求 表2-4-4

指 标	单位	高速公路、一级公路		其他等级公路
		表面层	其他层次	
石料压碎值(不大于)	%	26	28	30
各杉矶磨耗损失(不大于)	%	28	30	35
表观相对密度(不大于)	—	2.60	2.50	2.45
吸水率(不大于)	%	2.0	3.0	3.0
坚固性(不大于)	%	12	12	—
针片状颗粒含量(混合料)(不大于) 其中粒径大于9.5mm(不大于) 其中粒径小于9.5mm(不大于)	% %	12 18	15 20	— —
水洗法,小于0.075mm颗粒含量(不大于)	%	1	1	1
软石含量(不大于)	%	3	5	5

(三)细集料

粗细集料通常以2.36mm作为分界,沥青面层的细集料可采用天然砂、机制砂及石屑。沥青面层用天然砂规格见表2-4-5。细集料应洁净、干燥、无风化、无杂质,并有适当的颗粒组成。热拌沥青混合料的细集料宜采用优质的天然砂或机制砂,在缺砂地区也可以用石屑。但由于一般情况下石屑的含泥量高、强度不高,因此用于高速公路、一级公路沥青混凝土面层及抗滑表层的石屑用量不宜超过天然砂及机制砂的用量。细集料应与沥青有良好的黏结能力,与沥青黏结性能很差的天然砂及用花岗岩、石英岩等酸性石料破碎的机制砂或石屑不宜用于高速公路、一级公路沥青面层。必须使用时,应有抗剥落措施。热拌密级配沥青混合料中天然砂的用量通常不宜超过集料总量的 20% ,沥青玛蹄脂碎石混合料(SMA)和开级配抗滑磨耗层混合料(OGFC)不宜使用天然砂。

沥青面层用天然砂规格　　　　　　　　　　表 2-4-5

筛孔尺寸	通过各筛孔的质量百分率（%）		
（mm）	粗砂	中砂	细砂
9.5	100	100	100
4.75	90 ~ 100	90 ~ 100	90 ~ 100
2.36	65 ~ 95	75 ~ 90	85 ~ 100
1.18	35 ~ 65	50 ~ 90	75 ~ 100
0.6	15 ~ 30	30 ~ 60	60 ~ 84
0.3	5 ~ 20	8 ~ 30	15 ~ 45
0.15	0 ~ 10	0 ~ 10	0 ~ 10
0.075	0 ~ 5	0 ~ 5	0 ~ 5

（四）填料

沥青混合料的填料宜采用石灰岩或岩浆岩中的强基性岩石等憎水性石料经磨细得到的矿粉,应将原石料中的泥土杂质除净。矿粉要求干燥、洁净,其质量应符合表 2-4-6 中规定的技术要求。拌和机的粉尘可作为矿粉的一部分回收使用,但每盘用量不得超过填料总量的 25% ,掺有粉尘填料的塑性指数不得大于 4% 。当采用水泥、石灰、粉煤灰作填料时,其用量不宜超过矿料总量的 2% 。粉煤灰作为填料使用时,用量不得超过填料总量的 50% ,粉煤灰的烧失量应小于 12% ,与矿粉混合后的塑性指数应小于 4% ,其余质量要求与矿粉相同。高速公路、一级公路的沥青面层不宜采用粉煤灰作填料。

沥青面层用矿粉质量技术要求　　　　　　　　表 2-4-6

指　　标		高速公路、一级公路	其他等级公路
视密度（t/m³ ,不小于）		2.50	2.45
含水率（% ,不大于）		1	1
粒度范围（%）	<0.6mm	100	100
	<0.15mm	90 ~ 100	90 ~ 100
	<0.075mm	75 ~ 100	70 ~ 100
外观		无团粒结块	
亲水系数		<1	
塑性指数		<4	
加热安定性		实测记录	

（五）纤维稳定剂

在沥青混合料中掺加的纤维稳定剂宜选用木质素纤维、矿物纤维等。木质素纤维的质量应符合表 2-4-7 中的技术要求。纤维应在 250℃温度下干拌不变质、不发脆。所用纤维必须符合环保要求,不危害身体健康。纤维必须在混合料拌和过程中能充分分散均匀。矿物纤维宜采用玄武岩等矿石制造,易影响环境及造成人体伤害的石棉纤维不宜直接使用。纤维应存放在室内或有篷盖的地方,对于松散纤维,在运输及使用过程中应避免受潮,不结团。纤维稳定剂的掺加比例以沥青混合料总量的质量百分率计算,通常情况下,用于 SMA 路面的木质素纤维不宜低于 0.3%,矿物纤维不宜低于 0.4%,必要时可适当增加纤维用量。纤维掺加量的允许误差宜不超过 ±5%。

木质素纤维质量要求 表 2-4-7

项　　目	单　　位	指　　标
纤维长度(不大于)	mm	6
灰分含量	%	18 ± 5
pH 值	—	7.5 ± 1.0
吸油率(不小于)	—	纤维质量的 5 倍
含水率(以质量计,不大于)	%	5

三、各类沥青路面的施工方法

按施工工艺的不同,沥青路面可分为层铺法和厂拌法。

(1)层铺法是指将沥青和集料分层撒铺,然后碾压成型的路面施工方法。其主要优点是工艺和设备简便、功效较高、施工进度快、造价较低。用这种方法所修筑的沥青路面有沥青表面处治和沥青贯入式两种。

微课:沥青混凝土
路面施工

(2)厂拌法是指将规定级配的矿料和沥青材料用工厂的专用设备加热拌和,并在一定的时间内运到工地用摊铺机摊铺,然后碾压成型的路面施工方法。厂拌法按混合料铺筑温度的不同,又可分为热拌摊铺和温拌摊铺两种。若混合料是在专用设备中加热拌和后立即趁热运输到施工现场摊铺压实,称为热拌摊铺;若沥青混合料加热拌和时加入温拌剂(一般拌和温度降低 30 ~ 50℃)运输到施工现场摊铺压实,称为温拌摊铺。厂拌法所用集料清洁、级配准确,且为热料拌和,沥青黏度高,用量准确,因而混合料质量高、寿命长,但修建费用也较高。若所用矿料为干级配,拌和后混合料的空隙率大于 10%,则混合料被称为厂拌沥青碎石;若矿料按最佳密实级配原则配制,空隙率小于 10%,则被称为沥青混凝土。

路面面层施工是影响路面使用质量与寿命的重要环节之一。路面面层施工中必须层层把关、严格要求,尽可能优化施工工艺,提高施工质量。在路面施工中要保证原材料质量合格、配合比准确、拌和均匀、摊铺平整、碾压密实、接缝平整等,确保路面的工程质量。

图 2-4-1 所示为沥青路面面层施工工艺流程示意图。

(一)沥青表面处治施工

沥青表面处治是用沥青和集料按层铺法或拌和法铺筑而成的厚度不超过 3cm 的沥青面层。其主要作用是防水、抗磨耗、防滑和改善碎(砾)石路面的使用品质,以改善行车条件。在

计算路面厚度时,其不作为单独受力结构层。沥青表面处治层在施工完毕后,须经过一段时间的行车碾压,特别是一定高温下的行车碾压,使其矿料取得最稳定的嵌紧位置,并同沥青粘结牢固,这一过程即称为"成型"阶段。因此,沥青表面处治宜选择在干燥和较热的季节施工,并在雨季及日最高温度低于15℃到来以前半个月结束,使表面处治层通过开放交通压实,成型稳定。

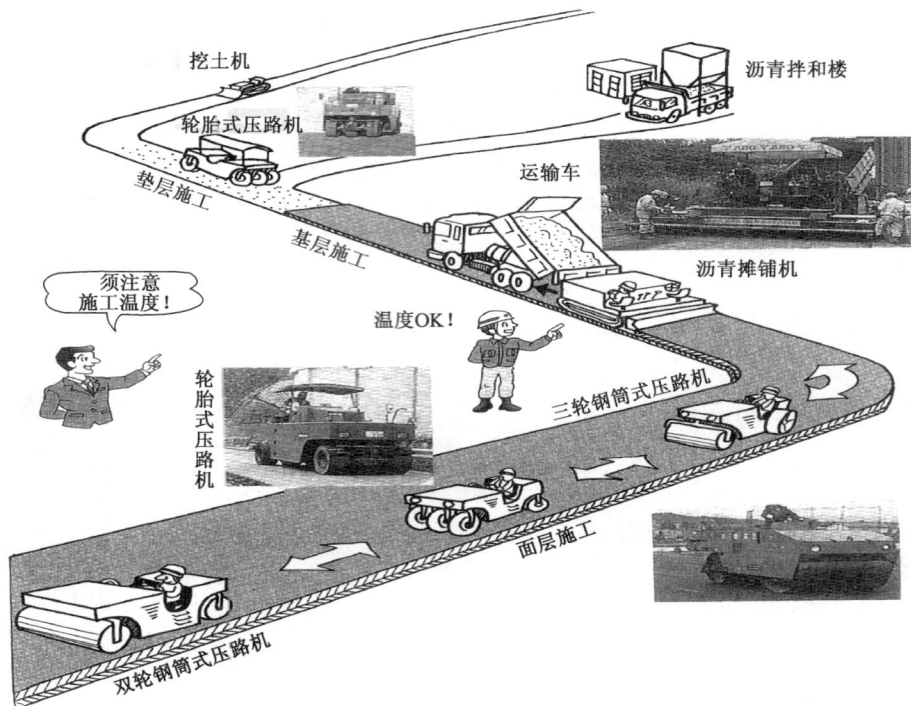

图 2-4-1 沥青路面面层施工工艺流程示意图

1.层铺法施工

沥青表面处治采用层铺法施工时,洒布沥青及铺撒矿料的次数等于沥青表面处治的层次。单层式洒布一次沥青,铺撒一次矿料,厚度为 1.0~1.5cm;双层式洒布两次沥青,铺撒两次矿料,厚度为 2.0~2.5cm;三层式洒布三次沥青,铺撒三次矿料,厚度为 2.5~3.0cm。

沥青表面处治所用的矿料,其最大粒径应与所处治的层次厚度相当。矿料的最大与最小粒径比不应大于2,介于两个筛孔之间的颗粒含量应不小于70%~80%。

沥青表面处治可采用道路石油沥青、煤沥青或乳化沥青铺筑,沥青标号应符合《公路沥青路面施工技术规范》(JTG F40—2004)的规定。当采用乳化沥青时,应减少乳液流失,可在主层集料中掺加20%以上较小粒径的集料。沥青表面处治施工后,应在路侧另备碎石或石屑、粗砂或小砾石作为初期养护用料,其中,碎石的规格为 S12(5~10mm),粗砂或小砾石的规格为 S14(3~5mm),其用量为 2~3m³/1000m²。道路用乳化石油沥青的质量要求见表2-4-8。

沥青表面处治的集料最大粒径应与处治层的厚度相等,其规格和用量宜按表2-4-9选用。

道路用乳化沥青技术要求　　　　　　　　　　　　表 2-4-8

试 验 项 目		单位	品种及代号										试验方法
			阳离子				阴离子				非离子		
			喷洒用			拌和用	喷洒用			拌和用	喷洒用	拌和用	
			PC-1	PC-2	PC-3	BC-1	PA-1	PA-2	PA-3	BA-1	PN-2	BN-1	
破乳速度			快裂	慢裂	快裂或中裂	慢裂或中裂	快裂	慢裂	快裂或中裂	慢裂或中裂	慢裂	慢裂	T 0658
粒子电荷			阳离子(－)				阴离子(－)				非离子		T 0653
筛上残留物(1.18mm 筛),不大于		%											T 0652
黏度	恩格拉黏度计 E_{25}		2~10	1~6	1~6	2~30	2~10	1~6	1~6	2~30	1~6	2~30	T 0622
	道路标准黏度计	s	10~25	8~20	8~20	10~60	10~25	8~20	8~20	10~60	8~20	10~60	T 0621
蒸发残留物	残留分含量,不小于	%	50	50	50	55	50	50	50	55	50	55	T 0651
	溶解度,不小于	%											T 0607
	针入度(25℃)	0.1mm	50~200	50~300	45~150		50~200	50~300	45~150		50~300	60~300	T 0604
	延度(15℃),不小于	cm	40				40				40		T 0605
与粗集料的黏附性,裹覆面积,不小于			2/3			—	2/3			—	2/3	—	T 0654
与粗、细粒式集料拌和试验			—			均匀	—			均匀	—		T 0659
水泥拌和试验的筛上剩余,不大于		%	—				—				—	3	T 0657
常温储存稳定性: 1d 不大于 5d 不大于		%	1 5				1 5				1 5		T 0655

注:1. P 为喷洒型,B 为拌和型,C、A、N 分别表示阳离子、阴离子、非离子乳化沥青。
2. 黏度可选用恩格拉黏度计或沥青标准黏度计之一测定。

　　层铺法沥青表面处治施工,一般采用"先油后料"法,即先洒布一层沥青,后撒铺一层矿料。以双层式沥青表面处治为例,其施工步骤如下:

①备料;
②清理基层及放样;
③浇洒透层沥青;
④洒布第一次沥青;
⑤撒铺第一层矿料;
⑥碾压;
⑦洒布第二次沥青;
⑧撒铺第二层矿料;
⑨碾压;

⑩初期养护。

沥青表面处治面层材料规格用量(方孔筛)　　　　　　表 2-4-9

沥青种类	类型	厚度(cm)	集料(m³/1000m²)						沥青或乳液用量(kg/m²)			
			第一层		第二层		第三层		第一次	第二次	第三次	合计用量
			粒径规格	用量	粒径规格	用量	粒径规格	用量				
石油沥青	单层	1.0	S12	7~9	—	—	—	—	1.4~1.6	—	—	1.4~1.6
		1.5	S10	12~14								
	双层	1.5	S10	12~14	S12	7~8			1.4~1.6	1.0~1.2	—	2.5~2.8
		2.0	S9	16~18	S12	7~8			1.6~1.8	1.0~1.2	—	2.6~3.0
		2.0	S8	18~20	S12	7~8			1.8~2.0	1.0~1.2	—	2.8~3.2
	三层	2.5	S8	18~20	S10	12~14	S12	7~8	1.6~1.8	1.2~1.4	1.0~1.2	3.8~4.4
		3.0	S6	20~22	S10	12~14	S12	7~8	1.8~2.0	1.2~1.4	1.0~1.2	4.0~4.6
乳化沥青	单层	0.5	S14	7~9					0.9~1.0	—	—	0.9~1.0
	双层	1.0	S12	9~11	S14	4~6			1.8~2.0	1.0~1.2	—	2.8~3.2
	三层	3.0	S6	20~22	S10	9~11	S12 S14	4~6 3.5~4.5	2.0~2.2	1.8~2.0	1.0~1.2	4.8~5.4

注:1. 煤沥青表面处治的沥青用量可较石油沥青用量增加15%~20%。
　　2. 表中乳化沥青的乳液用量适用于乳液中沥青用量约为60%的情况。
　　3. 在高寒地区及干旱、风沙大的地区,可超出高限5%~10%。

为使沥青与非沥青材料基层结合良好,在基层上喷洒液体沥青、乳化沥青、煤沥青而形成的透入基层表面一定深度的薄层称为透层。单层式和三层式沥青表面处治的施工程序与双层式相同,仅需相应地减少或增加一次洒布沥青、撒铺矿料和碾压工序。

2. 层铺法施工要求

层铺法施工各工序的要求如下:

(1)清理基层。在表面处治施工前,应将路面基层清扫干净,使基层的矿料大部分外露,并保持干燥。对有坑槽、不平整的路段应先修补和整平,若基层整体强度不足,则应先予以补强。

(2)洒布沥青。沥青洒布要均匀,不应有空白或积聚现象,以免日后产生松散、拥包或推挤等病害。若采用汽车洒布机洒布沥青,应根据单位面积的沥青用量选定洒布机排挡和油泵机挡;洒布汽车的行驶速度要均匀。若采用手摇洒布机洒布沥青,应根据施工气温和风向调节喷头离地面的高度和移动的速度,以保证沥青洒布均匀,并应按洒布面积来控制单位沥青用量。沥青的浇洒温度应根据施工气温及沥青标号选择,石油沥青的洒布温度宜为130~170℃,煤沥青的洒布温度宜为80~120℃,乳化沥青可在常温下洒布。当气温偏低,破乳及成型过慢时,可将乳液加热后洒布,但乳液温度不得超过60℃。沥青浇洒的长度应与集料撒布机的能力相配合,应避免沥青浇洒后等待较长时间才撒布集料。

（3）撒铺矿料。洒布沥青后，应趁热迅速散铺矿料，按规定用量一次撒足。矿料要撒铺均匀，局部有缺料或过多料处，应适当找补或扫除。矿料不应有重叠或漏空现象。当使用乳化沥青时，集料撒布应在乳液破乳之前完成。

（4）碾压。撒铺矿料后立即用60～80kN双轮压路机或轮胎压路机及时碾压。碾压应从一侧路缘压向路中心。碾压时，每次轮迹重叠约30cm，碾压3～4遍。压路机行驶速度开始为2km/h，以后可适当提高。

（5）初期养护。碾压结束后即可开放交通，但应禁止车辆快速行驶（不超过20km/h），要控制车辆的行驶路线，使路面全幅宽度获得均匀碾压，加速处治层的稳定成型。对局部泛油、松散、麻面等现象，应及时修整处理。

（二）沥青贯入式路面施工

沥青贯入式路面具有较高的强度和稳定性，其强度的构成，主要依靠矿料的嵌挤作用和沥青材料的黏结力。沥青贯入式路面适用于二级及二级以下的公路、城市道路的次干道及支路。沥青贯入式层也可作为沥青混凝土路面的联结层。封层是指为封闭表面空隙、防止水分侵入而在沥青面层或基层上铺筑的有一定厚度的沥青混合料薄层。铺筑在沥青面层表面的称为上封层，铺筑在沥青面层下面、基层表面的称为下封层。由于沥青贯入式路面是一种多孔隙结构，为了防止水的侵入和增强路面的水稳定性，其面层的最上层必须加铺封层。沥青贯入式路面宜在干燥和较热的季节施工，并宜在雨季及日最高温度低于15℃到来以前半个月结束，使贯入式结构层通过开放交通碾压成型。

沥青贯入式路面在初步碾压的矿料层上洒布沥青，再分层撒铺嵌缝料、洒布沥青和碾压，并借行车压实而成。其厚度一般为4～8cm。乳化沥青贯入式路面的厚度不宜超过5cm。当贯入式层上部加铺拌和的沥青混合料面层时，路面总厚度为7～10cm，其中拌和层的厚度宜为3～4cm。

沥青贯入式路面所用集料应选择有棱角、嵌挤性好的坚硬石料，其规格和用量要求见表2-4-10。

沥青贯入式路面材料规格和用量　　　　　　表2-4-10

（用量单位：集料，m³/1000m²；沥青及沥青乳液，kg/m²）

沥青品种	石油沥青					
厚度（cm）	4		5		6	
规格和用量	规格	用量	规格	用量	规格	用量
封层料	S14	3～5	S14	3～5	S13（S14）	4～6
第三遍沥青		1.0～1.2		1.0～1.2		1.0～1.2
第二遍嵌缝料	S12	6～7	S11（S10）	10～12	S11（S10）	10～12
第二遍沥青		1.6～1.8		1.8～2.0		2.0～2.2
第一遍嵌缝料	S10（S9）	12～14	S8	16～18	S8（S6）	16～18
第一遍沥青		1.8～2.1		2.4～2.6		2.8～3.0
主层石料	S5	45～50	S4	55～60	S3（S4）	66～76
沥青总用量	4.4～5.1		5.2～5.8		5.8～6.4	

沥青贯入式面层的施工步骤如下:

(1)整修和清扫基层;

(2)浇洒透层或黏层沥青;

(3)撒铺主层矿料;

(4)第一次碾压;

(5)洒布第一次沥青;

(6)撒铺第一层嵌缝料;

(7)第二次碾压;

(8)洒布第二次沥青;

(9)撒铺第二层嵌缝料;

(10)第三次碾压;

(11)洒布第三次沥青;

(12)撒铺封面矿料;

(13)最后碾压;

(14)初期养护。

为加强路面沥青层与沥青层之间、沥青层与水泥混凝土路面之间的黏结而洒布的沥青材料薄层称为黏层。对沥青贯入式路面施工要求与沥青表面处治基本相同,除应注意施工各工序紧密衔接不得脱节之外,还应根据碾压机具、洒布沥青设备和数量来安排每一作业段的长度,力求当天施工路段当天完成,以免因沥青冷却而不能裹覆矿料和产生尘土污染矿料等不良后果。

适度的碾压在贯入式路面施工中极为重要。碾压不足会影响矿料嵌挤稳定,且易使沥青流失,形成层次上、下部沥青分布不均。但碾压过度,则矿料易压碎、破坏嵌挤原则,造成空隙减小,沥青难以下渗,形成泛油。因此,应根据矿料的等级、沥青标号、施工气温等因素来确定各次碾压所使用的压路机重量和碾压遍数。

(三)热拌沥青混合料路面施工

1. 热拌沥青混合料的种类

热拌沥青混合料(HMA)适用于各等级公路的沥青面层。其种类按集料公称最大粒径、矿料级配、空隙率分类见表2-4-11。

热拌沥青混合料种类　　　　　　　　　　　　　表2-4-11

混合料类型	密 级 配			开 级 配		半开级配	公称最大粒径(mm)	最大粒径(mm)
	连续级配		间断级配	间断级配		沥青碎石		
	沥青混凝土	沥青稳定碎石	沥青玛琋脂碎石	排水式沥青磨耗层	排水式沥青碎石基层			
特粗式	—	ATB-40	—	—	ATPB-40	—	37.5	53.0
粗粒式	—	ATB-30	—	—	ATPB-30	—	31.5	37.5
	AC-25	ATB-25	—	—	ATPB-25	—	26.5	31.5

续上表

混合料类型	密 级 配			开 级 配		半开级配	公称最大粒径（mm）	最大粒径（mm）
	连续级配		间断级配	间断级配		沥青碎石		
	沥青混凝土	沥青稳定碎石	沥青玛琋脂碎石	排水式沥青磨耗层	排水式沥青碎石基层			
中粒式	AC-20	—	SMA-20	—	—	AM-20	19.0	26.5
	AC-16	—	SMA-16	OGFC-16	—	AM-16	16.0	19.0
细粒式	AC-13	SMA-13	OGFC-13		—	AM-13	13.2	16.0
	AC-10	—	SMA-10	OGFC-10	—	AM-10	9.5	13.2
砂粒式	AC-5	—	—	—	—		4.75	9.5
设计空隙率（%）	3～5	3～6	3～4	>18	>18	6～12	—	—

注:设计空隙率可按配合比设计要求适当调整。

热拌沥青混合料按强度构成原理可分为密实型和嵌挤型两大类。

密实类沥青路面的集料级配按最大密实原则设计,颗粒尺寸多样,其强度和稳定性主要取决于混合料的黏聚力和内摩阻力。密实类沥青路面按其空隙率的大小可分为开式和闭式两种。其中,闭式混合料中含有较多的粒径小于 0.5mm 或 0.075mm 的矿料颗粒,空隙率小于 6%,混合料致密而耐久,但热稳定性较差;开式混合料中小于 0.5mm 的矿料颗粒含量较少,空隙率大于 6%,热稳定性好于闭式混合料。

嵌挤类沥青路面采用的是颗粒尺寸较为均一的集料,路面的强度和稳定性主要取决于集料颗粒之间相互嵌挤所产生的内摩阻力,黏聚力较小,只起次要作用。嵌挤类沥青路面比密实类路面的热稳定性要好,但因空隙率大,易渗水,因而耐久性较差。

按混合料网络结构中"嵌挤成分"和"密实成分"所占的比例不同,沥青混合料的组成结构形态有三种典型类型,即悬浮-密实结构、骨架-空隙结构、骨架-密实结构,如图2-4-2所示。

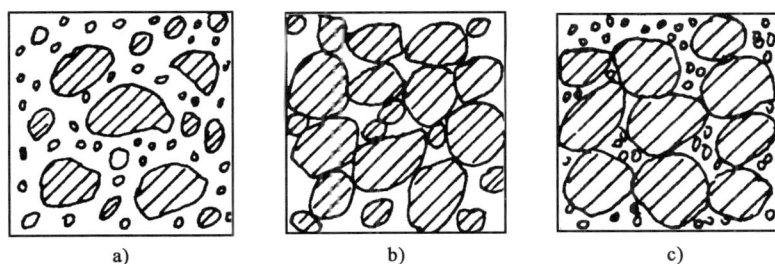

图 2-4-2 沥青混合料的典型组成结构
a)悬浮-密实结构;b)骨架-空隙结构;c)骨架-密实结构

（1）悬浮-密实结构。

这种结构形态的沥青混合料,通常采用连续密级配,集料的颗粒尺寸由大到小连续存在。这种结构中含有大量细集料,而粗集料数量较少,且相互间没有接触,不能形成骨架,粗集料犹如"悬浮"于细集料之中。该沥青混合料黏聚力较大,而内摩阻力较小。用这种沥青混合料修筑的路面,受沥青材料性质的影响较大。

（2）骨架-空隙结构。

采用连续开级配的沥青混合料属于这一结构类型。在这种沥青混合料中,粗集料较多,而细集料较少,因此,虽然能够形成骨架,但其空隙较大。此结构的内摩阻力较大,而黏聚力较小。

（3）骨架-密实结构。

这种结构是综合以上两种类型组成的结构。该混合料中既有一定数量的粗集料形成骨架,又根据空隙的大小加入细集料,从而形成较高的密实度。这种沥青混合料同时具有较高的黏聚力和内摩阻力。间断级配即是按此原理构成的。

热拌沥青混合料材料种类应根据具体条件和技术规范要求合理选用,应满足耐久性、抗车辙、抗裂、抗水损害、抗滑等多方面要求,同时还需考虑施工机械、工程造价等实际情况。沥青混凝土混合料面层宜采用双层或三层式结构,其中至少有一层沥青面层是Ⅰ型密级配沥青混凝土混合料。当各层均采用开级配沥青混合料时,沥青面层下必须做下封层。

各层沥青混合料应满足所在层位的功能性要求,以便施工和不容易离析。各层应连续施工并连接成为一个整体。当发现混合料结构组合及级配类型的设计不合理时,应进行修改、调整,以确保沥青路面的使用性能。

沥青面层集料的最大粒径宜自上而下逐渐增大,并应与压实层厚度相匹配。对热拌热铺密级配沥青混合料,沥青层一层的压实厚度不宜小于集料公称最大粒径的 2.5～3 倍,对 SMA 和 OGFC 等嵌挤型混合料不宜小于公称最大粒径的 2～2.5 倍,以减少离析,便于压实。

2. 施工准备与配合比设计

1）施工准备

铺筑沥青面层前,应检查基层或下卧沥青层的各项实测指标,尤其对其平整度、高程、强度等进行检查,不符合要求的不得进行沥青面层铺筑。旧沥青路面或下卧层已被污染时,必须清洗或经铣刨处理后,方可铺筑沥青混合料。石油沥青加工及沥青混合料施工温度应根据沥青标号及黏度、气候条件、铺装层的厚度确定。

在下承层交接时,对下承层松散、强度不足部分必须无条件修整、补强甚至返工,以免留下质量隐患。对其他压实度、宽度、厚度、横坡等指标也应按规范要求进行检查,并且保留监理工程师签认的原始记录。

为使面层与基层粘结良好,在面层铺筑前 4～8h,应在粒料类基层洒布透层沥青,透层沥青用油 AL(M)-1、2 或油 AL(S)-1、2 标号的液体石油沥青,或用 T-1 标号的煤沥青。透层沥青的洒布量:液体石油沥青为 0.8～1.0kg/m²,煤沥青为 1.0～1.2kg/m²。若基层为旧沥青路面或水泥混凝土路面,在面层铺筑之前,应在旧路面上洒布一层黏层沥青。黏层沥青用油 AL(M)-3、4、5 标号的液体石油沥青,或用 T-4、5 标号的软煤沥青。黏层沥青的洒布量:液体石油沥青为 0.4～0.6kg/m²,煤沥青为 0.5～0.8kg/m²。即在灰土基层上洒布 0.7～0.9kg/m² 的液体石油沥青或 0.8～1.0kg/m² 的煤沥青后,随即撒铺 3～8mm 颗粒的石屑,用量为 5m³/1000m²,并用轻型压路机压实。

在沥青面层摊铺前,要对下承层中线进行复测。在施工放样时,全线都要进行中桩、边桩放样。放样时,既要保证路面线形的美观,又要把沥青路面的中线平面偏位控制在允许误差之内。

2）配合比设计

对于沥青混合料的配合比，必须在对同类公路配合比设计和使用情况调查研究的基础上，充分借鉴成功经验，选用符合要求的材料进行配合比设计。

对于高速公路、一级公路沥青路面的上、中面层，在进行沥青混凝土混合料的配合比设计时，应通过车辙试验机对抗车辙能力进行检验。在温度60℃、轮压0.7MPa条件下进行车辙试验的动稳定度，高速公路应不小于800次/mm，一级公路应不小于600次/mm。沥青碎石混合料的配合比设计应根据经验和马歇尔试验的结果，经试拌试铺论证确定。

高速公路、一级公路的热拌沥青混合料的配合比设计，应在调查以往同类材料的配合比设计经验和使用效果的基础上，按以下步骤进行：

（1）目标配合比设计阶段。用工程实际使用的材料计算各种材料的用量比例，配成符合《公路沥青路面施工技术规范》(JTG F40—2004)规定的矿料级配，进行马歇尔试验，确定最佳沥青用量。以此矿料级配及沥青用量作为目标配合比，供拌和机确定各冷料仓的供料比例、进料速度及试拌使用。

（2）生产配合比阶段。间歇式拌和机必须从二次筛分后进入各热料仓进行材料取样并筛分，以确定各热料仓的材料比例，供拌和机控制室使用。同时反复调整冷料仓进料比例，以达到供料均衡，并取目标配合比设计的最佳沥青用量、最佳沥青用量±0.3%三个沥青用量进行马歇尔试验，确定生产配合比的最终沥青用量。

（3）生产配合比验证阶段。拌和机采用生产配合比进行试拌、铺筑试验段，并用经拌和的沥青混合料及路上钻取的芯样进行马歇尔试验，由此确定生产配合比。标准配合比应作为生产控制依据和质量检验标准。标准配合比的矿料级配至少应包括0.075mm、2.36mm、4.75mm三档的筛孔通过率接近要求级配的中值。

经设计确定的标准配合比，在施工过程中不得随意变更。生产过程中，如遇进场材料发生变化，并经检测沥青混合料的矿料级配、马歇尔技术指标不符合要求时，应及时调整配合比，以使沥青混合料质量符合要求，并保持相对稳定。必要时，重新进行配合比设计。二级及二级以下公路热拌沥青混合料的配合比设计可按高速、一级公路配合比设计的步骤进行。当材料与同类道路相同时，可直接引用成功经验。

3. 混合料拌制与运输

1）沥青混合料的拌制

沥青混合料可采用间歇式拌和机（图2-4-3）或连续式拌和机拌制（图2-4-4）。前者系在每盘拌和时计量混合料各种材料的重量，而后者则在计量各种材料之后连续不断地将材料送进拌和器中拌和。

为保证沥青混合料的质量更稳定、沥青用量更准确，高速公路和一级公路的沥青混凝土宜采用间歇式拌和机拌和，且必须配备计算机设备，拌和过程中逐盘采集并打印各个传感器测定的材料用量、沥青混合料拌和量、拌和温度等参数。每个台班结束时，打印出一个台班的统计量，按《公路沥青路面施工技术规范》(JTG F40—2004)规定的方法进行沥青混合料生产质量及铺筑厚度的总量检验。总量检验的数据有异常波动时，应立即停止生产并分析原因。连续式拌和机使用的集料必须稳定不变，一个工程从多处进料、料源或质量不稳定时，不得采用连续式拌和机。对沥青混合料拌和设备的各种传感器必须定期检定，每年不少于一次。冷料供料装置需经标定得出集料供料曲线。

图 2-4-3 间歇式拌和机

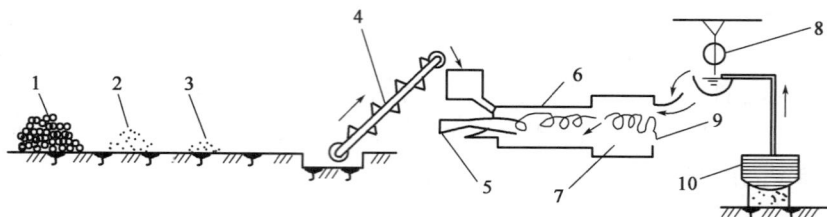

图 2-4-4 连续式拌和机示意图

1-粗粒矿料;2-细粒矿料;3-砂;4-冷拌提升机;5-燃料喷雾器;6-干燥器;7-拌和器;8-沥青秤;9-活门;10-沥青罐

拌制沥青混合料的工艺流程如图 2-4-5 所示。

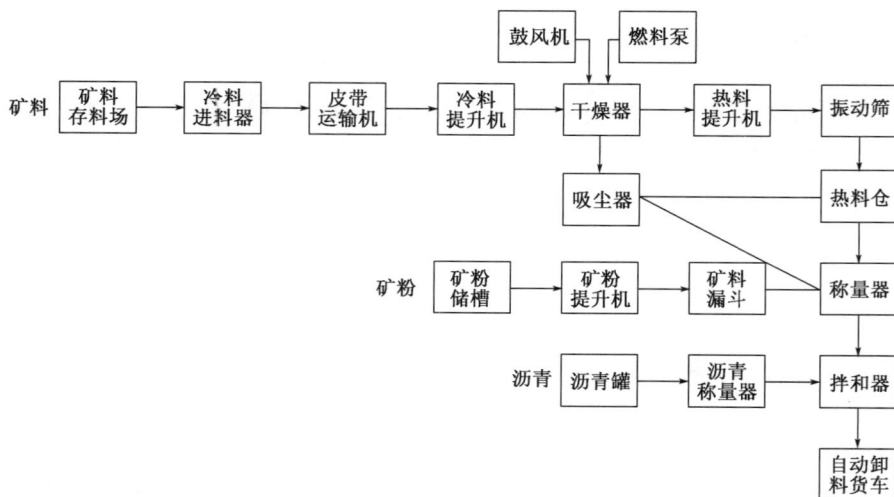

图 2-4-5 拌制沥青混合料的工艺流程

拌和机的矿粉仓应配备振动装置,以防止矿粉起拱。添加消石灰、水泥等外掺剂时,宜增加粉料仓,也可由专用管线和螺旋升送器直接加入拌和锅,若与矿粉混合使用,应注意二者会因密度不同发生离析。拌和机必须有二级除尘装置,经一级除尘部分可直接回收使用,二级除尘部分可进入回收粉仓使用(或废弃)。对因除尘造成的粉料损失应补充等量的新矿粉。

在拌制沥青混合料之前,应根据确定的配合比进行试拌。试拌时,对所用的各种矿料及沥青应严格计量。沥青混合料拌和时间,根据具体情况经试拌确定,以沥青均匀裹覆集料为度。间歇式拌和机每盘的生产周期不宜少于45s(其中干拌时间不少于5~10s)。改性沥青和SMA混合料的拌和时间应适当延长。间歇式拌和机的振动筛规格应与矿料规格相匹配,最大筛孔宜略大于混合料的最大粒径,其余筛的设置应考虑混合料的级配稳定,并尽量使热料仓大致均衡,不同级配混合料必须配置不同的筛孔组合。

通过试拌和抽样检验,确定每盘热拌混合料的配合比及其总重量(对间歇式拌和机),或各种矿料进料口开启的大小,以及沥青和矿料进料的速度(对连续式拌和机)、适宜的沥青用量、拌和时间、矿料和沥青加热温度以及沥青混合料出厂的温度。对试拌的沥青混合料进行试验之后,即可选定施工配合比。

为使沥青混合料拌和均匀,在拌制时,需要控制矿料和沥青的加热温度与拌和温度。经过拌和后的混合料应均匀一致,无细集料和粗集料分离及花白、结成团块的现象。

间隙式拌和机宜备有保温性能好的成品储料仓,储存过程中,混合料温降不得大于10℃,且不能有沥青滴漏。普通沥青混合料的储存时间不得超过72h;改性沥青混合料的储存时间不宜超过24h;SMA混合料只限当天使用;OGFC混合料宜随拌随用。

生产添加纤维的沥青混合料时,纤维必须在混合料中充分分散,拌和均匀。拌和机应配备同步添加投料装置,松散的絮状纤维可在喷入沥青的同时或稍后采用风送设备喷入拌和锅,拌和时间宜延长5s以上。颗粒纤维可在粗集料投入的同时自动加入,经5~10s的干拌后,再投入矿粉。工程量很小时,也可分装成塑料小包或由人工量取直接投入拌和锅。

2)沥青混合料运输

(1)沥青混合料的运输应采用15t以上的自卸汽车。

(2)运输前,要检查各辆汽车的制动性能等情况,保证自卸车在运输中性能良好。在运输时,为防止沥青混合料与车厢板粘结,可在车厢侧板和底板涂一层油水(柴油与水的比例为1:3)混合液,并不得有余液积聚在车厢底部。应将车厢清扫干净,不得有积水。特别要注意的是,雨后施工时,在装混合料前,运料驾驶员应把车厢顶起来,消除车厢内的积水现象。

(3)自卸车的数量应根据运距、拌和能力、摊铺能力及速度确定。混合料运输所需的车辆数可按下式计算:

$$需要车辆数 = 1 + \frac{t_1 + t_2 + t_3}{T} + \alpha \qquad (2\text{-}4\text{-}1)$$

式中:T——一辆车容量的沥青混合料拌和与装车所需的时间(min);

t_1——运到铺筑现场所需的时间(min);

t_2——由铺筑现场返回拌和厂所需的时间(min);

t_3——在现场卸料和其他等待时间(min);

α——备用的车辆数(运输车辆发生故障及其他用途时使用)。

施工中要尽量避免停机待料情况。一般情况下,摊铺机前的运料车不少于5辆;对一套拌和楼,性能良好的运料车不应少于15辆。在从储料仓向运料车装料时,应每卸一斗混合料,挪动一下汽车位置,以防止混合料产生粗细料离析现象,同时应特别注意防止混合料掉在地上。每一辆自卸车都应具有大小适宜的覆盖篷布,以起到保温、防雨、防污染的作用。

4.混合料摊铺与碾压

1）混合料摊铺

沥青混合料可用人工摊铺或机械摊铺,高等级公路沥青路面应采用机械摊铺。

（1）人工摊铺。

将汽车运来的沥青混合料先卸在铁板上,随即用人工铲运,以扣铲方式均匀摊铺在路上,一边摊铺一边用刮板刮平。摊铺时不得扬铲远甩,以免造成粗细粒料分离。刮平时应做到轻重一致,往返刮 2～3 次达到平整即可,防止反复多刮将粗粒料刮出表面。摊铺过程中要随时检查摊铺厚度、平整度和路拱,如发现有不妥之处应及时修整。

沥青混合料摊铺厚度为沥青路面设计厚度乘以压实系数。压实系数随混合料的种类和施工方法而异,采用工人摊铺时,沥青混凝土混合料为 1.25～1.50,沥青碎石为 1.20～1.45。

沥青混合料的摊铺顺序,应从进料方向由远而近逐步后退进行。应尽可能在全幅路面上摊铺,以避免产生纵向接缝。如路面较宽不能全幅摊铺,可按车道宽度分成两幅或数幅分别摊铺,但接缝必须平行于路中心线,纵缝搭接要密切,以免产生凹槽。操作过程应满足施工规范的要求。

热拌沥青混合料的施工温度应符合表 2-4-12 的规定。

热拌沥青混合料的施工温度（℃）　　　　　　　　　　表 2-4-12

施 工 工 序		石油沥青的标号			
		50 号	70 号	90 号	110 号
沥青加热温度		160～170	155～165	150～160	145～155
矿料加热温度	间歇式拌和机	集料加热温度比沥青温度高 10～30			
	连续式拌和机	矿料加热温度比沥青温度高 5～10			
沥青混合料出料温度		160～170	155～165	150～160	135～155
混合料储料仓储存温度		储料过程中温度降低不超过 10			
混合料废弃温度,>		200	195	190	185
运输到现场温度,≥		150	145	140	135
摊铺温度,≥	正常施工	140	135	130	125
	低温施工	160	150	140	135
碾压温度,≥	正常施工	135	130	125	120
	低温施工	150	145	135	130
碾压终了温度,≥	钢轮压路机	80	70	65	60
	轮胎压路机	85	80	75	70
	振动压路机	75	70	60	55
开放交通的路表温度,≤		50	50	50	45

注:1.施工温度与沥青品种及标号有关,较稠沥青的施工温度宜靠近高限,较稀沥青的施工温度可靠近低限。

2.本表不适用于改性沥青混合料施工。

3.对于高速公路、一级公路,沥青混合料出厂温度超过正常温度高限30℃时,混合料应予以废弃。

（2）机械摊铺。

沥青混合料摊铺机有履带式和轮胎式两种。二者的构造和技术性能大致相同。沥青摊铺机的主要组成部分包括料斗、链式传送器、螺旋摊铺器、振捣板、摊平板、行驶部分和发动机等（图2-4-6）。

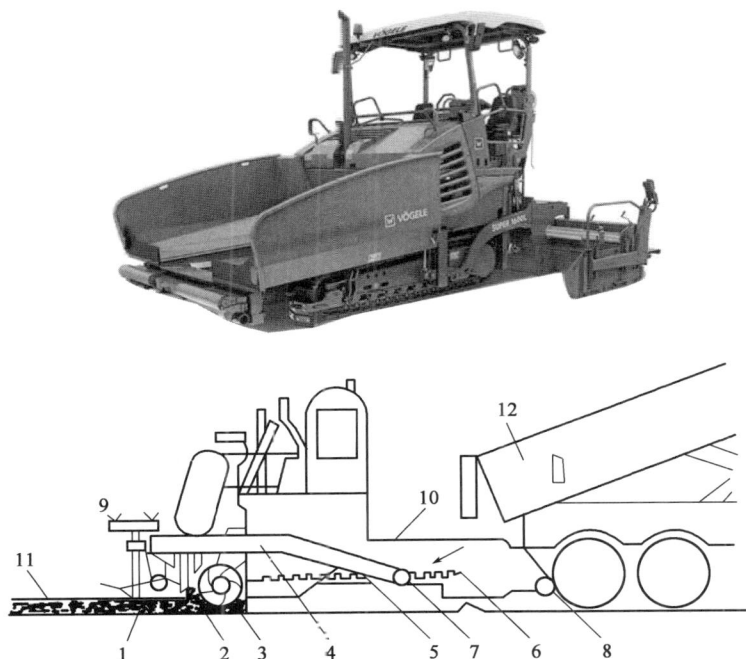

图2-4-6　沥青混合料摊铺机

1-摊平板;2-振捣板;3-螺旋摊铺器;4-水平臂;5-链式传送器;6-履带;7-驱动轴;8-顶推辊;9-厚度控制器;10-料斗;
11-摊铺面;12-自卸汽车

沥青混合料摊铺机在摊铺的过程中，自动倾卸汽车将沥青混合料卸到摊铺机料斗后，经链式传送器将混合料往后传到螺旋摊铺器，随着摊铺机向前行驶，螺旋摊铺器即在摊铺带宽度上均匀地摊铺混合料，随后由振捣板捣实，并由摊平板整平。

2）混合料碾压

沥青混合料摊铺平整之后，应趁热及时进行碾压（图2-4-7）。碾压温度应符合表2-4-12的规定。压实后的沥青混合料应符合压实度及平整度要求，沥青混合料的分层压实厚度不得大于10cm。

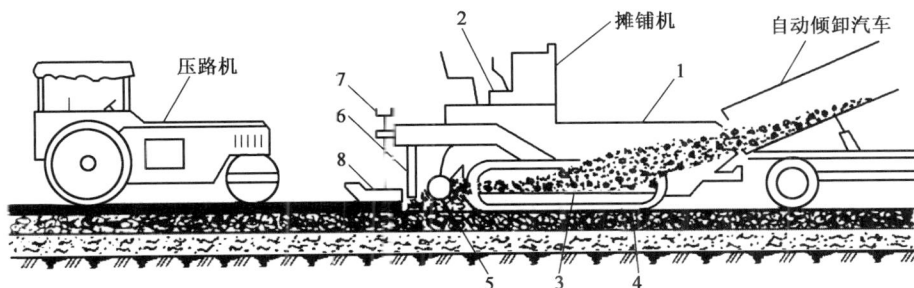

图2-4-7　沥青混合料摊铺机操作示意图

1-料斗;2-驾驶台;3-送料器;4-履带;5-螺旋摊铺器;6-振捣器;7-厚度调节螺杆;8-摊平板

沥青混合料碾压过程分为初压、复压和终压三个阶段。初压阶段用 60~80kN 双轮压路机以 1.5~2.0km/h 的速度先碾压两遍,使混合料得以初步稳定。随即用 100~120kN 轮胎式压路机或三轮压路机复压 4~6 遍,碾压速度:三轮压路机为 3km/h,轮胎式压路机为 5km/h。复压阶段碾压至稳定无显著轮迹为止。复压是碾压过程中最重要的阶段,混合料能否达到规定的密实度,其关键在于复压阶段的碾压。终压是在复压之后用 60~80kN 双轮压路机以 3km/h 的速度碾压 2~4 遍,以消除碾压过程中产生的轮迹,并确保路面表面的平整。

碾压时,压路机行进的方向应平行于路中心线,并由一侧路边缘压向路中。用三轮钢筒式压路机碾压时,每次应重叠后轮宽的 1/2;双轮压路机则每次重叠 30cm;轮胎式压路机亦应重叠碾压。由于轮胎式压路机能调整轮胎的内压,可以得到所需的接触地面压力,使集料相互嵌挤咬合,易于获得均一的密实度,且可使密实度提高 2%~3%。所以轮胎式压路机最适宜用于复压阶段的碾压。

热拌沥青混合料的压实机械应符合下列规定:

(1)三轮钢筒式压路机为 80~120kN 或 120~150kN。

(2)轮胎压路机为 120~200t 或 200~250kN。

(3)双轮钢筒式压路机为 60~80kN。

3)接缝施工

沥青路面的各种施工缝(包括纵缝、横缝、新旧路面的接缝等)处,往往由于压实不足,容易产生台阶、裂缝、松散等病害,进而影响路面的平整度和耐久性,施工时必须十分注意。

(1)纵缝施工。

对于当日先后修筑的两个车道,摊铺宽度应与已铺车道重叠 3~5cm,所摊铺的混合料应高出相邻已压实的路面,以便压实到相同的厚度。对于不在同一天铺筑的相邻车道,或与旧沥青路面连接的纵缝,在摊铺新料之前,应对原路面边缘加以修理,要求将边缘凿齐,塌落松动部分应刨除,露出坚硬的边缘。缝边应保持垂直,并需在涂刷一薄层黏层沥青之后方可摊铺新料。

对纵缝,应在摊铺之后立即碾压,压路机应大部分在已铺好的路面上,仅有 10~15cm 的宽度压在新铺的车道上,然后逐渐移动跨过纵缝。

(2)横缝施工。

横缝采用平接缝,并应与路中线垂直。接缝时,先沿已刨齐的缝边用热沥青混合料覆盖,以此预热,覆盖厚度约 15cm,当接缝处沥青混合料变软之后,将所覆盖的混合料清除,换用新的热混合料摊铺,随即用热夯沿接缝边缘夯捣,并将接缝的热料铲平,然后趁热用压路机沿接缝边缘碾压密实。

双层式沥青路面上下层的接缝应相互错开 20~30cm,做成台阶式衔接。

5. 开放交通及其他

热拌沥青混合料路面,应待摊铺层完全自然冷却,混合料表面温度低于 50℃后,方可开放交通。需要提早开放交通时,可洒水冷却以降低混合料温度。

沥青路面雨季施工应符合下列要求:

(1)注意气象预报,加强工地现场、沥青拌和厂及气象台站之间的联系,控制施工长度,各项工序紧密衔接。

(2)运料车和工地应备有防雨设施,并做好基层及路肩排水。

（3）对于铺筑好的沥青层，应严格控制车辆通行，做好保护，保持整洁，不得造成污染，严禁在沥青层上堆放施工产生的土或杂物，严禁在已铺沥青层上制作水泥砂浆。

（四）沥青玛蹄脂碎石路面施工

沥青玛蹄脂碎石（SMA）是一种由沥青矿粉和纤维稳定剂组成的沥青玛蹄脂结合料，填充于间断级配的集料骨架中所形成的沥青混合料。它具有良好的抗车辙、抗裂、水稳定性等优点。

SMA适用于铺筑新建公路的抗滑表层或旧路面加铺磨耗层，特别适用于高速公路的维修罩面，作为旧路面的磨耗层。

1. 施工准备

1）技术准备

复核水准点，必须全线联测。施工放样，采用全站仪准确放出中桩位置，并依据中桩确定各结构层边线位置。

熟悉设计文件和相关规范、标准，编制实施性施工组织设计和SMA沥青路面单项施工技术方案，由项目总工程师向班组长进行书面的一级技术交底和安全交底，施工前由班组长向操作工人进行二级技术交底和安全交底。

2）机具准备

（1）拌和设备：间歇式沥青混凝土拌和站、纤维稳定剂投放设备（备选）。

（2）运输设备：大吨位自卸汽车。

（3）摊铺设备：配备自动找平装置的摊铺机。

（4）碾压设备：双钢轮振动压路机。

（5）其他设备：装载机、推土机、水车、加油车、切割机等；沥青混合料试验站、全套工程测量仪器及相应的试验检测设备。

3）材料准备

原材料有沥青、粗集料、细集料、矿粉、抗剥落剂、纤维稳定剂等，由持证材料员和试验员按规定进行验验，以确保材料质量符合相应标准。

用于SMA的粗集料应采用质地坚硬、表面粗糙、形状接近立方体、有良好的嵌挤能力的破碎集料。当采用酸性石料作粗集料，沥青与石料的黏附性和沥青混合料的水稳定性不符合要求时，应采用改性沥青、掺加适量消石灰粉或水泥等措施。如使用抗剥落剂，必须确认抗剥落剂具有长期的抗水损害效果。

细集料宜采用专用的细料破碎机（制砂机）生产的机制砂。当采用普通石屑代替细集料时，宜采用与沥青黏附性好的石灰岩石屑，且不得含有泥土、杂物。与天然砂混用时，天然砂的用量不宜超过机制砂或石屑的用量。当采用砂作为细集料时，必须测定其粗糙度指标，以表示砂粒的棱角性和表面构造状况。

填料必须采用由石灰石等碱性岩石磨细的矿粉。矿粉须保持干燥，能从石粉仓自由流出。为改善沥青结合料与集料的黏附性，使用消石灰和水泥时，其用量不宜超过矿料总质量的2%。粉煤灰不得作为SMA的填料使用。

用于SMA的沥青结合料必须具有较高的黏度，与集料有良好的黏附性，以保证有足够的高温稳定性和低温韧性。对高速公路等承受繁重交通的重大工程，以及夏季特别炎热或冬季特别寒冷的地区,宜采用改性沥青。

用于 SMA 的纤维稳定剂包括木质素纤维、矿物纤维、聚合物化学纤维等,以改善沥青混合料性能,吸附沥青,减少析漏。纤维应能承受 250℃ 以上的环境温度不变质,且对环境不造成危害,不影响人的身体健康。纤维应存放在室内或有棚盖的地方,在运输及使用过程中应防止受潮、结团,对于已经受潮、结团以及不能在拌和时充分分散的纤维,不得使用。纤维稳定剂的掺加比例,以沥青混合料总量的质量百分率计算,用量根据沥青混合料的种类由试验确定。通常情况下,用于 SMA 路面的木质素纤维不宜少于 0.3%,矿物纤维不宜少于 0.4%,必要时可适当增加用量。掺加纤维的质量允许误差为 ±5%。

4)配合比设计

SMA 混合料的配合比设计,应遵循现行规范关于热拌沥青混合料配合比设计的目标配合比、生产配合比及生产配合比验证的三个阶段,确定矿料级配及最佳沥青用量。按照公称最大粒径的大小及压实层的厚度,SMA 分为 SMA-20、SMA-16、SMA-13、SMA-10 四种类型。铺筑 SMA 的压实厚度不得小于集料公称最大粒径的 2.5 倍。

2.施工工艺

SMA 路面施工工艺流程如下:

测量放样→沥青混合料拌和→沥青混合料运输→沥青混合料摊铺→沥青混合料碾压→养护→成品检验、验收→开放交通。

SMA 路面宜在较高的温度条件下施工,当气温或下卧层表面温度低于 10℃ 时,不得铺筑 SMA 路面。施工温度应根据沥青标号、黏度、改性剂的品种及剂量、气候条件及铺装层的厚度确定。气温或下卧层温度较低时,施工温度应适当提高。

生产 SMA 应采用间歇式沥青拌和机拌和,且必须配备有材料配比和施工温度的自动检测和记录设备,逐盘打印各传感器的数据,对每个台班进行统计,计算矿料级配、油石比、施工温度、铺装层厚度的平均值、标准差和变异系数,进行总量检验,并作为施工质量检测的依据。

SMA 宜采用大吨位运料车运输。在开始运输前,应在运料车车厢及底板上涂刷一层油水混合物,使混合料不致与车厢粘结。任何情况下,运料车在运输过程中都应加盖苫布,以防表面混合料降温结成硬壳。运料车在运输途中,不得随意停歇。运料车卸料必须倒净,如发现有剩余的残留物,应及时清除。运料车到达现场后,应严格检查 SMA 混合料的温度,不得低于摊铺温度的要求。

在铺筑 SMA 之前,应对下层表面做以下处理:清扫下层表面;若旧路面表面不平整,应铣刨或用热拌沥青混合料铺筑整平层,恢复横断面;必须喷洒符合要求的黏层油,用量宜为 $0.3 \sim 0.4 L/m^2$。

SMA 的压实工艺与普通沥青混合料在压实机械、方法上都不一样。通常情况下,SMA 不宜采用轮胎压路机碾压,以防搓揉过度造成沥青玛蹄脂挤到表面而达不到压实效果。振动压路机碾压 SMA 应遵循"紧跟、慢压、高频、低幅"的原则,即压路机必须紧跟在摊铺机后面碾压,碾压速度要慢且均匀,并采取高频率、低振幅的方式碾压。对 SMA 路面的碾压速度不得超过 5km/h。为了防止混合料沾附在轮子上,应适当洒水使轮子保持湿润,水中可掺加少量的清洗剂。但应严格控制水量以不沾轮为度,且喷水必须是雾状的,不得采用自流洒水的压路机。

压路机不得在当天铺筑的路面上长时间停留或过夜。

SMA 的铺筑应避免产生纵向冷接缝,横向施工缝应采用平接缝。平接缝切缝应在混合料尚未完全冷却结硬之前进行,切缝后必须用水将缝冲洗干净,待干燥后涂刷黏层油,方可铺筑新混合料。应特别注意横向接缝处的平整度,刨除端部或切缝的位置应通过 3m 直尺测量确定。

SMA 路面施工结束后,应待路表温度下降到 50℃ 以下后,方允许开放交通。如急需开放交通,应洒水冷却路面。当发现某些改性 SMA 沥青面层在开放交通后有发软的迹象,或大吨位运料车转弯时出现掉粒、轮印等情况时,应加强早期交通控制。

（五）橡胶沥青路面施工

橡胶沥青是由沥青、废旧轮胎橡胶粉和某些添加剂组成的混合物,其中胶粉含量不低于 15%,且在热沥青中产生胶粉颗粒的膨胀。橡胶沥青由于具有很高的黏度,不仅与封层中的集料间有很强的黏附力,而且橡胶沥青与下承层也具有很好的黏结性。橡胶沥青路面是利用橡胶沥青作为黏结剂,先在路面或桥面上喷洒橡胶沥青,然后在上面撒布碎石,再经轮胎式压路机碾压成型的路面面层。橡胶沥青路面适用于"白改黑"路面,即水泥路面改为沥青路面。

1. 材料技术要求

橡胶沥青所用基质沥青为 70 号道路石油沥青,橡胶沥青制备所用基质沥青与橡胶沥青粉掺配比例为 4:1。在橡胶沥青应力吸收层施工前,应对橡胶沥青进行检测,橡胶沥青各项指标均应满足相关技术要求,见表 2-4-13。

橡胶沥青和集料的技术指标   表 2-4-13

橡胶沥青的试验项目	技 术 要 求	集料的试验项目	技 术 要 求
针入度（25℃,100g,5s）（0.1mm）	40~80	洛杉矶磨耗损失（%）	≤28
		石料压碎值（%）	≤20
软化点 $T_{R\&B}$（℃）	52~74	高温压碎值（%）	≤28
		软石含量（%）	≤3
旋转黏度（190℃）（Pa·s）	15~40	粒径大于 9.5mm 针片状颗粒含量（%）	≤12
弹性恢复（%）	≥60	表观密度（g/cm³）	≥2.60
		吸水率（%）	≤2.0

2. 工艺实施所需设备

（1）橡胶沥青洒布车是工艺实施的关键设备之一。

（2）碎石撒布车（要保证碎石单层均匀撒布）。

（3）26t 胶轮压路机（不能使用钢轮压路机,以免压碎石屑）。

（4）扫平机（用来微量调节石屑的分布,补充空穴,并清除多余的石屑）。

3. 环境温度条件

（1）路面温度应高于 18℃。

（2）空气温度应高于14℃。

（3）施工后的空气温度在夜间不应低于7℃。

4. 施工工艺

（1）下承层准备。

下承层应经过认真清理，表面洁净、干燥、无浮尘。

（2）橡胶沥青加工。

橡胶沥青的生产需要专用的设备，设备的核心部件是高速剪切机，以使橡胶粉与基质沥青充分混合。橡胶粉掺量对橡胶沥青性质影响较大，需要有高精度的计量装置。为了使橡胶粉与沥青充分反应，生产设备附设反应罐，在高温和搅拌的状态下，使橡胶沥青易离析的问题得到缓解。

（3）橡胶沥青洒布。

橡胶沥青采用自动洒布车进行洒布，沥青洒布温度控制在190~200℃范围内，黏度一般控制在2.5~3.0Pa·s范围内。橡胶沥青洒布分3次进行，洒布宽度可自行调节，洒布量按（2.0±0.1）kg/m²进行控制，洒布时纵向位置约重叠10cm，以防止出现漏洒。同时需对喷洒区附近的结构物加以保护，以免污染。

（4）碎石撒布。

碎石撒布量根据试铺段确定，撒布量应达到90%以上，不得出现漏撒或多撒现象。为了加强橡胶沥青和碎石间的黏结程度，撒布碎石前，经拌和楼将其加热至150~160℃，由热料仓筛分后获得所需规格，并采用油石比为0.2%的70号道路石油沥青进行预裹覆处理。

（5）碾压工艺。

撒布碎石后，应立即使用胶轮压路机进行碾压，碾压速度为2.0~2.5km/h，碾压3~4遍。碾压过程中压路机不得随意制动或掉头，碾压须在10~20min内完成，碾压后橡胶沥青对碎石的裹覆率要达到50%；碾压完成2~3h后，用清扫车清扫并收集浮石，彻底封闭交通，直至封层冷却至常温。

四、常用机械设备及适用性

目前用于公路沥青路面施工的机械主要包括拌和、摊铺和碾压等机械。掌握常用施工机械的使用性能，对于正确地选择施工机械，科学地进行机械化施工组织与管理，保证工程质量，加快工程进度，具有十分重要的意义。

（一）沥青混合料的拌和设备

沥青混合料的拌和设备可将碎石、砂、矿粉和沥青按一定配合比拌和成均匀的混合料。

根据生产能力的不同，拌和设备可分为小型（<50t/h）、中型（50~100t/h）、大型（150~350t/h）和超大型（>400t/h）。一般大型和超大型属固定式，中型多为半固定式，小型为移动式。

根据工艺流程，拌和设备可分为间歇强制式、连续滚筒式和综合作业式。综合作业式为间歇强制式和连续滚筒式的综合应用，其粒料的配合比较精确，燃料的消耗率低，一般新式的沥青拌和机都采用这种方式。下面主要介绍间歇强制式和连续滚筒式沥青混合料的拌和设备。

1. 间歇强制式拌和设备

间歇强制式拌和机的工艺流程如下：

(1)石粉(填充料)→储存输送→计量→搅拌→成品料储存。

(2)碎石、砂(集料)→配料→冷料输送→烘干加热→热料提升→筛分储存→计量→搅拌→成品料储存。

(3)沥青(结合料)→熔化脱水→加热保温→计量→搅拌→成品料储存。

2. 连续滚筒式拌和设备

连续滚筒式拌和机的工艺流程如下：

(1)石粉(填充料)→储存输送→计量→加热搅拌→成品料提升→成品料储存。

(2)碎石、砂(集料)→配料→冷料输送→计量→加热搅拌→成品料提升→成品料储存。

(3)沥青(结合料)→熔化脱水→计量→加热搅拌→成品料提升→成品料储存。

间歇强制式沥青混合料拌和设备的总体结构与连续滚筒式拌和设备的总体结构,如图 2-4-8、图 2-4-9 所示。

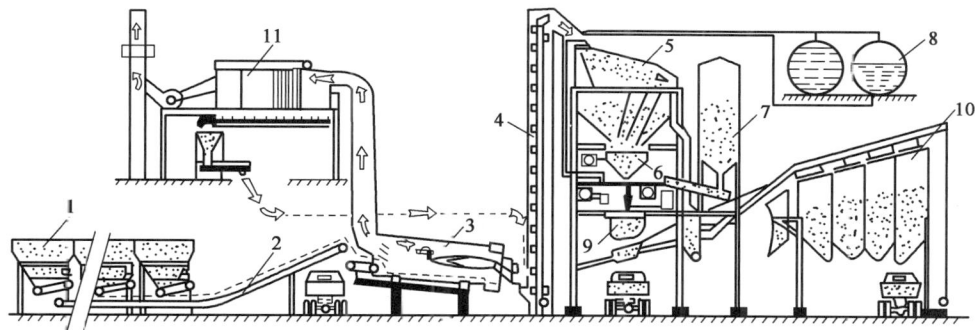

图 2-4-8　间歇强制式沥青混合料拌和设备的总体结构示意图

1-冷集料储存及配料装置;2-冷集料带式输送机;3-冷集料烘干、加热筒;4-热集料提升机;5-热集料筛分及储存装置;6-热集料计量装置;7-石粉供给及计量装置;8-沥青供给系统;9-搅拌器;10-成品料储存仓;11-除尘装置

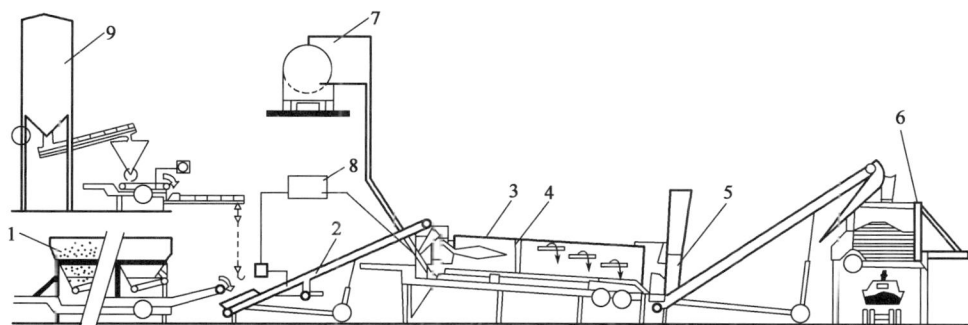

图 2-4-9　连续滚筒式沥青混合料拌和设备的总体结构示意图

1-冷集料储存及配料装置;2-冷集料带式输送机;3-干燥滚筒;4-料帘;5-除尘装置;6-混合料成品仓;7-沥青供给系统;8-自动控制中心;9-矿粉供给系统

(二)摊铺机械设备

沥青混合料摊铺机是摊铺沥青混合料路面的专用机械,它是将已搅拌好的沥青混合料按一定的技术要求摊铺在已整平好的路基或底基层上,并进行初步的捣实和整平,如图2-4-10所示。

图 2-4-10　沥青路面施工的摊铺机
a)小型摊铺机;b)与运输车配套的摊铺机

1)种类

沥青混合料摊铺机按其行走方式可分为轮胎式摊铺机和履带式摊铺机;按摊铺宽度可分为小型(3.6m左右)、中型(4~6m)、大型(6~10m)和超大型(10~12m);按行走的动力传递方式,可分为机械传动和液压传动两种。

2)组成结构

一般沥青混合料摊铺机主要由发动机、传动系统、料斗、刮板、输送器、螺旋布料器、熨平装置以及自动找平机构等组成。轮胎式沥青混合料摊铺机如图2-4-11所示,履带式沥青混合料摊铺机如图2-4-12所示。

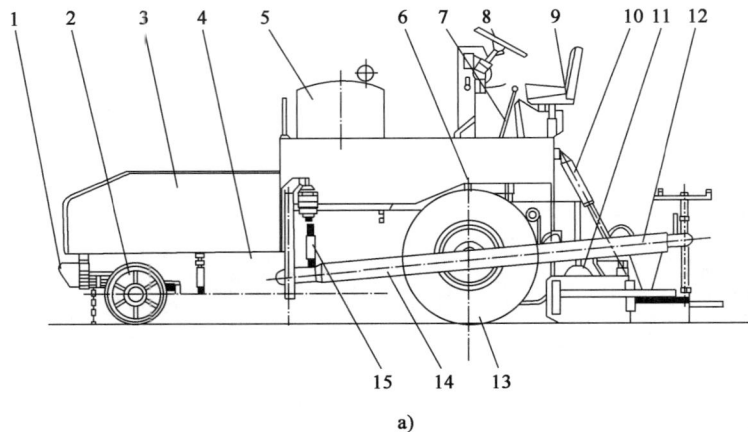

a)

图　2-4-11

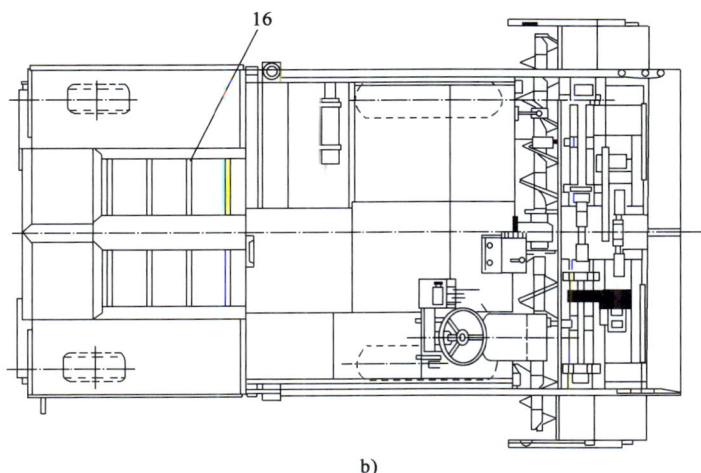

图 2-4-11　轮胎式沥青混合料摊铺机示意图

1-推辊；2-前轮；3-前料斗；4-机架；5-内燃机；6-传动系；7-操纵机构；8-转向机构；9-驾驶员座椅；10-液压操纵油缸；11-螺旋输送器；12-振捣熨平装置；13-后轮；14-侧臂；15-自动找平装置；16-刮板输送器

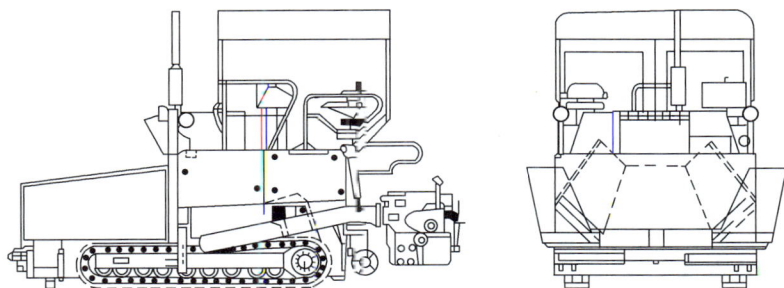

图 2-4-12　履带式沥青混合料摊铺机示意图

作为摊铺机发动机动力的高速柴油机的技术参数应稳定，散热性好，与传动系统的功率匹配应最佳。

沥青混合料摊铺机的传动系统主要包括行走传动和供料传动两大部分。行走系统的传动路线如下：发动机→离合器→主变速箱→链传动→高低速变速箱→差速器→半轴→链传动后轮。液压传动系统一般均由发动机驱动液压油泵，然后压力油再输送到液压马达和压力油缸等液压元件，再通过操纵系统完成摊铺机的各项作业。

国产沥青混合料摊铺机的主要技术性能见表 2-4-14。

国产沥青混合料摊铺机的主要技术性能　　　　　　　　　　表 2-4-14

型号	摊铺宽度（m）	摊铺厚度（mm）	发动机功率（kW）	作业速度（m/min）	行驶速度（km/h）	行走方式	料斗容量（m³）	熨平板形式	总质量（t）	外形尺寸（m）长×宽×高
LLT45	2.8 ~ 4.5	10 ~ 120	35.3	3.5 ~ 7.5	18	轮胎式	6	—	9.8	2.4 × 3 × 1.58
LTU4	2.7 ~ 3.6	10 ~ 90	17.7	3 ~ 6	1.1	履带式	2.3	—	4	4.95 × 2.91 × 3.056
LTY4500	1.5 ~ 4.5	最大 120	44	0 ~ 10.4	0 ~ 16.5	轮胎式	—	液压伸缩	8.1	5.3 × 2.834 × 2.49

型号	摊铺宽度（m）	摊铺厚度（mm）	发动机功率（kW）	作业速度（m/min）	行驶速度（km/h）	行走方式	料斗容量（m³）	熨平板形式	总质量（t）	外形尺寸(m)长×宽×高
LT4	2.0～3.5	10～100	28	2.8～5.8	16	轮胎式	2.5	液压伸缩	6.5	5.3×2.834×2.49
LT6CA	2.8～4.5	10～120	35	2.82～5.84	16.7	轮胎式	3	机械加长	10.15	—
LT6CB	2.8～4.5	10～120	35	2.82～5.84	16.7	轮胎式	3	液压伸缩	11.15	—
LT5	2.8～15	10～150	49	2.5～9.4	14	轮胎式	—	液压伸缩	—	12.3
LTY8	2～7.25	10～270	82	0～28	0～18	轮胎式	5.7	液压伸缩	15.56	
CLTY7500	2.5～7.5	10～300	82	1～19.6	0～3.6	履带式	5.7	高密实度	20	
LT-100	2.75～4.5	10～120	35.3	2.82～5.84	16.7	轮胎式	3	—	10.5	
2LTLZ4.5	2.5～4.5	10～250	46	2.84～20.74	2.15～15.19	轮胎式		—	9.98	
LTL4500	2.5～4.5	10～250	46	1.5～6.3	2.1～12.3	履带式		—	11.2	
LTU125	3～12.5	最大300	157	0～18	—	履带式				
LTU90	3～8.5	最大300	121	0～18	—	履带式				
LTU80	3～8	最大300	94	0～18	—	履带式				
LTU60	2.5～6	最大300	86	0～18	—	履带式				
LTU45	2.8～4.5	最大150	35	3.2～6.7	—	轮胎式				
LT3550	2.15～3.55	10～120	22	—	—		2		6.3	
LT4550	2.5～4.55	10～120	35	—	—		3		9.5	
TITAN411	最大12	最大300	124	0～54	—	履带式	7	高密实度	23	5.997×2.5×3.7
TITAN355	最大8	最大300	79	0.9～20			6			
LTY7.5	3～7.5	10～300	92	0～18	0～20	—	—	—	—	

（三）压实机械设备

1.路面压实机械的分类

路面压实机械按压实工作机构的作用原理可分为静力式压路机和振动式压路机；按压路机行走方式可分为自行式压路机和拖式压路机；按压路机滚轮的外部结构可分为光轮式压路机和轮胎式压路机。压路机的类型及使用技术性能参见表2-4-15、表2-4-16。

压 路 机 的 类 型　　　　　　　　　　　　表2-4-15

种类	型式	特性	代号	代号含义	主参数 名称	主参数 单位
光轮压路机 Y(压)	拖式		Y	拖式压路机(简称平碾)	加载后质量	t
	两轮自行式	Y(液)	2Y 2YY	两轮压路机(简称压路机) 液压(转向)压路机(简称压路机)	结构质量加载后质量	t
	三轮自行式	Y(液)	3Y 3YY	三轮压路机(简称压路机) 三轮液压(转向)压路机(简称压路机)	结构质量加载后质量	t

续上表

种 类	型 式	特 性	代 号	代号含义	主 参 数	
					名称	单位
轮胎自行式压路机 YL	拖式自行式	T(拖)	YLT YL	拖式轮胎压路机(简称轮胎碾) 自行式轮胎压路机(简称轮胎碾)	加载总质量	t
压轮振动压路机 Y、Z (压、振)	拖式自行式	T(拖) B(摆) J(铰)	YZT YZ YZB YZJ	拖式振动压路机(简称振动碾) 自行式振动压路机 摆振压路机 铰接式振动压路机	结构质量	t

压路机的使用技术性能   表 2-4-16

压路机类型		使用技术性能		
		最佳压实厚度(em)	碾压次数	适用范围
自行式光轮压路机	5t	10 ~ 15	12 ~ 16	各类土及路面
	10t	15 ~ 25	8 ~ 10	各类土及路面
	12t	20 ~ 30	6 ~ 8	各类土及路面
拖式光轮压路机	5t	10 ~ 15	8 ~ 10	各类土
拖式轮胎压路机	10t	10 ~ 15	8 ~ 10	各类土
	25t	25 ~ 45	6 ~ 8	各类土
	50t	40 ~ 70	5 ~ 7	各类土
振动压路机	0.75t	50	2	非黏性土
	6.5t	120 ~ 150	2	非黏性土

2. 静力式压路机

静力式压路机是滚轮沿铺层往返滚动运行,通过滚轮的静压力作用使铺层得到密实的压实机械。

静力式压路机按机械工作质量和形式可分为两轮式和三轮式(图 2-4-13);按行走方式可分为自行式和拖式;按滚压轮的结构可分为光轮式和轮胎式;按传动方式可分为机械传动、液力机械传动、液压机械传动和全液压传动。

a)   b)

图 2-4-13 沥青路面施工的压路机
a)双钢轮;b)三钢轮

静力式压路机的结构组成有动力装置、传动装置、制动系统、机身、滚轮、转向系统、电气系统等。其动力装置多为柴油机,电启动,并具有机油散热器和水冷却系统。

静力式压路机部分产品参数见表2-4-17。

静力式压路机部分产品　　　　　　　表2-4-17

| 型号 | 发　动　机 | | | 最小工作质量（t） | 最大工作质量（t） | 前后轮静线压力（N/cm） | 压实宽度（mm） | 最小回转半径（mm） | 行驶速度（km/h） | 爬坡能力（%） | 外形尺寸长×宽×高（mm） |
	型号	功率（kW）	转速（r/min）								
2Y8/10	2135	29.5	1500	8	10	330/490	1250	6000	1.8/3.6/7.2	14.3	4608×1540×2515
3Y10/12A	2135K-1	29.5	1500	10	12	320/740	2100	6300	1.6/3.2/5.4	14.3	4290×2155×2115
3Y12/15A	4135C-1	58	1500	12	15	390/940	2130	6350	2.2/4.4/7.5	14.3	4460×2215×2115
2Y8/10	2135	29.5	1500	8	10	330/490	1250	6000	1.8/3.6/7.2	14.3	4608×1540×2515
3Y12/15B	4135C-1	58	1500	12	15	460/900	2130	6500	2/4/8/15	20	4738×2130×2750
3Y18/21	4135AK-2	73.5	1500	18	21	542/1170	2320	6500	2.3/4.4/7.9	20	5156×2320×2760
2Y6/8	495Ay	36.7	2000	6	8	216/323	1450	5900	2/4/7	20	4305×1762×2250
2Y8/10	495Ay	36.76	2000	8	10	274/372	1450	5900	2/4/7	20	4305×1762×2250
3Y10/12	4135K-2c	58	1500	10	12	320/800	2100	5900	1.7/3/6.8	20	4655×2125×2650
3Y12/15	4135K-2c	58	1500	12	15	360/1000	2125	5900	2/4/8.7	20	4735×2125×2650
2Y3/4	295L	17.6	2000	3	4	172/240	1010	4000	2.2/5.6	14.3	2750×1308×2300
3Y12/15	4135K-2	58.8	1500	12	15	422/951	2130	5900	1.9/3.2/7.5	20	4635×2135×2650
3Y15/18	4135AK-2	73.5	1500	15	18	565/1058	2130	5900	1.9/3.2/7.5	20	4655×2135×2650
3Y18/21	4135AK-2	73.5	1500	18	21	577/1080	2370	6500	2/3.4/8	20	5120×2376×2960

3. 轮胎压路机

轮胎压路机是通过特制的充气轮胎对铺层材料以静力压实的压实机械,如图2-4-14所示。

图2-4-14　轮胎压路机

轮胎压路机按行走方式可分为自行式和拖式;按轮胎悬挂方式可分为刚性悬架式和独立悬架式。

轮胎压路机的结构主要由前后轮及其悬架装置、集中充气系统、洒水装置、转向系统和机架等组成。

目前,自行式轮胎压路机和拖式轮胎压路机的技术性能见表2-4-18、表2-4-19。

自行式轮胎压路机的技术性能 表 2-4-18

型号	发动机		最大工作质量 (t)	轴距 (mm)	前后轮重叠量 (mm)	压实宽度 (mm)	最小离地间隙 (mm)	最小转弯半径 (mm)	轮胎布置	接地压力 (kPa)	爬坡能力 (%)
	型号	功率 (kW)									
YL16	4135/k-2	59	16	3800	>450	2250	≥260	≤8000	前4 后5	156~340	20
YL20	4135/k-2	59	20	4200	>750	2290	≥270	≤9000	前5 后4	300~400	20

拖式轮胎压路机的技术性能 表 2-4-19

序号	土质类别	黏粒含量 (%)	轮胎压路机工作质量 (t)	轮胎内压力 (MPa)	铺土厚度 (cm)	滚压遍数	压实平均干密度 (g/cm³)
1	粉质黏土	28~42	23	0.7	20	14	1.61
2	重粉质壤土	20	11	0.6	20	6~9	1.74
3	风化砂	—	8	0.21	50	8~12	1.77~1.82
4	砂砾料	—	15	0.20~0.30	50~70	6	1.72~2.07

4．振动压路机

振动压路机是指通过压路机滚轮高频振动对铺层做快速反复的冲击和滚轮的静压力的综合作用,使铺层得到密实的压实机械。

振动压路机按机器工作质量可分为轻型、中型、重型和超重型;按行走方式可分为自行式[图2-4-15a)]、拖式[图2-4-15b)]和手扶式;按传动系统的传动方式可分为机械传动、液力机械传动、液压机械传动和全液压传动;按振动轮外部结构可分为光轮式和轮胎式。

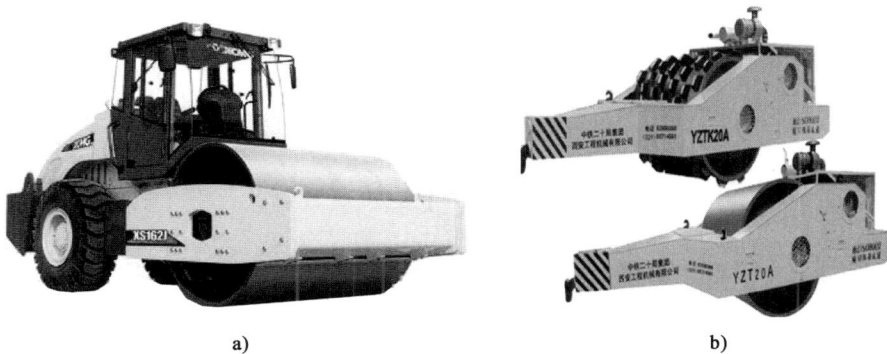

图 2-4-15 振动压路机
a)自行式；b)拖式

振动压路机一般由发动机、传动系统、制动系统、转向系统、机架和工作行走装置等组成。

目前,工程中常用的自行式振动压路机和拖式振动压路机的技术性能见表 2-4-20、表 2-4-21。

自行式振动压路机的技术性能 表 2-4-20

名 称		基本参数及尺寸																		
		轻型						中型				重型			超重型				
工作质量(t)		1	1.5	2	2.5	3	3.5	4	4.5	5	6	7	8	10	11	12	14	16	18	20	22	25
振动参数	轮直径(mm)	400 ~ 1000								800 ~ 1650								≥1500				
	宽度(mm)	500 ~ 1300								1100 ~ 2150								≥2100				
	振动频率(Hz)	33 ~ 60								25 ~ 60								20 ~ 40				
	激振力(kN)	14 ~ 55								35 ~ 250								≥150				
	理论振幅(mm)	0.3 ~ 1.5								0.3 ~ 0.7								1.0 ~ 4.0				
轴距(mm)		1000 ~ 2500								1100 ~ 3500								≥2800				
爬坡能力(%)		≥20																				
最小离地间隙(mm)		≥160								≥250								≥355				
最高行驶速度(km/h)		≤15								≤25								≤15				

拖式振动压路机的技术性能 表 2-4-21

型 式		轻型			中型			重型			超重型			
工作质量(t)		2	3	4	5	6	8	10	12	14	16	18	22	25
振动轮	直径(mm)	700 ~ 1300			1300 ~ 1600			1600 ~ 2100						
	宽度(mm)	1300 ~ 1700			1700 ~ 2000			2000 ~ 2300						
振动参数	振动频率(Hz)	20 ~ 50												
	激振力(kN)	0.8 ~ 3.5												
	名义频率(Hz)	60 ~ 1000												
工作速度(km/h)		2 ~ 5												

5. 其他设备

沥青混合料运输车、洒布车等,如图 2-4-16 所示。

五、沥青类路面面层施工过程质量控制

沥青路面的施工质量必须达到设计和规范的要求。施工过程中应进行全面质量管理,建立健全行之有效的质量保证体系;实行严格的目标管理、工序管理及岗位质量责任制度,对各施工阶段的工程质量进行检查、控制、评定,从制度上确保沥青路面的施工质量。沥青路面施工质量控制的内容包括各类材料的质量检验、铺筑试验路、施工过程的质量控制及工序间的检查验收。

图 2-4-16　其他设备
a)沥青混合料运输车；b)洒布车

(一)沥青表面处治路面施工质量控制与检验

1.质量控制

沥青表面处治路面施工过程中质量检查的内容、频度、允许偏差应符合表 2-4-22 的规定。

沥青表面处治施工过程质量的控制标准　　　　　　　　　　　　表 2-4-22

项　目	检查频度及单点检验评价方法	质量要求或允许偏差	试验方法或试验规程
外观	随时	集料嵌挤密实,沥青洒布均匀,无花白料,接头无油包	目测
集料及沥青用量	每日 1 次,逐日评定	±10%	每日施工长度的实际用量与计划用量比较,T 0982
沥青洒布温度	每车 1 次评定	符合规范规定	温度计测量

2.质量检验

1)基本要求

(1)下承层表面应坚实、稳定、平整、洁净、干燥。

(2)沥青浇洒应均匀,无露白,不得污染其他构筑物。

(3)嵌缝料必须趁热撒铺,扫布均匀,不得有重叠现象,压实平整。

2)质量标准

沥青表面处治路面交工验收阶段的检查项目、检查频度、质量要求或允许偏差等见表 2-4-23。

沥青表面处治面层实测项目　　　　　　　　　　　　表 2-4-23

项次	检查项目		规定值或允许偏差	检查方法和频率
1	平整度	σ (mm)	≤4.5	平整度仪:全线每车道连续按每 100m 计算 IRI 或 σ
		IRI(m/km)	≤7.5	
		最大间隙 h (mm)	≤10	3m 直尺:每 200m 测 2 处×5 尺

项次	检查项目		规定值或允许偏差	检查方法和频率
2	弯沉值(0.01mm)		不大于设计验收弯沉值	按《检评标准》附录 J 检查
3△	厚度 (mm)	代表值	-5	按《检评标准》附录 H 检查,每200m 每车道测 1 点
		合格值	-10	
4	沥青用量		±0.5%	每工作日每层洒布查 1 次
5	中线平面偏位(mm)		30	全站仪:每200m 测 2 点
6	纵断高程(mm)		±20	水准仪:每200m 测 2 个断面
7	宽度 (mm)	有侧石	±30	尺量:每200m 测 4 处
		无侧石	不小于设计值	
8	横坡(%)		±0.5	水准仪:每200m 测 2 个断面

3)外观质量应符合下列规定

(1)面层应无拖痕,松散、推挤、油丁、泛油、离析的累积长度不得超过50m。

(2)路面应无积水。

(二)沥青贯入式路面施工质量控制与检验

1.质量控制

沥青贯入式路面施工过程中质量检查的内容、频度、允许偏差应符合表 2-4-24 的规定。

沥青贯入式路面施工过程质量的控制标准　　　　　表 2-4-24

项　目	检查频度及单点检验评价方法	质量要求或允许偏差	试验方法或试验规程
外观	随时	集料嵌挤密实,沥青洒布均匀,无花白料,接头无油包	目测
集料及沥青用量	每日 1 次,总量评定	±10%	每日施工长度的实际用量与计划用量比较,T 0982
沥青洒布温度	每车 1 次,逐点评定	符合施工技术规范规定	温度计测量

2.质量检验

1)沥青贯入式面层(或上拌下贯式面层)应符合下列基本要求

(1)对上拌沥青混合料,每日应做沥青含量、矿料级配和马歇尔稳定度试验。

(2)沥青贯入式面层施工前,应先做好路面结构层与路肩的排水。

(3)碎石层应平整坚实,嵌挤稳定;沥青贯入应深透,浇洒应均匀,不得污染其他构筑物。

(4)嵌缝料应趁热撒铺,扫料均匀,不应有重叠现象。

(5)上层采用拌合料时,混合料应均匀、无花白、无粗细料分离和结团成块现象;摊铺应平整,接茬平顺,及时碾压。

2)质量检验评定标准

沥青贯入式路面交工验收阶段的检查项目、允许偏差、检查频度等见表 2-4-25。

沥青贯入式面层(或上拌下贯式面层)**实测项目** 表 2-4-25

项 次	检 查 项 目		规定值或允许偏差	检查方法和频率
1	平整度	σ(mm)	≤3.5	平整度仪:全线每车道连续按每 100m 计算 IRI 或 σ
		IRI(m/km)	≤5.8	
		最大间隙 h(mm)	≤8	3m 直尺:每 200m 测 2 处 ×5 尺
2	弯沉值(0.01mm)		不大于设计验收弯沉值	按《检评标准》附录 J 检查
3△	厚度*(mm)	代表值	−8%H 或 −5	按《检评标准》附录 H 检查,每 200m 测 2 点
		合格值	−15%H 或 −10	
4	沥青总用量		±0.5%	每台班每层洒布查 1 次
5	中线平面偏位(mm)		30	全站仪:每 200m 测 2 点
6	纵断高程(mm)		±20	水准仪:每 200m 测 2 个断面
7	宽度(mm)	有侧石	±30	尺量:每 200m 测 4 点
		无侧石	≥设计值	
8	横坡(%)		±0.5	水准仪:每 200m 测 2 个断面
9△	矿料级配		满足生产配合比要求	T 0725,每台班 1 次
10△	沥青含量		满足生产配合比要求	T 0722、T 0721、T 0735,每台班 1 次

注:* H 为设计厚度(mm)。当 H≥60mm 时,按厚度百分率计算;当 H<60mm 时,直接选用固定值。

3)外观质量应符合下列规定

(1)面层不得松散,不得漏洒,应无波浪、油包。

(2)路面应无积水。

(三)热拌沥青混合料路面施工质量控制与检验

1.质量控制

热拌沥青混合料路面在铺筑过程中必须随时对铺筑质量进行检查、评定,质量检查的内容、频度、允许偏差等应符合表 2-4-26 的规定。

热拌沥青混合料路面施工过程质量的控制标准 表 2-4-26

项 目		检查频度及单点检验评价方法	质量要求或允许偏差		试验方法或试验规程
			高速公路、一级公路	其他等级公路	
外观		随时	表面平整、密实,不得有明显轮迹、裂缝、推挤、油丁、油包等缺陷,且无明显离析		目测
接缝		随时	紧密平整、顺直、无跳车		目测
		逐条缝检测评定	3mm	5mm	T 0931
施工温度	摊铺温度	逐车检测评定	符合规范规定		T 0981
	碾压温度	随时	符合规范规定		插入式温度计实测

续上表

项　目		检查频度及单点检验评价方法	质量要求或允许偏差		试验方法或试验规程
			高速公路、一级公路	其他等级公路	
厚度①	每一层次	随时 厚度50mm以下 厚度50mm以上	设计值的5% 设计值的8%	设计值的8% 设计值的10%	施工时采用插入法量测松铺厚度及压实厚度
	每一层次	1个台班区段的平均值 厚度50mm以下 厚度50mm以上	−3mm −5mm	—	总量检验法
	总厚度	每2000m²一点,单点评定	设计值的−5%	设计值的−8%	T 0912
	上面层	每2000m²一点,单点评定	设计值的−10%	设计值的−10%	
压实度②		每2000m²检查1组,逐个试件评定并计算平均值	实验室标准密度的97%(98%) 最大理论密度的93%(94%) 试验段密度的99%(99%)		T 0924、T 0922 及《公路沥青路面施工技术规范》（JTG F40—2004)附录E
平整度③ (最大间隙)	上面层	随时,接缝处单杆评定	3mm	5mm	T 0931
	中、下面层	随时,接缝处单杆评定	5mm	7mm	T 0931
平整度(标准差)	上面层	连续测定	1.2mm	2.5mm	T 0932
	中面层	连续测定	1.5mm	2.8mm	
	下面层	连续测定	1.8mm	3.0mm	
	基层	连续测定	2.5mm	3.5mm	
宽度	有侧石	检测每个断面	±20mm	±20mm	T 0911
	无侧石	检测每个断面	不小于设计宽度	不小于设计宽度	
纵断面高程		检测每个断面	±10mm	±15mm	T 0911
横坡度		检测每个断面	±0.3%	±0.5%	T 0911
沥青面层层面上的渗水系数④,不大于		每千米不少于5点,每点3处,取平均值	300mL/min（普通密级配沥青混合料） 200mL/min（SMA 混合料)		T 0971

注:①表中厚度检测频度指高速公路和一级公路的钻坑频度,其他等级公路可酌情减少,且通常采用压实度钻孔试件测定。上面层的允许误差不适用于磨耗层。

②括号中的数值是对 SMA 路面的要求,对马歇尔成型试件采用50次或者35次击实的混合料,应适当提高压实度要求。

③3m 直尺主要用于接缝检测,对正常生产路段,采用连续式平整度仪测定。

④渗水系数适用于公称最大粒径小于或等于19mm 的沥青混合料,应在铺筑成型后未遭行车污染的情况下测定,且仅适用于要求防渗水的密级配沥青混合料、SMA 混合料,不适用于 OGFC 混合料。表中渗水系数以平均值评定,计算合格率不得小于90%。

1)施工厚度的控制

沥青面层的厚度是沥青路面结构强度的基本保证,因此,沥青面层施工厚度的检测显得尤为重要。施工过程中厚度的检测应按以下方法进行,检测结果应相互校核,当差值较大时通常以总量检验为准。

（1）利用摊铺过程在线控制，即不断地用插尺或其他工具插入摊铺层测量松铺厚度。

（2）利用拌和厂沥青混合料总生产量与实际铺筑的面积计算平均厚度，从而进行总量检验。

（3）当具有地质雷达等无损检验设备时，可利用其连续检测路面厚度，但其测试精度需经标定认可。

（4）待路面完全冷却后，在钻孔检测压实度的同时测量沥青层的厚度。

2）压实度的控制

沥青面层的压实度是指用规定方法采取的混合料试件的毛体积密度与标准密度的百分比。对于沥青混合料面层的压实度，应采取重点对碾压工艺进行过程控制、适度钻孔抽检压实度的方法。

（1）碾压工艺的控制包括压路机的配置（台数、吨位及机型）、排列碾压方式、压路机与摊铺机的距离、碾压温度、碾压速度、压路机洒水（雾化）情况、碾压段长度、掉头方式等。

（2）碾压过程中，宜采用核子密度仪等无损检测设备进行压实密度过程控制，测点随机选择，一组不少于 13 点，取平均值，与标定值或试验路段测定值比较并评定。测定温度应与试验路段测定时一致，检测精度通过试验路段与钻孔试件标定。

（3）在路面完全冷却后，随机选点钻子取样，如一次同时钻孔多层沥青层时，需用切割机切割，待试件充分干燥后（在第二天之后），分别测定密度。钻孔后，应及时将孔中灰浆淘净，吸净余水，待干燥后以相同的沥青混合料分层填充夯实。为减少钻孔数量，有关施工、监理、监督各方宜合作进行钻孔检测，以避免重复钻孔。

（4）测试压实度的一组数据最少为 3 个钻孔试件，当一组检测的合格率小于 60%，或平均值 $\bar{x}_3$ 小于要求的压实度时，可增加 1 倍检测点数。如 6 个测点的合格率小于 60%，或平均值 $\bar{x}_6$ 仍然达不到压实度要求时，允许再增加 1 倍检测点数，要求其合格率大于 60%，且 $\bar{x}_{12}$ 达到规定的压实度要求（注意记录所有数据，不得遗弃）。如果仍然不能满足要求，应核查标准密度的准确性，以确定是否需要返工以及返工的范围。

当所有钻孔试件检测的压实度持续稳定并符合要求时，钻孔频度可减少至每千米不少于 1 个孔。施工过程中，对钻孔的试件宜编号，并贴上标签予以保存，以备工程交工验收时使用。

3）渗水情况检测

大气降水（雨、雪）通过路面孔隙或裂缝渗入沥青路面结构中，会导致基层软化、沥青面层开裂、松散等病害。在多雨地区，应特别重视路面结构层的水稳定性和面层的透水性问题。路面渗水系数是指在规定的条件下，单位时间内渗入路面结构中水的体积，用 C_W 表示，单位为 mL/min。

对压实成型的沥青路面，应按随机选点检测渗水情况，渗水系数的平均值宜符合表 2-4-26 中的要求。如需要测定构造深度，宜在测定渗水的同时在附近选点测定，记录实测结果。

4）平整度控制

沥青面层的平整度关系到沥青路面的使用性能，在施工过程中必须随时用 3m 直尺对接缝及与构造物的连接处进行平整度的检测。正常路段的平整度采用连续式平整度仪或颠簸累积仪测定。

5) 外观检查

施工过程中应随时对沥青路面进行外观评定,尤其应特别注意防止粗细集料的离析和沥青混合料温度不均匀,造成路面局部渗水严重或压实不足,酿成隐患。外观检查的主要项目包括色泽、油膜厚度、表面空隙等。

6) 施工动态质量管理

高速公路和一级公路沥青路面的施工,应利用计算机进行实行动态质量管理,计算各项指标平均值、极差、标准差及变异系数以及合格率。对施工的关键工序或重要部位宜拍摄照片或进行录像,作为实态记录及保存资料的一部分。

2. 质量检验

沥青混合料路面工程完工后,施工单位、工程监理单位和建设单位应按相同的工程项目划分进行工程质量的监控和管理。

施工单位应将全线以 1~3km 作为一个评定路段,对每一侧车行道按规定频度随机选取测点;对沥青面层进行全线自检,将单个测定值与规定的质量要求或允许偏差进行比较,计算合格率;然后计算每个评定路段的平均值、极差、标准差及变异系数。施工单位应在规定时间内提交全线检测结果及施工总结报告,申请交工验收。

下面结合《公路沥青路面施工技术规范》(JTG F40—2004)与《公路工程质量检验评定标准 第一册 土建工程》(JTG F80/1—2017)介绍热拌沥青混合料路面交工验收阶段的基本要求和检查项目、检查频度、质量要求或允许偏差等内容。

(1) 沥青混凝土面层和沥青碎(砾)石面层应符合下列基本要求:

①基层质量应符合规范规定并满足设计要求,表面应干燥、清洁、无浮土。

②应严格控制沥青混合料拌和的加热温度。拌和后的沥青混合料应均匀、无花白、无粗细料分离和结团成块现象。

③应按规定要求控制碾压工艺,严格控制摊铺和碾压温度。

(2) 质量检验评定标准。

热拌沥青混合料路面交工验收阶段的检查项目、检查频度、质量要求或允许偏差等见表 2-4-27。

沥青混凝土面层和沥青碎石面层实测项目　　　　　表 2-4-27

项次	检查项目		规定值或允许偏差		检查方法和频率
			高速公路、一级公路	其他公路	
1△	压实度①(%)		≥试验室标准密度的96%(*98%); ≥最大理论密度的92%(*94%); ≥试段段密度的98%(*99%)		按《检评标准》附录B检查,每200m测1点。核子(无核)密度仪每200m测1处,每处5点
2	平整度	σ(mm)	≤1.2	≤2.5	平整度仪:全线每车道连续检测,按每100m计算 IRI 或 σ
		IRI(m/km)	≤2.0	≤4.2	
		最大间隙 h(mm)	—	≤5	3m 直尺:每200m测2处×5尺

续上表

项次	检查项目		规定值或允许偏差		检查方法和频率
			高速公路、一级公路	其他公路	
3	弯沉值(0.01mm)		不大于设计验收弯沉值		按《检评标准》附录 J 检查
4	渗水系数(mL/min)	SMA 路面	≤120	—	渗水试验仪:每200m 测 1 处
		其他沥青混凝土路面	≤200		
5	摩擦系数		满足设计要求	—	摆式仪:每200m 测 1 处;摩擦力系数测定车:全线连续检测,按《检评标准》附录 L 评定
6	构造深度		满足设计要求	—	铺砂法:每200m 测 1 处
7△	厚度② (mm)	代表值	总厚度:-5%H 上面层:-10%h	-8%H	按《检评标准》附录 H 检查,每200m 测 1 点
		合格值	总厚度:-10%H 上面层:-20%h	-15%H	
8	中线平面偏位(mm)		20	30	全站仪:每200m 测 2 点
9	纵断高程(mm)		±15	±20	水准仪:每200m 测 2 个断面
10	宽度(mm)	有侧石	±20	±30	尺量:每200m 测 4 个断面
		无侧石	不小于设计值		
11	横坡(%)		±0.3	±0.5	水准仪:每200m 测 2 个断面
12△	矿料级配		满足生产配合比要求		T 0725 每台班 1 次
13△	沥青含量		满足生产配合比要求		T 0722、T 0721、T 0735 每台班 1 次
14	马歇尔稳定度		满足生产配合比要求		T 0709 每台班 1 次

注:①表内压实度,高速公路、一级公路应选用 2 个标准评定,以合格率低的作为评定结果;其他公路选用 1 个标准进行评定。带 * 号者是指 SMA 路面。

②表列沥青层厚度仅规定负允许偏差。H 为沥青层总厚度,h 为沥青上面层厚度;其他公路的厚度代表值和合格值允许偏差按总厚度计,当 $H \leq 60mm$ 时,允许偏差分别为 $-5mm$ 和 $-10mm$;当 $H > 60mm$ 时,允许偏差分别为 $-3\%H$ 和 $-15\%H$。

(3)沥青混凝土面层和沥青碎(砾)石面层外观质量应符合下列规定:

①表面裂缝、松散、推挤、碾压轮迹、油丁、泛油、离析的累计长度不得超过50m。

②搭接处烫缝应无枯焦。

③路面应无积水。

复习
思考题

1. 沥青路面材料有哪些?
2. 沥青路面对所用材料有哪些要求?
3. 沥青路面按施工工艺分为哪些类型?
4. 沥青路面按技术特性如何划分?
5. 沥青贯入式路面能否用作高速公路、一级公路的面层? 为什么?
6. 热拌法沥青路面的现场摊铺有哪些工序?
7. 沥青路面施工的常用机械有哪些类型?

能力
训练

1. 简述沥青类路面施工质量控制内容。
2. 简述热拌沥青混合料路面施工过程中工程质量控制标准的主要内容。
3. 简述沥青表面处治的主要步骤。
4. 简述层铺法施工工序。
5. 简述沥青路面的碾压施工注意要点。

模块2.5 水泥混凝土路面面层施工

一、水泥混凝土路面面层分类

水泥混凝土路面通常是指以水泥与水拌和而成的水泥浆作为结合料,以碎(砾)石、砂为集料,再添加适当的外加剂,有时掺加掺合料拌制成的混凝土铺筑面层。它包括普通混凝土路面、钢筋混凝土路面、连续配筋混凝土路面、组合式(双层式)混凝土路面、钢纤维混凝土路面、水泥混凝土预制块铺砌路面、碾压混凝土路面。目前采用最广泛的是就地浇筑的普通混凝土路面,简称为混凝土路面,也称为刚性路面。

微课:水泥混凝土路面认知

(一)普通混凝土路面

普通混凝土路面是指除接缝区和局部范围(边缘和角隅)外,面层内均不配置钢筋的混凝土路面。与沥青路面相比,普通混凝土路面具有强度高、稳定性好、耐久性好、有利于夜间行车等优点;但也存在大量的接缝施工、开放交通较迟、修复困难等缺点。

混凝土面层是由一定厚度的混凝土板所组成,它具有热胀冷缩的性质,因此需要设置横向接缝(横向缩缝、胀缝、施工缝)和纵向接缝。横向接缝是垂直于行车方向的接缝,间距一般为4~6m(即板长)。纵向接缝是指平行于混凝土路面行车方向的接缝,间距为3.0~4.5m。

水泥混凝土的弹性模量为$25\times10^3\sim40\times10^3$MPa,它属于脆性材料,抗弯拉强度比抗压强度低得多。为使水泥混凝土路面能够经受行车荷载的多次重复作用、抵抗温度翘曲应力,并对地基变形有较强的适应能力,混凝土面板必须具有足够的抗弯拉强度和厚度。

(二)钢筋混凝土路面

当混凝土板的平面尺寸较大,或者预计路基或基层有可能产生不均匀沉降,或者板下埋设有地下设施等情况时,宜采用钢筋混凝土路面。

钢筋混凝土路面是指板内配置有纵横向钢筋(或钢丝)网的混凝土路面。设置钢筋网的主要目的是控制裂缝缝隙的张开量,将开裂的板拉合在一起,使板依靠断裂面上的集料嵌锁作用而保证结构强度,并非增加板的抗弯强度。因而,钢筋混凝土面层所需的厚度与素(无筋)混凝土面层厚度相同。配筋可按混凝土收缩时将板块拉在一起所需的拉力确定。最大拉应力出现在板中央且使板开裂时,等于由该处到最近的板边缘范围内面层和基层之间的摩阻力。

为使板内应力尽可能分散,宜采用小直径钢筋。纵横向钢筋宜采用相同直径。网筋的最小间距应为集料最大粒径的2倍,有关规定见表2-5-1。钢筋的搭接长度,根据经验,宜为直径的24倍以上。由于钢筋的主要作用是使裂缝密闭,它在板内的竖向位置并不太重要,只要有足够的保护层以防锈蚀即可,通常设在顶面下1/3~1/2板厚范围内。外侧钢筋中心到接缝或自由边的距离为 0.1m。钢筋混凝土板的缩缝间距(即板长)一般为 13~22m,最大不宜超过 30m。缩缝内必须设置传力杆。其他接缝构造与素混凝土路面相同。

钢筋最小直径和最大间距 表 2-5-1

钢筋类型	普通钢筋	螺纹钢筋
最小直径(mm)	7	10
纵向最大间距(m)	0.15	0.35
横向最大间距(m)	0.30	0.75

(三)连续配筋混凝土路面

连续配筋混凝土路面是指一般不设横缝(施工缝和特定情况下必设的胀缝除外)且配筋量很大的混凝土面层。这种面层会在温度和湿度变化引起的内应力作用下产生许多横向裂缝,裂缝间距为 1.0~3.0m,缝隙的平均宽度为 0.2~0.5mm。但是,由于配置了许多纵向连续钢筋,这些横向裂缝不至于张开而使杂物侵入或使混凝土剥落,因而不会影响行车的舒适性。

确定纵向钢筋用量的控制因素是裂缝缝隙的宽度。缝隙过宽,易使杂物和水侵入。配筋量大,可使缝隙宽度和间距减小。由于缝隙间距同缝隙宽度直接关联,钢筋用量可按规定的裂缝间距来确定。虽然有多种理论公式可用以计算钢筋用量,但通常采用经验公式,一般认为保持裂缝完整无损所需配筋量为混凝土板断面面积的 0.6%~0.8%。在美国,一般气候区最小钢筋用量取 0.6%,寒冷地区取 0.7%。钢筋间距最小为 0.1m,最大为 0.23m。钢筋直径应按规定选用。钢筋的埋置深度应在顶面下 1/3~1/2 板厚范围内,搭接长度至少为 0.5m 或钢筋直径的 30 倍,所有搭接均需错开。

横向钢筋的用量很小,其配筋率为纵向钢筋的 1/10~1/5,其主要目的是保持纵向钢筋的间距,纵横向钢筋均需采用螺纹钢筋,以保证混凝土和钢筋之间具有足够的握裹力。

连续配筋混凝土板内的钢筋并非按承受荷载应力进行设计的。因此,它的厚度仍可采用无筋混凝土路面板的计算方法确定。由于不考虑温度应力的组合,可适当降低厚度,如按无筋混凝土面板计算厚度的 85%~90% 取用。

连续配筋混凝土面层在浇筑中断时需设置施工缝。施工缝采取平缝形式,并用长度为 1m 的拉杆增强。拉杆的直径与间距同纵向钢筋,以使施工缝两侧的混凝土板块加固成连续的整体。

由于连续配筋的混凝土路面没有接缝(施工缝除外),所以,在长板的端部、桥头连接处或者与其他路面纵向接头处都要设置胀缝,以便为混凝土的膨胀留有余地。

(四)组合式(双层式)混凝土路面

新建道路的混凝土面板一般按单层式建造,只有当缺乏品质良好的材料时,才考虑采用双层式混凝土路面板,即利用当地品质较差的材料修筑板的下层,而用品质较好的材料铺筑板的上层,以降低造价。在改建旧混凝土路面时,有时在其上加铺一层新混凝土面层,这样也形成双层式混凝土路面结构。根据双层混凝土路面上下层板之间结合程度的不同,有结合式、分离式和部分结合式三种形式。

1. 结合式

结合式即上下层混凝土板牢固结合成为一整体。新建路面时，上下层混凝土连续施工，即可做成结合式路面。改建路面时，将下层板表面凿毛、洗净晾干，并喷刷高强度等级水泥浆（水灰比为 0.4～0.5）或环氧树脂等黏结剂，随即浇筑新混凝土面层。对于这种结合形式，下层板的裂缝和接缝将会反射到上层板内，因此要求上下层板的接缝必须对齐，并采用同样的接缝形式和缝隙宽度，这种结合形式适用于下层板完整无裂缝或虽有一些裂缝但不再发展的情况。在支立模板时，可采用混凝土坎顶撑或利用旧路面板的接缝钻孔插入钢钎固定的方法。

2. 分离式

分离式即上下层混凝土板之间铺以厚 1～2cm 以上的沥青砂或双层油毡作为隔离材料，以达到分离的目的。这种分离措施可防止下层板的裂缝和接缝反射到上层板内。因此分离式双层混凝土路面板不要求上下层板的接缝对齐。当下层板严重破碎时，也可采用这种形式。新铺混凝土面层的厚度不宜小于 12cm。施工立模时，可采用穿孔插钎固定模板，也可采用预制混凝土块顶撑模板的方法固定模板。

3. 部分结合式

改建路面时，先对原有混凝土板表面进行清理，然后再浇筑上层板。由于上下层板之间存在部分结合，下层板上的裂缝与接缝通常仍会反射到上层板内，所以上下层板的接缝位置应相同，但其形式和宽度不要求完全相同。当旧面层的结构损坏不太严重并已经修复时，可采用这种结合形式。

(五) 钢纤维混凝土路面

钢纤维混凝土路面是在混凝土中掺入一些低碳钢、不锈钢或玻璃钢的纤维，使其成为一种均匀而多向配筋的混凝土。试验表明，钢纤维与混凝土的握裹力高达 4MPa。施工时，一般在混凝土中掺入 1.5%～2.0%（体积比）的钢纤维，过多则会使混凝土和易性不好。钢纤维直径为 0.25～1.25mm，长度宜为 25～60mm，过长则与混凝土拌和时易成团，过短则混凝土强度增长不大，长度与直径的最佳比值为 50～70。

钢纤维混凝土路面的抗疲劳强度、抗冲击能力和防止裂缝的能力比普通混凝土路面要好得多。同时，钢纤维混凝土路面厚度比普通混凝土可以减薄 30%～50%，而缩缝间距可以增至 15～30m，胀缝和纵缝可以不设。

作为一种新型路面材料，钢纤维混凝土路面具有广泛的发展前途，它具有板薄、缝少、使用寿命长、养护费用少等特点，特别是作为旧混凝土路面的罩面尤为适宜。

(六) 水泥混凝土预制块铺砌路面

块料由高强的水泥混凝土材料预制而成。其抗压强度约为 60MPa，水泥含量为 350～380kg/m³，水灰比为 0.35，最大集料尺寸为 8～16mm，块料承受磨耗的面积一般小于 0.03m²，厚度至少为 6cm，形状有矩形、嵌锁形（不规则形状）两类。这种路面结构由面层、砂整平层和基层组成。其基层类型同普通混凝土路面。

采用混凝土预制块铺砌的路面具有结构简单，价格低廉，能承受较大的单位压力，出现较大变形也不会破坏块料,便于修复等优点,因此,较广泛地用于铺筑人行道、停车场、堆场(特别是集装箱码头堆场)、街区道路、次要道路、一般公路的路面等。

(七)碾压混凝土路面

碾压混凝土是一种含水率低,通过振动碾压施工工艺达到高密度、高强度的水泥混凝土。碾压混凝土路面与普通水泥混凝土路面相比能节省大量的水泥,且施工速度快、养护时间短、强度高,具有很好的社会经济效益。

根据我国碾压混凝土路面的施工水平,全厚式碾压混凝土路面的平整度难以达到规定的要求。国外一般也不直接用碾压混凝土做车辆高速行驶的路面面层。因此,碾压混凝土路面一般适用于二级及以下等级公路。

碾压混凝土的集料最大粒径以20mm为宜。当碾压混凝土分两层摊铺时,其下层集料最大粒径可采用40mm。

二、水泥混凝土路面常用材料要求

水泥混凝土的基本组成材料有水泥、水、粗集料、细集料、外加剂和矿物掺合料六种。水泥混凝土质量的好坏,除了配合比和搅拌质量外,与原材料的质量和技术指标有很大关系。因此,在施工前和施工中,严格、科学地选择或生产高质量的原材料是铺筑优质水泥混凝土路面的前提。

(一)水泥

水泥是混凝土的胶结材料,混凝土所用水泥的好坏直接影响混凝土路面抗折强度、疲劳强度以及体积稳定性和耐久性等关键物理力学性质。并非任何水泥都可用于铺筑水泥混凝土路面,一般要根据不同的交通等级和交通量要求,选择不同的水泥。一般情况下,对于特重和重交通路面,应选择抗折强度高、收缩小、耐磨性强、抗冻性好的旋窑道路硅酸盐水泥,也可采用旋窑硅酸盐水泥或普通硅酸盐水泥;对于中、轻交通路面,可采用矿渣硅酸盐水泥。此外,从低温施工的蓄热和早强出发,低温天气施工或有快通要求的路段可采用R型水泥。一般情况下,为防止温度裂缝,应选用普通水泥。对于各级交通路面,在选用水泥时,无论强度等级大小,均应以其实测抗折强度为标准来选择和使用,水泥实测抗折强度越高,对保障混凝土路面抗折强度越有利。具体选用时,水泥的抗压强度和抗折强度不得低于表2-5-2中的规定。

各交通等级路面水泥各龄期的抗折强度、抗压强度 表2-5-2

交通等级	特重交通		重交通		中、轻交通	
龄期(d)	3	28	3	28	3	28
抗压强度(MPa),≥	25.5	57.5	22.0	52.6	16.0	42.6
抗折强度(MPa),≥	4.5	7.5	4.0	7.0	3.5	6.5

水泥的矿物组成主要有硅酸三钙、硅酸二钙、铝酸三钙和铁铝酸钙以及其他成分,不同的水泥的化学成分含量各不相同,并且其物理性能也不同,在选择水泥时,还应根据公路等级的

不同,选择化学成分含量、物理性能不同的水泥,若选择不当,将会造成严重后果。如承受动载结构的水泥与静载结构水泥相比,其高耐疲劳极限对水泥中游离氧化钙含量要求很严格。又如,在某路加铺水泥混凝土路面改建工程中,使用游离氧化钙含量高达9.7%的强度等级为32.5的普通硅酸盐矿渣水泥,使游离氧化钙含量高出规范规定值9倍多,结果仅通车半年,就全线崩溃。因此,在选择水泥时,必须符合表2-5-3中的要求。

各交通等级路面用水泥的化学成分和物理指标 表2-5-3

水 泥 性 能	特重、重交通路面	中、轻交通路面
铝酸三钙	不宜 >7.0%	不宜 >9.0%
铁铝酸四钙	不宜 <15.0%	不宜 <12%
游离氧化钙	不得 >1.0%	不得 >1.5%
氧化镁	不得 >5.0%	不得 >6.0%
三氧化硫	不得 >3.5%	不得 >4.0%
碱含量	$Na_2O + 0.658K_2O \leq 0.6\%$	怀疑有碱活性集料时,≤0.6%; 无碱活性集料时,≤1.0%
混合材料种类	不得掺窑灰、煤矸石、火山灰和黏土, 有抗冻要求时,不得掺石灰、石粉	不得掺窑灰、煤矸石、火山灰和黏土, 有抗冻要求时,不得掺石灰、石粉
出磨时安定性	雷氏夹或蒸煮法检验必须合格	蒸煮法检验必须合格
标准黏度需水量	不宜 >28%	不宜 >30%
烧失量	不得 >3.0%	不得 >5.0%
比表面积	宜在 300～450m²/kg	宜在 300～450m²/kg
细度(80μm)	筛余量不得 >10%	筛余量不得 >10%
初凝时间	不早于 1.5h	不早于 1.5h
终凝时间	不迟于 10h	不迟于 10h
28d 干缩率	不得 >0.09%	不得 >0.1%
耐磨性	不得 >3.6kg/m²	不得 >3.6kg/m²

注:28d干缩率和耐磨性试验方法采用《道路硅酸盐水泥》(GB/T 13693—2017)中的规定。

在选择水泥时,除满足上述要求外,还应通过配合比试验,根据其弯拉强度、耐久性和工作性,选择适宜的水泥品种和强度等级,并且水泥一旦选定,不得随意更改。不同品种、牌号、生产厂家、强度等级的水泥,严禁混装和掺和。

当采用机械化施工时,应优先选用散装水泥,若散装水泥供应不足,可选用吨包袋装和大袋水泥。工程规模小时,采用小型机具施工,可用袋装水泥。为降低水泥水化反应速度,防止因温差而开裂,散装水泥的夏季出厂温度,南方不宜高于65℃,北方不宜高于55℃。拌和时的水泥温度,南方不高于60℃,北方不高于50℃。同时,为保证水泥尽快达到抗冻临界强度,便于抗滑构造制作和养护等工序的进行,水泥的温度不宜低于10℃。

(二)粉煤灰和其他掺合料

水泥混凝土中使用的掺合料主要有粉煤灰、硅灰和磨细矿渣。

1.粉煤灰

粉煤灰是煤粉燃烧后收集到的灰粒,其主要成分是活性氧化硅和氧化铝。研究表明:粉煤灰渗入混凝土后,不仅可节约水泥,而且能与水泥优势互补,可作为混凝土的减水剂、保水剂、增塑剂等,具有明显的技术经济效益。

公路混凝土工程中,根据不同使用条件,可掺用氧化钙含量<8%,游离氧化钙≤1%,以氧化钙和氧化硅为主要成分的低钙粉煤灰,或与其他掺合料和外加剂复合成的复合粉煤灰矿粉,不能使用高钙粉煤灰。

配制混凝土时,粉煤灰分为三级,具体见表2-5-4。混凝土路面掺用粉煤灰应选用Ⅰ或Ⅱ级磨细低钙粉煤灰,不得使用Ⅲ级粉煤灰。贫混凝土基层、碾压混凝土基层或复合式路面下面层掺用粉煤灰必须采用Ⅲ级或Ⅲ级以上粉煤灰。粉煤灰宜采用散装灰,进货时应有等级检验报告,使用时应确切了解所用水泥中已经加入的掺合料种类和数量。

粉煤灰分级和质量指标　　　　表2-5-4

粉煤灰等级	细度[①]（45μm气流筛,筛余量）（%）	烧失量（%）	需水量（%）	含水率（%）	CL⁻（%）	SO₃（%）	混合砂浆活性指数[②]	
							7d	28d
Ⅰ	≤12	≤5	≤95	≤1.0	<0.02	≤3	≥75	≥85(75)
Ⅱ	≤20	≤8	≤105	≤1.0	<0.02	≤3	≥70	≥80(62)
Ⅲ	≤45	≤15	≤115	≤1.5	—	≤3	—	—

注:①45μm气流筛的筛余量换算成80μm水泥筛的筛余量时,换算系数为2.4。
　　②混合砂浆的活性指数为掺粉煤灰的砂浆与水泥砂浆的抗压强度比的百分数,适用于所配制混凝土强度等级大于或等于C40的混凝土;混凝土等级小于C40时,混合砂浆的活性指数应满足28d对应的括号内的数值。

2.硅灰

硅灰是指以冶炼硅铁合金或硅钢等排放的硅蒸气经处理后收集到的极细粉末颗粒,其细度比水泥高1~2个数量级,密度很小,单位质量的体积很大。

硅灰在公路路面使用时,主要用于高强与超高强混凝土。使用时,由于其需水量很高,必须与高效减少剂或超塑化剂共同掺用,一般施工条件下要求缓凝,须使用高效缓凝剂。

3.矿渣

矿渣是冶炼铁的过程中,经高温水淬处理后的炉渣,经与水泥相同工序磨细后得到的超细矿渣。由于其本身具有自硬化能力,水化反应速度快,因此一般用于高强混凝土。

硅灰和矿渣在使用前应经过试配检验,确保路面和桥面混凝土弯拉强度、工作性、抗磨性、抗冻性等技术指标合格。

(三)粗集料

粗集料是混凝土中大于5mm的碎石、砾石和碎砾石。

1.级配

为保证混凝土的高强度和节约水泥,要求集料组成中的矿物质要有良好的级配,级配分为连续级配和间断级配。连续级配的优点是配制的混凝土较密实,具有良好工作性,不易离析。间断级配的优点是同强度混凝土的水泥用量小,但易产生离析,需强力振捣。

混凝土的粗集料不得使用不分级配的流料,应按最大粒径分级进行掺配。其级配范围见表 2-5-5。碎石最大粒径不应大于 31.5mm,砾石不大于 19mm,碎砾石不大于 26.5mm,小于 75μm 的矿粉不大于 1%。

粗集料级配范围 表 2-5-5

类　型		通过以下方孔筛(mm)的累计筛余(以质量计,%)							
		2.36	4.75	9.50	16.0	19.0	26.5	31.5	37.5
合成级配	4.75~16	95~100	85~100	40~60	0~10	—	—	—	—
	4.75~19	95~100	85~95	60~75	30~45	0~5	0	—	—
	4.75~26.5	95~100	90~100	70~90	50~70	25~40	0~5	0	—
	4.75~31.5	95~100	90~100	75~90	60~75	40~60	20~35	0~5	0
粒级	4.75~9.5	95~100	80~100	0~15	0	—	—	—	—
	9.5~16	—	95~100	80~100	0~15	0	—	—	—
	9.5~19	—	95~100	85~100	40~60	0~15	0	—	—
	16~26.5	—	—	95~100	55~70	25~40	0~10	0	—
	16~31.5	—	—	95~100	85~100	55~70	25~40	0~10	0

2. 粗集料技术要求

用作混凝土的粗集料要有足够的坚固性,以抵抗冻融和风化作用。使用前可通过在硫酸钠溶液中浸湿和烘干 5 次循环后检测其质量损失量,小于规定值方可使用。

混凝土用粗集料,应选用表面粗糙、多棱角、粒状接近正方体,针片状颗粒含量较少的粗集料,否则将显著降低水泥混凝土抗折强度,同时影响其和易性。

为保证混凝土的强度及耐久性,要严格限制粗集料的含泥量、泥块含量及有害杂质含量。此外,还应注意"碱集料反应",防止在集料表面形成碱硅酸凝胶体,因其吸水膨胀,易造成混凝土结构破坏。

粗集料按技术指标分为Ⅰ、Ⅱ、Ⅲ级,具体分级见表 2-5-6。二级以上公路及有抗(盐)冻要求的其他公路混凝土路面用粗集料应不低于Ⅱ级,无抗(盐)冻要求的其他公路混凝土路面、碾压混凝土及贫混凝土基层可用Ⅲ级粗集料,有抗冻(盐)要求时,吸水率:Ⅰ级不应大于1%,Ⅱ级不大于2.0%;对于要求抗压的混凝土结构,Ⅰ级一般用于强度大于C60的混凝土;Ⅱ级用于C30~C60及有抗冻、抗渗或其他要求的混凝土,Ⅲ级用于C30以下的混凝土。

碎石、碎卵石和卵石技术指标 表 2-5-6

项　目	技术要求		
	Ⅰ	Ⅱ	Ⅲ
碎石压碎指标(%)	<10	<15	<20①
卵石压碎指标(%)	<12	<14	<16
坚固性(按质量损失计,%)	<5	<8	<12

项　　目	技术要求		
	Ⅰ	Ⅱ	Ⅲ
针片状颗粒含量（按质量计,%）	＜5	＜15	＜20②
含泥量（按质量计,%）	＜0.5	＜1.0	＜1.5
泥块含量（按质量计,%）	＜0	＜0.2	＜0.5
有机物含量（比色法）	合格	合格	合格
硫化物及硫酸盐（按 SO_3 质量计,%）	＜0.5	＜1.0	＜1.0
岩石抗压强度	火成岩不应小于100MPa；变质岩不应小于80MPa；水成岩不应小于60MPa		
表观密度	＞2500kg/m³		
松散堆积密度	＞1350kg/m³		
空隙率	＜47%		
碱集料反应	经碱集料反应试验后,试件无裂缝、酥裂、胶体外溢等现象,在规定试验龄期的膨胀率应小于0.10%		

注：①Ⅲ级碎石的压碎指标：用作路面时,应小于20%；用作下面层或基层时,可小于25%。
　　②Ⅲ级粗集料的针片状颗粒含量：用作路面时,应小于20%；用作下面层或基层时,可小于25%。

（四）细集料

混凝土的细集料是指粒径小于5mm的天然砂、机制砂或混合砂。

1. 级配

优质的混凝土用砂要具有较高的密度和较小的比表面积,从而达到混凝土既有较好的和易性且硬化后有一定的强度和耐久性,又节约水泥的目的。

砂的级配,应与粗集料级配的组成矿质混合料一起考虑,砂按细度模数 M_x 分为1区粗砂（$M_x=3.1\sim3.7$）、2区中砂（$M_x=2.3\sim3.0$）和3区细砂（$M_x=1.6\sim2.2$）。为提高路表面的抗滑、抗磨性能,路用混凝土一般应选用中砂,也可使用细度模数为 $2.0\sim3.5$ 的砂。施工中,混凝土同一配合比用砂的细度模数变化幅度不应超过0.3,否则应调整配合比中的砂率。

2. 技术要求

为防止杂质阻碍水泥水化以及杂质和水泥发生不良化学反应,应选择质地坚硬、耐久、洁净的砂作细集料,细集料中有害杂质含量应限制在一定范围内,具体见表2-5-7。

细集料技术指标　　　　　　　　　　　　　　　　表2-5-7

项　　目	技术要求		
	Ⅰ	Ⅱ	Ⅲ
机制砂单粒级最大压碎指标（%）	＜20	＜25	＜30
氯化物（氯离子,以质量计,%）	＜0.01	＜0.02	＜0.06
坚固性（以质量损失计,%）	＜6	＜8	＜10

续上表

项 目	技 术 要 求		
	I	II	III
云母(以质量计,%)	<2.0	<2.0	<2.0
天然砂、机制砂含泥量(以质量计,%)	<2.0	<2.0	<3.0
天然砂、机制砂含泥块量(以质量计,%)	0	<1.0	<2.0
机制砂亚甲蓝 MB 值<1.4 或合格石粉含量(以质量计,%)	<3.0	<5.0	<7.0
机制砂亚甲蓝 MB 值≥1.4 或不合格石粉含量(以质量计,%)	<1.0	<3.0	<5.0
有机物含量(比色法)	合格	合格	合格
硫化物及硫酸盐(按 SO_3 质量计)	<0.5	<0.5	<0.5
轻物质(以质量计,%)	<1.0	<1.0	<1.0
机制砂母岩抗压强度	火成岩不应小于100MPa;变质岩不应小于80MPa;水成岩不应小于60MPa		
表观密度(kg/m³)	>2500		
松散堆积密度(kg/m³)	>1350		
空隙率(%)	<47		
碱集料反应	经碱集料反应试验后,由砂配制的试件无裂缝、酥裂、胶体外溢,在规定试验龄期的膨胀率小于0.10%		

细集料按其技术指标分为三级,二级以上公路及有抗冻(盐)要求的三、四级公路路面应使用不低于 II 级的砂,无抗(盐)冻要求的三、四级公路路面及贫混凝土基层可用 III 级砂。使用机制砂时,为提高抗滑性能,保证运营安全,应检验砂浆磨光值,其值应大于 35。机制砂不应采用抗磨性较差的泥岩、页岩、板岩等水成岩类生产,在用机制砂配制混凝土时,应同时掺入引气高效减水剂。

一般情况下,路用混凝土不宜选用海砂,若必须选用,淡化海砂带入每立方米混凝土中含盐量不大于 0.1kg/m³,淡化海砂中甲壳类动物残留物不大于 1.0%。钢筋混凝土和钢纤维混凝土严禁使用海砂。

(五)水

饮用水可直接使用。对水质有疑问时,检验其硫酸盐含量(SO_4^{2-} <0.0027mg/mm³)、含盐量(≤0.005mg/mm³)、pH 值(≥4)及是否含油污、泥和其他有害杂质,检验合格后方可使用。

(六)外加剂

混凝土外加剂是在拌和混凝土时掺入,用以改善混凝土性质的物质。修筑混凝土路面时,常用外加剂主要有减水剂或塑化剂,缓凝剂、速凝剂,引气剂。其中,减水剂主要是在混凝土坍落度不变时,能减少拌用水;缓凝剂、速凝剂是在不影响混凝土的物理力学性质的条件下,调节混凝土凝结时间的外加剂;引气剂是改善混凝土和易性,减少泌水和离析,提高混凝土抗冻、抗渗和抗蚀等性能的外加剂。

在为路面和桥面混凝土选用减水剂时，应选择减水率大、坍落度损失小、可调控凝结时间的复合型减水剂。高温施工时，应选用引气缓凝减水剂，低温施工时使用引气早强减水剂。

引气剂应选用表面张力降低值大，水泥稀浆中起泡容易、多而细密、泡沫稳定时间长、不溶残渣少的产品，在有抗冻（盐）要求的地方，必须使用引气剂。

无论使用何种外加剂，首先必须检验其与水泥的适应性，使用与水泥相适应的外加剂品种。各种外加剂的产品质量应符合《公路水泥混凝土路面施工技术细则》（JTG/T F30—2014）中的有关规定。

使用外加剂时，应注意掺入外加剂会改变混凝土制备工艺，使用时要特别小心。

（七）接缝材料

接缝材料按使用性能分胀缝接缝板和接缝填缝料两类。接缝板要能适应混凝土面板的膨胀与收缩，且施工时不变形、耐久性良好。填缝料要与混凝土面板缝壁具有较强的黏结力，且材料的回弹性好、能适应混凝土面板的膨胀与收缩、不溶于水、不渗水、高温时不溢出、低温时不脆裂和耐久性好。

胀缝接缝板应选用能适应混凝土板膨胀收缩、施工时不变形、复原率高和耐久性好的材料。高速公路和一级公路宜选用泡沫橡胶板、沥青纤维板；其他等级公路也可选用木材类或纤维类板。

接缝填料应选用与混凝土接缝槽壁黏结力强、回弹性好、适应混凝土板收缩、不溶于水、不渗水、高温时不流淌、低温时不脆裂、耐老化的材料。常用的填缝材料有聚氨酯焦油类、氯丁橡胶类、乳化沥青类、聚氯乙烯胶泥、沥青橡胶类、沥青玛𗀸脂及橡胶嵌缝条。

三、水泥混凝土路面接缝施工

水泥混凝土路面有一定间隔的接缝，为了确保混凝土板之间能有效地传递荷载，防止形成错台，在板厚中央处必须设置传力杆。当混凝土板连续浇筑时，可采用钢筋支架法安设传力杆，即在嵌缝板上预留圆孔，以便传力杆穿过，嵌缝板上面设木制或铁制压缝板条，按传力杆位置和间距，在接

微课：水泥混凝土路面
接缝施工

缝模板下部做成倒 U 形槽，使传力杆由此通过。传力杆的两端固定在支架上，支架脚插入基层内（图 2-5-1）。

混凝土面层是由一定厚度的混凝土板所组成，它具有热胀冷缩的性质。由于一年四季气温的变化，混凝土板会产生不同程度的膨胀和收缩，从而引起混凝土板的轴向变形。而在一昼夜中，白天气温升高，混凝土板顶面温度较底面温度高，这种温度差会形成板的中部隆起的趋势。夜间气温降低，板顶面温度较底面温度低，会使板的周边和角隅产生翘起的趋势，发生翘曲变形［图 2-5-2a）］。这些变形会受到板与基础之间的摩阻力和黏结力，以及板的自重与车轮荷载等的约束，致使板内产生过大的应力，造成板的断裂［图 2-5-2b）］或拱胀等破坏。

从图 2-5-2 可见，由于翘曲而引起的裂缝，在裂缝发生后，被分割的两块混凝土板体尚不致完全分离，若板体温度均匀下降引起收缩，则使两块板体被拉开［图 2-5-2c）］，从而失去荷载传递作用。

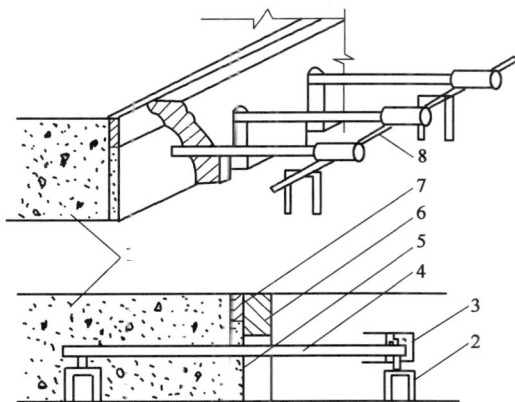

图 2-5-1　接缝处传力杆的设置(钢筋支架法)
1-已浇筑混凝土;2-支架;3-金属套管;4-传力杆;5-嵌缝板;6-胀缝模版;7-压缩板条;8-钢筋

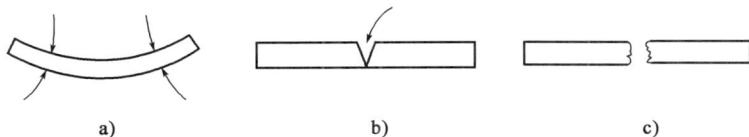

图 2-5-2　混凝土板的翘曲变形
a)混凝土板的翘曲变形;b)开裂;c)板体被拉开

为避免这些缺陷,可在混凝土路面纵横两个方向设置多处接缝,把整个路面分割成许多板块,如图 2-5-3 所示。

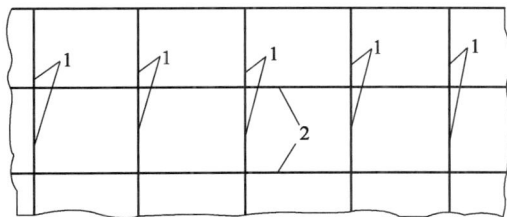

图 2-5-3　路面接缝设置示意图
1-横缝;2-纵缝

在任何形式的接缝处,板体都不可能是连续的,其传递荷载的能力不如非接缝处。而且任何形式的接缝都难免漏水,因此,对各种形式的接缝,都必须为其提供相应的传荷与防水设施。

水泥混凝土面层的接缝可分为横向接缝和纵向接缝。

(一)横缝的构造与布置

横向接缝是垂直于行车方向的接缝,共有缩缝、胀缝和施工缝三种。缩缝可保证板因温度和湿度的降低而收缩时沿该薄弱断面缩裂,从而避免产生不规则的裂缝。胀缝可保证板在温度升高时能部分伸张,从而避免产生路面板在热天的拱胀和折断破坏,同时胀缝也能起到缩缝的作用。

1. 胀缝的构造

在邻近桥梁或其他固定构造物处,或者与其他道路相交处,应设置横向胀缝。胀缝条数应根据膨胀量大小设置。胀缝宽度宜为20~25mm,缝内应设置填缝板和可滑动的传力杆,胀缝的构造如图2-5-4所示。

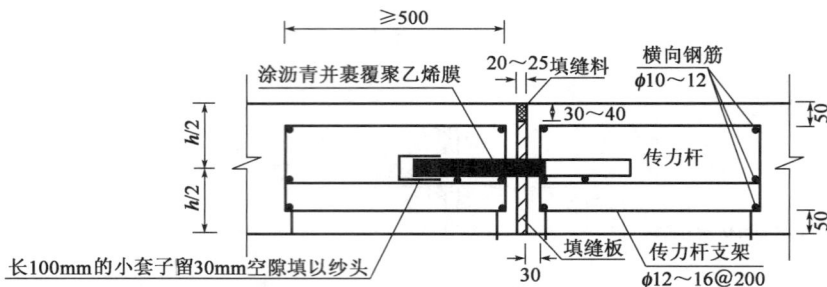

图 2-5-4　胀缝构造示意图(尺寸单位:mm)

传力杆应采用光圆钢筋。横向缩缝传力杆的尺寸、间距和要求与胀缝相同,可按表2-5-8选用。最外侧传力杆距纵向接缝或自由边的距离宜为150~250mm。

2. 缩缝的构造

缩缝一般采用设或不设传力杆的假缝形式(图2-5-5),即只在板的上部设缝隙,当板收缩时将沿此最薄弱断面有规则地自行断裂。缩缝缝隙宽3~8mm,不设传力杆时,深度约为板厚的$1/5$~$1/4$,一般为5~6cm,设传力杆时深度为板厚的$1/4$~$1/3$,传力杆尺寸及间距要求同胀缝,见表2-5-8,近年来国外有减小假缝宽度与深度的趋势。假缝缝隙内亦需浇灌填缝料,以防地面水下渗及砂石杂物进入缝内。

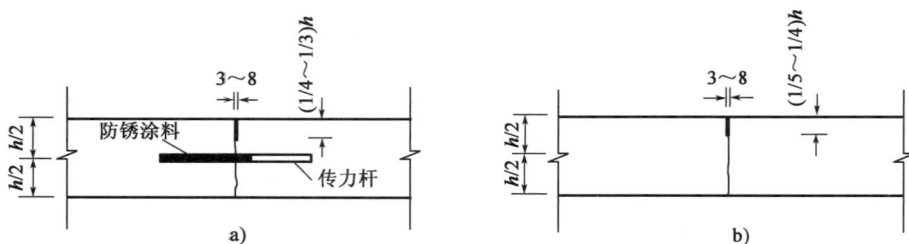

图 2-5-5　横向缩缝构造示意图(尺寸单位:mm)
a)设传力杆的假缝形式;b)不设传力杆的假缝形式

传力杆尺寸和间距(mm)　　　　　　　　　　　　　　　　表 2-5-8

面层厚度	传力杆直径	传力杆最小长度	传力杆最大间距
220	28	400	300
240	30	400	300
260	32	450	300
280	32~34	450	300
≥300	34~36	500	300

横向缩缝可等间距或变间距布置,应采用假缝形式。极重、特重和重交通荷载公路的横向缩缝,中等和轻交通荷载公路邻近胀缝或自由端部的3条横向缩缝,收费广场的横向缩缝,应

采用设传力杆的假缝形式,其构造如图 2-5-5a)所示。其他情况可采用不设传力杆的假缝形式,其构造如图 2-5-5b)所示。

传力杆的设置不应妨碍相邻水泥混凝土板的自由伸缩,铆筋表面应作防锈处理。但为便于板的翘曲,有时也将传力杆半段涂以沥青,称为滑动传力杆,而这种缝称为翘曲缝。特别需要指出的是,当在胀缝或缩缝上设置传力杆时,传力杆与路面边缘的距离,应较传力杆间距小些。

二级及二级以下公路的槽口可一次锯切成型。高速公路和一级公路槽口宜二次锯切成型,在第一次锯切缝的上部宜增设深 20～30mm、宽 7～10mm 的浅槽口,槽口下部应设置背衬垫条,上部应用填缝料灌填,其构造如图 2-5-6 所示。

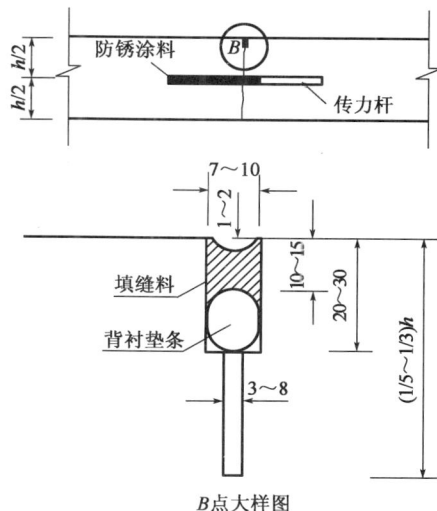

图 2-5-6 二次锯切槽口构造示意图(尺寸单位:mm)

3. 施工缝的构造

每日施工结束或因临时原因中断施工时,必须设置横向施工缝,其位置宜选在缩缝或胀缝处。设在缩缝处的施工缝,应采用加传力杆的平缝形式,其构造如图 2-5-7 所示;设在胀缝处的施工缝,其构造应与胀缝相同。

4. 横缝的布置

缩缝间距一般为 4～6m(即板长),在昼夜气温变化较大的地区,或地基水文情况不良路段,应取低限值,反之取高限值。

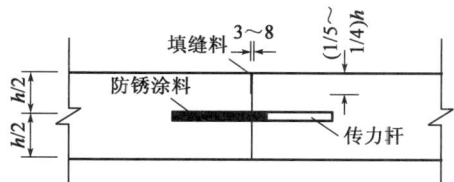

图 2-5-7 横向施工缝构造示意图(尺寸单位:mm)

在桥涵两端以及小半径平、竖曲线处应设置胀缝。胀缝是混凝土路面的薄弱环节,它不仅给施工带来不便,有时,由于施工时传力杆设置不当(未能正确定位),使胀缝处的混凝土常出现碎裂等病害;当雨水通过胀缝渗入路基后,易使路基软化,引起唧泥、错台等破坏;当砂石进入胀缝后,易造成胀缝处板边挤碎、拱胀等破坏。同时,胀缝容易引起行车跳动,其中的填缝料又要经常补充或更换,增加了养护的麻烦。因此,近年来国内外修筑的混凝土路面均有减少胀缝的趋势。我国《公路水泥混凝土路面设计规范》(JTG D40—2011)建议,胀缝应尽量少设或不设,但在邻近桥梁或固定建筑物处,或与其他类型路面相连接处、板厚变化处、隧道口、小半径曲线和纵坡变换处,均应设置胀缝。在其他位置,当板厚等于或大于 20cm,并在夏季施工时,也可不设胀缝。

但是,采用长间距胀缝或无胀缝路面结构时,需注意采取一些相应的措施,如增大基层表面的摩阻力,以约束板在高温或潮湿时伸长的趋势;在气温较高时施工,以尽量减少水泥混凝土板的胀缩幅度;相对地减少缩缝间距,以便减少板的温度翘曲应力,缩小缩缝的缝宽以提高传荷能力,并增进板对路基变形的适应性。

(二)纵缝的构造与布置

纵缝是指平行于混凝土路面行车方向的接缝。纵缝的布设应视路面宽度和施工铺筑宽度而定。当一次铺筑宽度小于路面宽度时,应设纵向施工缝。纵向施工缝采用平缝形式,上部应锯切槽口,深度为30~40mm,宽度为3~8mm,槽内灌塞填缝料。其构造如图2-5-8a)所示。

当一次铺筑宽度大于4.5m时,应设置纵向缩缝。纵向缩缝采用假缝形式,锯切的槽口深度应大于施工缝的槽口深度。采用粒料基层时,槽口深度应为板厚的1/3;采用无机结合料稳定材料基层时,槽口深度应为板厚的2/5。其构造如图2-5-8b)所示。

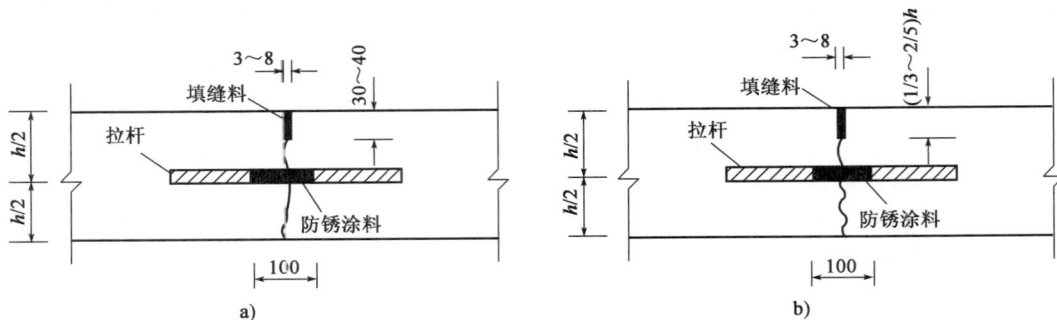

图2-5-8 纵缝构造(尺寸单位:mm)
a)纵向施工缝;b)纵向缩缝

纵缝应与路线中线平行。在路面等宽的路段内或路面变宽路段的等宽部分,纵缝的间距和形式应保持一致。路面变宽段的加宽部分与等宽部分之间,以纵向施工缝隔开。加宽板在变宽段起终点处的宽度不应小于1m。

拉杆应采用螺纹钢筋,设在板厚中央,并应对拉杆中部100mm范围内进行防锈处理。拉杆的直径、长度和间距可参照表2-5-9选用。施工布设时,拉杆间距应按横向接缝的实际位置进行调整,最外侧的拉杆距横向接缝的距离不得小于100mm,其尺寸和间距可按表2-5-9选用。

拉杆直径、长度和间距(mm)   表2-5-9

面层厚度	到自由边或未设拉杆纵缝的距离(m)					
	3.00	3.50	3.75	4.50	6.00	7.50
200~250	14×700×900	14×700×800	14×700×700	14×700×600	14×700×500	14×700×400
260~300	16×800×900	16×800×800	16×800×700	16×800×600	16×800×500	16×800×400

注:拉杆直径、长度和间距的数字为直径×长度×间距。

纵缝间距一般按路面宽度为3.0~4.5m确定,这对行车和施工都较方便。当双车道路面按全幅宽度施工时,纵缝可做成假缝形式。

(三)纵横缝的相互布置

纵缝与横缝一般做成垂直正交,使混凝土板具有90°的角隅。纵缝两旁的横缝一般呈一条直线。实践证明,如横缝在纵缝两旁错开,将导致板产生从横缝延伸出来的裂缝。

当两条道路正交时,各条道路的直道部分均保持本身纵缝的连贯,而相交路段内各条道路的横缝位置应按相对道路的纵缝间距作相应变动,保证两条道路的纵横缝垂直相交、互不错位。当两条道路斜交时,主要道路的直道部分保持纵缝的连贯,而相交路段内的横缝位置应按次要道路的纵缝间距作相应变动,保证与次要道路的纵缝相连接。相交道路弯道加宽部分的接缝布置,应不出现或少出现错缝和锐角。

在次要道路弯道加宽段起终点断面处的横向接缝,应采用胀缝形式。膨胀量大时,应在直线段连续布置2~3条胀缝。

当采用板中计算厚度的等厚式板时,或混凝土板纵、横向自由边缘下的基础有可能产生较大的塑性变形时,应在其自由边缘和角隅处设置下述两种补强钢筋。

1.边缘钢筋

混凝土面层自由边缘下基础薄弱或接缝为未设传力杆的平缝时,可在面层边缘的下部配置钢筋。通常选用2根直径为12~16mm的螺纹钢筋,置于面层底面之上1/4厚度处且不小于50mm,间距为100mm,如图2-5-9所示。纵向边缘钢筋一般只做在一块板内,不得穿过缩缝,以免妨碍板的翘曲;但有时亦可将其穿过缩缝,但不得穿过胀缝。为加强锚固能力,钢筋两端应向上弯起。在横胀缝两侧板边缘以及混凝土路面的起终端处,为加强板的横向边缘,亦可设置横向边缘钢筋。

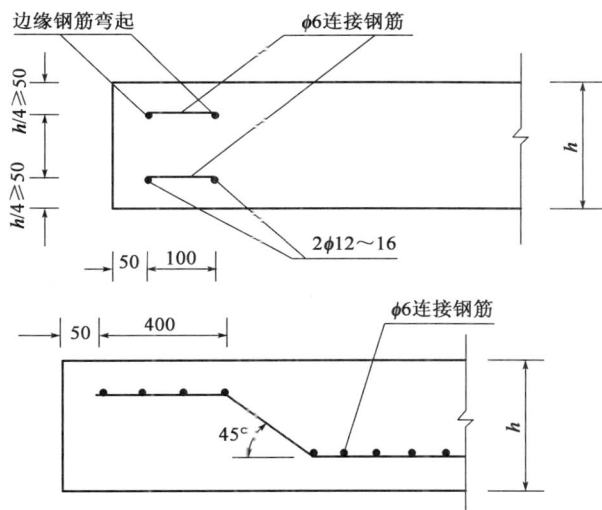

图 2-5-9　边缘钢筋布置(尺寸单位:mm)

2.角隅钢筋

承受特重交通的胀缝、施工缝和自由边的面层角隅,宜配置角隅钢筋。通常选用2根直径为12~16mm的螺纹钢筋,置于面层上部,距顶面不小于50mm,距边缘为100mm,如图2-5-10所示。角隅钢筋应设在板的上部,距板顶面不小于5cm,距胀缝和板边缘各为10cm。在交叉口处,对无法避免形成的锐角,宜设置双层钢筋网补强,以避免板角断裂。钢筋布置在板的上下部,距板顶(底)5~7cm为宜。

(四)接缝施工

1.纵缝施工

设置纵缝可采用以下三种方式:

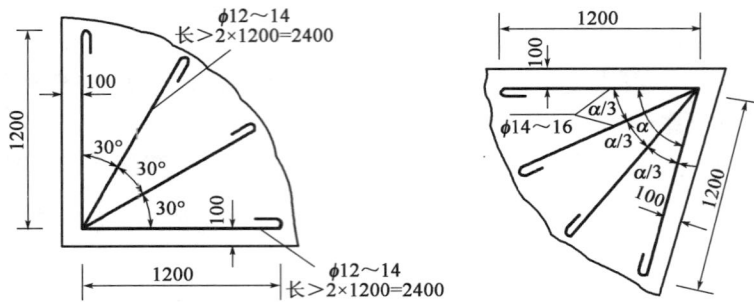

图 2-5-10 角隅钢筋布置(尺寸单位:mm)

(1)在模板上设孔、立模后,在浇筑混凝土之前将拉杆穿入孔内。

(2)拉杆弯成直角形,立模后用铁丝将其一半绑在模板上,另一半浇筑在混凝土内,拆模后将外露在已浇筑混凝土侧面上的拉杆弯直。

(3)采用带螺栓的拉杆,一半拉杆用支架固定在基层上,拆模后另一半带螺栓接头的拉杆与埋在已浇筑混凝土内的半根拉杆相接。

2.横缝施工

(1)横向缩缝可采用以下两种方式设置。

①切缝。在混凝土结硬后,要尽快用金刚石或碳化硅锯片将其切缝。适宜的切缝时间是施工温度与施工后时间的乘积为 200~300℃·h 时。施工技术人员应根据经验进行试切试验后决定。表 2-5-10 可供参考。

建 议 切 缝 时 间   表 2-5-10

昼夜平均温度(℃)	常规施工方法(h)	真空脱水作业(h)
5	45~50	40~45
10	30~45	25~30
15	22~26	18~32

②压缝。为防止早期裂缝,可每隔 3~4 条切缝做一条压缝。采用振动刀在新鲜混凝土的预定位置上压缝并至规定深度。提出压缝刀,再用原浆修平缝槽并放入嵌条,然后再修平缝槽,待混凝土初凝前泌水后取出嵌条,用抹缝瓦刀抹平缝槽。

(2)横向胀缝。横向胀缝应与路中心线垂直,缝壁须垂直,缝隙宽度须一致,缝中不得连浆。缝隙下部应设置胀缝板,上部灌胀缝填缝料。传力杆应固定牢靠,准确定向。

胀缝可在一天混凝土浇筑终了时,其传力杆长度一半穿过端部挡板,固定于外侧定位模板中。浇筑前应检查传力杆位置,浇筑时应先摊铺下层混凝土,用插入式振捣器振实,并校正传力杆位置,再浇上层混凝土。浇筑邻板时,应拆除顶头木模,并设置下部胀缝板、木制嵌条和传力杆套管。

胀缝施工时,可将传力杆长度的一半穿过胀缝板和端头板,并应用钢筋支架固定就位;先检查传力杆位置,再在胀缝两侧摊铺混凝土板面,振捣密实后,抽出端头板。空隙部分用混凝土填补,并用插入式振捣器振实。

施工缝宜设于胀缝处,多车道施工缝应避免设在同一横断面上。若施工缝设于缩缝处,则板中应增设传力杆,传力杆须与缝壁垂直,其一半锚固于混凝土中,另一半应先涂沥青,并做套管,使之可滑动。

四、水泥混凝土路面与其他构造物相接的处理

水泥混凝土路面与固定构造物相衔接的胀缝无法设置传力杆时,可在毗邻构造物的板端部内配置双层钢筋网,或者在长度为 6～10 倍板厚的范围内逐渐将板厚增加 20%。

水泥混凝土路面同桥梁相接处,宜设置钢筋混凝土搭板。搭板一端放在桥台上,并加设防滑锚固钢筋和在搭板上预留灌浆孔。如为斜交桥梁,尚应设置钢筋混凝土渐变板。关于渐变板的块数,当桥梁斜角大于 70°时设 1 块,当桥梁斜角为 45°～70°时设 2 块,小于 45°至少设 3 块。混凝土路面与斜交桥梁相接时的构造示意图如图 2-5-11 所示。渐变板的短边最小为 5m,长边最大为 10m。搭板和渐变板的配筋量需经计算确定,角隅部分应另加钢筋网补强。

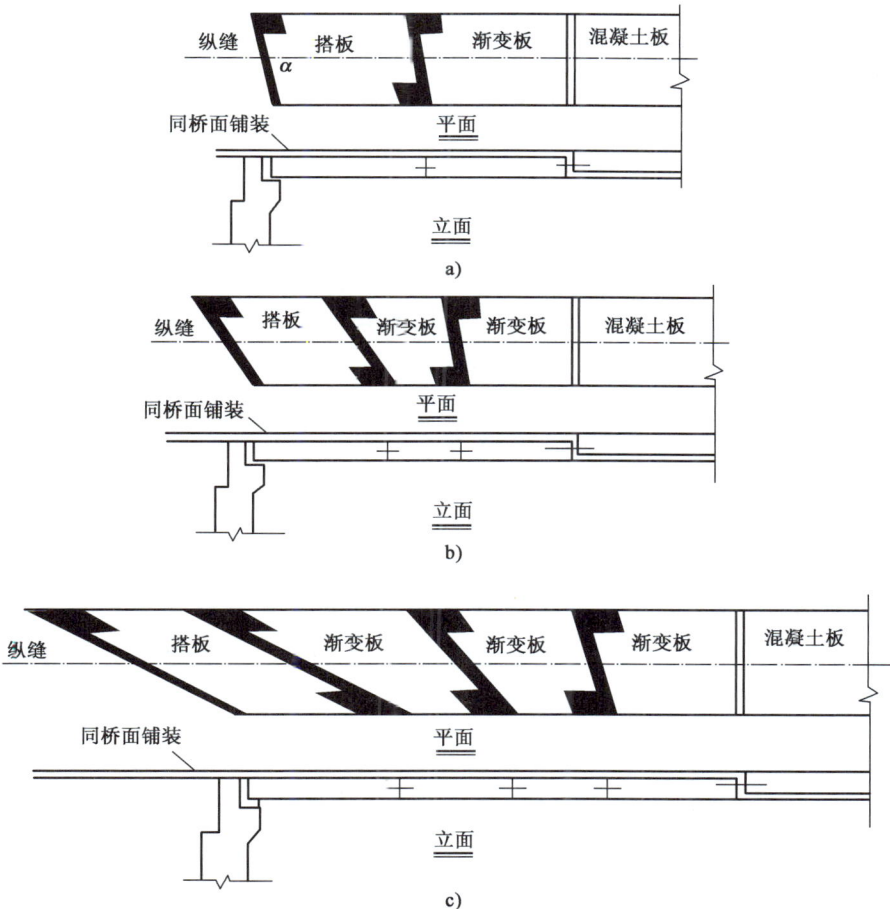

图 2-5-11 混凝土路面与斜交桥梁相接时的构造示意图

水泥混凝土路面与沥青路面相接处,由于沥青面层难以抵御混凝土面层的膨胀推力,易出现沥青面层的推移拥起,而形成接头处的不平整,引起跳车。

水泥混凝土路面与沥青路面相接时,其间应设置至少3m长的过渡段。过渡段的路面采用两种路面呈阶梯状叠合布置,其下面铺设的变厚混凝土过渡板的厚度不得小于200mm,如图2-5-12所示。过渡板与混凝土面层相接处的接缝内设置直径为25mm、长700mm、间距400mm的拉杆。水泥混凝土面层毗邻该接缝的1~2条横向接缝应设置胀缝。

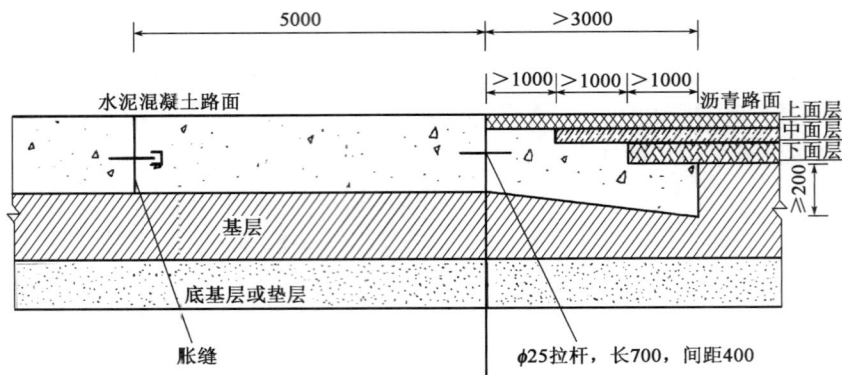

图 2-5-12　混凝土路面与沥青路面相接段的构造布置(尺寸单位:mm)

五、水泥混凝土路面的施工方法

施工技术直接影响水泥混凝土路面质量,而其关键在于路面混凝土摊铺机械和技术。路面机械化施工,不仅可以提高施工速度和施工质量,而且可以降低工程造价。目前,常见的大型摊铺设备有滑模摊铺机和轨道摊铺机,由于我国各地经济发展水平各不相同,大型摊铺设备前期投资较大,这里主要介绍小型机具、三辊轴、滑模摊铺、碾压混凝土施工技术四种施工方法。

无论采用何种施工方式,施工前都要做好准备工作,这是保证施工顺利进行和施工质量的前提。施工前主要应做好以下准备:

(1)编制好施工组织设计,建立健全质量管理体系。

(2)现场清理和水电供应、施工道路、拌和站建设、办公生活用房等辅助设施建设。

(3)原材料的准备和性能检验,以及混凝土配合比检验调整。

(4)对基层的平整度、压实度、高程、横坡等指标进行检查处理和修整,并洒水湿润。

(5)严格按照要求安装模板。

(一)小型机具施工

由于我国经济水平限制和施工需要,虽然小型机具施工速度慢,人为影响因素较大,但目前仍然得到了广泛应用,尤其在二级以下公路建设中,占很大比例。

水泥混凝土小型机具施工主要有以下工序:测量放样→安装模板→架设传力杆和拉杆→拌合物搅拌和运输→摊铺成型→表面修整→抗滑构造制作→接缝施工→养护。

小型机具施工主要机械设备包括:配备自动质量计量设备的间歇式搅拌的强制式搅拌机(图2-5-13),一般选用双卧轴式;插入式振捣棒、平板振动器和振动梁等振捣工具;提浆滚杆、叶片式或圆盘式抹面机、3m 刮尺和抹刀等整平抹面工具;拉毛机、工作桥、硬刻槽机等抗滑构造设备;运输车辆。小型机具选型和配套时,应根据工程规模、质量要求和工期等要求进行合理配置。

图 2-5-13 强制式搅拌机

采用小型机具铺筑水泥混凝土路面,在摊铺前一定要做好检查和准备工作,施工现场应有专人指挥卸料,拌合物应分布成均匀的小堆,以方便摊铺。若拌合物有离析,应用铁锹翻拌均匀,严禁加水,用铁锹送料,应反扣,严禁抛掷和搂耙。面板厚度在 22cm 以下时,可一次摊铺,若超过 22cm,应分层摊铺。人工摊铺拌合物的坍落度应控制在 5~20mm 范围内,拌合物松铺系数应通过现场试验确定,一般控制在 1.10~1.25,料偏干时取较高值,反之则取较低值。

拌合物摊铺均匀后,应采用插入式振捣棒、平板振动器和振动梁配合进行振捣成型(图 2-5-14),这是保证水泥混凝土路面质量的关键。在每个车道上,每 2m 应配备两根振捣棒。振捣时,先用振捣棒按梅花桩位置交错振捣,每次振捣不应少于 30s,以拌合物不再冒气泡和泛出水泥浆,并停止下沉为止。振捣棒移动间距应不大于 50cm,离板边缘应不大于 20cm,并避免和模板、钢筋、传力杆、拉杆碰撞,应特别注意边角位置,仔细加以振捣。

a) b) c)

图 2-5-14 水泥混凝土路面施工的振捣设备
a)平板振动器;b)振捣棒;c)振动梁

插入振捣棒振捣后,用振动板全面振实,每个车道配 1 块振动板,纵横交错振捣两遍,振动板移位时,应重叠 10~20cm,在每一位置的振动时间应以振动板底部和边缘泛浆厚度为 (3±1)mm 为宜,时间不少于 15s,注意不能过振。然后,用振动梁进一步振实、整平、提浆,振动梁应垂直路面中线沿纵向拖行,往返 2~3 遍,使表面泛浆均匀平整,振动梁应具有足够的刚度和质量,底部应焊接或安装深度 4mm 左右的粗集料压实齿,每个车道上应配备一根具有两个振动器的振动梁。

在振捣过程中,应随时进行人工找平,找平所用拌合物应为同一批次的拌合物,严禁使用砂浆,并应随时检查模板、拉杆、传力杆、钢筋网位置,出现问题及时调整。

采用两次摊铺时,两层摊铺间隔时间应尽可能短,上层振捣必须在下层初凝前完成。

振实作业完成后,可通过滚杆、抹面机或大木抹进行整平。整平时先用滚杆提浆整平,每车道配备一根滚杆,整平时第一遍应采用短距离缓慢一进一退拖滚式推滚,之后采用长距离匀速拖滚两遍,并将水泥砂浆始终保持在滚杆前方。

拖滚后,用3m刮尺纵横各一遍整平饰面或采用抹面机往返2~3遍压浆并整平抹面。使用抹面机时,每车道应配备至少1台。

抹面机完成作业后,应进行清边整缝,清除黏浆,修补缺边、掉角,清除抹面留下的痕迹,并用3m刮尺纵横精平饰面各1遍,精平饰面后,平整度应达到规定要求。

图 2-5-15　水泥混凝土路面施工中的三辊轴摊铺机

(二)三辊轴机组施工

三辊轴机组是介于小型机具和摊铺机之间的一种中型施工设备(图2-5-15),比摊铺机的成本低,适应性强,操作简单方便,能使路面达到较高的平整度,自20世纪90年代以来,已在我国得到广泛应用。

三辊轴机组施工工艺流程以及机械布置顺序:测量放样→安装模板→拌合物拌和与运输→布料机具布料→排式振捣机振捣→拉杆安装机安装拉杆→人工找补→三辊轴整平→(真空脱水)→精平饰面→抗滑构造制作→接缝施工→养护→(硬刻槽)→填缝。

三辊轴机组施工的摊铺能力不是很强,因此要特别注意布料的均匀性,准确控制布料高度,要有专人指挥车辆均匀卸料,可人工也可用装载机或挖掘机布料。人工布料时,应使用排式振捣机前方的螺旋布料器辅助控制松铺厚度,坍落度为10~40mm的拌合物的松铺系数应取1.12~1.25,坍落度大时取低值,小时取高值;在超高路段和有横坡路段,摊铺应考虑横坡影响,横坡高侧的松铺系数取高值,低侧的取低值。

当混凝土摊铺长度超过10m时,应立即进行振捣密实。振捣时,每次移动距离不宜超过振捣棒有效半径的1.5倍,且不得大于50cm,振捣时间一般为15~30s,以拌合物中粗集料停止下沉、表面不再冒泡,并泛出水泥浆为准。注意不能过振。振捣中,排式振捣机应均匀、缓慢、不间断地前进。

面板振实后,应立即安装拉杆,单车道施工时,应在侧模预留孔中按设计要求在板厚度中间处插入钢筋拉杆。双车道摊铺施工时,除在侧模插入拉杆外,还要使用拉杆插入机在中间纵缝部位按设计要求插入钢筋拉杆。插入拉杆后,立即振捣拌合物,以使拌合物充分包裹拉杆。

混凝土拌合物经振捣后,工作性损失较快,若布料长度较短就开始振动,三辊轴整平机不能立刻跟上施工,两道工序间隔时间较长,会使拌合物工作性损失较大,造成以后施工较困难。因此,应在布料达一个作业单位长度后再开始振实,并紧跟用三辊轴整平机进行整平,两道工序间隔时间不宜大于10min。

三辊轴整平机作业长度一般在20~30m范围内,在一个作业长度内,三辊轴机应采用前进振动、后退静滚的方式作业,其作业遍数一般为2~3遍,不得超过3遍。振动时,应调整好振动轴的高度,与模板顶面留2mm间隙,振动轴只能打击、削平拌合物表面。由于三辊轴机自重较大,施工中要随时注意观察模板情况,出现问题立即纠正。

振动滚压完成后,将振动辊轴抬离模板,用整平轴前后静滚整平,静滚遍数要足够多,一般为4~8遍,直到平整度符合要求且表面砂浆厚度和水灰比均匀为止。最终表面砂浆厚度应控制在(4±1)mm。对于三辊轴整平机前方表面过厚或过稀的砂浆,必须刮除丢弃,以改善表面的抗滑性及耐磨性。

三辊轴整平机作业期间,恰好处于混凝土向上泌水过程中,表面砂浆水灰比及流动性增大,容易影响路面质量,为增强表面耐磨性、改善平整度,也可采用两台三辊轴整平机联合作业,中间增加真空脱水作业。

三辊轴整平机基本整平路面后,应立即采用3~5m刮尺进行饰面,刮尺应纵向摆放,横向推拉,速度要均匀,每次推拉要一次完成,不停顿,并调整好刮刀与路面的接触角度。

待表面泌水蒸发消失后,再使用刮板或抹刀进行1~2遍收浆饰面抹光,经过抹光处理后,再进行抗滑构造施工,可显著提高表面耐磨性,收浆饰面应在泌水蒸发消失、混凝土表面还能够压实但不会留下明显浆印时进行。饰面的最迟时间不得迟于表2-5-11中规定的拌合物铺筑完毕允许的最长时间。

混凝土拌合物出料到运输、铺筑完毕允许最长时间 表2-5-11

施工气温* (℃)	到运输完毕允许最长时间(h)		到铺筑完毕允许最长时间(h)	
	滑模、轨道	三辊轴、小机具	滑模、轨道	三辊轴、小机具
5~9	2.0	1.5	2.6	2.0
10~19	1.5	1.0	2.0	1.5
20~29	1.0	0.75	1.5	1.25
30~35	0.75	0.5	1.25	1.0

注:* 指施工时的日间平均气温,使用缓凝剂延长凝结时间后,本表数值可增加0.25~0.5h。

(三)滑模摊铺机技术

滑模摊铺机施工是指在基层上铺设两条轨道板,作为路面侧向支撑和路型定位模板,顶部作为路面表面基准,施工机械行驶在轨道上进行布料,振动密实,成型、修整和拉毛,养护的混凝土路面施工法(图2-5-16)。

滑模摊铺机施工的工艺流程:混凝土搅拌→人工支模板→架设拉杆→布料→振捣→表面修整→接缝施工→抗滑构造制作→养护→锯缝填缝→路面性能检测→竣工验收→开放交通等。

图2-5-16 水泥混凝土路面施工中的滑模摊铺机

滑模摊铺机施工是在使用轨道和模板合一的专用机模上行进摊铺,其模板要求较高,一般其单根长度为3m,底面宽度为高度的80%,轨道顶面应高于模板2~4cm,轨道中心至模板内侧边缘距离一般为12.6cm。

轨道用螺栓和粒料层固定在模板支座上,模板用钢钎固定在基层上,安装后应对照摊铺厚度进行调整和检测,并在模板内涂刷脱模剂和隔离剂,接头应粘胶带或用塑料薄膜密封。

轨道准备的数量应根据施工进度和施工气温,并满足拆模周期需要而定,一般不少于 3 ~ 5d 的需要。

平缝要设置拉杆时,应根据设计要求,预先在轨模上制作拉杆孔,以便施工时插入,也可和传力杆一样,采用门形式固定在基层上。

滑模摊铺机是通过卸料机将混凝土倾卸在基层上或料箱内,然后按摊铺厚度均匀分布在模板内,其布料方式有螺旋布料器布料、刮板布料和料箱布料,布料松铺系数应根据拌合物实测坍落度控制在 1.15 ~ 1.30 范围内,具体见表 2-5-12。

松铺系数 K 与坍落度 S_L 的关系   表 2-5-12

坍落度 S_L (mm)	5	10	20	30	40	50	60
松铺系数 K	1.30	1.25	1.22	1.19	1.17	1.15	1.12

使用螺旋布料器和刮板布料时,卸在铺筑宽度中间的拌合物不得过高、过大,也不得缺料,螺旋布料器前的拌合物应保持在面板以上 10cm 左右。

箱式布料一般应用在摊铺钢筋混凝土路面和有裸露粗集料抗滑表层路面,其装料时应关闭料斗出料口。运到布料位置时,轻轻打开出料口,待拌合物堆成"堤状",再左右移动料斗布料。

轨道施工振捣一般采用振捣棒组和振动板或振动梁振捣修整。振捣棒组的振捣方式有斜插连续拖行和间歇式垂直插入两种。当面板厚度超过150mm、坍落度小于30mm 时,必须采用插入振捣;连续拖行振捣时,其作业速度应控制在 0.5 ~ 1.0m/min 范围内;采用间歇式振捣时,其移动距离一般不大于 50cm。振捣棒组振捣后,应及时采用振动板或振动梁对混凝土表面进行振捣整平,使用振动梁时,其频率应控制在 50 ~ 100Hz 范围内,偏心轴转速调至 2500 ~ 3000r/min。一般情况下,经振捣棒组振实的混凝土,应使用振动板提浆,并密实饰面,其提浆厚度控制在(4 ± 1)mm。

振捣后应及时整平、精光,可采用抹平板和往复式滚筒,使用往复式滚筒整平时,其前面混凝土堆积物应涌向横坡高的一侧,保证路面横坡高的一端有足够的料。在整平过程中,应及时清理路面边缘余料,以保证整平精度和机械顺利作业。

整平后要及时精平饰面,其施工要求同三辊轴施工方式。

路面摊铺后,拆卸轨模应根据不同气温条件,待混凝土抗压强度达到 8.0MPa 以上方可进行。缺乏强度实测数据时,边侧模板允许最早拆模时间应符合《公路水泥混凝土路面施工技术细则》(JTG/T F30—2004)的规定,拆除的模板应及时清理。

(四)碾压混凝土路面施工

碾压混凝土施工技术是利用沥青混凝土摊铺机铺筑碾压混凝土的施工方法。碾压混凝土施工的工艺流程:碾压混凝土拌和→运输→卸入沥青摊铺机→沥青摊铺机摊铺→打入拉杆→钢轮压路机初压→振动压路机复压→轮胎压路机终压→抗滑构造处理→养护→切缝→灌缝。配置的主要机械设备有沥青摊铺机、钢轮压路机、振动压路机、轮胎压路机和其他辅助设备。

基准线是碾压混凝土施工的生命线，在施工前要完成基准线的设置，单根基准线一般不超过450m，基准线设置宽度除应保证摊铺外，还应满足两侧650~1000mm横向支距的要求。基准线桩在直线段一般间距为10m，在曲线段要加密设置，但间距不能小于2.6m。固定线桩时，应保证夹线臂到基层距离为450~750mm，设置好后应以不小于1000N的拉力对基准线进行张拉。

碾压混凝土摊铺前，应先洒水湿润基层，摊铺速度要均匀、连续，不得随意变换速度或停顿。速度可按式(2-5-1)计算确定，一般控制在0.6~1.0m/min范围内。

$$V = \frac{MK}{60bh} \tag{2-5-1}$$

式中：V——摊铺机速度(m/min)；

M——搅拌机产量(m^3/h)；

b——摊铺宽度(m)；

h——摊铺厚度(m)；

K——效率系数，一般取0.85~0.95，使用一台搅拌机时取低值，使用多台时取高值。

碾压混凝土路面摊铺时的松铺系数应根据混凝土配合比确定，施工机械由试铺决定。摊铺布料时，应使螺旋布料器转速和摊铺速度相适应，防止两边缘料不足。在摊铺到弯道时，应及时调整左右两侧分料器的转速，防止两侧供料不均衡。摊铺中，应同时设置拉杆，设置拉杆通过设置醒目的定位标记保证拉杆的准确打入。

摊铺完成后，应立即对混凝土表面进行检查，修补缺陷，局部缺料应及时补上，粗集料集中部位采用湿筛砂浆进行弥补。

当摊铺长度超过30m时，即可进行碾压，一般碾压作业段长度为30~40m。碾压按初压、复压、终压三个阶段进行。碾压时，在直线段应按从外侧向路中心碾压，在平曲线有超高路段，由低侧向高侧、由内向外碾压。

初压一般要用钢轮压路机或振动压路机静压，相邻碾压带应重叠1/3~1/2碾压宽度。在复压过程中禁止振动压路机中途急停、急转弯、紧急起步和快速倒车，行驶须缓慢平顺。复压应使混凝土达到规定压实度为止，一般为2~6遍。终压采用轮胎压路机静压，终压遍数应以弥合表面微裂纹和消除轮迹为标准。初压、复压、终压作业要紧密相连，环环相扣，一气呵成，中间不停顿，相互间不得干扰。

碾压混凝土横向施工缝和其他方法相比较为特殊，呈"台阶状"。其目的是便于插入传力杆和使接头处碾压密实。其制作方式是：在施工终点处设纵向斜坡，碾压结束后将不合格部位切除；第二天摊铺开始时，后退15~20cm，切割施工缝，深度为8~10cm，并将切缝外混凝土刨除形成台阶，然后涂刷水泥浆，继续连接摊铺新路面，待硬化后切施工缝。

六、水泥混凝土路面面层施工质量控制

水泥混凝土路面施工，应根据质量管理要求，建立健全有效的质量保证体系，实行严格的质量、投资、工期控制、工序管理和岗位责任制度，对各施工阶段进行全面控制检查，以确保施工质量。

（一）质量控制

施工质量的控制、管理与检查应贯穿整个施工过程，应对每个施工环节严格把关，对出现的问题应立即进行纠正，直至停工整顿。

施工全过程的质量动态检测、控制和管理内容应包括施工准备、铺筑试验路段和施工过程中的各项技术指标的检验，出现施工技术问题的报告、论证和解决方案等。

施工单位应随时对施工质量进行自检。自检项目和频率包括：原材料的自检项目和频率（表2-5-13）、拌合物的自检项目和频率（表2-5-14）、混凝土路面铺筑过程中的自检项目和频率（表2-5-15），铺筑质量要求见表2-5-16。当施工、监理、监督人员发现异常情况时，应加大检测频率，找出原因，及时处理。

混凝土原材料的检测项目和频率　　　　　表2-5-13

材料	检查项目	检查频度		试验规程或试验方法
		高速公路、一级公路	其他公路	
水泥	抗折强度、抗压强度、安定性	机铺1500t一批	机铺1500t、小型机具500t一批	JTG E30—2005 GB/T 176—2017 GB/T 12959—2008
	凝结时间、标准稠度需水量、细度	机铺2000t一批	机铺3000t、小型机具500t一批	
	CaO、MgO、SO_3含量，铝酸三钙、铁铝酸四钙、干缩率、耐磨性、碱度，混合材料种类及数量	每标段不少于3次，进场前必测	每标段不少于3次，进场前必测	
	温度、水化热	冬、夏季施工随时检测	冬、夏季施工随时检测	
粉煤灰	活性指数、细度、烧失量	机铺1500t一批	机铺1500t、小型机具500t一批	GB/T 1596—2017
	需水量比、SO_3含量	每标段不少于3次，进场前必测	每标段不少于3次，进场前必测	
粗集料	针片状、超径颗粒含量、级配、表观密度、堆积密度、空隙率	机铺2500m³一批	机铺5000m³、小型机具1500m³一批	JTG E42—2005
	含泥量、泥块含量	机铺1000m³一批	机铺2000m³、小型机具1000m³一批	
	坚固性、岩石抗压强度、压碎指标	每种粗集料每标段不少于2次	每种粗集料每标段不少于2次	
	碱集料反应	怀疑有碱活性集料进场前测	怀疑有碱活性集料进场前测	
	含水率	降雨或湿度变化随时测	降雨或湿度变化随时测	

续上表

材料	检查项目	检查频度		试验规程或试验方法
		高速公路、一级公路	其他公路	
砂	细度模数、表观密度、堆积密度、空隙率、级配	机铺2000m³一批	机铺4000m³,小型机具1500m³一批	JTG E42—2005
	含泥量、泥块、石粉含量	机铺1000m³一批	机铺2000m³,小型机具500m³一批	
	坚固性	每种砂每标段不少于3次	每种砂每标段不少于3次	
	云母含量、轻物质与有机物含量	目测有云母或杂质时测	目测有云母或杂质时测	
	含盐量(硫酸盐、氯盐)	必要时测,淡化海砂每标段3次	必要时测,淡化海砂每标段2次	
	含水率	降雨或湿度变化随时测	降雨或湿度变化随时测	
外加剂	减水剂减水率,液体外加剂含固量和相对密度,粉状外加剂的不溶物含量	机铺5t一批	机铺5t,小型机具3t一批	GB/T 8077—2012
	引气剂引气量、气泡细密程度和稳定性	机铺2t一批	机铺3t,小型机具1t一批	
养护剂	有效保水率、抗压强度比、耐磨性、耐热性、膜水溶性	开工前或有变化时,每标段3次	开工前或有变化时,每标段3次	JC 901—2002
	含固量、成膜时间	试验路段测,施工每5t测1次	试验路段测,施工每5t测1次	
水	pH值、含盐量、硫酸根及杂质含量	开工前和水源有变化时	开工前和水源有变化时	GB 6920—1986 GB/T 11899—1989

注:1. 开工前,对所有原材料项目均应检验;当原材料规格、品种、生产厂、来源变化时,必检。

2. 机铺是指滑模、轨道、三辊轴机组和碾压混凝土摊铺,数量不足一批时,按一批检验。

混凝土拌合物的质量检验项目和频率　　　　表2-5-14

检查项目	检查频度	
	高速公路、一级公路	其他公路
水灰比及稳定性	每5000m³抽检1次,有变化随时测	每5000m³抽检1次,有变化随时测
坍落度及其均匀性	每工班测3次,有变化随时测	每工班测3次,有变化随时测
坍落度损失率	开工、气温较高和有变化随时测	开工、气温较高和有变化随时测
振动黏度系数	试拌、原材料和配合比有变化时测	试拌、原材料和配合比有变化时测
钢纤维体积率	每工班测2次,有变化随时测	每工班测1次,有变化随时测
含气量	每工班测2次,有抗冻要求时不少于3次	每工班测1次,有抗冻要求时不少于3次

续上表

检查项目	检查频度	
	高速公路、一级公路	其他公路
泌水率	局部大面积出现泌水现象时必测	局部大面积出现泌水现象时必测
视密度	每工班测2次	每工班测1次
碾压混凝土压实度	每工班测2~3次	每工班测2次
透水(贫)混凝土孔隙率	每200延米测一次,密实(贫)混凝土测视密度、压实度	每200延米测一次,密实(贫)混凝土测视密度、压实度
温度、凝结时间	冬、夏季施工,气温最高、最低时,每工班至少测1~2次	冬、夏季施工,气温最高、最低时,每工班至少测1次
水化发热量	面层或贫混凝土基层出现裂缝时必测	面层或贫混凝土基层出现裂缝时必测
离析	随时观察,出现离析时应采取适当均化措施	随时观察
振动压实指标VC值及稳定性	每工班测3次,有变化随时测	每工班测2次,有变化随时测
松铺系数	试铺时多次测定,确定后施工时每工班2次	试铺时多次测定,确定后施工时每工班1次

混凝土路面的检验项目、方法和频率 表2-5-15

项次	检查项目	检验方法和频率	
		高速公路、一级公路	其他公路
1	弯拉强度	每班留2~4组试件,日进度<500m取2组;≥500m取3组;≥1000m取4组,测f_{cs}、f_{min}、C_V	每班留1~3组试件,日进度<500m取1组;≥500m取2组;≥1000m取3组,测f_{cs}、f_{min}、C_V
	钻芯劈裂强度	每车道每3km钻取1个芯样,硬路肩为1个车道,测f_{cs}、f_{min}、C_V,板厚h	每车道每3km钻取1个芯样,硬路肩为1个车道,测f_{cs}、f_{min}、C_V,板厚h
2	板厚度	路面摊铺宽度内每100m左右各2处,连接摊铺每100m单边1处,参考芯样	路面摊铺宽度内每100m左右各1处,连接摊铺每100m单边1处,参考芯样
3	3m直尺平整度	每半幅车道每100m测2处10尺	每半幅车道每100m测2处10尺
	动态平整度	所有车道连续检测	所有车道连续检测
4	抗滑构造深度	铺砂法:每幅200m测2处	铺砂法:每幅200m测1处
5	相邻板高差	尺测:每200m纵横缝2条,每条3处	尺测:每200m纵横缝2条,每条2处
6	连接摊铺纵缝高差	尺测:每200m纵向工作缝,每条3处,每处间隔2m,3尺,共9尺	尺测:每200m纵向工作缝,每条2处,每处间隔2m,3尺,共6尺
7	接缝顺直度	20m拉线测:每200m测6条	20m拉线测:每200m测4条
8	中线平面偏位	经纬仪:每200m测6点	经纬仪:每200m测4点

项次	检查项目	检验方法和频率	
		高速公路、一级公路	其他公路
9	路面宽度	尺测：每200m测6处	尺测：每200m测4处
10	纵断高程	水准仪：每200m测6点	水准仪：每200m测4点
11	横坡度	水准仪：每200m测6个断面	水准仪：每200m测4个断面
12	断板率	数断板面板块占总块数比例	数断板面板块占总块数比例
13	脱皮、裂纹、露石、缺边掉角	量实际面积，并计算与总面积之比	量实际面积，并计算与总面积之比
14	路缘石、约束基石的顺直度和高度	20m拉线测：每200m测4处	20m拉线测：每200m测2处
15	填缝料、接缝砂的灌缝饱满度	尺测：每200m接缝测6处	尺测：每200m接缝测4处
16	切缝深度	尺测：每200m测6处	尺测：每200m测4处
17	胀缝表面缺陷	每条，观察填缝及啃边断角	每条，观察填缝及啃边断角
18	胀缝板连浆	每条安装胀缝板时测量	每条安装胀缝板时测量
	胀缝板倾斜	尺测：每块胀缝板，每条两侧	尺测：每块胀缝板，每条两侧
	胀缝板弯曲和位移	尺测：每块胀缝板，每条3处	尺测：每块胀缝板，每条3处
19	传力杆偏斜	钢筋保护层仪：每车道4根	钢筋保护层仪：每车道3根

注：路面钻芯劈裂强度应换算为实际面板弯拉强度进行质量评定。

各级公路混凝土路面铺筑质量要求　　　　　表2-5-16

项次	检查项目		允许值	
			高速公路、一级公路	其他公路
1	弯拉强度①（MPa）		符合《检评标准》附录C的规定	
2	板厚度（mm）		代表值≥-5，极值≥-10，C_V值符合设计规定	
3	平整度	σ（mm）	≤1.2	≤2.0
		IRI（m/km）	≤2.0	≤3.2
		3m直尺最大间隙Δh（mm）	≤3（合格率应≥90%）	≤5（合格率应≥90%）
4	抗滑构造深度（mm）	一般路段	0.70~1.10	0.50~1.00
		特殊路段②	0.80~1.20	0.60~1.10
5	相邻板高差（mm）		≤2	≤3
6	连接摊铺纵缝高差（mm）		平均值≤3；极值5	平均值≤5；极值≤7
7	接缝顺直度（mm）		≤10	
8	中线平面偏位（mm）		≤20	
9	路面宽度（mm）		≤±20	
10	纵断高程（mm）		±10	±15
11	横坡度（%）		±0.15	±0.25

续上表

项次	检查项目	允许值	
		高速公路、一级公路	其他公路
12	断板率(%)	≤0.2	≤4
13	脱皮、裂纹、露石、缺边掉角(%)	≤0.2	≤3
14	路缘石、约束基石的顺直度和高度(mm)	≤20	≤20
15	填缝料、接缝砂的灌缝饱满度(mm)	≤2	≤3
16	切缝深度(mm)	≥50	≥50
17	胀缝表面缺陷	不应有	不宜有
18	胀缝板连浆(mm)	≤20	≤20
	胀缝板倾斜(mm)	≤20	≤25
	胀缝板弯曲和位移(mm)	≤10	≤15
19	传力杆偏斜(mm)	≤10	≤13

注：①路面钻芯劈裂强度应换算为实际面板弯拉强度进行质量评定。
　　②特殊路段指高速公路、一级公路的立交、平交、变速车道等处，以及其他公路的急弯、陡坡、交叉口或集镇附近。

(二)质量检验

施工单位的质检结果应按规定，以1km为单位进行整理。混凝土路面完工后，施工单位应提交全线检测结果、施工总结报告及全部原始记录等资料，以《公路工程质量检验评定标准　第一册　土建工程》(JTG F80/1—2017)为依据，申请交工验收。

1.基本要求

(1)基层质量应符合规范规定并满足设计要求，表面清洁、无浮土。
(2)接缝填缝料应符合规范规定并满足设计要求。
(3)接缝的位置、规格、尺寸及传力杆、拉力杆的设置应满足设计要求。
(4)混凝土路面铺筑后按施工规范要求养护。
(5)应对干缩、温缩产生的裂缝进行处理。

2.实测项目

水泥混凝土面层交工验收阶段的检查项目、检查频度、质量要求或允许偏差等见表2-5-17。

水泥混凝土面层实测项目 表2-5-17

项次	检查项目		规定值或允许偏差		检查方法和频率
			高速公路、一级公路	其他公路	
1△	弯拉强度(MPa)		在合格标准之内		按《检评标准》附录C检查
2△	板厚度(mm)	代表值	−5		按《检评标准》附录H检查，每200m测2点
		合格值	−10		
		极值	−15		

续上表

项次	检查项目		规定值或允许偏差		检查方法和频率
			高速公路、一级公路	其他公路	
3	平整度	σ(mm)	≤1.32	≤2.0	平整度仪:全线每车道连续检测,每100m计算σ、IRI
		IRI(m/km)	≤2.2	≤3.3	
		最大间隙h(mm)	3	5	3m直尺:半幅车道板带每200m测2处×5尺
4	抗滑构造深度 (mm)	一般路段	0.7~1.1	0.5~1.0	铺砂法:每200m测1处
		特殊路段	0.8~1.2	0.6~1.1	
5	横向力系数 SFC	一般路段	≥50	—	每200m测1点
		特殊路段	≥55	≥50	
6	相邻板高差(mm)		≤2	≤3	抽量:每条胀缝测2点;每200m抽纵、横缝各2条,每条测2点
7	纵、横缝顺直度(mm)		≤10		纵缝20m拉线,每200m测4处;横缝沿板宽拉线,每200m测4条
8	中线平面偏位(mm)		20		全站仪:每200m测2点
9	路面宽度(mm)		±20		尺量:每200m测4点
10	纵断高程(mm)		±10	±15	水准仪:每200m测2个断面
11	横坡(%)		±0.15	±0.25	水准仪:每200m测2个断面
12	断板率(%)		≤0.2	≤0.4	目测:全部检查,数断板面板块数占总块数比例

注:1. 表中σ为平整度仪测定的标准差;IRI为国际平整度指数;h为3m直尺与面层的最大间隙。
2. 特殊路段:高速公路、一级公路特殊路段包括立体交叉匝道、平面交叉口、弯道、变速车道、组合坡度不小于3%的坡度段、桥面、隧道路面及收费站广场等处;其他公路特殊路段包括设超高路段、组合坡度大于或等于4%的坡度段、交叉口路段、桥面及其上下坡段、隧道路面及集镇附近路段。
3. 断板率中包含断角率,应统计行车道与超车道面板,不计硬路肩板,不计修复后的面板。

3. 水泥混凝土面层外观质量规定

(1)不应出现规范中的板的外观限制缺陷。

(2)面板不应有坑穴、鼓包和掉角。

(3)接缝填注不得漏填、松脱,不应污染路面。

(4)路面应无积水。

1. 水泥混凝土路面材料有哪些?

2. 水泥混凝土路面对所用材料有哪些要求?

3. 减水剂的作用是什么?

4. 传力杆和拉杆分别设置于哪种接缝?

5. 接缝处理的注意事项有哪些?

能力训练

1. 简述水泥混凝土路面常用施工方法及施工程序。

2. 简述水泥混凝土路面施工质量控制的主要内容。

3. 在施工现场学习水泥混凝土路面小型机具施工的工序。

4. 在施工现场学习水泥混凝土路面三辊轴机组施工（或滑模摊铺机施工）施工工序。

5. 在施工现场学习搅拌楼生产水泥混凝土的工作流程。

模块2.6　路面病害处治

一、沥青路面常见病害

路面的破坏大体上可分为两类:一类是结构性破坏,它是路面结构的整体或其某一个或几个组成部分的破坏,严重时已不能承受车辆的荷载;另一类是功能性破坏,如由于路面的不平整或抗滑性能降低,使其不再具有预期的功能。

微课:沥青路面病害处治

上述两类破坏不一定同时发生,但都是日积月累造成的。对于功能性破坏,可以通过修整、养护来恢复路面的平整性,以满足行车使用要求。但对于结构性破坏,一般需进行彻底翻修。

(一)裂缝

车辆在路面上行驶,除了克服各种阻力外,还会通过车轮把垂直力和水平力传给路面,水平力又分为纵向和横向两种。另外,路面还会受到车辆的震动力和冲击力作用,在车身后面还会产生真空吸力作用。在上述各种外力的综合作用下,路面结构内会产生大小不同的压应力、拉应力和剪立力。如果这些应力超过了路面结构整体或某一组成部分的强度,路面就会出现裂缝和断裂现象。车载作用下沥青路面破损示意如图2-6-1所示。

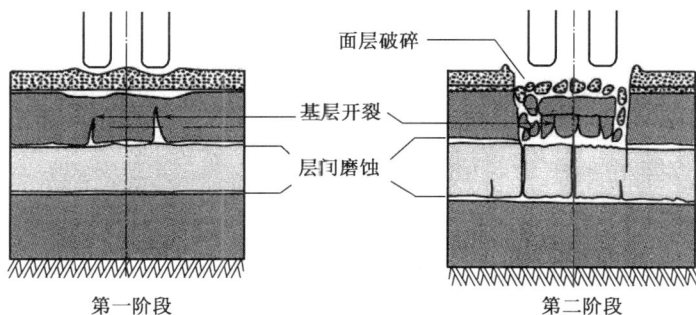

图2-6-1　车载作用下沥青路面破损示意图

裂缝是沥青路面最常见的破损类型之一(图2-6-2)。常见的裂缝类型主要有:纵向裂缝、横向裂缝、龟裂与网裂、块状裂缝等。产生裂缝的主要原因有:

(1)路面结构强度不足;

(2)地基不良、路基结构强度不足或产生不均匀沉降;

(3)基层开裂产生反射;

(4)沥青路面与构造物连接处填土压实度不足、固结沉陷等;

（5）重载、大交通量的反复作用；

（6）相对方向交通荷载的显著不平衡；

（7）分幅摊铺时，接缝温度低、压实不够；

（8）施工基层时碾压不实；

（9）沥青标号过低或者沥青老化。

（二）泛油与油包

泛油是指高温时沥青渗出面层的现象。油包是指路面面层零散分布疙瘩状突起物的现象（图 2-6-3）。造成泛油与油包的主要原因如下：

（1）单位面积沥青用量过大，或矿料不足，或因低温施工，加大沥青用量而造成泛油。

（2）沥青用量偏高，油石比偏大，或路拱偏大，气温高，面层受行车拥挤成包。

图 2-6-2　路面裂缝

图 2-6-3　路面油包

（三）拥包

拥包是指面层出现的堆挤、滑动或隆起形变的现象（图 2-6-4）。造成拥包的主要原因如下：

（1）初期养护处治泛油时，用料过细而形成油包，或形成拥包。

（2）由于材料质量差，油石比不当，面层高温时发软，受行车碾压成拥包。

（3）基层局部含水率大，面层与基层粘结不良，高温时堆挤成拥包。

（四）松散与麻面

松散与麻面的表状为表层矿料松动、出现麻坑，表层局部不平、凹陷（图 2-6-5）。产生松散与麻面的主要原因如下：

（1）嵌缝料粒径不当，用料不合比例，或初期养护嵌缝料散失。

（2）低温季节施工，工序未衔接，沥青与矿料结合不良，矿料飞散，出现麻面。

（3）表面油石比偏小，结合料加温过度，失去黏结力而松散，形成松散。

（4）雨季施工，矿料潮湿，或用酸性矿料未做处治而散失成麻面。

（5）由于基层压实不够，强度不均，基层不平，面层渗水，局部先破损而形成松散。

图 2-6-4 路面拥包

图 2-6-5 路面松散

（五）坑槽

坑槽的表状为在行车作用下,路面集料局部脱落而产生的坑洼(图 2-6-6)。产生坑槽的主要原因如下:

(1)轻微病害没有得到及时处理,造成局部发生网裂、松散,在交通荷载、雨水等作用下形成坑槽。

(2)车辆滴油漏油侵蚀沥青路面,使沥青混合料离析,沥青膜剥落,造成路面局部松散,进而出现坑槽。

（六）搓板与波浪

搓板是指路面表层呈现洗衣搓板状的破损现象(图 2-6-7)。波浪是指面层纵向产生波浪状的破损现象。产生搓板和波浪的主要原因如下:

(1)面层铺设于原有波浪或搓板的路面上而产生反射变形。

(2)路基和基层未曾全面压实,或压实度不够,通过行车水平力作用而变形,造成波浪。

(3)施工时,基层浮土清除不净或石灰土养护期不足即铺路面面层而形成搓板。

(4)层铺法施工时沥青洒布不均,拌和法施工时细料集中、局部油量过大。

(5)交叉口、停车站、陡坡路段因行车水平力较大、震动而形成搓板或波浪。

图 2-6-6 路面坑槽

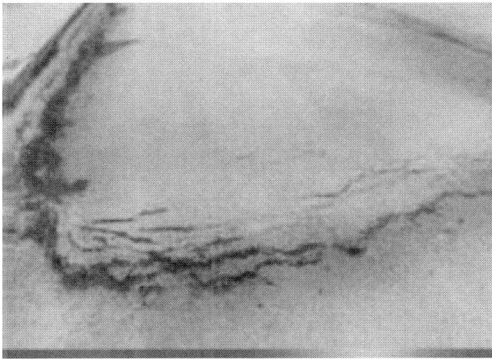

图 2-6-7 路面搓板

（七）啃边

啃边是指路面边缘的破裂破坏（图2-6-8）。产生啃边的主要原因如下：

（1）由于交通量增大，路面宽度不足，或因不设路牙（缘石）而未做边部加固，边部因行车超压而引起啃边。

（2）路面与路肩衔接不顺，路肩横坡过大，或因路肩坑槽积水而导致啃边。

（3）路面平面交叉口处，未设置必要的平台，使边缘易被压坏。

（八）车辙

车辙是指车辆在路面上行驶后留下的车轮的压痕（图2-6-9）。产生车辙的主要原因如下：

（1）铺装热稳定性不足，尤其在高温季节，在车辆反复荷载的作用下，因混合料蠕变形成永久变形积累。

（2）地区温度过高、常年高温季节过长及封闭式箱梁内部温度较高等引起黏结层和铺装层温度过高，特别是黏结层的温度升高会使其强度大幅度下降，抗剪切能力不足，在重载作用下，铺装层会出现沉陷及其侧向隆起现象，长期累积形成车辙。

图2-6-8　路面啃边

图2-6-9　路面车辙

图2-6-10　路面脱皮

（九）脱皮

脱皮是指路面表层成块剥落的破损现象（图2-6-10）。产生脱皮的主要原因如下：

（1）面层与基层之间有黏结不良的地方。

（2）上拌、下贯两层之间或罩面与原路面之间结合不好而成层松脱。

（3）面层矿料质量差、含土、潮湿或施工过碾而成层脱皮。

二、水泥混凝土路面常见病害

（一）裂缝

裂缝包括纵向裂缝、横向裂缝、斜向裂缝和交叉裂缝。纵向、横向、斜向裂缝是指通底的裂缝，将板块分割为两块或三块，初期可能未贯通板面，但终将发展为贯通板面；交叉裂缝，又称为破碎板，是指裂缝相互交叉，将板分割为三块以上（图2-6-11）。产生裂缝的主要原因如下：

（1）重复荷载应力、翘曲应力及收缩应力等综合作用。

（2）水的浸入及过大的竖向位移的重复作用，使基层受到侵蚀产生脱空。

（3）路基和基层强度不够。

（4）接缝拉开后，丧失传荷能力，在板的周边产生过大的荷载应力。

（5）水泥质量差、不稳定；粗、细集料质量差。

（6）施工操作不当，养护不佳。

（二）板角断裂

板角断裂（图2-6-12）是一条垂直通底且与板角两边接缝相交的裂缝，从板角到裂缝两端点间的距离分别等于或小于端点所在板长的一半。其损坏通常是由于板角处受连续荷载作用、基础支撑强度不足和翘曲应力等因素综合作用造成的。

图2-6-11 水泥混凝土路面裂缝

图2-6-12 水泥混凝土路面板角断裂

（三）接缝材料破损

水泥混凝土路面的接缝材料分为纵缝接缝料和横缝接缝料。横缝又分为胀缝和缩缝（假缝）两种。胀缝在使用中随气温而变化，气温上升时填缝料会被挤出；气温下降时，填缝料不能恢复，使缝中形成空隙，泥、砂、石屑等杂物侵入，成为再次胀伸时的障碍，且雨、雪水亦能沿此空隙渗入，损坏基层和功能层，造成路面板接缝处的变形和破坏。缩缝的变化较小，但经过若干次收缩，可将假缝折断成真缝。填缝料自身老化形成的破损类似于胀缝。施工养护不规范，切缝、清缝不及时或没有达到规定的深度，也是造成接缝破损的原因。

(四)边角剥落

水泥混凝土路面的边、角剥落指接缝两侧各60cm宽度内或板角15cm范围内的碎裂。其产生原因如下：

(1)接缝内落入坚硬的杂物,板在膨胀时产生了超应力,边缘被硬物挤碎。

(2)重交通荷载的重复作用。

(3)传力杆设计或施工不当。

(4)接缝处混凝土强度低。

(五)错台

错台是指接缝处相邻面板产生垂直高差。产生错台的主要原因如下：

(1)路面板在车辆荷载的反复作用下,造成接缝处板块不均匀下沉。

(2)在温度和湿度的梯度作用下,板在接缝处产生翘曲。

(3)横缝处未设传力杆。

(4)施工操作不当。

(六)唧泥

唧泥是指车辆通过时基层细料和水一起从板接缝处挤出,逐渐使基础失去支撑能力,在荷载的重复作用下,最终产生板断裂的现象。其产生原因主要是填缝料损坏、雨水下渗、路面排水不良。

(七)拱起

拱起是指横缝两侧的板体发生明显抬高的现象。其产生的主要原因是缝被硬物阻塞,或胀缝设置不当,使板受热时不能自由伸缩。

(八)表面裂纹与层状剥落

表面裂纹是指浅而细或发丝状的网状裂纹,仅产生在路面表层,在车辆荷载作用下它会发展为深度6~12mm的表层层状剥落。其产生的主要原因是水灰比过大、过度抹面、养护不及时、用盐化冰雪、冻融循环和集料质量低劣、水泥中的碱(氧化钠及氧化钾)与集料中的某些特定矿物质发生碱集料反应等。

(九)坑洞

路面板表面呈现孔洞状的破坏现象,直径一般为2.5~10cm,深度为1~5cm。其产生原因如下：

(1)施工质量差或混凝土材料中夹带朽木、纸张和泥等杂物。

(2)受某些车辆的金属硬轮或掉落硬物的撞击。

(十)修补破损

修补破损是指路面板修补后的再次损坏。其产生原因主要如下：

（1）原有病害没有得到根治。

（2）修补质量差。

（3）交通荷载过大。

三、常见的病害处治方法

对于路面常见病害，应针对各种破损产生的原因、路面结构类型、龄期、处治季节的气候等实际情况，采取行之有效的处治方法。

（一）沥青类路面常见病害的处治

1.路面裂缝的处治方法

（1）由于路面基层温缩、干缩引起的纵、横向裂缝，缝宽在 6mm 以内的，宜将缝隙扫刷干净，并用压缩空气吹去尘土后，采用热沥青和乳化沥青灌缝撒料法封堵；缝宽在 6mm 以上的，应剔除缝内杂物和松动的缝隙边缘，或者沿裂缝开槽后用压缩空气吹净，采用砂粒式或细粒式热拌沥青混合料填充、捣实，并用烙铁封口，随即撒砂、扫匀，也可以采用乳化沥青混合料填封。

（2）对轻微的裂缝，在高温季节可采用喷洒沥青撒料压入法处治，或者进行小面积封层，在低温、潮湿季节宜采用阳离子乳化沥青封层或采用相应级配的乳化沥青稀浆封层。

（3）因路基、路面基层的病害或强度不足引起的破损，首先应处理路基或基层，然后再修复路面。

（4）因路面沥青性能不好或路龄较长，产生较大面积的裂缝，但强度尚好时，通过技术经济比较，可选用下列处治方法：

①乳化沥青稀浆封层。

②加铺沥青混合料上封层，或先铺设土工布，再在其上加铺沥青混合料上封层。

③橡胶沥青薄层罩面。

2.路面麻面、松散的处治方法

（1）因低温施工而造成沥青面层麻面或松散的，可收集好松散料，待气温上升（10℃以上），将松散料清扫干净，重做喷油封层。洒布 0.8 ~ 1.0kg/m² 沥青后，撒 3 ~ 5mm（或 6 ~ 8mm）厚的石屑或粗砂（5 ~ 8m³/1000m²），并用轻型压路机压实；如在低温潮湿季节，可用乳化沥青碎石混合料处治；小面积麻面可采用乳化沥青封层处治。

（2）由于沥青温度过高、黏结料老化而造成松散者，应挖除重铺。

（3）由于基层或路基松软变形而引起的松散，应先处理基层或路基的病害，再重做路面。

（4）如因采用酸性石料与沥青黏附性差而造成松散，则应在沥青中掺加抗剥离剂、增黏剂或用干燥的生石灰、消石灰粉、水泥作为填料的一部分，或用石灰浆处理粗集料等抗剥离措施，改善沥青与矿料的黏附力，从而提高沥青混合料的水稳性。

3.路面油包的处治方法

（1）在气温较高时（或用加热器烘烤发软后），将油包铲除，然后找补平整，再用烙铁烙平。

（2）属于油石比过高或洒漏形成的油包，在气温高时铲去即可。

4. 路面拥包的处治方法

(1)对因基层原因引起的较严重的拥包,用挖补方法先处理基层,然后再重做面层。

(2)对因面层原因引起的较严重的拥包,应在气温较高时(或用加热器烘烤发软后)铲除,然后找补平顺,用烙铁烙平;当面层较厚、拥包范围较大、气温较低时,可采用路面铣刨机铣平。

(3)已趋稳定的轻微拥包,可在高温时直接铲平。

5. 路面泛油的处治方法

(1)对于泛油路段,应先取样做抽提试验,求算出油石比,然后确定不同的处治措施。

(2)含油量高的严重泛油路段,一般在高温季节撒料强压处理,先撒一层 S10(10～15mm)或粒径更大的碎石,用重型压路机强行压入,达到基本稳定后,再分次撒 S12(5～12mm)的碎石,引导行车碾压成型。

(3)对于泛油较重路段,根据情况可先撒 S12(5～12mm)的碎石,待稳定后,再撒 S14(3～5mm)的石屑或粗砂,引导行车碾压成型。

(4)对于轻度泛油,可撒 S14(3～5mm)的石屑或粗砂,通过行车碾压至不粘轮为止。

(5)撒料必须先撒粗料后撒细料,撒布要均匀、无堆积、无空白,均匀压入。

(6)在行车碾压过程中,要及时扫回飞散的集料,待泛油稳定后将多余的集料清扫回收。

6. 路面坑槽的处治方法

测定破坏部分的范围和深度,按"圆洞方补"原则,处治步骤如下:

(1)画出大致与路中心线平行或垂直的挖槽修补轮廓线(正方形或长方形)。

(2)将槽垂直开切成正方形或矩形,其纵横边线分别与公路中心线平行和垂直。

(3)在槽底与槽壁处均匀洒布一薄层沥青,或使用沥青贴。

(4)摊铺沥青混合料并碾压。

(5)用烙铁烙平四周,使新旧路面接合良好,并使槽边密封,以防渗水。

7. 搓板与波浪的处治方法

(1)轻微变形时,通过铣刨机对原路面进行拉毛处理,或在波谷部分均匀铺撒适当粒径的矿料和沥青材料,找平后压实。

(2)变形严重时,应挖除整个面层,再重铺整个面层。

8. 脱皮、啃边的处治方法

脱皮的处治方法如下:

(1)将松动油层除去,并清扫干净。

(2)洒布黏层油。

(3)重新铺筑面层或加铺层。

啃边的处治方法如下:

(1)若基层宽度不足,应加宽基层(每边不小于25cm),或增设路缘石。

(2)若路肩强度不够,应采用矿料加固路肩,并注意保持路肩与路面的衔接处平顺和排水畅通。

9. 车辙的处治方法

(1)轻微变形时,采用乳化沥青稀浆封层。

（2）较重变形时,应挖除局部,采用铣刨、摊铺、碾压方法。

（3）严重变形时,应挖除整个面层,重新铺筑整个面层。

（二）水泥混凝土路面常见病害的处治

（1）当路面板块被几条裂缝分割成三块以上的破碎板,且有沉降影响行车安全时,必须将整块板凿除,治理好基层后重新浇筑混凝土板。

（2）当路面板发生脱空断裂、断角等损坏,影响行车安全时,应凿除损坏部分,处理好基层后,用同种或异种(沥青混凝土、水泥混凝土预制块、石块等)材料进行修补。

（3）水泥混凝土面板和基层之间,由于出现空隙、空洞而导致路面沉陷的,可分别采用下列方法:

①顶升灌料法。

先测量下沉板的高程,然后在混凝土板上钻成透孔,用以安设起重设备和灌注填料(石灰砂浆、低强度等级水泥砂浆或干砂等)。

②灌注沥青法。

先用凿岩机在路面板上凿孔,孔的大小应与灌注喷嘴的大小一致。凿孔完成后,将混凝土碎屑掏出,用空气压力机将小钢管插入孔中,清除碎屑,使混凝土面板和基层间形成畅通的空间,并保持干燥。然后,用沥青洒布机将加热熔化的沥青(210℃以上)压入孔内,压满30s后,拔出喷嘴,用木楔堵塞。等到沥青温度下降后,拔出木楔,填进水泥砂浆或沥青砂浆,即可开放交通。

③水泥灌浆法。

按上述方法钻孔,并清理干净,用压力灌浆机或压浆泵将水泥浆灌入孔中。应先从沉陷量大的地方开始,逐步由大到小、由近及远,直至路面板达到预定的高度。灌浆完成后,用木楔堵孔,养护3d后可开放交通。

（4）错台。

根据不同位置和错台的程度,可采用下列方法:

①机械磨平法,适用于轻微错台。

②沥青砂或密级配沥青混凝土罩面法,适用于接缝部分或裂缝部分、水泥混凝土路面和沥青路面之间、水泥混凝土路面和路肩之间的错台。

③板底砂浆抬高法,适用于基础过软引起的错台。

（5）拱起。

板端拱起但路面板完好时,先用切割机具将拱起两端的各2～3条横缝切宽、切深。然后切开拱起端,将板块恢复原位。最后,按前述方法封填接缝。

（6）对于出现的局部性龟裂、剥落、磨光等破损,可将路面板表面凿除破损到一定深度,而后在上面做薄层表面处治。

（7）对抗滑能力差的路段,宜用机械(金刚石锯切机、旋转铣刀盘锯机)刻痕或罩面。

复习思考题

1. 沥青路面的病害种类有哪些？
2. 水泥混凝土路面的病害有哪些？

能力训练

1. 现场学习沥青混凝土路面修补技术的施工工艺流程和质量控制要点。
2. 简述沥青混凝土路面裂缝、松散和拥包的病害处治要点。
3. 简述水泥混凝土路面裂缝、错台和唧泥的病害处治要点。
4. 以一段使用多年的沥青混凝土路面，现场进行检测，对各种病害调查、分类进行统计分析，并提出修复和改进意见。
5. 以一段使用多年的水泥混凝土路面，现场进行交通量调查，对路面进行检测，对各种病害调查、分类统计分析，并提出修复和改进意见。

项目小结

模块 2.1　路面工程认知

路面结构应具有足够的强度,也应满足高温、低温、水、大气等方面的稳定性要求,还必须具有良好的平整度、抗滑性能、耐久性以及尽可能低的扬尘性。考虑各个层次功能,路面结构由面层、基层(底基层)功能层等组成。

路面排水设施主要有路面表面排水、中央分隔带排水和路面内部排水。

模块 2.2　路面施工准备

路面施工准备工作的主要内容包括组织准备、技术准备、施工现场准备、物资准备、拌和厂设置和路面试验路段铺筑等。

路面施工前的技术准备工作包括设计文件熟悉和核对、补充资料调查、实施性施工组织设计和施工预算编制、路面施工测量放样、原材料试验与混合料配合比设计,路面施工技术交底等。

施工现场准备主要包括临时设施、路基检查、施工现场交通管制。

模块 2.3　路面基层施工

路面基层(底基层)根据使用材料、强度和形成机理的不同一般可分为无机结合料稳定材料基层(底基层)、级配碎石基层(底基层)、填隙碎石基层(底基层)。无机结合料稳定材料基层,是目前高等级路面最常用的基层(底基层)。

无机结合料稳定材料基层或稳定土基层的含义是指采用一定的技术措施,在土中掺入适量的稳定剂(如石灰、水泥或沥青等),按照一定的技术要求,经拌和、压实、养护成型的路面基层。

在路面基层(底基层)施工中,混合料的拌和方式主要有路拌法和厂拌法,其摊铺方式有人工和机械两种。

石灰稳定土、水泥稳定土、石灰粉煤灰稳定土、石灰稳定工业废渣、级配碎(砾)石、填隙碎石、泥(灰)结碎石均须按一定的施工流程进行施工。

路面基层(底基层)的施工质量控制的关键在于混合料的强度,除了原材料的性质、施工时间、温度、湿度及工艺外,混合料的配合比设计和施工压实度控制对其强度有较大的影响。

压实度是检查和控制路面基层(底基层)压实效果的重要技术指标,是工程施工质量控制的主要手段,它直接影响到路面基层(底基层)的强度、刚度及平整度。

按照《公路工程质量检验评定标准　第一册　土建工程》(JTG F80/1—2017)的规定,石灰稳定土、水泥稳定土、石灰粉煤灰稳定土、石灰稳定工业废渣、级配碎(砾)石、填隙碎石、泥

(灰)结碎石均应满足相应的工程质量检验评定的基本要求、质量检验评定标准和外观鉴定要求。

模块2.4　沥青路面面层施工

根据沥青路面的技术特性，沥青面层可分为沥青混凝土、热拌沥青碎石、乳化沥青碎石混合料、沥青贯入式和沥青表面处治五种类型。

层铺法沥青表面处治施工，一般所谓"先油后料"法，即先洒布一层沥青，后铺撒一层矿料。

沥青贯入式路面是在初步碾压的矿料层上洒布沥青，再分层铺撒嵌缝料、洒布沥青和碾压，并借行车压实而成的。

路拌沥青碎石路面是在路上用机械将热或冷的沥青材料与冷的矿料拌和，并摊铺、压实而成。

热拌沥青混合料路面多采用厂拌法，其施工过程可分为沥青混合料的拌制与运输及现场铺筑两个阶段。

沥青玛瑞脂沥青路面（简称SMA沥青路面）是一种全新意义上的沥青混合料，它是由沥青、纤维稳定剂、矿粉及少量的细集料组成的沥青玛瑞脂填充间断级配的粗集料骨架间隙而组成的沥青混合料。

橡胶沥青路面是利用橡胶沥青作为黏结剂，先在路面或桥面上喷洒橡胶沥青，然后在上面撒布碎石，再经轮胎式压路机碾压成型的路面面层。

在工厂拌制混合料所用的固定式拌和设备有间歇式和连续式两种。沥青混合料可用人工或机械摊铺，高等级公路沥青路面应采用机械摊铺。沥青混合料碾压过程分为初压、复压和终压三个阶段。碾压时，压路机行驶的方向应平行于路中心线，并由一侧路边缘压向路中。

沥青路面的各种施工缝（包括纵缝、横缝、新旧路面的接缝等）处，往往由于压实不足，容易产生错台、裂缝、松散等病害，进而影响路面的平整度和耐久性，施工时必须十分注意。

沥青路面施工的机械主要包括拌和、摊铺和碾压等机械。

沥青路面施工过程中，应参照《公路沥青路面施工技术规范》（JTG F40—2004）和《公路工程质量检验评定标准　第一册　土建工程》（JTG F80/1—2017）的项次和检查项目，以达到规定的质量标准要求。

模块2.5　水泥混凝土路面面层施工

水泥混凝土路面主要有普通混凝土路面、钢筋混凝土路面、连续配筋混凝土路面、组合式（双层式）混凝土路面、钢纤维混凝土路面、水泥混凝土预制块铺砌路面和碾压混凝土路面。水泥混凝土的基本组成材料有水泥、水、粗集料、细集料、外加剂和矿物掺合料六种。接缝材料按使用性能分为胀缝接缝板和接缝填缝料两类。

水泥混凝土面层的接缝可分为横向接缝和纵向接缝。横向接缝是垂直于行车方向的接缝，共有缩缝、胀缝和施工缝三种。纵向接缝有施工缝和缩缝两种。

小型机具施工主要机械设备包括：间歇式搅拌的强制式搅拌机；插入式振捣棒、平板振动器和振动梁等振捣工具；提浆滚杆、叶片式或圆盘式抹面机、3m刮尺和抹刀等整平抹面工具；

拉毛机、工作桥、硬刻槽机等抗滑构造设备;运输车辆。

三辊轴机组是介于小型机具和摊铺机之间的一种中型施工设备。

滑模摊铺机施工是在使用轨道和模板合一的专用机模上行进摊铺,施工机械行驶在轨道上进行布料、振动密实、成型及修整和拉毛、养护的混凝土路面施工法。

碾压混凝土施工技术是利用沥青混凝土摊铺机铺筑碾压混凝土的施工方法。配置的主要机械设备有沥青摊铺机、钢轮压路机、振动压路机、轮胎压路机和其他辅助设备。

水泥混凝土路面施工过程中,应参照《公路水泥混凝土路面施工技术细则》(JTG/T F30—2014)和《公路工程质量检验评定标准 第一册 土建工程》(JTG F80/1—2017)和相关规范的项次和检查项目,达到规定的质量标准要求。

模块 2.6　路面病害处治

沥青路面常见病害有裂缝、泛油与油包、拥包、松散与麻面、脱皮与剥落、坑槽、车辙、搓板与波浪、啃边、车辙、脱皮等。

水泥混凝土路面常见病害有裂缝、板角断裂、接缝材料破损、边角剥落、错台、唧泥、拱起、表面裂纹与层状剥落、坑洞和修补破损。

附　录

A p p e n d i x

课程教学大纲
（仅供参考）

一、课程性质、作用

"路基路面施工技术"是高职院校道路与桥梁工程技术专业的一门专业核心课程。

本课程通过理论知识学习和实际操作训练,使学生掌握公路工程施工管理人员所必需的路基施工和路面施工的实用专业知识和技能。

二、课程的教学目标和要求及与其他课程的联系

(一) 知识目标

通过本课程的学习,掌握路基路面强度形成的原理,熟悉在施工中影响道路强度和稳定性的因素,熟悉并应用路基路面的施工规范;熟悉施工方法,了解机械化施工的应用及效果。

(二) 能力目标

1. 能解释路基路面施工中所用专业术语。
2. 了解路基路面施工中的常用施工机械设备。
3. 能说明路基、路面施工方法和工艺流程。
4. 能进行路基、路面施工现场技术管理。
5. 能根据设计图纸,进行路基路面的施工测量、施工放样、施工技术交底、检查验收。
6. 能控制与管理路基路面施工过程质量。

(三) 技能目标

1. 能熟练操作施工质量检验的常用仪器,主要包括水准仪、经纬仪、全站仪、钢尺、3m 直尺

和弯沉仪等。

2. 能够根据公路施工技术规范的要求,组织实施路基与路面施工。

3. 能够根据公路质量检验评定标准的要求,进行施工过程的质量控制和交工检查验收。

(四) 与其他课程的联系

在学习本课程之前,学生必须学完"工程制图""道路建筑材料""工程地质与土力学""工程测量""公路勘测设计""施工机械"等课程。后续衔接的课程是"专业顶岗实习""毕业综合实践"等。

三、课程重点、难点及教学方法、手段

项目1　路基施工

模块1.1　路基工程认知

重点:1. 了解路基的基本要求。

2. 掌握路基、路床、路堤和路堑的概念。

3. 了解路基典型横断面的形式。

4. 了解路基防护与加固设施的作用。

难点:1. 根据地质和水文条件,合理选用土质边坡和岩质边坡的坡度。

2. 会描述路基断面几何尺寸的组成部分。

教学方法、手段:课堂教学、微课、讨论、多媒体教学。

模块1.2　路基施工准备

重点:1. 了解路基施工的特点和基本方法。

2. 熟悉施工放样的内容及基本方法。

3. 掌握填方路堤和路堑的边桩放样、边坡放样的基本方法。

4. 掌握土石方机械和压实机械的主要设备及其适用性。

5. 了解施工组织设计的内容。

难点:1. 使用测量仪器,利用路线控制桩恢复中线。

2. 利用放样工具进行中桩、边桩和边坡的放样。

3. 路基施工机械的适用范围、配套和效率。

教学方法、手段:课堂教学、微课、现场教学、实训、多媒体教学。

模块1.3　路堑开挖

重点:1. 掌握土质路堑的开挖方法。

2. 了解常用的石方爆破方法。

3. 了解炸药的作用原理和性质。

4. 了解爆破作业时的注意事项。

5. 能描述路堑开挖施工过程质量控制。

难点:土质路堑常用的开挖方法及其适用性,石方路堑的爆破作业的施工程序。

教学方法、手段:课堂教学、多媒体教学、微课、实训、现场参观教学。

模块 1.4　路堤填筑

重点：1. 能解释土质路堤、填石路堤和土石路堤的概念。

2. 能描述路堤填筑的工艺流程。

3. 会描述路基压实的原理以及影响压实的因素、压实方法、压实标准、压实质量的控制与检查。

4. 能描述路堤施工过程质量控制。

难点：土质路基的施工方法、影响压实的因素。

教学方法、手段：课堂教学、多媒体教学、微课、实训、现场参观教学。

模块 1.5　路基排水工程施工

重点：1. 掌握路基地面与地下排水设施设置。

2. 掌握路基地面排水设施施工。

3. 掌握路基地下排水设施施工。

4. 能描述各类排水工程施工过程质量控制。

难点：边沟、截水沟、排水沟的施工要点，暗沟、渗沟、渗井的施工要点。

教学方法、手段：课堂教学、讨论、多媒体教学、微课。

模块 1.6　防护与支挡工程施工

重点：1. 能描述路基常用的地面和地下排水设施。

2. 了解防护工程的施工。

3. 能描述重力式挡土墙的施工要点。

4. 掌握重力式挡土墙的施工质量控制。

5. 了解混凝土挡土墙的施工。

6. 了解加筋挡土墙的施工方法。

7. 能描述各类挡土墙施工过程质量控制。

难点：路基防护与支挡工程的意义，重力式挡土墙的施工。

教学方法、手段：课堂教学、讨论、多媒体教学、微课。

模块 1.7　路基病害处治及路域地质灾害防治

重点：1. 掌握常见路基病害的种类及成因。

2. 了解路基病害的处理方法及施工工艺。

3. 能分析塌方、滑坡、泥石流的原因。

难点：路基翻浆、塌方、滑坡的原因及防治措施。

教学方法、手段：课堂教学、多媒体教学。

项目 2　路面施工

模块 2.1　路面工程认知

重点：1. 了解路面的基本要求。

2. 掌握路面结构分层及功能。

3. 能描述路面排水设施的作用、类型及设置要求。

难点：路面结构分层，路面排水的设置要求。

教学方法、手段:课堂教学、微课、讨论、多媒体教学。

模块2.2　路面施工准备

重点:1.掌握路面施工的特点和基本方法。

2.能描述路面施工前准备工作的各项内容。

3.了解路面施工的注意事项。

难点:能描述路面施工前的组织准备、物资准备和技术准备的要点。

教学方法、手段:课堂教学、微课、讨论、多媒体教学。

模块2.3　路面基层施工

重点:1.掌握无机结合料稳定材料的使用要求。

2.掌握无机结合料稳定材料基层(水泥稳定土、石灰稳定土、石灰工业废渣稳定土、级配碎石、泥结碎石、填隙碎石等)的施工要点。

3.路面基层(底基层)的施工质量控制。

难点:水泥稳定土、石灰稳定土、石灰工业废渣稳定土的施工要点。

教学方法、手段:课堂教学、微课、多媒体教学。

模块2.4　沥青路面面层施工

重点:1.掌握沥青路面面层所用材料的要求及规范的相关规定。

2.沥青表面处治、封层、沥青贯入式、透层、黏层的施工要点。

3.沥青混合料的拌和、运输及摊铺技术。

4.沥青路面的压实。

5.沥青混合料的配合比设计方法。

6.沥青类路面面层施工质量管理与检查验收。

难点:利用最新施工规范进行施工过程质量控制及交工验收质量控制。

教学方法、手段:课堂教学、微课、实训、多媒体教学、现场参观教学。

模块2.5　水泥混凝土路面面层施工

重点:1.掌握水泥混凝土路面面层所用材料的要求及规范的相关规定。

2.会描述水泥混凝土路面面层的施工工艺。

3.能描述混凝土的搅拌和运输的要点。

4.掌握接缝设置、抗滑构造、养护施工要点。

5.配合比设计。

6.水泥混凝土路面面层施工质量管理与检查验收。

难点:水泥混凝土路面面层的构造与要求,配合比设计,施工质量检查与验收的内容。

教学方法、手段:课堂教学、微课、实训、多媒体教学、现场参观教学。

模块2.6　路面病害处治

重点:1.掌握沥青路面的病害种类、原因。

2.能描述沥青路面的病害处治要点。

3.掌握水泥混凝土路面的病害种类、原因。

4.能描述水泥混凝土路面的病害处治要点。

难点:沥青路面和水泥混凝土路面的病害原因。

教学方法、手段:课堂教学、多媒体教学、现场参观教学。

四、课时分配、进程表

课 时 分 配 表

内　　容	教学课时数		
	课时	实训	小计
项目1　路基施工			32
模块 1.1　路基工程认知	4		
模块 1.2　路基施工准备	6	2	
模块 1.3　路堑开挖	4		
模块 1.4　路堤填筑	4		
模块 1.5　路基排水工程施工	4		
模块 1.6　防护与支挡工程施工	4	2	
模块 1.7　路基病害处治及路域地质灾害防治	2		
项目2　路面施工			32
模块 2.1　路面工程认知	4		
模块 2.2　路面施工准备	4		
模块 2.3　路面基层施工	4		
模块 2.4　沥青路面面层施工	6	2	
模块 2.5　水泥混凝土路面面层施工	6	2	
模块 2.6　路面病害处治	4		
总　　　计	56	8	64

参 考 文 献

[1] 栗振锋,李素梅.路基路面工程[M].3版.北京:人民交通出版社股份有限公司,2018.

[2] 殷青英.路基施工技术[M].北京:人民交通出版社股份有限公司,2019.

[3] 张军艳.路面施工技术[M].北京:人民交通出版社股份有限公司,2019.

[4] 费建国,张兰芳,王建军.公路工程机械化施工[M].北京:人民交通出版社,2001.

[5] 黄晓明.路基路面工程[M].5版.北京:人民交通出版社股份有限公司,2017.

[6] 中华人民共和国行业标准.公路工程技术标准:JTG B01—2014[S].北京:人民交通出版社股份有限公司,2014.

[7] 中华人民共和国行业标准.公路路基设计规范:JTG D30—2015[S].北京:人民交通出版社股份有限公司,2015.

[8] 中华人民共和国行业标准.公路沥青路面设计规范:JTG D50—2017[S].北京:人民交通出版社股份有限公司,2017.

[9] 中华人民共和国行业标准.公路水泥混凝土路面设计规范:JTG D40—2011[S].北京:人民交通出版社,2011.

[10] 中华人民共和国行业标准.公路路基施工技术规范:JTG/T 3610—2019[S].北京:人民交通出版社股份有限公司,2019.

[11] 中华人民共和国行业标准.公路沥青路面施工技术规范:JTG F40—2004[S].北京:人民交通出版社,2004.

[12] 中华人民共和国行业标准.公路水泥混凝土路面施工技术细则:JTG F30—2014[S].北京:人民交通出版社股份有限公司,2014.

[13] 中华人民共和国行业标准.公路路面基层施工技术细则:JTG/T F20—2015[S].北京:人民交通出版社股份有限公司,2015.

[14] 中华人民共和国行业标准.公路工程质量检验评定标准　第一册　土建工程:JTG F80/1—2017[S].北京:人民交通出版社股份有限公司,2017.

[15] 中华人民共和国行业标准.公路交通安全设施设计技术规范:JTG D81—2017[S].北京:人民交通出版社股份有限公司,2017.